高等学校教师教育创新培养模式"十二五"规划教材编委会

丛书主编　　靖国平

丛书副主编　（以姓氏笔画为序）

　　　　　　王　文　　王　锋　　孔晓东　　邓银城
　　　　　　吴亚林　　李经天　　张相乐　　胡振坤
　　　　　　徐学俊　　黄首晶　　谢新国　　雷体南
　　　　　　熊华生

编　　委　　（以姓氏笔画为序）

　　　　　　邓晓红　　卢世林　　叶显发　　刘启珍
　　　　　　金克中　　姜　庆　　赵厚䎗　　曹树真

教师伦理学教程

主　编　卢世林　胡振坤
副主编　沈　曦　谭东林　吕　纾

内容简介

本书从教师职场人生智慧出发,将普通伦理学知识与教师教育实践紧密结合,对教师教育过程中经常遇到的伦理学问题,如爱与公正、惩戒的界限、教学民主、同行竞争、"高原现象"与境界提升等,进行了深入的分析和思考。本书的特色是:既注重伦理学理论体系,又密切联系教师教育实践;既有丰富的案例分析,又有深入的理论思考。

本书可作为师范类本科生和专科生教育学公共课教材,也可用于中小学教师、幼儿园教师继续教育培训,同时亦适合家长、教育界行政人员及对教师伦理学感兴趣的一般读者阅读。

图书在版编目(CIP)数据

教师伦理学教程/卢世林,胡振坤主编.—武汉:华中科技大学出版社,2012.9(2019.7重印)
ISBN 978-7-5609-8133-8

Ⅰ.①教… Ⅱ.①卢… ②胡… Ⅲ.①师德-高等学校-教材 Ⅳ.①G451.6

中国版本图书馆 CIP 数据核字(2012)第132155号

教师伦理学教程 卢世林 胡振坤 主编

策划编辑:曾 光
责任编辑:华竞芳
封面设计:龙文装帧
责任校对:马燕红
责任监印:徐 露
出版发行:华中科技大学出版社(中国·武汉)　　电话:(027)81321913
　　　　　武汉市东湖新技术开发区华工科技园　　邮编:430223
录　　排:华中科技大学惠友文印中心
印　　刷:北京虎彩文化传播有限公司
开　　本:787 mm×1092 mm　1/16
印　　张:16.25　插页:2
字　　数:410千字
版　　次:2019年7月第1版第4次印刷
定　　价:33.00元

本书若有印装质量问题,请向出版社营销中心调换
全国免费服务热线:400-6679-118　　竭诚为您服务
版权所有　侵权必究

总序

教师兴则教育兴,教师强则教育强。当今世界,大力加强教师队伍建设,创新教师教育培养模式,提高教师专业化水平,是世界各国教育改革与发展的一个共同目标。我国颁布的《国家中长期教育改革和发展规划纲要(2010—2020年)》提出,"教育大计,教师为本。""有好的教师,才有好的教育。""加强教师教育,构建以师范院校为主体、综合大学参与、开放灵活的教师教育体系。深化教师教育改革,创新培养模式,增强实习实践环节,强化师德修养和教学能力训练,提高教师培养质量。"

教材建设与开发是创新教师教育培养模式、促进教师专业化发展的一个重要手段,也是深化教师教育改革、提高教师培养质量的一项重要举措。2009年6月,教育部启动实施"教师教育创新平台项目计划",明确提出要努力创新教师培养模式,加强教师教育学科群建设,深化学科专业、课程教学改革。在这种背景下,我们组织一批教学经验丰富、研究成果突出的高校专业教师,根据教师教育创新培养模式以及教师专业化发展的新形势、新目标和新任务,以华中科技大学出版社为平台,编写了"高等学校教师教育创新培养模式'十二五'规划教材",包括《教育学教程》、《心理学教程》、《现代教育技术教程》、《课程与教学论教程》、《中国教育史教程》、《外国教育史教程》、《教师伦理学教程》、《学与教的心理学》、《学校心理咨询与辅导》、《公关心理学》、《班主任工作艺术》、《多媒体课件设计与制作》、《教育科研技能训练》、《教师教学技能训练》、《教师语言艺术训练》和《人格心理学——理论·方法·案例》共16本。

通过教材建设与开发创新教师教育培养模式,探索教师专业化成长之路,是一种新的尝试,也是一项比较复杂的系统工程。本系列规划教材的编写,以《国家中长期教育改革和发展规划纲要(2010—2020年)》精神为指导,在坚持教材编写的科学性、创新性、系统性、规范性等基本原则的基础上,力图从以下三个方面进行有益的探索。

(1) 在传承教育学专业基础知识的基础上,突出教师教育教材编写的实践取向。教师教育教材体系的变革,是当前创新教师教育培养模式的一个重要课题。教师教育教材的编写,既要体现系统、严密、扎实的教育理论知识,又要突出丰富、生动、具体的教育实践情境;既要注重将抽象的理论知识引入鲜活的实践领域,又要注意将日常实践经验导向富有魅力的理论阐释。其重点和难点在于达成理论与实践两方面的动态平衡和相互转化,并始终专注于教材的现实取向和实践立场,以克服理论脱离实际、知识与能力相分离、所学非所用等方面的流弊。本系列规划教材的编写,力求在简明介绍、评述相关理论知识及其背景的基础上,凸显教材的实践取向和实用价值。如《班主任工作艺术》、《多媒体课件设计与制作》、《教育科研技能训练》、《教师教学技能训练》、《教师语言艺术训练》等教材,都充分体现了这种取向。

(2) 在坚持教材编写为教师服务的基础上,突出教材编写的学习者取向。任何教材的编写,既要考虑教师"教"的需要,又要考虑学习者"学"的需要,好教材通常是教师"好教",学生"好学",教学一致,师生相长。本系列规划教材的编写,力求在为从事教师教育的专业教师提供优质的课程与教学设计的基础上,坚持"以学习者为主,为学习服务"的基本原则。基于创新教师教育模式所要达成的目标,教师的"教"需要满足学生的"学","教材"需要趋向于"学材"。尽管许多教材名曰"教程",但我们更倾向于将它转化为"学程",追求"教程"与"学程"的有机统一。同时,在教材的编写过程中注重学习资源与问题情境相结合、文字表述与图表呈现相结合、文本学习与思想交流相结合、知识掌握与能力训练相结合。

(3) 在坚持教材编写的普适性、通用性原则的基础上,突出教材编写的区域性特色。湖北是我国的教育大省,湖北教育尤其是教师教育在中部地区具有重要的比较优势与特色。未来10年湖北将努力从教育大省迈进教育强省,而教师教育必将是湖北省基础教育改革与发展的一项重点工作。本系列规划教材的编写者以湖北省属高校专业教师为主,旨在充分利用湖北省丰富的高校教师教育方面的教学和研究资源,以及广大中小学校教育教学改革的先进经验,凸显教师教育教材编写的区域特色和比较优势。同时,也注意充分吸收其他地区教师教育的理论和实践成果。

本系列规划教材的编写,是一次较大规模的集体劳动的成果。湖北大学、江汉大学、长江大学、三峡大学、湖北师范学院、湖北第二师范学院、湖北民族学院、黄冈师范学院、孝感学院、咸宁学院、襄樊学院、荆楚理工学院、郧阳师范高等专科学校等10余所院校的百余名专业教师的热诚加盟,华中科技大学出版社领导和各位编辑的大力支持,各位同仁的精诚团结与通力合作,使本系列规划教材的编写得以顺利进行。编委会同仁深知编写系列规划教材是一件非常不易的大事,有的教材或许存在某些问题、差错,欢迎广大读者及时指出,以便修订时完善。

本系列规划教材适用于高等师范院校学生和综合性大学师范专业学生学习,同时可作为在职教师培训教材和专业教师教学参考用书。

靖国平

2010 年 11 月 30 日

前 言

随着基础教育课程改革的全面推进,基础教育发生了深刻的变化。事实表明,推进课程改革,教师是关键。新课程对教师队伍建设提出了新的要求,教师素质已成为制约课程改革深入的瓶颈。只有加强教师教育,用新课程理念"武装"师范生,才能使这些未来的教师更好地把握新课程的理念,以适应课程改革的需要。

课程改革的最终目的是培养高素质人才。当今世界,综合国力的竞争是人才竞争、科技竞争及教育竞争。而这些竞争归根到底还是教师教育的竞争。我国发展到今天,从社会发展的角度提出了培养创新型人才的要求。而培养创新型人才需要从头抓起,以培养高素质、全面、合格的教师为前提。

基于上述背景,我们编写了本书。本书作为师范类教育学公共课教材,力图体现以下特点。

第一,注重学科体系的完整性。教师伦理学既是教师德育的重要组成部分,又是伦理学的分支学科。从教师德育来看,本书重点讨论了师生之间的关系及行为规范问题。就伦理学而言,道德结构和类型,以及结果论和非结果论是本书关注的焦点。因为它们为教师德育讨论提供了坚实的理论基础和方法论。因而第一章伦理学基础既可以看做是接下来讨论"教师德育"核心话题的基础,又可以作为进入普通伦理学学习的路径。在教学中,教师对这一部分可根据需要酌情处理。

第二,注重学科内容的系统性。本书从教师职场人生智慧出发,将普通伦理学知识与教师教育实践紧密地结合,对教师教育过程中常遇到的伦理学问题,如爱与公正、惩戒的界限、教学民主、同行竞争、"高原现象"与境界提升等,进行了深入的分析和思考。对这些问题的讨论在本书中从第二章到第七章依次展开,相互之间既有内在逻辑关系,又有实践相关性。

第三,强调学科知识的应用性。本书适用的对象既有师范类本专科学生,又有在职中小学教师和教育界行政人员,因而在编写上既注重伦理学理论体系,又密切联系教师教育实践,既有丰富的案例分析,又有深入的理论思考。为此,在每一章中都选用了若干案例,力图将案例分析和理论思考融为一体,从而使理论问题和实践问题成为一个有机的整体,并还原到现实生活中来。

第四,体现学科特色的时代性。虽然教师伦理是一个人类自教育活动出现就开始讨论的话题,但由于不同时代的教育和伦理规范各具特色,因而本书既试图在教师伦理的历史和现实中寻找其发展的规律,又力图将教师伦理的现代性和时代意义充分挖掘出来。此外,本书还充分体现了现代学科间相互渗透、相互融合的时代特色。书中除了有教育学和伦理学交叉内容外,还融入了心理学、法学和社会学的理论思考。

  本书由卢世林、胡振坤担任主编,沈曦、谭东林、吕珩担任副主编。卢世林、胡振坤负责大纲编写和统稿、定稿,沈曦、谭东林、吕珩协助审稿。本书编写分工如下:卢世林、王松平编写第〇章(导论),黄平编写第一章,李经天编写第二章,马勇编写第三章,冉阳、沈曦编写第四章,吕珩编写第五章,刘洁编写第六章,王亚欣、谭东林编写第七章。本书参考了国内外众多文献资料,在编写和出版过程中得到了湖北大学、江汉大学、深圳市石岩公学、北京大学附属中学武汉为明实验学校、武汉市江夏区实验高级中学和华中科技大学出版社的大力支持。湖北大学教育学院教育学系的邱开玉、刘雅、刘桂华、卢倩、李园等研究生参与了文稿的校对工作。在此对这些单位和个人一并致以最衷心的感谢! 由于编者自身水平和时间方面的限制,书中难免存在不足及纰漏之处,敬请广大读者批评指正。

编 者
2012 年 7 月

目录

第○章　导论——走进教师伦理学 …………………………………………（1）
第一章　伦理学基础 ………………………………………………………（21）
　　第一节　道德的界定 ……………………………………………………（21）
　　第二节　道德的起源与目的 ……………………………………………（28）
　　第三节　结果论与非结果论 ……………………………………………（33）
　　第四节　辩证综合的道德理论 …………………………………………（40）
第二章　爱和公正 …………………………………………………………（53）
　　第一节　教师之爱 ………………………………………………………（54）
　　第二节　教师公正 ………………………………………………………（66）
　　第三节　爱的升华 ………………………………………………………（79）
第三章　惩戒的界限 ………………………………………………………（87）
　　第一节　惩戒教育概述 …………………………………………………（88）
　　第二节　惩戒教育的基本原则 …………………………………………（98）
　　第三节　惩戒教育的运用规范与技巧 …………………………………（105）
第四章　学会享受民主 ……………………………………………………（117）
　　第一节　民主 ……………………………………………………………（117）
　　第二节　教学民主 ………………………………………………………（122）
　　第三节　在教育教学中享受民主 ………………………………………（129）
第五章　同行之间的竞争 …………………………………………………（143）
　　第一节　竞争与教师同行竞争 …………………………………………（143）
　　第二节　教师同行竞争的道德规范 ……………………………………（165）
第六章　教师职业"高原现象" ……………………………………………（187）
　　第一节　教师成长中的"高原现象" ……………………………………（188）
　　第二节　教师职业"高原现象"原因分析 ………………………………（193）
　　第三节　教师职业"高原现象"的应对策略 ……………………………（197）

第七章　境界与修养 …………………………………………………（209）
　　第一节　教师境界 …………………………………………………（209）
　　第二节　教师的成长 ………………………………………………（214）
　　第三节　教师的修养 ………………………………………………（231）

第〇章 导论——走进教师伦理学

> 石韫玉而山辉,水怀珠而川媚。
>
> ——陆机

一、拿什么来成就你的职业人生

在今天这样一个社会里,绝大多数人的成就感和幸福感都和其职业人生息息相关。你很难想象一个在职场中疲于奔命、每况愈下的人会感受到人生的幸福和快乐。成功的职业人生不只是人的物质生活需要,同时也是一种重要的精神生活需要。那么,拿什么来成就你的职业人生呢?在专业知识、职业技能和道德修养这几个选项中,你认为哪一个对成就你的职业人生更为重要?

| 专栏阅读 |

"我的肉体蜗居在大别山的一隅,但我的灵魂会跟随我的学生走向四方;我是荒原上的一根电线杆,也许只能永远地矗立在那儿,但我能把希望和光明送向远方;我只是一座桥,但却能让学生踏着我的身躯走向希望的彼岸。"汪金权在日记中这样写道,也这样践行着他的信念。

汪金权,1963年出生于湖北省黄冈市蕲春县狮子镇郝子堡村,自幼家中十分贫穷,靠乡亲们的资助才完成学业。1987年,汪金权从华中师范大学中文系毕业,分配到湖北省黄冈中学工作。这是一所位于地级市市区的全国重点中学。工作后不久,汪金权回蕲春四中看望老师时,听说那里很需要老师,为了家乡教育事业的发展,汪金权义无反顾地主动要求调到蕲春四中工作。20多年来,汪老师省吃俭用,先后资助过200多名贫困学生。虽然那里的生活物资比地市和省城贫乏,但汪老师的精神生活却很富足,每当他收到那些曾资助过的孩子从大学里寄来的一张张明信片,都会产生巨大的幸福感和成就感。

2010年5月22日,《光明日报》刊发通讯《一头连着大山,一头连着象牙塔——记湖北蕲春四中语文教师汪金权》,盛赞汪金权22年乐于奉献、甘为人梯的精神。当晚央视《新闻联播》也作了报道,新华网、中国文明网、凤凰网、中工网等多家媒体纷纷进行了转载。5月24日,华中师范大学发出通知,号召全校师生向汪金权学习,并请他作为杰出校友代表参加本年度毕业典礼,同时授予他"华中师范大学免费师范生兼职导师"的荣誉称号。湖北省教育厅也发出通知要求全省教育系统向汪金权同志学习,通知说,汪金权是新时期人民教师的优秀代表,是全省教育系统涌现出来的师德模范,是广大人民教师学习的典范。湖北省教育厅还专程派人到蕲春四中看望汪金权老师,给他送去10 000元慰问金,并将其纳入楚天中小学教师校长卓越工程(此项工程旨在通过高端培训、设立导师制等举措,培养、造就一批本地著名、省内闻名、全国知名的教育家型的教师和校长)。5月26日,湖北省总工会、湖北省教育工会分别授予汪金权"湖北省五一劳动奖章"、"湖北省师德标兵"的称号。同年9月9日,汪金权作为全国教书育人楷模在北京受到中共中央总书记、国家主席胡锦涛,中央政治局委员、国务委员刘延东等党和国家领导人的亲切接见。①

  对于一名普通中学教师来说,能获得这样高的荣誉,能受到全社会的充分肯定,这样的职业人生无疑是成功的。而汪金权老师的成功正是来自于他高尚的职业情操。正如人民网网友"海天一色"所说的那样:"汪老师是一个高尚的人,一个纯粹的人,一个将大爱诠释得淋漓尽致的好人。"人一辈子能得到些什么?能给后人留下什么?汪老师的行为让我们找到了答案。教育部副部长郝平曾抽出时间看望了汪老师,他握着汪老师的手说道,汪老师扎根山乡20多年,把一名教师的大爱都奉献给了学生,是新时期人民教师的优秀代表和师德模范,他的事迹值得全国教师学习。

  或许有人说,这个例子并不能说明成就一个人的职业人生关键在于道德修养。在专业化、技术化越来越明显的今天,专业知识和职业技能比道德修养更为重要。无论你是第一次应聘,还是跳槽转岗,抑或是在现有的岗位上取得更好的业绩,你所拥有的专业知识或职业技能都似乎在起着决定性的作用。或许还有人会说,汪金权的职业是教师,教师的职业有其特殊性,职业道德修养的重要性是不言而喻的,其他职业或许就不一样了。真是这样吗?我们再来看看专栏0-2的例子。

专栏0-2

  张健是一家软件公司的工程师,在业界已小有名气,为了在事业上更上一层楼,2003年,张健决定进入一家新的实力更加雄厚的公司从事软件开发工作。由于新公司与原公司业务相关,新公司经理在决定是否录用他的面试中要求他透露一些他在原公司主持开发项目的情况,但张健毫不犹豫地一口回绝了这个要求。他说:"尽管我离开了原来的公司,但我没有权利背叛它,现在和以后都是如此。"虽然这次面试就这样不欢而散。但出人意料的是,就在张健准备寻找新的公司时,却收到了该公司录用的通知,上面写着:"你被录用了:不只是你的能力与才干,还因为我们最需要

---

① 摘自《黄冈教育简报》,2010年,第10期,略有改动。

也最看重的是——你能恪守职业道德。"①

一个人的道德修养对其职业人生的影响不只是在招聘过程中会凸现出来，更和受聘之后的业绩大小、成就高低有着密切的联系。

专栏 0-3

小萧是某机械制造厂一名技术员，他所在的那个零部件生产车间有二三十名同事。虽然大家的工作职责分工都一样，但小萧并没有像其他同事那样每天卡着点儿上下班，而是每天早上比其他的人早到十分钟，下午下班时晚走几分钟。在其他同事还没有到来时，小萧先检查一下机床，将机床启动预热；下班后他不是按下停机键就走，而是在机床停止转动，把该收拾的东西打理得井井有条，并仔细清洗和检查一遍机床之后再走。

小萧所做的这一切都不在岗位职业要求之内，也没有人要求他那样做。同事中有人劝他大可不必这样，因为这样做老板是看不到的，自然也就不会给他带来更多的薪水或奖励。面对同事们的这些"好意"提醒，小萧没有多说什么，只是习惯性地微微一笑。

但时间一长，同事们开始感到这其中的差异了：他们的机器不是在这儿爱出毛病便是在那儿有故障，而小萧的机器却很少出现这些情况。更让他们感到惊奇的是，他们每天都和小萧一样地干活，可是生产的产品数量和质量难以与小萧相比，看着自己生产出来的零件次品，他们终于明白了什么叫做"优秀是一种习惯"：这一切都在于小萧每天比其他人早到几分钟，晚走几分钟，细心保养好了自己的机床而已。

小萧所做的一切当然不会是白做，实际上这一切都被车间主任看在眼里，他在心里一直都在暗暗称赞这个小伙子。不久之后，车间主任在每周一例行的全车间员工大会上表扬了小萧，让全体员工向小萧学习，并且报请厂领导批准提升小萧为该车间质检部主任。后来，在小萧的影响下，该车间的工作效率不但得到很大的提高，而且产品的合格率也较以前有了大幅度提升。②

专栏 0-3 的例子告诉我们：正是因为我们所处的这个时代是一个专业化、技术化的时代，道德修养对于成就职业的重要性更加凸显——这不仅是因为能进入职场的人基本上都具备应有的专业知识和技能，大家都站在同一起跑线上，而且在于在这样一个专业化、技术化的时代，很多人都不再把道德修养在一个人的职业发展中所

---

① 引自李勇：《德才兼备：成为任何组织都愿意重用的人才》第四章第 4 节，中国致公出版社，2008 年，略有改动。

② 引自李勇：《德才兼备：成为任何组织都愿意重用的人才》第一章第 3 节，中国致公出版社，2008 年，略有改动。

起的作用看得那么重要了。然而按照"人无我有,人有我优"的竞争法则,在今天这个社会化与专业化、技术化联系越来越紧密的时代,道德修养对于职场中人来说显得尤为重要。

其实在任何一个时代,一个人要在激烈的社会竞争中获得优势,仅靠其所拥有的专业知识和技能是不够的。比如人才辈出、群雄争锋的三国时代,若论专业知识和技能,刘备似乎没有一样能拿得出手的:才学远不如祢衡,武艺远不如吕布,谋略远不如杨修。但刘备最终成就了一番辉煌的事业,而才高八斗的祢衡、武艺超群的吕布连身家性命都不能保住,更别说建功立业了。

刘备是怎样成就其职业人生的呢?陈寿在《三国志》中给出的答案是"先主之弘毅宽厚,知人待士"[①],即便是在三国那样的乱世,职业道德修养依然是一个人成就其事业的重要因素。袁绍在刘备得到徐州后也曾感慨地说:"刘玄德弘雅有信义,今徐州乐戴之,诚副所望也。"[②]

而与此形成鲜明对比的是吕布。吕布各方面的条件(除了道德修养和信誉度)都比刘备要好,人们一开始对他的评价相当高,所谓"人中吕布,马中赤兔"。可惜他自恃自己"硬件配置"和技能优秀,忽视软实力的修炼。对吕布惨败的人生,陈寿给出的结论是:"吕布有虓虎之勇,而无英奇之略,轻狡反复,唯利是视。自古及今,未有若此不夷灭也。"[③]一个反复无常、唯利是图的人,其结果是可想而知的。

和吕布一样因职业道德修养欠佳而遭遇同样下场还有祢衡。若论才学,祢衡的专业技能也很优秀。祢衡少年时代就表现出过人的才气,记忆力非常好,过目不忘,擅写文章,长于辩论。但是他的坏脾气似乎也是天生的,急躁、傲慢、怪诞,动不动就开口骂人,从来都不会考虑自己的言行是否会得罪和冒犯别人。这样的人如果只待在家里,或者隐居山林,不出去混,也不会有什么问题,但问题是祢衡是想出来做事的。而且为寻求发展的机会,祢衡特地从荆州来到当时的政治、经济、文化中心许都,为求发展,他写好了一封自荐书,打算毛遂自荐。但是因为他看不起任何人,才致使自荐书装在口袋里,字迹都磨损得看不清楚了,也未能派上用场。

当时曾有人劝祢衡结交司空椽陈群和司马朗,他不屑一顾、很刻薄地说:"我怎么能跟杀猪卖酒的人在一起?"又有人劝他去见见尚书令荀彧和荡寇将军赵稚长,祢衡不去倒也罢了,根本就用不着这样对人家进行人身攻击:"荀某白长了一副好相貌,如果吊丧,可借他的面孔用一下;赵某是酒囊饭袋,只好叫他去监厨请客。"后来由于祢衡和孔融成了朋友,孔融便把祢衡推荐给曹操,希望曹操能够重用祢衡。谁知祢衡照样不领情,不但托病不见曹操,反而出言不逊,把曹操臭骂了一顿。那时曹操正值用人之际,为了保持宽容爱才的良好形象,就没迁怒于他,只是让他做专司击鼓的小吏(祢衡善击鼓)。在一次重要的宴会上,曹操让祢衡击鼓助兴,祢衡如果真觉得这有损自己的人格,辞职不干或扔下乐器扬长而去都可以,没想到这位"天下第

[①②③] 陈寿:《三国志》。

一才子"竟然趁更换职业装(专门的鼓吏衣帽)时,当着众人的面把衣服脱得精光,结果使场面极为尴尬。气得曹操对推荐人孔融说:"祢衡这小子,我若杀他不过像宰只麻雀,只是此人一向有些虚名,杀了他大家反倒说我无容人之量。"遂用借刀杀人之计,把祢衡送给荆州牧刘表,而刘表也不愿承担妄杀才俊之罪名,最后借黄祖之刀杀了这位见谁就骂谁的天下第一"牛人"祢衡。祢衡被杀时年仅26岁。

古今中外,无论从事什么职业,真正给力的,能支撑一个人实现最终目标,达到最高境界的不是专业知识和技能,而是其道德修养。有人曾向美国著名的科学家、政治家和文学家富兰克林取经,问他何以能取得那么卓越的成就——这个世界上的确很少有人能像他一样在诸多领域取得如此辉煌的成就——富兰克林谦逊地微微一笑:"诚实和勤勉,应该成为你永久的伴侣。"真正有成就的大家往往都是"道德达人"。富兰克林高尚的道德修养可以从他恪守的下列人生信条中充分地得以体现[①]。

(1) 节制:食不可过饱,饮不得过量。

(2) 缄默:避免无聊闲扯,言谈必须对人有益。

(3) 秩序:生活物品要放置有序,工作时间要合理安排。

(4) 决心:要做之事就下决心去做,决心做的事一定要完成。

(5) 节俭:不得浪费,任何花费都要有益,不论是于人于己。

(6) 勤勉:珍惜每一刻时间,去除一切不必要之举,勤做有益之事。

(7) 真诚:不损害他人,不使用欺骗手段;考虑事情要公正合理,说话要依据真实情况。

(8) 正义:不损人利己,履行应尽的义务。

(9) 中庸:避免任何极端倾向,尽量克制报复心理。

(10) 清洁:身体、衣着和居所要力求清洁。

(11) 平静:戒除不必要的烦恼,也就是指那些琐事、常见的和不可避免的不顺利的事情。

(12) 贞节:少行房事,决不使身体虚弱、生活贫乏,除非为了健康或后代的需要。不可损坏自己或他人的声誉、安宁。

(13) 谦逊:以耶稣和苏格拉底为榜样。

对我们每个人来说,生命是有限的,而且这有限的人生往往有着太多的困境、太多的诱惑和挑战,如果没有一个强大的内心世界,没有一种强大的精神力量支撑,我们不可能在这有限的生命中克服一个又一个艰难险阻,圆满地实现自己的人生价值。

二、教师伦理学需要讨论的话题

教师伦理学需要讨论的东西很多。比如教师的角色——只有把握好教师的伦理角色才能把握其职业人生中知、情、意、行的基本尺度。比如爱的意义——一个缺

[①] 本杰明·富兰克林:《富兰克林自传》,中国城市出版社,2010年,第5页。

乏爱的教师肯定不是一个称职的教师,因为我们面对的是学生,而不是生产线中的机器或产品,一般意义上的敬业爱岗显然是不够的。还有惩戒的尺度——这不仅是一个如何真正关爱学生的问题,而且也是一个关系公平与公正的重要问题。还有如何对待民主,如何对待同行之间的竞争,如何对待职业"高原现象"中的倦怠、精神压力等问题,以及教师应该具有什么样的人生境界,等等——所有这些,都值得我们好好地去思考。

(一) 幸福和快乐

你会感到幸福和快乐吗?无论你是即将踏入教师职业之门,还是已经从三尺讲台上退下来,随时都可能听到或在脑海内冒出这样一个问题。因而我们有必要在此讨论一下幸福和快乐的伦理学意义,这不仅因为成功的职业人生应该是一种幸福快乐的人生,而且还意味着一个教师在职场中所扮演的角色,以及他将以怎样的心态和行为走进教书育人实践活动的每一个环节。如果一个教师对自己的职业感到厌烦的话,显然是教不好学生的。富兰克林的上述13条人生信条,既是一种做人做事的原则,又是让一个人真正幸福快乐的基本条件。

教师这一角色绝对不是苦行僧或清教徒,说教师这一职业是天底下最幸福的职业绝非妄言。正如亚里士多德所指出的那样,幸福是最高的善,是人最值得追求的东西。显然,教师是最有条件也最应该获得幸福的群体之一,因为幸福并非是一种外在于人的奢求,而是灵魂的一种符合于完满德性的实践活动。作为最高的善,每个人都应该努力追求那原本就属于自己的幸福。

问题是人在追求幸福的过程中,往往会伴随着快乐和痛苦。按照亚里士多德的观点,快乐是人的正常品质不受阻碍的实现活动[①]。这也就意味着,这种实现活动一旦受到阻碍,原本应有的快乐就会变成痛苦。快乐与痛苦贯穿整个生命,并且影响人的德性和幸福[②]。亚里士多德关于快乐的观点是从现实出发的,由于快乐与我们的本性最相合,所以在快乐与痛苦、德性和幸福这样一种关联中,一个人若想最大限度地获得幸福和快乐,就必须最大限度地减少痛苦,而减少痛苦仅仅靠满足人的欲望,使其快乐的实现活动不受任何阻碍显然是不现实的,因而德性的重要性在此充分彰显出来。

这也是为什么面对同样的处境、同样的现实,有的人能怡然自得而有的人却苦闷不已的缘故:道德境界的高低往往决定一个人对幸福的理解和感受能力。在亚里士多德看来,德性并非只是一个抽象的概念,而是一种实践,它必须在活动中才能体现出来;德性不是感受感情的能力,而是对待感情的品质;不是被动的感情,而是主动的选择。亚里士多德这里所说的选择乃是理性的选择,选择虽然往往出于人的意愿,但它并不等于意愿。比如非成熟理性者——如小孩和动物——便只有意愿而不

[①] 亚里士多德:《尼各马可伦理学》,中国社会科学出版社,2007年,第459页。
[②] 亚里士多德:《尼各马可伦理学》,中国社会科学出版社,2007年,第443页。

知道选择。因此,由欲望驱使的意愿也并不代表选择。就亚里士多德而言,选择是经过理性考虑后的行为。选择的主动性是亚里士多德真正要强调的,因为恶和德性一样,都出于意愿。行动的原因在于我们自己,在于我们怎么主动而理性地选择。

这就意味着一个人从事教师职业如果不是出于理性的考虑,而是出于外在因素(比如为生计所迫),或者只是一种情感上的意愿,其幸福感都很可能因此受阻。因为幸福生活本质上是一种德性的生活,而德性的生活亦即一种出于理性去选择的生活。就意愿而言,每个人都会最大限度地去追求快乐、回避痛苦,但结果却往往事与愿违,此所谓"物极必反,否极泰来"。一种幸福美好的生活也就必然需要一种适度的德性去保证。在此意义上看,德性是选择适度的那种品质[①]。

因为幸福和快乐需要一种尺度去守护。德性的现实意义也正在这里:过犹不及,凡事都有其自身的规律。幸福和快乐是需要呵护和坚守的,它需要人们用一种适度的心态去面对。

适度是亚里士多德考察德性的核心,也是教师理性地实现自己的职业理想、理性地把握自己的职场角色、理性地调控教学过程、理性地处理和学生的关系的重要尺度。亚里士多德在考察每一种具体的德性时都会不厌其烦地指出这种德性对应的过度和不及,而这样一种详细的区分对于教师来说显然是很有借鉴意义的[②]。如表0-1为亚里士多德列出的德性清单。

表0-1 亚里士多德的德性清单

不 及	德性适度	过 度
麻木	温和	愠怒
怯懦	勇敢	鲁莽
羞怯、惊恐、恐惧	羞耻	无耻
冷漠	节制	放纵
幸灾乐祸	义愤	妒忌
失	公正	得
吝啬	慷慨	挥霍
自贬	诚实	自夸
不爱荣誉	无名称	好名
恨	友爱、骄傲	奉承、谄媚
柔弱	坚强	操劳
谦卑	大度	虚荣
小气	大方	铺张
呆板	机智	狡猾

---

① 亚里士多德:《尼各马可伦理学》,中国社会科学出版社,2007年,第347页。
② 亚里士多德:《尼各马可伦理学》,中国社会科学出版社,2007年,第347页至第328页。

在亚里士多德所列的这份德性清单中,"温和"奠定了一位德性的幸福快乐者应有的基调:温文尔雅,和蔼可亲,既非麻木不仁,又不愠怒偏激。这显然是一位教师最应该具有的德性,因为它本身就代表了一种适度的品质。当然一个人要获得幸福和快乐仅凭温和的品性还不够,他还必须具有敢于承担的勇气、廉耻之心,还必须懂得节制。这些都是一个幸福和快乐的人所应具有的基本德性。

有人曾为2008年汶川大地震中的"范跑跑"辩护,说他能勇敢地说出自己的观点和感受,并因此认为他至少是一个诚实的人,其实这种所谓的敢于为自己辩解的做法如果不是出于无耻,便是一种更深层次的怯懦,亦即不敢正视自己在面对危险时所表现出来的可耻行为而加以掩饰。依据亚里士多德对勇敢的理解——勇敢就是无畏地面对高尚的死亡或生命的危险,而最伟大的冒险莫过于战斗[1]。在亚里士多德的德性排行榜中,勇敢具有非常重要的地位:勇敢是恐惧与信心方面的适度,是一个人在面对危急时在恐惧方面的适度品质,它不同于政治强迫的"勇敢"、个别经验的"勇敢"、一时冲动的"勇敢"、盲目无知的"勇敢"——这些都不是真正的勇敢。真正的勇敢作为一种德性区别于鲁莽和懦弱,在面对可怕的境况时既不会过分盲目自信,鲁莽从事,又不会过分恐惧慌乱、面对危险掉头就跑,而是表现出镇定、沉着、机智迎战的品行。因而勇敢和无耻是有着本质区别的,一个不知道羞耻的人,不是表现出过分的怯懦,就会把无耻当成勇敢。

虽然节制在亚里士多德的德性位置中举足轻重,但他并不是一个禁欲主义者。亚里士多德虽然给予心灵的快乐无比崇高的意义,但同时也对肉体快乐给予充分的肯定。他反驳了那种认为肉体快乐不高尚、不值得追求的看法,认为适度的肉体快乐是善的,只有过度的追求才是恶的。实际上,节制和适度在很多时候是相辅相成的。一个不懂得节制的人,即便把全世界的幸福和快乐全部摆在他面前,他也不会真正地去拥有它、享受它。

而且肉体的快乐在很多时候是和精神的快乐密切相连的。一个快乐的人不仅是一个生活充实的人,而且是一个专注于事业的人。这也是很多孜孜不倦地工作的人比那些无所事事的人更为快乐的缘故,因为快乐和积极专注地去做某件事有关。"起初我们的思想受到刺激,积极地进行指向对象的活动……但是后来活动变得松弛了,不那么专注了,快乐也就消逝了。"[2]很多教师之所以能在平凡的岗位上得到很大的成就感和幸福感,就是因为他们能在这样一种孜孜不倦的事业追求中得到快乐。人们追求快乐是因为他们都向往生活。生活是一种实现活动。每个人都在运用他最喜爱的能力并在他最喜爱的对象上积极地活动着[3]。

因而每个教师都有充分的理由追求快乐,正是这样一种追求快乐的理念和行为完善着每个教师教书育人的生活。现实生活中有些教师意识不到这一点,他们以为

---

[1] 亚里士多德:《尼各马可伦理学》,中国社会科学出版社,2007年,第107页。
[2] 亚里士多德:《尼各马可伦理学》,中国社会科学出版社,2007年,第459页。
[3] 亚里士多德:《尼各马可伦理学》,中国社会科学出版社,2007年,第459页至第460页。

教书原本就是一种苦差事,认为只有在周末、节假日放下教学工作,甚至只有到退休之后才能真正享受生活的快乐。这实在是莫大的误解。事实上,没有实现活动就没有快乐,而快乐则使每种实现活动更加完善①。很多教师之所以退休后还乐于发挥余热教书育人,就是因为教育事业为其提供了一种现实的获得快乐的平台。

因而真正的幸福是行动性和积极性的,而不是静止的、被动的。亚里士多德曾专门区分过幸福和令人愉悦的消遣的不同,结果发现:被多数人视为享受着幸福的那些人都喜欢在消遣中消磨时光。亚里士多德非常鄙视这种幸福观,因为这种幸福观将幸福看成目的,"如果说我们一生操劳就是为了自己消遣,这非常荒唐","把消遣说成是严肃工作的目的是愚蠢的、幼稚的"②。幸福的生活是合乎德性的生活,在于严肃地工作。亚里士多德的幸福是个人能力的最大限度发挥,它需要在严肃的实现活动中得以体现。

教师是人类灵魂的工程师,这句话不仅表明了教师职业的社会意义,而且意味着教师这一职业适合获得最完善的幸福。因为最完善的幸福是合乎最好德性的活动,而最好德性的活动在亚里士多德看来是一种宁静的观照和沉思。"沉思是最高等的一种活动"③,是最持久、最纯净、最自足、最具智慧的活动,同时也是最具闲暇意味的活动。简言之,它包含了最大、最纯净的快乐。"幸福与沉思同在","智慧的人是最幸福的"④。

(二) 友爱与自爱

之所以说教师职业是最幸福快乐的职业,还在于教师比其他职业更需要,也更有条件拥有更多的友爱。一个幸福快乐的人必定也是一个充满友爱的人,友爱是生活最必需的东西之一,即使享有所有其他的善,也没有人愿意过没有朋友的生活⑤。这也是亚里士多德要在其《尼各马可伦理学》中用五分之一的篇幅来详尽地讨论友爱的原因。

教师是一项专门和人打交道的职业,除了同事和同行,一个教师在其教师职业生涯中会遇到大量的学生,还有众多的家长和社会人士。因而对于教师来说,永远都不会缺乏友爱的对象,关键在于如何表达和传递友爱,如何通过友爱来获得友爱。因为友爱从来都是相互的,它需要互抱善意并互相理解,它需要相互馈赠、共同分享。因而教师的使命不只是传道、授业、解惑,教师还应该是爱的使者。

亚里士多德将友爱分为三种:完善的、令人愉悦的和有用的。由于有用的比较功利,令人愉悦的易于情绪化,因而都难以持久,而完善的友爱是好人和在德性上相

---

① 亚里士多德:《尼各马可伦理学》,中国社会科学出版社,2007年,第461页。
② 亚里士多德:《尼各马可伦理学》,中国社会科学出版社,2007年,第471页。
③ 亚里士多德:《尼各马可伦理学》,中国社会科学出版社,2007年,第473页。
④ 亚里士多德:《尼各马可伦理学》,中国社会科学出版社,2007年,第473页。
⑤ 亚里士多德:《尼各马可伦理学》,中国社会科学出版社,2007年,第338页。

似的人之间的友爱①,所以这种友爱自然是持久的。然而这种友爱也来之不易,这种友爱需要时间,需要形成共同的道德②。只有好的伙伴才能成为这样的朋友,只是因为有用和快乐成为朋友,因为好的品质相吸引而成为朋友才是真正的朋友。所以传递爱的过程本身就是一个积极的爱的教育过程。

爱从来都不是一个抽象的概念,它需要实践,需要相互传递、共同营造与呵护。亚里士多德对友爱的认识是非常务实的,他认为只有共同生活才能形成真正的友爱。仅仅有爱的意愿是不够的,必须付诸行动。他多次强调共同生活,认为如果分离得太久,友爱也会被淡忘③。亚里士多德是这样强调共同生活对友爱的意义的:对于爱者来说,最令他愉悦的是看到所爱的人④。友爱就存在于某种共同体中。友爱促进着整体的善。因为和好人相处,人会跟着学好⑤。

爱必然与爱的对象相关联,一个教师如果真爱他的岗位、他的学生,就必须拿出实际行动来,将他的班级营造成爱的共同体,而不只在概念里工作、在总结中空谈。友爱需要的品质是相互提供快乐和服务。一位老师是否真爱学生,他的学生是很容易感受到的。

友爱虽然是相互的,但不一定是对等或平等的。在现实生活中友爱既有平等的,又有不平等的。比如:父母对子女、教师对学生、治理者对被治理者都是一方地位较为优越的友爱。这种友爱中,优越的一方通常会给予更多的爱。亚里士多德认为,这也体现了某种平等。虽然爱本身能消除或缩短相互之间的距离,但地位优越者在爱对方时应尽量放低姿态,把自己放在和对方平等的位置上,因为双方地位太悬殊,会无法形成友爱。很难想象一个高高在上的教师会赢得学生对他的爱,无论他在心里把爱看得多么重要。

因而一切友爱都意味着某种共同体的存在⑥,这句话虽然主要是对于社会和家庭而言的,却尤其适合学校教育。学校友爱的核心是教师对学生的友爱,其他的爱,比如:学生对教师的爱、学生之间的爱,都与之紧密相关。这体现了学校和班级作为教育机制的重要性。教师和学生就像是朋友,如何相处应当与如何共同地生活有关。具体在不同的师生之间、不同的班级之间,友爱可以各有特色。

当然我们也不能设想师生之间只有平等和友爱,而没有矛盾和冲突。亚里士多德认为,之所以由友爱而争吵,主要是因为功利性原则在起作用,因为很多时候在潜意识里我们认为友爱是"有用的",它能促使我们共同提高、不断进步。德性的朋友

---

① 亚里士多德:《尼各马可伦理学》,中国社会科学出版社,2007年,第347页。
② 亚里士多德:《尼各马可伦理学》,中国社会科学出版社,2007年,第347页。
③ 亚里士多德:《尼各马可伦理学》,中国社会科学出版社,2007年,第351页。
④ 亚里士多德:《尼各马可伦理学》,中国社会科学出版社,2007年,第380页。
⑤ 亚里士多德:《尼各马可伦理学》,中国社会科学出版社,2007年,第381页。
⑥ 亚里士多德:《尼各马可伦理学》,中国社会科学出版社,2007年,第367页。

都希望对方好①，因此非功利性的友爱通常不会引起抱怨，而"有用的友爱"则多少带有斤斤计较的成分。比如一个老师很有爱心地利用业余时间帮学生补习功课，虽然他不收取报酬，但他却希望学生学习成绩有明显的提高，否则就有可能产生抱怨。亚里士多德对友爱中付出和回报的问题的态度是：做事不求回报是高尚的，但得到回报却是好事情②。

在现实中很多老师经常抱怨自己付出多，得到爱的回报却很少。这也是情理之中的事情，因为人们通常喜欢自己被爱，而不是去爱别人。但真正的友爱却更在于去爱，而不是被爱或索取回报。亚里士多德认为人与人毕竟是不同的，你不应该要求对方和你自己一样，"爱者有时会变得可笑，因为他们竟然会要求他如何去爱，就应该如何被爱"③。而在友爱中，付出的一方之所以通常更爱接受的一方，亚里士多德认为其原因是施惠者在付出的行为中能体验到一种高尚的情感，这种实现活动本身就让人愉悦，而对接收者而言却没有。

一个有爱的人并不一定吃亏，即便他的爱没有回报，因为一个能善待别人的人通常也会善待自己。爱别人的能力和爱自己的能力是可以相辅相成的。善良的人身心一致，追求善，并促进本身的善，他怎么对待自己就怎么对待朋友④。反之则容易造成分裂而无法与自身独处，由于没有可爱之处，他们对自身并不友善⑤。友爱可以看做自爱的延伸，所以爱别人在某种意义上也就是爱自己。爱屋及乌，因为你爱自己，所以你也自然爱着你身边的人。当你每天看到的不只是镜中的你在向你微笑，而是身边的人身边的世界都在因为你的微笑而微笑，那该是多么幸福和快乐啊。

（三）明智与公正

做人要明智与公正，做教师更应该如此。那么怎样才能做到这一点呢？亚里士多德认为，明智与公正需要良好的判断力，需要理性的选择，因为人的理性选择是德性的重要因素。在苏格拉底和柏拉图看来，有知识的人是不会做坏事情的。但亚里士多德不太同意这种观点，他认为一个缺乏理性自制的人即便有知识，也有可能做出错误的判断，因为他们的知识不是真实和客观的，而只是感觉和影像。如同醉汉在幻觉中不能做出正确的、理性的判断一样。因而对教师而言，不断学习、不断提高自己的认识水平是很重要的。因为知识需要成为自身的一个部分，而这需要时间⑥。

一个老师有没有亲和力不但跟他是否乐观、是否有爱心有关，还与其自制力有关。不能自制在亚里士多德眼里主要有两类表现：欲望上的不能自制和怒气上的不能自制。他认为前者才是真正意义上的不能自制，人生总会有许多欲望和诱惑，明

---

① 亚里士多德：《尼各马可伦理学》，中国社会科学出版社，2007年，第353页。
② 亚里士多德：《尼各马可伦理学》，中国社会科学出版社，2007年，第385页。
③ 亚里士多德：《尼各马可伦理学》，中国社会科学出版社，2007年，第345页。
④ 亚里士多德：《尼各马可伦理学》，中国社会科学出版社，2007年，第362页。
⑤ 亚里士多德：《尼各马可伦理学》，中国社会科学出版社，2007年，第362页。
⑥ 亚里士多德：《尼各马可伦理学》，中国社会科学出版社，2007年，第243页。

智者就是那些懂得克制自己的人。不然你总会被欲望所折磨,会因为贪婪而变态,或者因为欲望得不到满足而怨天尤人。虽然亚里士多德认为怒气上的不能自制可以原谅,因为怒气似乎是听从理性的,只是因为没有听对,就像急性子的仆人没有听完就匆匆跑出门,结果把事情做错了①,但一个能够克制怒气的教师不但有益于自己的身心健康,而且更容易成为学生的良师益友。

当然这也并非意味着做教师必须清心寡欲,因为欲望也需要加以区别。有些欲望是必须的,比如物质生活的基本需要和适度满足;有些是本身值得追求的,比如成就感、幸福感和自我实现的愿望。这些都是正当的欲望,但一旦过度的追求就是欲望上的不能自制。还有一种病态的欲望,也就是在正常情况下感觉不到快乐,只有在病态或变态情况下才能感受到快乐。在现代竞争激烈的生存条件下,有些教师成为工作狂还能理解,但若是为了获得一种病态的满足而自虐,然后转过来去虐待他人,问题就严重了。

一个明智的人应该能区分自制和固执之间的界限。虽然自制和固执在坚持自己的意见方面是相似的,但在亚里士多德看来,自制的人不动摇是要抵抗感情和欲望的影响,固执的人不动摇则是在抵抗理性②。自制和固执两者的界限其实很明确,关键在于你对感性和理性的认识和态度。这也意味着不能自制和明智是不相容的概念,明智意味着有知识并且要实践,而不能自制则正好是知而不行。

一个明智的教师同时也会是一个公正的教师,因为公正本身在某种意义上就意味着知性、理性和德性,用亚里士多德的话来表达,就是"公正最为完全,因为它是交往行为上的总体的德性"③。

如果按照前面讨论过的德性就是选择适度的这一观点,公正也具有同样的意义。因为亚里士多德认为公正就是一种按照比例来获取的适度。汉语"公正"这一词语更直观地表达了这一含义:一个人获取过多是因为他做事不公正,而获取太少则是受到不公正的对待。所以法规法律和公正密切相关——公正的就是守法的和平等的,不公正的就是违法的和不平等的④。法规法律分了公正和不公正的行为,正是因为现实中有不公正的存在才需要法规法律。因而一个明智的老师不仅需要时时用理性去判断,而且必须把公正建立在法规法律的基础上,依法执教、依法治学,才能真正做到公正,而不是把自己习惯的模式作为衡量一切的标准。

公正一词还往往和平等有关,但平等不是均等,而是按照一定的比例来的平等。在讨论分配的公正时,亚里士多德认为分配的公正要基于某种配给,民主制依据的是自由身份,寡头制依据的是财富和特权等⑤。但公正并非绝对的均等。基于平等

---

① 亚里士多德:《尼各马可伦理学》,中国社会科学出版社,2007年,第254页。
② 亚里士多德:《尼各马可伦理学》,中国社会科学出版社,2007年,第315页。
③ 亚里士多德:《尼各马可伦理学》,中国社会科学出版社,2007年,第181页。
④ 亚里士多德:《尼各马可伦理学》,中国社会科学出版社,2007年,第179页。
⑤ 亚里士多德:《尼各马可伦理学》,中国社会科学出版社,2007年,第189页。

意义上的公正虽然能把不公正变为公正,但同时也有可能矫枉过正。由于人与人之间、事物和事物之间的差异性,公正也就成为非常复杂的题目。就教师伦理学而言,它不但关系到教师对待学生的问题,还关系到教育的公正——教育体制和教育过程中的立法和守法的公正。这意味着教育虽然是和人打交道,但本质上依然是法治而非人治。学校需要按照公正的教育法律法规而不是靠某个优秀的校长和教师来进行治理。校长和教师不过是教育法律法规的公正守护者而已。当然,在这里教育者和受教育者公平的权利必须得到保证,无论是只保护教师的利益并把其作为特权来对待,还是因为只考虑学生的弱势身份而过于骄纵,都是不对的。这意味着老师不管出于何种考虑虐待学生,或者学生无论以什么借口殴打老师,这些都是不对的,法律不能一开始就离开公正的基础,公正只存在于其相互关系可由法律来调节的人们之间。①

公正还与意愿问题有关,比如:出于无知或不明就里的情况下做了不公正的事,并不能说明他这个人不公正;一个人若是出于意愿放弃自己原本应该得到的东西,也不能简单地认为他受到了不公正的待遇。因而,我们在对一件事的行为本身和结果做出是否公正的判断时,还应该考虑动机和意愿因素。每个人都有其局限性,没有人是全知全能的,无论教师还是学生都有可能在意外或难以控制自己的情绪等情况下行不公正之事,我们并不能简单地认为他就是不公正之人。对事不对人,这一原则对于处理和公正相关问题无疑是明智的选择。

公正有时候还表现出一种公道。作为一种理想的状态,公道的人是出于选择和品质而做公道的事,虽有法律支持也不会不通情理地坚持权利,而愿意少取一点的人,公道在此意义上是对法律公正的一种纠正②。事实上任何法律的规定必然都会存在着某种缺陷,这时候就是发挥公道作用的时候。公道是实践的、具体的智慧,公道优越于简单僵硬的法律公正。如果一所学校、一个班级无论做什么都自有公道,那无疑是达到了民主法制的理想状态(情理和法理和谐一致)。或者说,如果一个教师无论做什么在他的学生看来都很公道,自然就意味着这个教师的道德修养已经达到了一个很高的境界。

三、知、情、意、行的和谐统一

我们能知道什么?我们可以做什么?我们又能期待什么?康德的伦理学和哲学一直都在试图回答这样的问题。这也是我们每一个人都会纠结的问题。《圣经》里说:你执意要做何事,必然给你带来成就,亮光也必照耀你的路。这里的亮光其实就是一种智慧,一种德性,一种能将知、情、意、行统合起来的生活信念。

有这样一个故事(见专栏 0-4)。

---

① 亚里士多德:《尼各马可伦理学》,中国社会科学出版社,2007 年,第 219 页。
② 亚里士多德:《尼各马可伦理学》,中国社会科学出版社,2007 年,第 227 页。

专栏 0-4

一位瘦子和一位大胖子在一段废弃的铁轨上比赛走枕木,看谁能走得更远。

瘦子心想:我的耐力比胖子好得多,这场比赛我一定会赢。开始也确实如此,瘦子走得很快,渐渐将胖子拉下了一大截。但走着走着,瘦子渐渐走不动了,眼睁睁地看着胖子稳健地向前,逐渐从后面追了上来,并超过了他,瘦子想继续加力,但终因精疲力竭而跌倒了。

最后的胜利者是胖子,瘦子想知道其中的秘诀。胖子说:"你走枕木时只看着自己的脚,所以走不多远就跌倒了。而我太胖,以至于看不到自己的脚,只能选择铁轨远处的一个目标,并朝着目标走。当接近目标时,我又会选择另一个目标,就这样走下去,自然就会走到终点。"

随后胖子意味深长地说:"如果你向下看自己的脚,你所能见到的只是铁锈和发出异味的植物而已;而当你看到某一段距离的目标时,你就能在心中看到目标的完成,就会有更大的动力。"

专栏 0-4 的这个故事其实在告诉我们,一个目光短浅的人不但很难有所作为,而且在人生的旅途上也很难欣赏沿途那些美丽的风光。不但如此,一个人过于急功近利,不但时时都会有欲望得不到满足的焦虑和苦恼,甚至还会给自己带来毁灭。

许多年前,有一条 300 吨的鲸突然死亡的报道。这些鲸在追逐沙丁鱼时,不知不觉被困死在一个浅湾里。人生往往也会这样,因为追逐小利而惨死,为了微不足道的眼前利益而耗尽自己的生命潜能。一条小鱼,一点诱惑,就会把一个"海上巨人"引向死亡。

一个只盯住眼前利益的人很难体会生活的意义。很多人在成为教师之后甚至在事业上小有成就之后都会越来越喜欢反复地问自己这样一个问题:这是自己想要的生活吗?每天披星戴月地奔波在上下班的路上,在办公楼的一个小小的格子间里,在教学楼的某间嘈杂的教室里,整天与那些不知打过多少次交道的教科书、作业纠缠在一起。期中、期末考试成绩出来后,领导的批评、同事的侧目或相互猜忌随时都有可能发生。下班回到家里也很难好好休息一下,因为手头的活儿还没有做完,又或做完了却担心做得不够好,怕一不留神就落在了别人的后面。用不了多久的某一天,你在照镜子时偶然发现,一根白发不知什么时候悄然长了出来。当你沮丧地拔掉那根白发时,你忽然意识到自己已到了"奔三"、"奔四"的年龄,可是真正属于你的生活却不知在哪里。幸福和快乐似乎渐行渐远。

"生命的可贵之处在于做你自己。"神学家坎伯在他的《坎伯生活美学》里如是说。每一个人只有做好自己,他的人生意义才能充分发挥出来。让我们再来看看专栏 0-5 中的故事。

专栏 0-5

一个上了年纪的木匠准备退休了。他告诉雇主他不想再盖房子，他想从此和他的老伴过上一种悠闲的生活。他虽然很留恋那份报酬，但辛苦了这么多年，他该退休了。

雇主看到他最好的工匠要走感到非常惋惜，就问他能不能再建一栋房子，就算是给他个人帮忙。木匠答应了。但他的心思已经不在干活上了，不但手艺退步，而且还因为急于完成任务而偷工减料。

房子完工那天，雇主来了。他拍拍木匠的肩膀，诚恳地说："这房子归你了，就算是这么多年你辛勤工作我送给你的礼物吧。"木匠感到十分震惊，觉得很惭愧，要是他知道他是在为自己建房子——事实上他以前每盖一座房子都把它看做是自己心血的结晶——那样，他干活儿的方式就会完全不同了。

或许你就是那个木匠！你钉的每一颗钉子，放的每一块木板，垒的每一面墙，都是为你自己做的，只是你不知道而已。所以你没有竭心全力，终有一天你会遗憾地发现，你将不得不住在自己建的粗糙的房子里，然后后悔地说："如果可以重来……"但你无法回头，因为人生就是一项自己修建的工程，我们今天做事的态度决定了自己该拥有怎样的未来。

对一位教师来说，你必须永远爱你的职业，爱你做过的每一件事，爱你身边的每一个人。这对于你所面对的学生来说很重要，因为你是他们的榜样。

爱是心灵的桥梁，哪怕是一个过路的人，哪怕只是向他点点头或挥挥手，你有没有拿出你的爱心，他会感觉得到，更何况每天和你在一起的那些孩子。仁者爱人，传递爱的关怀和温暖，尽你所能地去做，别错失了唤醒爱的良机，爱需要理解、信任、包容和奉献。只有在一种大爱中才能做好真实的自己，才能将现实的我、理想的我和别人眼中的我三者和谐统一起来，在与社会、自然和自我内心的对话中，聆听良知的呼唤，体验生命的美丽。是的，每一个人都可以做最好的自己。

一个和尚想为寺庙铸尊佛像，但按常规的做法造价甚高，于是他决定就用朋友送给他的水泥来塑佛像。

做好之后，由于佛像太大，无法从大门搬进去，于是他雇了一辆吊车打算从屋顶上吊下去。但吊车才将佛像吊离地面时不慎佛像掉下来摔裂了。和尚很伤心，他想将裂缝修补好，但由于天色已晚，只好作罢。

那天晚上突然下起雨来，雨水渗进佛像破裂的缝里，裂缝更大了。

第二天，雨过天晴，阳光普照。和尚起来出门一看，只见佛像裂缝处在闪闪发亮。他非常好奇，便跑进屋里拿棍子撬开水泥想看个究竟，结果发现里面藏着一尊亮闪闪的金佛像！

同样，你的内心也有尊"亮闪闪"的你，你就是你自己的偶像，只是这样一个完美的你等着你自己去发现。

有个雕刻家正用刻刀一刀一刀地雕刻一块尚未成形的大理石。一个小男孩好奇地在一旁观看。不一会儿,雕像逐渐成形,现出了一个美丽女人的模样。小男孩十分惊讶不解地问雕刻家:"你怎么知道她在里面?"

你怎么知道?因为你相信她就在里面,就在你心里。故事和寓言是生活的浓缩,怎样使"亮闪闪"的自我呈现出来?每个人都是那块尚未成形的大理石,你想把自己雕刻成什么模样,这全靠你自己,你得像那个雕刻家一样,需要智慧和热情,需要意志和锲而不舍的精神,需要一刀刀、一点点地塑造自己,打磨自己,让蕴藏在你内心深处的那个美好的形象充分显现出来。

教师的职业就像雕刻家,你自己的职业人生,包括你教出来的学生,你的教育生涯中每一个快乐的或郁闷的日子,都是你的作品。你就是那个木匠,你是在为自己造房子。你爱你的职业,爱你的学生也就是在爱自己,你的幸福和快乐是你自己给的。你不能像那些鲸一样,因为一点小小的诱惑而断送自己的性命。

这个世界是公平的,无论你是胖子还是瘦子,成功的机会都摆在你面前;或许你不能拿出金子铸造佛像,或许你的努力有时候会功败垂成,但你的付出不会因此失去意义。因为你的精神、你的行为本身就是你铸造出来的"金佛"!

所以一个好的教师不但需要知道自己能做什么,可以期待什么,还需要投入情感,坚定意志,拿出行动,只有将知、情、意、行统一起来,你才能真正成就你的职业人生。陆永康就是这样一个榜样(见专栏 0-6)。

专栏 0-6

陆永康,男,水族,1948 年生,1968 年参加工作,贵州省三都水族自治县羊福乡民族学校教师,CCTV 感动中国 2005 年度人物候选人、2006 年贵州省五一劳动奖章获得者。2006 年 3 月,中宣部决定将他作为全国重大先进典型进行集中宣传报道。新华通讯社、《人民日报》、《光明日报》、中国中央电视台等主流媒体相继在显著位置、重要栏目报道了他的先进事迹,在全国引起了强烈反响。

陆永康是一个跪着工作却让站立者叹服的水族汉子,他用残缺的身躯搏击命运,他用毕生精力为山里孩子送去知识。任教 38 年来,他忠诚党的教育事业,自强不息,献身少数民族山区教育事业无怨无悔。陆永康出生 9 个月时,因患小儿麻痹症导致双膝以下肌肉萎缩,从此只能跪地行走。但家境贫寒,身患残疾,并没有磨灭他对幸福人生的追求、对美好生活的向往。陆永康克服了常人难以想象的困难,坚持跪着辗转在家乡几所小学求学。后来因各种原因,他只读到小学 5 年级就辍学了。但他学习的劲头并没有减弱,通过刻苦自学,他成了当时村里为数不多的有文化的人。1968 年底,陆永康所在的孔荣村组织办学,因为条件艰苦,教师待遇低,不久最后一名教师也离开了。为了不让贫困夺走孩子受教育的权利,陆永康毅然接过教鞭,成为一名民办教师,一人撑起了这所学校。在此后的教学生涯里,因为长期跪着上课,常常双腿麻木,膝盖磨起血泡,但他始终硬挺着上好每一堂课。为了尽快提高自己的教学技能和知识水平。陆老师认真钻研教学大纲,学习新教材和教法,为此常常熬到深夜。工夫不负有心人,在1981年全区"民转公"考试中,陆永康以第三名的成绩转为一名公办教师,并被安排到羊福乡中心小学任教。这之后陆永康继续坚持学习,不断提升自身素质,他的教学质量在水族山乡一直名列前茅。

陆老师所在的羊福乡山路崎岖蜿蜒、交通不便,经济落后。由于贫困,村里大多数孩子经常辍学在家。为了寻回失学的孩子,陆永康白天上课,晚上就跪着去家访。这里山高沟深,寨子分散,正常人在这些深沟险谷里行走都不容易,陆老师家访面临的困难就更大了。为了方便出行,他用树干、旧篮球皮、废轮胎、铁丝做成了一双足有 2 kg 的"船鞋"缚在双膝上。从此,在羊福乡险峻的山道上,经常出现了一个挂着棍棒跪着行走的身影。他的每次"跪行"都充满着危险和艰辛,每一次都是对自我极限的不断超越,他在家访的路上,曾经被冰雹砸伤,曾经被蛇虫威胁,曾经掉进沟渠,别人 1 h 走的路,他得用 4 h 才能走完。

陆老师凭着顽强的毅力跪着访遍了学校周边的村寨,访遍了每一个学生的家,感动了乡亲们。他像一支红烛,点燃自己,燃烧在山区里,燃烧在学生、家长和百姓的心中。这支烛光虽然微弱,但却照亮了山乡的未来!村民们说:"陆老师是好人,他这样爬着来、爬着去,还不是为了我们的娃娃好,我们再穷再苦也不能辜负他一片好心,困难再大也要送子女上学。"只要陆永康到过的家庭,哪怕有再大的困难他们都会把孩子送进学校。在他的努力下,他的学生由最初的 30 名增加到 50 名,3 年以后,他一人支撑的孔荣小学破天荒地有了 150 名学生,当地儿童入学率达到 100%。这在边远贫困的水族山区村寨可以说是一个奇迹。严寒酷暑,暴雨风雪,在陆永康身上留下了道道伤痕,却无法减弱他对教师、对教育事业的热爱。他凭着坚韧不拔的毅力,日复一日跪在讲台上传道、授业、解惑,年复一年跪着走村串寨家访,为改变家乡贫困落后面貌培育出一代又一代新人。他爱生如子、爱岗敬业的精神,以及自强不息的品格,得到了一茬又一茬学生的爱戴和敬仰。他教过的学生,有的成了致富能手,有的考上了大学,有的成了党和国家的干部,在各自岗位上发挥着重要作用。

陆永康会做木匠、篾匠、石匠等活。在贫困山区,他的这些手艺可以为他带来比较多的经济收入。但是他难舍那些求知苦渴的孩子,坚持在教育战线上耕耘着。30多年来,他一直甘于清贫,无私奉献:长期为学校、为学生给予力所能及的帮助;坚持义务为学校维修桌椅、门窗;义务为学生理发;还从自己微薄的工资中,从少得可怜的口粮中抠一点、省一点帮助困难学生;学生没有书(学)费,他就自己先垫上;学生没有饭吃,他就叫学生跟他一起吃。在这条"跪教"路上,陪伴陆永康的是不断收获的孩子们成长的喜悦和自我价值得到最大实现的欢乐。陆永康把爱心撒播给社会,社会也把爱心回报给他。

在黔南布依族苗族自治州领导的关心和社会各界的帮助下,经过前前后后、大大小小 14 次手术后,2005 年 4 月,陆永康终于站起来,挂着双拐又上了讲台。陆永康曾说过是党和人民的教育事业给了他"第二次生命"。2006 年 4 月 6 日,贵州省委书记、省人大常委会主任石宗源专程来到羊福乡看望陆永康。石书记非常钦佩陆永康的精神,在陆永康身上,再现了一个人忠诚于自己理想信念的高大形象、一名乡村教师以自己38年的实践忠诚于党和人民的教育事业的高大形象。

陆永康用他的良知、热情、坚强的意志和高尚的行为证明了一个卑微的生命如何最大限度地超越自我、完善自我,从而谱写出最美好的人生篇章。如果不是出于对教育事业的热爱,不是因为拥有一颗善良而伟大的心灵,一个家境贫寒、出生9个月时因患小儿麻痹症导致双膝以下肌肉萎缩从此只能跪地行走的偏远山村的残疾人不可能做出如此骄人的业绩,他的人生也不可能如此丰富、如此完整。

陆永康老师的例子再次证明了道德修养对于人生的重要意义。道德修养不是一个抽象的概念,而是知、情、意、行的和谐统一。一个真正能知、情、意、行和谐统一的人必定是快乐的。陆老师的生活虽然充满艰辛,但他同时是快乐的,因为他每一天都在用良知、热情、坚强的意志和高尚的行为证明自己的存在和世界的美好,每一天都活得有意义、有成就感。这种快乐绝对是一个人在纯粹的物质或虚无的精神条件下难以获得的。

如果说陆老师的快乐源于他的道德修养,他的快乐和成就感或许只有他自己才能深刻体验到的话,那么寿镜吾先生(鲁迅一生最敬重的三位老师之一)的快乐和成就感则是那么显而易见,任何一个走进三味书屋中他的课堂的人都能深深地感受到。

先生自己也念书。后来,我们的声音低下去,静下去了,只有他还大声朗读着:"铁如意,指挥倜傥,一座皆惊呢;金叵罗,颠倒淋漓噫,千杯未醉嗬……"

我疑心这是极好的文章,因为读到这里,他总是微笑起来,而且将头仰起,摇着,向后面拗过去,拗过去。①

无论在什么时代,一位值得去怀念的老师必定是一位好老师。鲁迅离开三味书屋多年后还和他的老师寿镜吾先生保持着深厚的师生情谊。事实上,三味书屋当时是绍兴最著名的私塾,除了周树人、周作人兄弟,它培养出的大师级文化名人还有寿孝天、寿洙邻等。

教师的职业道德是其职业成功的关键因素之一。如果一个学生不喜欢甚至讨厌其老师的为人,即便这个教师的课讲得再好也是没有用的。一旦学生对老师产生反感和厌恶情绪,他还能好好听课吗? 三味书屋之所以能成为绍兴最著名的私塾,少年鲁迅之所以被送到这里,并且深深地热爱上这里,就因为这里的先生是"本城中极方正,质朴,博学的人"——对于一个让家长、学生、社会都信得过的教师来说,这三点都是必需的,一个都不能少。

所谓方正,亦即为人正直、正派,做事公平、公正。孔子有云:"其身正,不令而行;其身不正,虽令不从。"(《论语·子路》)对教师来说,方正主要体现在对学生的公平和公正上面,三味书屋之所以成为绍兴最著名的私塾,跟寿镜吾先生方正的品行

---

① 参见鲁迅散文《从百草园到三味书屋》有关段落,后同。

及其良好的公众形象是分不开的。无论是家长还是学生,都很难接受一个为人处世不方正的老师。

寿镜吾先生不仅方正,而且质朴。鲁迅第一次见到他,就感到他是一个和蔼可亲的老人。

第二次行礼时,先生便和蔼地在一旁答礼。他是一个高而瘦的老人,须发都花白了,还戴着大眼镜。

一个戴着大眼镜的老先生对于一个学童来说,是很容易给人严肃感,以至望而生畏的,但寿镜吾先生却不是这样的。正是因为他的质朴、和蔼,少年鲁迅才敢像问长妈妈那样在"上完生书"后唐突地问他"怪哉是怎么一回事"。

虽然老师的职业是传道、授业、解惑,但并不是什么怪诞的问题都允许拿到课堂上来讨论的,教师应该对学生进行积极向上的主流价值引导,而不是学生对什么感兴趣就讲什么。可现在有些教师为了迎合学生的口味和所谓的求知欲,不是在课堂上东扯西拉、讲一些奇谈怪论,就是"兜售"一些陈旧的、落后的低级趣味。正是因为寿先生的方正,他才收起平时的和蔼,板着脸回答说"不知道"。这件事对少年鲁迅的教育意义是积极、正面的,他由此知道了一些做人、做学问的道理。所以那些认为三味书屋的寿先生很迂腐,是封建教育残余的看法很可笑,事实上寿镜吾先生不但不在课堂上搞科举应试教育,还极力反对和阻拦他那位后来在科举考试中名列三甲的儿子去京城会考。

三味书屋之所以被公认为绍兴城最好的私塾当然还离不开寿镜吾先生的博学。而寿先生的博学则来自他的好读书,一位博学而好学的教师自然会给学生以很好的表率作用。学生们来三味书屋是干什么的?既然是来读书的,那就应该多读书、读好书。"博学"不应该只理解为名词,还应该把它看做动词,因为作为知识积累结果的博学是来自于知识积累过程的博学。相信每一个走进三味书屋的学生都希望成为如寿先生一样博学的人,而寿先生则在他的课堂上真正营造了一种的人声鼎沸的读书气氛。不像现在的很多老师,只让学生多读书,自己像局外人一样。"己所不欲,勿施于人",老师自己都不愿读书,还能指望学生去热爱读书么?

今天的语文教育在越来越富有现代科技含量、形式越来越多样化的同时,却渐渐失去了其原有的魅力,那就是好文章是读出来的,而不是图示和讲解出来的。真正的有效教学是让学生充分感受到读书的快乐。而要让学生感到读书是快乐的,老师首先必须做到这一点:必须让自己的行为去影响学生,而不是口头上大谈"应该如何读书"及"读书如何快乐"。自己都做不到都不愿意去做的事情,干吗要让别人去做?

很多人以为三味书屋缺乏人情味,事实上,那里"有一条戒尺,但是不常用,也有罚跪的规则,但也不常用,普通总不过瞪几眼,大声道:'读书!'"。寿镜吾先生是一位正直、淳朴的"学究",也是一位极具爱心的人。他常帮助有困难的学生,鲁迅父亲病重,药方中需一种三年以上陈仓米,鲁迅多方搜求未果便告知了寿先生。几天后,寿先生自己背了米送到鲁迅家里,所以后来鲁迅无论求学南京,还是留学日本,或入京工作,只要回乡,便不忘去看望寿先生。1906年,他奉母命从日本回乡完婚,仅在家10天,也要去寿先生家坐一坐。1912年进京工作后仍与其保持书信联系。1915年底,寿夫人病逝,鲁迅亦送挽幛致哀。

寿镜吾先生的人生追求和修养从三味书屋这一名称上可以看出来。何为"三味"? 一说是前人对读书时的不同感受:读经味如稻粱,读史味如肴馔,读诸子百家味如醯醢。宋代李淑在《邯郸书目》中亦云:"诗书味之太羹,史为折俎,子为醯醢,是为三味。"而根据寿镜吾先生孙子寿宇的回忆,他小时候祖父寿镜吾曾亲口对他说,三味是指"布衣暖,菜根香,诗书滋味长"。

尽管人们对三味的意思理解不一,但有一点是很肯定的,那就是它代表了一种境界,一种强调人生体验和自我实现的至乐境界。三味书屋两旁屋柱上有一副对联,上书"至乐无声唯孝悌,太羹有味是诗书"。人生的美好感受虽各有不同,但本质上都是一样的,关键是以一种什么样的姿态去面对。

思 考 题

1. 什么样的教师最受学生欢迎? 你希望自己具有怎样的人格魅力?
2. 你怎样看待当前我国的师德状况? 为什么教育改革需要进行师德重建?
3. 你认为教师伦理学最需要讨论的基本问题有哪些? 为什么?

参 考 文 献

[1] 亚里士多德.尼各马可伦理学[M].北京:中国社会科学出版社,2007.

[2] 本杰明.富兰克林.富兰克林自传[M].茹敏,译.北京:中国城市出版社,2010.

[3] 朱小曼,等.教育职场:教师的道德成长[M].北京:教育科学出版社,2004.

第一章 伦理学基础

> 凡善于考虑的人,一定是能根据其思考而追求可以通过行动取得最有益于人类东西的人。
>
> ——亚里士多德

教师伦理学是关于优良教育道德与教师伦理智慧的学问,就学科性质来说,它主要是一门规范和应用的伦理学。在进行具体探讨之前,介绍伦理学最基础的概念和理论方法。

第一节 道德的界定

一、道德概念的界定

1. 道德与伦理

道德与伦理是两个相互关联的概念。从表面上看,这两个概念无论是在中文中还是在西文中,区分都不十分严格,经常可以互换使用。从词源上看,西文的"ethics"(伦理)源于希腊语"ethos",意为品性、人格,也与风俗习惯的意思相联系;"morality"(道德)源自拉丁文的"mores"一词,原意是习惯、风俗或礼貌。由此看来,伦理(ethics)与道德(morality)在西方的词源含义相同,都是指外在的风俗习惯及内在的品性品德,从根本上说是指人们应当如何规范行为。在古代中国,"伦"的本义是辈。《说文》曰:"伦,辈也。"后引申为人际关系。由于中国文化重视血缘关系,"人伦"所表达的人际关系在很多时候讲的是人的名分和辈分等。所谓"五伦",便是五种人际关系。"理"的本义为治玉。《说文》曰:"理,治玉也……玉之未理者为璞。"引申为整治和物的纹理,如修理、理发、肌理;进而引申为规律和规则。合而言之,所谓"伦理",在汉语中的词源含义是:人际关系事实如何的规律及其应该如何的规范①。"道"的本义为道路。《说文》曰:"道,所行道也。"引申为规律和规则。关于"德"的含义,古人有德、得相通之说。得到什么?朱熹说:"德者,得也,行道而有得于心者也。"行道而得,行为应该如何的规范而得到的正直的品德。因此,构成"道"、"德"的

---

① 王海明:《新伦理学》,商务印书馆,2001年,第104页。

词源含义都是行为规范和规则,前者是外在规范,后者是转化为个体内在的、心理的社会规范。"道"、"德"的合成词"道德"的词源含义主要是指行为应该如何的规范。总体来说,伦理与道德在中文中是整体与部分的关系:伦理是整体,含义是人际关系及行为事实如何的规律,以及其应该如何的规范,道德则只有后一种含义。[①]

词源学的考察虽然对认识道德、伦理的概念有积极的启示意义,但词源学的考察大体只是对某种社会现象的现象性描述,不能深刻说明对象的内涵。为了阐明道德的含义,可以通过与相关概念的比较,进一步揭示道德概念的内涵。

2. 道德与非道德

在行为规范的范畴中,非道德是与道德相对的、外延不同的反对关系。区分道德与非道德,可以明确道德的调整对象和行为性质,防止道德泛化和道德无知。以吃饭为例,中国人用筷子,西方人用刀叉,这些习惯在各自的文化中都是正常的行为规范,是符合相应的用餐礼仪的。当然,如果在西餐厅有人吃饭用筷子,在中餐厅有人吃饭用刀叉,不能说这些人不道德,最多只能说不符合用餐礼仪。但是,如果有人吃饭时用筷子敲破杯碟,用刀叉划坏桌椅,这就存在道德问题了。同样是用筷子和刀叉,都涉及行为应该如何的问题,为什么用筷子还是刀叉吃饭无所谓道德,而用筷子或刀叉损坏杯碟、桌椅却存在道德问题呢?区分道德与非道德的关键是什么?这里的关键是看行为是否具有利害社会的效用。因为前一情形只是不同的用餐习惯,是满足用餐需要的不同方式,选择的差异不会影响自我或他人的利益;后一种情形虽然也是用筷子和刀叉的方式,但这种行为方式损坏了餐厅的财物,有害于他人的利益。因此,道德是指有社会利害效用的行为规范,非道德则不具有社会利害效用,甚至不具有道德意识。

如何理解社会效用呢?作为具有社会性的人,其任何行为都会在某种意义上具有社会效用,那么,具有社会效用的行为是指一切行为吗?这里的"社会"是仅仅指整体还是需要包括自我与他人?这些都是需要明确的问题。所谓社会效用,准确地说,是指行为对道德目的或道德终极目标的效用。作为行为规范的道德,是对行为应该如何的规定。行为应该不应该都是指行为事实对行为目的的一种效用性,符合行为目的就是应该的,否则就是不应该的。具有社会效用的行为,就是符合道德目的的行为,由此规定应该如何的行为规范就是道德,否则就是不道德或非道德的。从根本上说,判定行为道德与否,不是仅仅依据行为本身,而是以道德目的为标准,评价判断行为效果与道德目的的关系而得到的。行为本身是道德的载体,道德目的才是决定行为道德性与否的关键。道德起源于社会,其目的是保障社会的存在与发展。因此,社会效用是针对社会的存在与发展而言的,有利于保障社会的存在与发展,就是具有积极社会效用的道德。社会又是什么呢?社会是由人群和集体组成的,是自己和他人的共同体。自己和他人都是社会的组成要素,社会效用包括对他

---

① 王海明:《新伦理学》,商务印书馆,2001年,第105页。

人的效用,也包括对自己的效用。因此,具有社会效用的行为共有三种:一是利害社会整体的行为;二是利害他人的行为;三是利害自我的行为。前一种具有直接利害社会的效用,后两种具有间接利害社会的效用。①

"所谓道德,说到底,也就是关于有利或有害社会与他人以及自己的行为应该如何的规范,简言之,亦即利害人己的行为应该如何的规范。"②利害社会与他人的行为规范是道德,这个一般不会有人反对,利害自我的行为也具有道德性,却是很多人不一定能理解的。马克思主义认为,人和社会是同时形成并不可分割地联系在一起的。人是处于一定历史条件和关系中的个人,而社会则是在一定的生产方式的基础上形成的众多的个人之间持续不断地相互作用、相互影响的有机整体。社会本身即处于社会关系中的人本身。个人作为社会的组成要素,既包括自我又包括他人,因此,利害自我的行为当然是具有社会效应的。比如一个人练武强身,这是利益自我、增进健康的行为,是否能说这种行为只是利于自己而不利于社会的呢?一个国家的国民都是病夫会有利于社会吗?每个人增强身体体质,既可以减少社会的医疗卫生开支,又能更好地工作服务于社会和他人,因此也是维护和促进社会利益的行为。这样看来,似乎不具有社会效用的行为不多。是的,利害自我的行为常常间接影响社会的存在和发展,每个人生活得越来越好,就意味着社会在不断进步。但是,我们还是对自我的个人行为是否具有道德性可以有所区分。当个人行为影响的范围基本只限于自己,与他人和社会的利益可以比较清楚地分割时,这种行为即使是利害自我的,也不需要作为道德行为来看待。而且,作为利害人我的道德行为,是有目的有意识的行为,具有利害人我有意性的行为才能做出道德判断。如一个人在黑暗的小巷唱歌无意地吓跑了小偷的行为并不具有道德性。对个人而言,一个人休闲的时候是选择看书还是上网,并没有利害自我的意识,与他人基本没有关系,即使产生了利害自我的效果,这种行为选择也不属于道德范畴。但是,行为是否具有道德性是相对的和变化的。同样是看书和上网,如果看书是为了做学术研究,解决社会问题,上网是为了发布虚假信息,骗取别人钱财或时间,那么这时的行为就有利害人我的主观故意和实际效果了,会对社会和他人产生影响,于是就成为道德规范的对象。

3. 道德与法律

一般认为,道德是社会制订的或认可的关于人们具有社会效用(即利害人我)的行为规范,但这还没有完整揭示道德的内涵,因为它也适用于法律。法学家也认为:法是决定人们在社会中应该如何行为的规范、规则或标准。③ 道德与法律到底是什么关系呢?

首先,道德与法律在调整规范的行为范围上是不同的,后者包含于前者之中。如:不可杀人、不可盗窃,既是法律涉及的行为规范又是道德涉及的行为规范。但

---

① 王海明:《新伦理学》,北京:商务印书馆,2001年,第107页。
② 王海明:《新伦理学》,北京:商务印书馆,2001年,第107页。
③ 韦农·波格丹诺:《布莱克维尔政治学百科全书》,中国政法大学出版社,1992年,第393页。

是,不可撒谎,却可能是涉及道德的行为规范,而不涉及法律的行为规范,法律只禁止那些对社会和他人造成严重危害的撒谎,但道德反对一切撒谎行为。可见,法律规范的范围要比道德规范的范围小,它只把严重损害他人利益或人身安全,或者普遍损害社会的行为作为调整对象。可以说,法律是最低限度的道德,所有的违法行为都是道德所反对的。

其次,道德与法律都有强制力,但是无法明确地说哪个的强制力更大。道德与法律一样,也是具有强制性的。所谓强制,是指主体的行为受到其他意志力的影响而被迫改变,当一个人被迫采取行动以服务于另一个人的意志,亦即实现他人的目的而不是自己的目的时,便构成强制。[①] 强制有各种各样的类型和表现,例如:体现为社会舆论的语言强制;体现为财物处罚的经济强制;体现为刑事监禁的肉体强制;体现为指示命令的行政强制,等等。这些强制形式虽然使用的手段不同,但目的都是一方迫使另一方改变自己的行为方式,体现了行为改变的外在性和被迫性。道德的强制力量怎么体现呢?两个人在公共汽车上大声谈笑,影响了他人,虽然不会受到法律的制裁,但是会被别人指责,受到舆论的谴责。当在安静的车厢中大声谈笑的两个人受到指责后,通常会停止谈笑或降低音量,这就是道德的强制力,道德也具有使人放弃自己的意志而服从他人意志的力量。

道德与法律都有强制力,两者之间是否有大小的差别呢?有人认为法律的强制力比道德的强制力大。仅仅从力度的强弱和即时性效果来看,这种说法有一定正确性。法律强制表现为令行禁止,是一种硬约束,而道德相对是一种软约束,有时不能即刻生效。但也要看到,现场力度较软的道德强制在很多时候也是即时见效的。例如:有人在赏花时采摘花朵,如果旁人说一声"好花共欣赏吧",摘花人可能就会停止自己的行为。这就是道德软约束的即时效果。旁人的提醒不一定要呵斥,甚至不用大声,就可能制止不道德的行为。如果从两者行为调整的范围和深度来看,道德的强制力可能还要大于法律的强制力。法律只对有重大社会危害的行为进行调整,道德调整的范围不仅涵盖了法律约束的对象,而且包括对社会危害不大的行为,道德比法律管得更宽,强制力所及的范围更大。从影响的深度来说,法律强制直接触及的是人的肉体和外在的东西,而道德强制更多地触及心灵,让不道德的人受到精神的折磨。其实,道德与法律这两种强制力需要相互配合,效果才能相得益彰。"徒法不足以自行",法律要符合人们的道德信念才能被尊重和执行,道德也需要借助法律的力量,严格惩罚和禁止具有重大社会危害性的行为。

根据上文的比较分析,我们看到,道德与法律区别的关键不在于有无强制力,而在于强制力的性质,两者性质的差异主要是由权力因素的介入决定的。法律的强制力主要体现为正式权力,是由政府管理机构和人员负责实施的,是通过正式的程序和途径获得的,是管理对象应该且必须服从的力量。相比较而言,道德的强制力没

---

① 哈耶克:《自由秩序原理》,生活·读书·新知三联书店,1997年,第164页。

有法律那么正式和严格,主要体现为舆论强制,执行的主体也不限于政府部门或人员,是强制对象应该而非必然服从的力量。

综上所述,通过道德与伦理、道德与非道德及道德与法律的比较分析,可以得出结论:道德是社会制订或认可的关于人们具有社会效用(亦即利害人己)的行为应该而非必须如何的非权力规范;简言之,也就是具有社会效用的行为应该而非必须如何的规范,是具有社会效用的行为应该如何的非权力规范。[①]

二、道德结构

道德结构是指道德的构成要素及其稳定的相互关系。界定了道德的概念,明确了道德的内涵以后,就可以分析道德的结构,进一步理解道德是如何存在的。作为行为规范的道德是一种思想的存在,是由社会制订或认可而获得存在资格的,因此,道德存在与物质存在的客观性不同,它的存在具有人为设定性,体现了社会的需要和目的。根据道德存在的人为性和意识性,可以从两个角度来分析道德结构,即形式结构和实质结构。

所谓道德的形式结构,是通过逻辑分析的方式,厘定道德构成的形式要素及其逻辑关系,也可称为道德的逻辑结构。道德的形式结构体现了人为设定道德的逻辑要素与推理规则,是形成道德思维和做出道德判断的重要理论依据。道德是人们具有社会效用的行为应该如何的非权力规范,属于行为应该如何的范畴:符合道德目的的行为事实,就是行为之应该,是应该如何的道德规范;违背道德目的的行为事实,就是行为之不应该,是不应该如何的道德规范。例如:守信作为道德规范是如何构成的呢? 守信是一种行为事实,这种行为符合社会的道德目的(保障社会存在与发展,增进每个人的利益),因此是应该的行为,是行为应该如何的道德规范。说谎为什么一般是不应该的,而有时又是应该的呢? 是因为说谎一般违背了道德目的,而有些情况下又符合道德目的。可见,道德就是由行为事实与道德目的两个要素构成的,是通过判断行为事实对道德目的的效用(符合或违背)而确定的。

在道德的形式结构中,行为事实与道德目的两者缺一不可,而且要明确两者所处的地位是不一样的。行为事实如何是行为不依赖道德目的而具有的属性,不论是否与道德目的发生关系,这种行为事实都可以存在。道德作为行为应该如何规范,必须依托行为事实。因此,行为事实是道德存在的源泉和依据。道德目的是衡量行为是否应该的标准,是从行为事实推导出行为应该如何的条件,是道德存在的主体因素。道德的设定性主要是由道德目的决定和体现的。道德是由行为事实与道德目的相结合而构成的行为规范,行为应该如何是行为事实与道德目的发生关系时所产生的属性,是行为事实对于道德目的的效用,是行为的关系属性。因此,总体来说,道德是行为事实对于道德目的的效用,是由行为事实与道德目的两方面构成的,

---

[①] 王海明:《新伦理学》,商务印书馆,2001年,第112页。

前者是道德构成的源泉和实体,后者是道德构成的条件和标准。① 这就是道德的形式结构。

所谓道德的实质结构,是指道德的内容和现实表现,是道德实际的构成要素及其相互关系。作为社会存在的道德,不仅是一种思想意识,而且是实际的社会活动。道德的实质结构就是描述和说明道德是怎样的一种社会事物,以何种方式表现其存在。道德的实质结构包括道德意识、道德关系和道德活动三个要素。道德意识是道德的主观方面,道德关系和道德活动是道德的客观方面,两个方面三种要素相互作用、有机统一,共同构成道德的实质结构。

从道德的内容来看,道德表现为道德意识,是人们在道德活动中具有善恶价值取向的各种心理过程和观念②。道德意识由道德规范意识和道德思想意识两个因素构成。前者是指导和评价人们行为善恶的准则,包括自发形成的判断善恶的习俗、惯例,以及自觉概括或表达的善恶准则,即道德原则、道德规范等。后者是指人们在社会生活中对社会道德的认识和理解,是通过社会的道德教育和个人的道德修养而形成的道德境界。道德思想意识包括道德观念、道德感情、道德信念、道德意志、道德理想及一定的道德思想体系等,是人们关于道德的经验感受和理性认识,是在理性与非理性共同作用的基础上形成的道德精神。道德规范意识和道德思想意识是有机联系的,前者是后者的主要对象,后者是前者的理论基础。就个体道德而言,道德规范意识与道德思想意识一般是相互协调的(至少是趋向协调的),但就社会道德而言,两者处于多元复杂的关系状态。所谓多元,是指道德规范意识和道德思想意识在一个社会可能有不同的体系和流派,相互之间存在差异关系、交叉关系甚至根本对立的关系。所谓复杂,是指道德规范意识和道德思想意识两者之间相互支持和反对的关系错综复杂,不是简单的一一对应关系。在社会转型和变革时期,道德意识常常表现出多元和震荡特征,社会道德的实质结构会不断进行激烈的调整和重新建构。

从道德的现实存在形态来看,道德表现为道德关系和道德活动。所谓道德关系,是指在一定道德意识支配下形成的,并以某种特有的活动方式存在的相对稳定的社会关系。根据主体和客体的不同,可以把道德关系概括为两类:人与人之间的关系和人与物之间的关系。人与人之间的关系又分为三种:个人与群体之间的关系、个人与个人之间的关系及群体与群体之间的关系。个人与群体之间的关系由于作为关系一方的社会群体存在范围和等次的不同,还可以细分为个人与国家、民族、社会集团、全人类的关系。个人与个人之间的道德关系由于个人社会角色的不同可以细分为夫妇、兄弟、父子、师徒、朋友、邻里等不同的关系。道德关系是道德意识的直接表现,客观地体现在人们的道德活动中。由于道德意识的内容是由社会决定的,任何道德都是社会性质的道德,因此,道德关系的形成不以个别人的意志为转

---

① 王海明:《新伦理学》,商务印书馆,2001年,第113页。
② 唐凯麟:《伦理学》,高等教育出版社,2001年,第47页。

移。一个人一生下来,就进入了已经形成的社会道德关系之中,人注定只能活在一定的社会道德体系之中。

所谓道德活动,是指人们依据一定的道德观念、道德原则和道德规范所进行的各种具有善、恶意义的行动。道德活动是道德存在的客观形态,是道德功能发挥和道德生命活力的体现。从根本上说,没有道德活动就无所谓道德存在问题,道德就是在实践中生成并得到现实确证的。由于道德是没有独立空间的社会存在,它依存于一切社会领域之中,因此,道德活动由于所在领域的不同和主体的差异而表现出各种各样的方式。作为行为的一种,道德活动的本质是由道德意识所决定的,即行为具有善恶的自主性并能够进行道德评判决定行为的道德性。因此,道德活动也就是道德行为的选择及其实施,其道德性是以道德意识(从根本上讲是道德目的)为标准判定的。根据道德规范的直接与间接的差异,可以把道德活动分为道德的活动和关于道德的活动。前者是道德规范与道德原则的行为化,是道德规范的实施和行为体现;后者是对道德原则与道德规范的运用、传播与内化,如道德评价、道德教育、道德修养等,这些活动促进社会道德在其他情境中得到实施。

总之,道德实质结构是由道德意识、道德关系和道德活动三要素有机结合形成的整体。三种要素既具有相对独立性,又相互联系、相互制约。道德意识是道德关系的思想前提,界定道德关系的范围,决定道德活动的性质;道德关系是道德活动的依托,道德活动是道德意识和道德关系的现实化。

三、道德类型

道德类型是对道德外延的界定,从道德存在的范围上理解道德的基本种类。道德类型划分的标准很多,不同的标准得到的道德种类不同。为了从总体上理解道德,这里只介绍道德最基本的几种类型。[①]

1. 普遍道德与特殊道德

道德既具有适用于一定社会和文化的多样性和特殊性,又具有适用于一切社会和文化的普遍性和一般性,道德的特性是普遍性与多样性的统一。一切道德可以分为两类:普遍道德与特殊道德。普遍道德是一定领域的任何人都应该遵守的道德;特殊道德是一定领域的一些人应该遵守的道德。特殊道德,如"三从"(在家从父、出嫁从夫、夫死从子)仅仅适用于中国封建社会和文化,仅仅对封建社会的中国女人是有效的、应该遵守的原则。相反,普遍道德,如诚实、节制、勇敢、公正、谦虚等道德品质,无疑是任何时代任何人都应该遵守的。

2. 共同道德与特定道德

共同道德是指任何人都应该遵守的道德,是适用于人类一切社会一切人的道德,是一切社会一切人都应该遵守的道德,如公正、诚实等。特定道德是人类的不同

---

① 王海明:《新伦理学》,商务印书馆,2001年,第115页至第131页。

道德,是一些人应该遵守而另一些人则不应该遵守的道德,是仅仅适用于一定社会和文化的道德,如"三从"、"三纲"(君为臣纲、父为子纲、夫为妻纲)等。普遍道德与特殊道德的区分是相对的,而共同道德与特定道德的区分是绝对的、固定不变的。只有适用的人类社会领域是共同的、普遍的、一般的道德才是共同道德,只有适用的人类社会领域是不同的、特殊的、个别的道德才是特定道德。例如:勇敢、无私,在任何情况下都是人类社会普遍的道德规范;反之,"三从"、"三纲"在任何情况下都是特定道德,是人类社会特殊的道德规范。

3. 道德原则与道德规则

道德原则是某个领域根本的道德规范,是普遍的、一般的、抽象的道德规范。道德规则是某个领域非根本的道德规范,是被产生被决定的规范,是具体的、个别的、特殊的规范。例如,在中国封建社会,"三纲"是道德原则,具有产生和决定其他封建道德规范的功能,是一般性的、普遍性的道德规范。"三从"则是由"三纲"推导出来的道德规则,具有特殊性和具体性。又如:公正、平等是基本的道德原则,而社会救助、同工同酬则是可以由公正、平等的道德原则推导出来的道德规则。当然,道德原则与道德规则的区分是相对的,在不同的领域和层次,道德规则与道德原则可能会发生转变。例如,与"三纲"相比,"三从"是道德规则,但相对具体家庭道德规则而言,"三从"则又可能成为道德原则。

4. 绝对道德与相对道德

绝对道德是人们在任何条件下都应该遵守的道德。相对道德是人们在一定的条件下遵守而在另一定条件下不应该遵守的道德。就一个道德体系而言,绝对道德就是该体系最高的道德原则,就是道德的终极标准。

5. 优良道德与恶劣道德

优良道德是可普遍化的道德,是具有客观性的符合社会道德目的的道德。恶劣道德是不可普遍化的道德,是在主观性基础上制订的不符合社会道德目的的道德。

第二节 道德的起源与目的

道德的起源问题是伦理学的一个基本问题,这个问题在伦理学中有很多争论。不同的伦理学流派,不同的伦理学家,都站在各自的立场上看待和回答这个问题,于是得出了各种各样不同角度的、不同性质的观点。作为一个理论问题,道德的起源可以从不同的角度来理解:从形态来考察,就是问道德最初的形态是什么样的;从时间起点来看,就是探寻道德何时开始形成的;从进化的视角看,是指道德的源头问题;从生成动因来看,是探讨道德产生的条件与发展的动力。把道德的起源与目的放在一起,主要从生成动因的角度来理解问题。

一、道德起源的社会条件

道德起源问题是具有反思意识的人对道德存在的发生学追问。探讨道德的起源，前提是人类社会有道德的存在。我们不讨论"动物社会"是否有道德，起码到目前为止，我们知道只有人类反思道德的起源问题。因此，道德说到底是人的道德，考察道德起源，不能离开人的社会实践和社会历史发展背景。作为一种特殊的社会现象，道德的产生是同人和人类社会的产生、发展分不开的。既然劳动创造了人和人类社会，那么，人的劳动活动也就是道德起源的秘密所在。正是劳动活动使人成为道德的主体，促成了人的道德需要，造就了道德产生的客观和主观条件，提供了道德产生和发展的动力。①

人的社会关系的形成和发展，是道德产生的客观前提和直接基础。人是在社会生产劳动中形成的，社会是在劳动生产中分工协作的产物，因此，人的社会关系，是在社会劳动中形成和发展的。在"人猿相揖别"的漫长历程中，劳动发挥了根本性作用。类人猿本来具有群居的本能，劳动强化和改善了这种本能。在人与自然的斗争中，个体的力量非常渺小，劳动从一开始就是在本能基础上的群体活动。劳动强化了个体之间的联系，形成了相互依赖、相互协作的社会关系。这种关系最初还是临时性和偶然性的，随着劳动活动的发展，这种关系逐渐变得更加广泛而稳定，正在形成中的人天然地融合在这种关系之中，个体作为群体的一分子而存在。在原始生产能力极端落后的条件下，个体没有独立生存的能力，甚至也没有形成独立生存的意识。因此，个体作为社会关系的结点，是与社会群体直接同一的。但是，正如马克思指出的，"凡是有某种关系存在的地方，这种关系都是为我而存在的"。② 随着社会分工的产生和剩余产品的出现，个人在劳动中的地位和作用不断加强，个人的利益观念和利益追求逐渐打破了原有的个体与群体直接同一的状况。利益的追求造成了人与人之间的差别，产生了个体与他人、与群体之间的利益矛盾，原有的个体与群体相融合的天然秩序被打破了。为了保证劳动的顺利进行，社会群体不能因矛盾而分解，必须保持基本的秩序和稳定的社会关系。就个体而言，劳动活动作为实现自身利益的手段，也不得不依赖群体的存在与统一。个体和群体虽然有不同的需要与利益，但两者之间是相互依赖的，因此，调整个体与群体之间的利益矛盾就成为社会的必然要求。道德正是基于这种利益调整的客观需要而产生的。

人的意识和自我意识的产生和发展，是道德产生的主观条件。随着社会的发展和利益的分化，原始人类群体产生了调整个体与他人、个体与群体利益矛盾的客观需要，但是，如果原始人对这种需要和社会关系不能有所意识，道德仍然是不可能产生的。因此，道德的产生除了具备客观条件和社会必然要求之外，还需要人类具有意识能力，这就是道德产生的主观方面的基础。本来，人的劳动活动、社会关系和意识是密不可分的，意识就是在劳动实践活动中逐渐形成的。人类的意识一开始是自然意识，随着社会关系的扩大和社会交往的频繁，人类产生了语言，形成了反思自我生命与实践活动的意识。自我意识的形成，为人的自主活动提供了前提，人类开始

---

① 唐凯麟：《伦理学》，高等教育出版社，2001年，第39页至第41页。
② 《马克思恩格斯全集》（第46卷下册），人民出版社，1972年，第34页。

支配自己的活动,按照自己的意图和目的改造生存环境。只有到这时,人类才能自觉处理个人同他人、同群体之间的关系,个人不仅意识到自己的存在和利益,而且能够意识到他人和群体的存在和利益。于是,在原始社会群体内部,一方面形成了比较明确的调整群体和个体关系的要求,另一方面,人们也能够意识到这种利益调整的必要性,如果原始群体不能维持,个体也就无法生存。这样,原始群体社会关系的自然调节被有意识的社会调节所取代,产生了人类社会特有的道德现象,形成了真正属于人类的社会新秩序。可见,道德的产生是人类有意识地建立关系、调整关系从而创设"为我"关系的过程,道德是人为设定的社会存在。

二、道德起源的社会动因与道德目的

道德是人为设定的存在,因此,回答道德起源问题必须进一步讨论主观条件是如何发挥作用的。也就是说,人类创设道德是基于什么目的呢?道德满足了人类的什么需要?这要从考察人类社会的存在和发展来寻找答案。静态地看,人类社会不过是人与人按照一定关系结成的共同体;动态地看,人类社会则是人的活动体系,是人们相互交换活动、创获财富的利益合作体系。从社会动态结构的维持和发展,我们可以发现道德起源的目的动因。①

从人的生存与发展的基础来看,人类社会的活动,主要是关于财富的活动:一方面是关于物质财富的活动;另一方面是关于精神财富的活动。关于物质财富的活动,是对于物质财富的生产、交换、分配和消费活动,这就是经济活动;关于精神财富的活动,是对于精神财富的生产、传播、交换与消费等,满足人们的精神需要,这就是文化产业活动。经济活动和文化产业活动,都是创获财富的活动,人类还有一些完全不创获财富的活动,如:朋友交往、同学往来、爱情婚姻等,可以称为人际交往活动。这三种活动,都是社会活动。为了维持社会活动的持续进行、保障社会的基本秩序,必须对这些活动进行管理,于是产生了管理活动。管理活动有的创获财富,有的不创获财富。创获财富的管理活动,如生产调度、乐队指挥等工作,仍然分别属于经济活动和文化产业。

不创获财富的管理活动也分为两类:政治和德治。孙中山先生说过:"政就是众人之事,治就是管理,管理众人之事,就是政治。"不过,管理众人之事不一定都是政治,政治的标志是运用权力进行管理。政治是对社会行为的权力管理,是对于人们行为应该且必须如何的管理。权力是被社会所承认且必须服从的强制力量,一方面表现为暴力强制,如判刑、收监、体罚等,另一方面表现为行政强制,如处分、降职、减薪等。政治就是不创获财富的权力管理。不创获财富的管理活动,在手段上与政治相对的非权力管理就是德治。所谓德治,是社会依靠非权力力量对人们行为应该如何的管理。非权力是使人们行为应该而非必须服从的力量,一方面依靠教育促使人

---

① 王海明:《伦理学与人生》,复旦大学出版社,2009年,第27页至第30页。

们自愿服从,另一方面通过谴责、表扬、批评等社会舆论手段强制服从。

政治与德治之分,基于它们管理对象性质的不同。政治的对象是那些具有重大社会效用的行为,如国防安全、民族争端、阶级斗争、杀人放火等,这决定了政治不得不具有应该且必须服从的力量。德治的对象是一切具有社会效用的行为,包括具有重大社会效用的行为,还包括不具有重大社会效用的行为,如扶老携幼、团结友爱、互相帮助等,这就决定了教育是德治的本性,德治是非权力管理,要求被管理者行为应该而非必须如何。可见,道德规范的范围涵盖了政治的对象,还超过政治的对象,另外包括不具有重大社会效用的行为。

"不以规矩,不能成方圆"。无论是经济、文化还是管理活动,都需要遵循一定的规范,才能保障社会的基本秩序,保证各种社会活动的顺利进行。根据强制性质的不同,社会的行为规范总体上包括两种,即法(包括法律、政策和纪律)与道德。法就是权力规范,是政治活动遵循的规范;道德是非权力规范,是德治活动遵循的规范。道德与法共同规范一切具有社会效用的活动,包括经济、文化、交往、政治、德治等,其中:法规范具有重大社会效用的行为,是人们应该且必须服从的规范;道德规范一切具有社会效用的行为,是人们应该而非必须服从的规范。

从道德与法的价值层次来看,法是道德的底线,政治和法说到底是道德的实现。法作为一些具体的、特殊的规则,本身是没有独立的原则的,法的原则其实是道德原则。例如,公正、平等、自由是法的一些基本原则,但这些原则并不属于法律范畴,公正、平等、自由都是社会治理的道德原则。从总体上看,人类的一切社会活动,无论是经济、文化、人际交往,还是政治、德治与法,最终都应该是道德的实现。

根据上文分析可知,道德不但与政治和法一样,根源于经济活动、文化产业和人际交往的存在与发展的需要,目的是保障经济活动、文化产业和人际交往的存在与发展,而且根源于政治、法和德治的存在与发展的需要,其目的在于造就优良的政治、法和德治。促进经济发展、繁荣文化产业及保障人际交往自由安全,是道德与法和政治共同的普遍目的;造就良法,造就优良政治和德治是道德特有的普遍目的。总而言之,道德起源的动因是社会存在和发展的需要,保障社会的存在与发展是道德普遍的总目的,促进经济发展、繁荣文化产业、保障人际交往自由安全,以及造就良法、优良政治和德治是道德普遍的六大分目的,增进每个人的利益是道德的终极目的。

三、道德起源与目的他律论与个体美德自律论

道德起源于社会,道德的目的是保障社会的存在与发展,道德的目的源于道德之外,这就是道德目的他律论。为什么道德的起源与目的只能是他律而不是自律的呢?下面分析道德的本性问题。

分析人类社会活动对人的利害关系,可以发现:政治、德治、法、道德这四种活动与经济活动、文化产业活动和人际交往活动三种活动不同,经济活动和文化产业创造物质财富和精神财富,直接满足人的物质需要和精神需要,人际交往活动虽然不

创造财富,却直接满足人的交往需要。因此,三者都是对人直接有益的活动,能够满足人的不同需要,是有益无害的利,即善。反之,政治、德治、法和道德不但不创获财富,反而对人的行为进行管理和规范,是对人的某些欲望和自由的限制、约束和侵犯,因而其本身对人非但无益而且有制约。从这一点看,道德就和政治、法一样,本身不是好的东西,而是一种"恶"——任何不利于满足主体需要和实现主体欲望因而不符合主体目的的事实属性就是恶,但是没有道德、政治和法,人类社会就无法存在和发展,有了这些设置,虽然人的愿望受到一定的压抑、阻碍,但社会却能存在,这是每个人利益追求的必要条件。之所以认为道德、政治与法对人有益,并非指这些管理和规范本身,而是指管理和规范所达成的结果。所以,道德与政治、法一样,就其本身来说是一种"恶",但就其结果来说能够避免更大的恶,避免社会的崩溃,能够带来更大的善,即保障社会的存在与发展,最终有利于实现每一个人的利益和幸福,所以是一种必要的"恶"。

　　法律是一种必要的"恶",对此人们基本能够达成共识。这一理解的经典,是边沁最早明确说出的,他认为每一条法律都是对自由的侵犯,都是对欲望的一种压抑,因而都是一种恶。同样的,每一条道德也是对自由的侵犯,是对欲望的压抑和限制。当然,道德与法的性质有所不同。法规范具有重要社会效用的行为,管制如杀人放火这些行为非常重要,这些行为如果不用法律制止,社会秩序就会崩溃。道德规范一切具有社会效用的行为,一切法律必须符合道德,而道德规范的范围远远大于法规范的范围。法是一种"恶",道德作为对人的欲望的压抑和自由的限制,同样是一种"恶"。但道德和法的目的和结果却是"善"的,是人类为了达到利己的目的(保障社会的存在和发展)而创设的"害己"(限制某些欲望和自由)手段,因此道德和法律都属于必要的"恶"。

　　道德与政治、法一样,是一种必要的"恶",这意味着道德的起源和目的不是道德自身,而只能是道德以外的利益。任何必要的"恶",就其自身来说,仍然是一种"恶",因而不可能自成目的,一切必要的"恶",其目的都是在其自身之外的他物。吃药是一种必要的"恶",谁也不愿意吃药,但吃药是为了治病,有利于身体的康复,身体康复才是吃药的目的,吃药本身不能自成目的。道德是一种必要的"恶",因此道德的起源和目的不是源于自身,而是为了道德之外的他物——为了保障社会、经济、文化、人际交往、政治、法和德治的存在与发展,最终保证每个人的利益。这种观点就是道德他律论。

　　道德起源与目的他律论,并不否认一个人道德行为与目的的自律。道德作为社会的存在,是以社会为主体创设的,不是哪一个人的主观意志的产物。社会道德的产生,首先基于个人和社会的有机统一,基于人的社会性本质,是处理个人利益与社会利益矛盾的必然要求,具有客观必然性。因此,道德虽然是人类自己创设的事物,但不是作为个人而是作为社会主体创设的,这种道德的主体性和创设道德的目的,是在人类社会的存在和发展的过程中去发现的,道德目的不是主观任意形成的。可见,道德起源的目的动因,不是为了道德本身,人类只是把道德作为手段,目的是实现社会的存在和发展。与社会道德目的他律论不一样,个人的道德行为与目的,则是有可能为了道德自身的,严格地说是为了美德。当社会道德没有得到主体的认同时,道德作为行为规范限制和调控个人的自由,这时的道德对于个体来说是一种必要的"恶"。但是,一旦个体完全认同了社会道德,内化为自身的素养即美德时,个体道德即美德对人就不是一种限制和压抑了,个人的道德行为完全是美德的自主体现,这时道德(其实是个体道德或美德)就不是"恶",而是一种必要的善。因此,个体道德行为的目的可以是追求外在的社会效用,也可以是提升个体道德即美德自身。这就是个体美德的自律论。

第三节 结果论与非结果论

任何道德都需要在实践中发挥功能、体现价值,然后才能从根本上判定其真理性。从这个意义上说,道德理论就是关于道德决定的理论。在伦理学史上有两种主要的理论讨论人们如何决定什么是道德的、什么是不道德的这一问题,即结果论与非结果论道德理论。这两种理论的基本观点具有明显的对立性,前者关心行为结果,或者说以行为结果作为道德决定的基础,后者不关心行为结果或者说不以结果作为道德决定的基础。下面分别扼要地介绍这两种理论的基本观点并进行批判性评价,为我们做出自己的道德决定提供参考。

一、结果论道德理论及其批判

结果论的道德理论认为,一种行为选择或规则的效果决定其道德性。这就意味着,当我们决定是否应该做出一种选择,以合乎道德的方式行动或确立一种道德规则时,我们必须估计这样做的效果是什么。如果我们所做的选择将会带来好的结果,它就是正确的或道德的;如果导致坏的结果,那么它就是错误的或不道德的。与此相联系的另一个问题是,这些好的结果应当给谁受益?对此问题的不同回答形成了不同性质的结果论。两种主要的结果论道德理论是伦理利己主义和功利主义。前者认为人们应该为了自身利益而行动;后者则认为人们应该为一切有关者的利益而行动。

假设李某是省教育厅的试卷保管员,他现在保管的是全省即将举办的一次竞赛的试卷,由于试卷保密制度不健全,李某有机会独自打开试卷复制试题。现在有一位考生王某私下找到李某,愿意出5万元购买竞赛的试题。如果李某是一位结果论者,他就会仔细考量泄露考题会带来什么结果。如果他是伦理利己主义者,他会努力预测怎样做才符合自己最大的利益;如果他是功利主义者,他就会努力预测怎样做才符合每一个有关者的利益。无论李某是伦理利己主义者还是功利主义者,从两种对待结果的对立的观点出发,他都有可能做出不泄露考题的决定。伦理利己主义者可能认为,向王某泄露考题虽然可以得到5万元钱,但由于这种行为触犯法律会受到惩罚,并不符合其自身的利益;功利主义者则可能认为,泄露考题对其他考生而言是不公平的,并且导致本次竞赛选拔人才的功能遭到破坏。两种结果论道德理论的分析得到了同样的道德决定,说明两种理论的论证有相似或相通的地方,两者存在什么优劣差异与性质上的不同呢?

(一) 伦理利己主义

伦理利己主义的基本观点是:永远为自己的利益而行动就是有道德的。该理论表现为以下三种形式[①]。

一是唯我的伦理利己主义,认为每个人都应该为自身利益而行动。

二是个人的伦理利己主义,主张我应该为我的自身利益而行动,别人应该怎么办,我不管。

三是普遍的伦理利己主义。其基本原则是:每个人都应该永远为其自身利益而行动,不考虑别人的利益,除非后者服务于他的自身利益。

前面两种形式的理论存在严重问题,它们只适用于某一个人,不能被普遍应用。缺乏普遍适用性的道德理论,没有全错但存在重大缺陷。更为严重的是,唯我的或个人的利己主义者如果宣传自己的理论,可能完全不符合自身的利益。谁愿意满足唯我的或个人的利己主义者的自身利益呢?因此,这些利己主义者只能隐瞒自己的信仰,暗地里坚持这种理论,表面上谎称是利他主义者。大多数道德理论都认为,不诚实和说谎是颇可怀疑的道德行为。这种不能公之于众的道德理论,本身怎么能够说是道德的呢?这两种形态的利己主义只有利于一个人,显然不适应于人们相互依存的社会生活。如果人人都是唯我的自利者,都期望其他人只为他的自身利益而行动,如何解决相互之间产生的利益冲突?每个人的自身利益能够得到满足吗?可见,这两种伦理利己主义无法在现实生活中应用,其理论主张与实践结果会发生冲突。

普遍的伦理利己主义是一种最为常见的观点,它可以普遍适用于所有的人。该理论主张每个人都应该为自身的利益而行动。表面看来,它似乎给予我们较大程度的自由、个性和平等。问题是,每个人的实际含义是什么?这类利己主义者是希望每个人的利益都得到满足还是仅仅满足他自己的利益?

伦理利己主义的根本问题是无法为人们之间的利益冲突提供解决办法。所有利己主义者都追求自身的利益,但任何人又不能与社会隔绝,必须与他人相互依存。当利己主义者面临矛盾冲突时,可能导致"强权即公理"的问题,那么,实际上只有强者才能满足自己的利益。这种解决冲突的办法是道德的吗?另外,利己主义者在利益冲突时,彼此之间怎样提出道德的劝诫呢?如果甲劝乙为甲自己的利益而行动,甲就成为唯我的或个人的利己主义者;如果甲劝乙为乙自己的利益而行动,甲的利益又如何实现?甲不就成为利他主义者了吗?

普遍的伦理利己主义理论的长处是强调个性和自由,但它只能适用于每个人都

[①] J.P.蒂洛:《伦理学:理论与实践》,北京大学出版社,1985年,第42页。

自给自足、相互之间不发生利益冲突的社会,但是我们中间几乎没有人能够自给自足,我们只有相互依赖、相互支持才能够生存下去。所以,普遍的伦理利己主义理论也是错误的。

(二) 功利主义

功利主义的主要创始人是边沁和穆勒。功利主义者认为,如果一种行为有助于满足欲求的或带来好的结果,就是正确的(道德的)行为。功利主义的典型表述是:每个人的行为或所遵循的原则应该为每一个相关者带来最大的利益(或幸福)。这里同时提及行为与遵循的原则,是因为功利主义一般有两种主要的类型:行为功利主义和规则功利主义。① 行为功利主义主张,人们应当永远使其行为给每一个行为相关者带来最好的结果。规则功利主义主张,每个人应该始终遵循会给一切行为相关者带来最好结果的规则。一方面,行为功利主义伦理思想方法直接用功利来判断行为本身,准则功利主义伦理思想方法则直接用功利来判断指导行为的价值原则,而不是直接判断行为本身,即准则功利主义思想方法是用功利来判断价值原则,用价值原则指导行为本身;另一方面,行为功利主义伦理思想方法在行为选择时直接诉诸功利,而准则功利主义思想方法在行为选择时则直接诉诸价值原则。②

行为功利主义者认为,由于各种情况和个人都不相同,因此为行为制定规则是不可能的。每个人必须分析自己的处境,努力认清什么行为将不仅为自己而且为所有与此相关的人带来好的结果,而且把坏的影响减少到最低限度,这种行为就是道德的。与此不同,规则功利主义者认为,即使人、时间、地点有差异,仍然存在许多相似之处,因此制定正当行为规则是可能的。他们还指出,时间是道德决定的重要因素,每次遇到新情况都得重新考虑道德行为,可能会错过行动的最佳时机,由于没有及时行动而导致不道德的行为。行为功利主义没有任何规则可供遵守,那么如何教导青年人和未启蒙者采取合乎道德的行动?于是,规则功利主义者提出,应该确定哪些规则将有益于每个人,然后确立并实施那些规则,这样每个人的利益都会得到满足。例如,处理能否杀死他人问题时,不必弄清楚各种情况下是否应该杀人,而是确立"除非自卫,不得杀人"的规则,这个规则就可以指导人们的普遍行为。因为每个人都重视生命,没有生命就没有一切,所以制定保护人的生命的规则是应该的。

规则功利主义在规则制定上的困难在于,如何确立能够适应不同情境的公正的规则?例如,"除非自卫,不得杀人"的规则能包罗人们可能遇到的所有情况吗?这一规则不适用于流产问题,流产是因为未出生的胎儿侵犯了谁的生命安全吗?如果孕妇的生命不是因为怀孕而是其他原因面临危险,规则功利主义如何处理孕妇杀死自己腹中胎儿的问题?确立规则还有可能存在限制人们解决道德问题的灵活性与创造性问题。规则确立后,如果发现不适当、不公正,难以废止和撤销。例如,"在家

---

① J. P. 蒂洛:《伦理学:理论与实践》(第8版),北京大学出版社,2005年,第42页。
② 高兆明:《伦理学理论与方法》,人民出版社,2005年,第279页。

从父"的规则已经被证明不适当,受到很多人的批判,但在现实生活中这一规则仍然有影响力。

由于过于强调功利有用的一面,两种形式的功利主义面临着一个困难:努力争取大多数人的最大好处是否永远正确?有时候大多数人的最大好处可能是建立在对少数人的严重损害的基础上的。例如,医生用100名儿童做实验,保证实验成功后将来可以救活一千万儿童,但在实验过程中会给这100名儿童带来严重的痛苦和致命的伤害。你认为这项实验是正当的吗?当然,仅就人数来看,这个实验是给大多数人带来好处的。但很多道德家对此持反对意见。他们认为,从道德上说,每个人都是唯一的,无论将能救活多少人,这项实验都不能做。如果只是关注每个人的最大利益,用"成本-利益分析法"(即努力计算花多大成本能赢得最大利益)决定是否道德,可能存在一种危险。这一方法可能使我们专注于确定个人的社会价值,因此那些对社会有较大价值的人如专业人员,就比非专业人员得到更多的好处(如医疗)。也就是说,在努力为最大多数人创造最大好处的过程中,我们可能会对少数人做出很不道德的事情。①

一切结果论道德理论固有的困难是,必须尽量全面地发现和确定我们行为的各种可能的结果。无论是关心自己利益的伦理利己主义者还是关心每个人利益的功利主义者,都存在这个问题。相比较而言,后者面临的困难更大,因为功利主义者必须关心行为结果如何影响别人而不是自己。也许可以确定行为的直接结果,但能确切地知道决定和行为对我们或对别人将具有什么长远的影响吗?例如,第二次世界大战期间开发和使用原子弹时,科学家和政治家能预见到后来发生的所有结果吗?美国总统杜鲁门可能预见到他也许能结束太平洋战争,拯救盟军的许多生命。然而,他能预见到后来冷战的紧张、核威胁的普遍存在吗?

二、非结果论道德理论及其批判

非结果论者坚持认为,道德是且应当是处于一个比单纯满足利益高得多的层面上的。他们主要从规则方面研究道德,认为道德与不道德是绝对的,不依赖于任何个人的意念、欲望或利益。他们似乎认为,道德要么以信仰或超自然的东西为基础,要么以某种更高的本质上无可争辩和不可变更的逻辑推理为基础,凡是属于人的欲望或行为的低级的东西都不应该对善恶的性质有任何影响。非结果论的典型是神诫论和康德的义务伦理学,前者基于超自然的神性,后者基于人的理性。下面简要地介绍和评判这两种道德理论。②

(一)神诫论

以超自然的东西为基础的道德理论通常认为,存在某种向人们颁布神诫的至善

---

① J.P. 蒂洛:《伦理学:理论与实践》(第8版),北京大学出版社,2005年,第45页。
② J.P. 蒂洛:《哲学:理论与实践》(第8版),中国人民大学出版社,1989年,第230页至第240页。

（一个或多个存在物），它是所有善良和正确的主宰者，是道德的最终根源。所以，凡是至善之物所颁布的就是正确的，否则就是错误的。在西方，最明显的例子是在《圣经》中提出的犹太-基督教伦理学。它出现于"十诫"、"先知的训诫"、关于耶路撒冷的寓言和说教，以及其他基督教的传说、犹太教的《犹太法典》这样的著作或解说中。在这批文献和训诫中，至善之物建立了一个完整的具有各种戒律和禁令的道德体系，人们的义务就是遵守它。神诫论者认为，为了有道德，不管对任何个人的结果怎样，都必须毫无疑问地遵循这个道德体系。其他宗教对这种神诫理论虽然有不同的解释，但实质是相同的：善良和正确已经明确地为人类确立，人们要想有道德，就必须遵循已经制订的规则体系。

反对和批评神诫论的人对这种道德理论提出了以下一些质疑。

第一，如何确切知道各种超自然物的存在？没有任何决定性的证据而只有信仰。即使相信它的存在，又如何确切地知道它们有道德并确实制订或提出了归因于它们的各种戒律呢？这些戒律都是通过人或具有人形的存在物，通过接受超自然的启示而宣示给广大信众的，但没有任何决定性的证据证明：这些道德戒律确实不是一些人为了另一些人的利益而提出的。

第二，世界上存在各种宗教道德体系，它们相互之间有重大差异，没有哪一个道德体系被认为是错的，那么，我们到底应该接受和遵循哪种体系呢？

第三，没有宗教信仰的人是否应该排除在道德体系之外？他们因为不相信超自然物的存在，就不具有道德或道德上不可接受吗？

第四，遵循一种完全不考虑结果而又不能被质疑的道德体系本身是否正当或者道德？例如，勿杀生实际包括或排斥什么？基于自卫、正义战争和保护无辜时也要遵循勿杀生戒律吗？我们为什么要遵循带来坏结果的规则呢？

总的说来，神诫论认为，我们在道德问题上似乎完全没有灵活性，也不能寻求人的忠告或裁决，神诫论的道德体系来自我们无法认识和控制的世界。这种来自非人世界的道德体系是否应该为人所遵循是值得怀疑的，但神诫论道德体系给人提供了确定的道德，为人的行为提供了某种绝对的标准，这对人的生命意义似乎提供了可以依靠的神秘源泉，对人的道德生活具有一定的积极意义。

（二）康德的义务伦理学

与神诫论不同，康德建立的道德体系并不以超自然的东西为基础，而是依靠人的理性。该体系常常被称为义务伦理学，因为它强调义务是道德行为的唯一真实动因。康德认为，以理性为基础，运用逻辑推理，可以把道德建立在绝对的基础之上。道德是人的理性立法，遵守道德法则是人的自由意志确立的义务，是理性的内在要求。康德认为，人类之所以有道德，是因为理性能确立行为准则，使人不会顺从感性欲望的驱使，道德是对人的需要、情感和欲望的非理性与反复无常的纠正。康德为建构其道德体系，确立了道德决定的以下基本原则。

1. 普遍性原则

康德认为，要达到绝对，任何道德规则必须具有普遍性，能够适用于一切情况中的一切人。他把这个原则称为"绝对命令",在《实践理性批判》中表述为:"不论做什么,总应该做到使你的意志所遵循的准则永远同时能够称为一条永远普遍的立法原理。"①为了说明绝对命令的性质,康德举例说,如果一个人因不能忍受痛苦,对一切绝望而想自杀,这是不道德的。因为一个自然系统是要促进生命的发展的,如果认为可以毁灭自己,把这作为一个普遍准则,这个自然系统本身就会毁灭,因此,上述准则不能成为普遍的自然规律。也就是说,自杀如果成了普遍规则,结果将是生命的终止,这与生命本身的意义是矛盾的。康德认为,有理性者的任何行为都应该使其成为人人能行的普遍规律,自杀不能成为这样的规律,所以自杀是不道德的。相反,"所有的人都应该保存和保护人的生命"可以普遍化,因此是道德规则。

2. 人是目的原则

康德称这一原则为"实践命令"。这个原则主张,任何有理性的人的生命都不应当只被用做达到目的的手段,而其本身应被视为独特的目的。康德认为,人类的价值是"无上的"。② 因为人有欲望和目的,其他涉及他们计划的事物仅仅具有达到目的的手段的价值,是人类的目的赋予这些事物的价值。例如,如果你想学会对教育进行伦理思考,那么阅读这本书是有价值的;如果你没有这个目的,这本书就没有价值。更为重要的是,人类有着内在价值,例如有尊严,他们是理性的行为人。也就是说,人类能够用理性指导行为,自己确定目的、做出决定,根据责任感去做他们应该做的事情。道德唯一能存在的方式就是理性的动物根据善良意志行动。因此,没有理性存在者就没有道德。康德得出结论说,人类的价值一定是绝对的,任何其他事物的价值都不可与之相比,因此理性的存在者一定总是被作为目的而不仅仅被当做手段来对待。

人是目的意味着要尊重人的理性,我们绝不能够操纵人、利用人来达到目的,无论那些目的多么美好。康德举例说,如果你需要钱,很想得到一笔贷款,但你知道自己没有偿还能力,在绝望中,你为了得到钱,欺骗你的朋友,向他做出了虚假的还钱承诺。你可以这样做吗? 也许你需要钱是为了一个善良的目的,这个目的如此善良,以至于你自己相信,撒谎是有正当理由的。但是,如果你对朋友撒谎,就是操纵他,把他作为手段来利用他,这是不道德的。如果你把朋友作为目的来对待,就应该向他说真话:你为了某个目的需要一笔钱,但目前没有偿还能力。那么,你的朋友可以自己决定是否借钱给你,他可以运用自己的理性做出自由的选择。

3. 可逆性原则

可逆性原则是说,对一个行为或规则的道德检验就是把它对别人的效果反过来针对自己。康德提出这个原则是因为他的绝对命令受到批评。批评者认为,普遍性并不必然使一个行为或规则合乎道德,某种道德上值得怀疑的东西也可能被普遍化。例如,"切勿帮助危机中的任何人"这一规则。因为大多数人基本上是自给自足

---

① 康德:《实践理性批判》,广西师范大学出版社,2002年,第17页。
② 雷切尔斯:《道德的理由》(第5版),中国人民大学出版社,2009年,第132页至第133页。

的,这个规则也可以普遍化。但是,假如我们不帮助穷困潦倒的人,难道在道德上不值得怀疑吗?康德承认这在道德上是有问题的,于是提出了可逆性原则。他说,人们应当自问:"如果我处于危机之中,我是否希望得到帮助呢?是的,我希望得到帮助。因此,'切勿帮助危机中的任何人'这条规则就可能是不道德的。"

4. 意志自律原则

康德提出的最后一个原则是要完全合乎道德,任何行为必须出于义务感,而不是我们的向往、欲望和意向,这就是意志自律原则。他甚至说,一个人如果一心想合乎道德地行动,他就不算有道德,如果他内心不想这样做,出于义务感并置其他意向于不顾,强迫自己这样做,这才算有道德。康德说,运用其他三个原则时,必须无疑问地、不管自己或他人的利益或结果,出于义务感地完全服从和遵循它们。只有这样做,我们才会获得完全意义上的真实的道德生命。

康德的义务伦理学充满了理性的力量,突出强调了人之为人的主体性,在伦理学史上有巨大影响。但是,康德的理论也存在很多需要批判的问题。

首先是普遍性问题。这是康德提出的绝对命令,但普遍化应该绝对到什么程度却是有问题的。上文已经指出,不道德的规则也可能被普遍化。普遍化是否没有任何条件呢?康德没有意识到,即使把一个道德行为普遍化的过程不出现任何例外,通过对规则加以限制,仍然能使其普遍化。例如,康德倾向于确立强硬规则,诸如绝不杀生、绝不撒谎。但是,如果把这些规则改为"绝不杀生除了保护无辜和自卫","绝不撒谎除了说谎会保护人的生命",这样的规则也可以被普遍化。

其次,与普遍性问题相关联,普遍性规则相互冲突时如何处理?当康德陈述我们应当绝不说谎、绝不偷窃、绝不杀生时,他没有告诉我们当这类"绝不"的义务有冲突怎么办。例如,在两军交战期间,你是被敌方抓到的俘虏,当敌方拷问你有关己方的军事机密时,你知道这些机密,是否应该告诉敌方呢?康德只说绝不说谎,如果你这样做道德吗?可能没有谁同意。

再次,康德提出的可逆性标准,实际上已经把结果带进了他的体系。但是,康德的体系是排斥结果的,因为结果对于道德的建立和应用,是一种低级的、不可靠的方式。可见,讲究逻辑的康德在自己的道德体系中恰恰出现了逻辑冲突。

最后,康德的义务伦理学过分强调义务,并将其与作为道德动因之一的意欲对立起来。他论证说,我们总是钦佩那些不顾及自己的安危甚至生命而做他们觉得是其道德义务之事的人。这就是为什么自古以来我们钦佩英雄的原因。如果培养人一心为善而避免作恶,康德似乎认为,这样的人在道德上反不如那些通过与自己的欲望作斗争后才决定按义务行事的人。我们相信,多数人可能更希望与那些一心为善而不是时时处在善恶斗争中最后决定为善的人相处。另外,康德也没有告诉我们当意欲与义务相同时,我们应该做什么。如果我们不想偷窃,而且这也是我们的道德义务,那么我们只有最低限度的道德吗?如果我们真想偷窃,但却克制自己没有偷窃,我们才具有圆满的道德吗?

总之,康德的伦理学可能还有很多问题,但作为一种主体性的伦理思想,其以下几个长处尤其值得作为教育伦理研究的重视。其一,突显道德价值的应然性与必然性。道德义务并不是一种简单的实然存在,而是应然的要求,正因为如此道德才具有超越性、崇高性与神圣性。其二,彰显道德义务绝对命令的性质。道德的崇高不在于履行道德义务,而在于无条件地履行道德义务,这就是一个人道德境界的体现。其三,确立人我立法之精神。康德的义务伦理学把道德义务视为理性的内在要求,这种要求与约束不是基于外在力量,而是基于人的理性人格力量。其四,强调人是目的,是最高的价值存在。康德的义务伦理思想,在后面的理论建构中将作为重要的理论基础。

第四节 辩证综合的道德理论

作为道德决定的理论依据,两种传统的道德理论都存在一定的片面性。根据本章第一节的分析,我们认为建构好的道德理论可以采取辩证的态度,在已有理论成果的基础上,吸取两种理论的合理因素,通过综合的方式克服两者之间的矛盾,在更深的层次上实现理论的统一。

一、抽象道德决定与具体道德决定

行为是道德规范的对象,道德是关于行为应该如何的规定。道德决定说到底就是关于行为应该如何选择的决定。根据行为的抽象性与具体性,可以把道德决定分为抽象道德决定和具体道德决定两种。所谓抽象道德决定,就是对一般行为的道德决定,实质是对道德规范、道德体系的选择决定,所以也可以称为道德体系的建构。一般行为是抽去了具体行为主体的行为规定,抽象道德决定的结果是行为应该如何的一般规则,是为了形成社会普遍接受的道德规范。所谓具体道德决定,是对具体行为的道德决定,是道德主体根据具体的情境以自身具有的道德意识为标准做出的行为选择。具体道德决定有明确的主体和具体的情境,是道德主体自主做出的选择,决定在某种情境中应该采取什么样的行为。

无论抽象道德决定还是具体道德决定,都是对行为的选择过程和结果。对行为选择的过程,就是对行为做出善恶判断的道德评价过程。怎么样做出善恶判断呢?从总体上说是根据一定的道德标准判断行为的道德价值,但不同类型的道德决定做出道德判断的过程和特点是不一样的。就抽象道德决定而言,由于判断的对象是道德规范,是对道德体系的性质判断,因此,它的标准就是道德目的。无论是对社会道德体系的总体性质还是对具体道德规范的性质判断,抽象道德评价的终极标准都是社会道德的目的,是以社会道德目的为标准判断道德规范、规范体系与道德目的的符合性,符合道德目的的道德规范及其体系,就是具有正道德价值的善的道德,不符合道德目的的道德规范及其体系就是具有负道德价值的恶的道德,或者说该社会道德规范或体系本身是不道德的。抽象道德决定就是选择确定优良的道德规范与道德体系,建构本身具有正道德价值的、善的道德体系,排除本身就是不道德的恶道规范与原则。例如,决定"夫为妻纲"这个道德原则的取舍时,就是判断该原则与社会道德目的是否相符,因为该原则不利于现代社会的和谐发展,损害了妇女的人身权利,不符合保障社会的存在与发展,最终增进个人利益总量的道德目的,因此是不道德的、应该舍弃的道德原则。比较而言,"夫妻平等"这个道德原则因为符合现代社会的道德目的,因此是应该确立的道德原则。这就是抽象道德决定的过程。

抽象道德决定是对道德规范的评价与选择,评价的对象是一般、普遍的行为规范,评价的标准是社会道德目的,因此,抽象道德决定可称为社会道德决定,具有普遍性与客观性特点。所谓普遍性,是指抽象道德决定的结果具有普遍适用性,是一切道德主体均应该遵循的道德规范。抽象道德决定的结果是确立道德规范。道德规范是由社会制订与认可的,抽象道德决定的主体是社会,是组成社会的个体有机构成的公共主体,因此个体作为社会的一分子共同享有抽象道德决定的权利与遵守道德规范的义务。所谓客观性,是指抽象道德的评价标准具有客观性,是由社会道德目的所决定的。社会道德目的是在人类社会生活中、通过对道德历史与现实的研究所发现的,是人类生存和发展必然性的体现。道德目的虽然可能为某个个人明确提出,但提出道德目的的人不是主观任意的,而是作为社会代言人反思社会道德所发现的,任何个人都无法确立社会道德目的,因为道德只能在社会生活中被社会成员所认可才能存在。当然,在阶级社会中,社会道德不一定是全社会的道德,道德具有一定的阶级性,因此社会认可具有阶级的分别。虽然阶级社会的道德不是被全社会成员认可,但仍然不是个人的主观意志可以决定的,阶级道德反映的是作为社会集团的阶级的利益。可见,阶级道德的评价标准同样具有客观性。

具体道德决定是对道德行为的评价与选择,是具体情境中个体做出的道德价值判断与行为选择。具体道德决定评价的对象是自我的具体行为,评价的标准则是由自我具有的道德意识与道德境界所决定的。具体道德决定又可称为个体道德决定,与抽象道德决定相比较,具有个别性与主观性的特点。所谓个别性,既是指具体道德决定是由特定的个体自我做出的决定,又是指道德决定的特殊性与情境性。具体道德决定的主体是个人,是具有自身特殊利益的主体。具体道德决定是在具体的情境中做出的道德选择,这种道德决定不是确立行为应该如何的一般准则,而是决定在该情境中应该怎样做。例如,在一场语文考试中,某考生决定在考场作弊,这就是具体的道德决定,他并没有把在考场作弊作为一般的道德规则,而是决定自己在该考场中是否作弊。显然,该考生决定考场作弊是其个别性的决定,不是考生的普遍决定。当然,由于该考生的道德决定违背了社会道德目的,因此是错误的道德决定。所谓主观性,是指具体道德评价的标准体现了个体的道德意识与道德境界,是个体的自主选择。在抽象道德决定过程中,社会道德评价的标准不是个体的选择,而是社会生存和发展的必然性所决定的。与此不同的是,个体道德决定的标准则具有选择性,既可能遵循又可能违背社会道德标准,这是个体道德境界所决定的,是个体品德层次的反映。因此,具体道德决定的对错优劣,需要受到社会道德的调控,从根本上讲依赖个体的道德自律,即个体具有的美德。这样看来,具体的道德决定是不是可以为所欲为呢？这就要讨论道德决定的终极标准问题。

在实际的道德生活中，还会遇到一种情况——是个体主体做出的道德决定，但似乎不能归结为具体道德决定——这就是从外在角度看待别人的具体道德决定问题。对他人的具体道德决定提出意见不同于自我道德决定，实际是道德评价与判断的问题。虽然他人也是在具体情境中做出具体的行为选择，我们希望对他人的具体决定提出意见，但这种具体决定对于我们而言，实际上带有抽象性，是运用社会道德规则的过程。在这个过程中，我们的目的虽然不是选择和确立道德规则，而是希望别人做出正确的具体道德决定，但我们所做的事情其实是判断别人是否合理正确运用道德规则的问题，或者建议别人遵守一定的道德原则与规范。因此，给他人具体道德决定提出意见的过程对我们是抽象道德决定过程，其实是道德评价与道德建议过程，是社会道德他律功能的表现。

二、道德决定终极标准的确立及其特性

道德是对行为的善恶规范，道德决定说到底是对行为应该如何的决定，是对行为的道德价值的判断与选择。抽象的道德决定是对行为应该如何的道德规范的决定，具体道德决定是对具体行为应该如何的个别决定。行为的价值是以行为事实为载体，以行为目的为标准的，行为目的是衡量行为价值的唯一标准，行为价值就是行为事实对行为目的的效用性。沃尔诺克说："理解某种评价，实质上就是领会它的目的是什么，做它是为了什么。确实，当且仅当一个人理解了评价的目的，他才能够在任何情况下估定所使用的标准和准则的恰当乃至中肯的程度。"例如，一个人想找对象，于是花很多时间和精力扩大与异性的交往，这种交往行为符合他找对象的目的，因此是有价值的；如果这位先生不是扩大与异性的交往，而是增加了睡懒觉的时间，他睡懒觉的行为因为不符合找对象的目的，就是没有价值的。当然，如果这位先生的目的是多赚钱，那么他扩大与异性交往或睡懒觉的行为由于不符合目的，因此也就是没有价值的。道德决定是对行为的道德价值的评价和选择，决定行为的道德价值的标准同样是由行为的道德目的所决定的，因此，探讨道德决定的终极标准主要就是探讨道德决定的目的问题，或者说是明确行为选择的道德目的问题。当然，道德决定的具体标准是多种多样的，无法全部进行分析，这里只能讨论道德决定的终极标准，也就是作为标准的最后标准，其他标准都是根据终极标准分析推理得到的。道德决定的终极标准就是最后的标准，是总体的、根本的标准，即道德决定的"元标准"。前文曾经分析过，道德决定分为抽象道德决定与具体道德决定，但两者的决定过程与基本性质是不一样的：前者是社会主体的道德决定，具有普遍性与客观性；后者是个体主体的道德决定，具有个别性与主观性。下面分别讨论这两种道德决定终极标准的确立及其特性问题。

抽象道德决定是确立道德规范与道德体系的过程与结果，是对社会道德的根本性质的决定。抽象道德决定的目的是建构优良的社会道德，是要为一切利害人我的行为确定道德标准，也就是确定行为应该如何的规范体系。抽象道德决定的终极标

准,就是道德规范的终极标准,是评价道德规范的终极标准,即社会创设道德的目的。这里的道德目的是指道德的普遍目的,而不是具体道德行为的目的。社会道德行为在具体手段和目的上是千差万别的,即使从利害人我的性质来划分,也存在目的与手段一致与冲突的不同结构。有的行为手段利人但目的与结果害人,如用花言巧语行骗;有的行为手段害人但目的与结果利人,如用苦口良药治病。为什么花言巧语行骗是不道德的而用苦口良药治病却是道德的?因为前者违反了诚信的道德准则,而后者符合治病救人的道德准则。为什么诚信和治病救人应该成为道德准则?因为诚信和治病救人符合社会道德目的,即保障社会的存在和发展、增进每个人的利益。可见,道德目的是衡量其他一切道德标准的标准,是衡量一切道德原则的标准。因此,就社会道德体系而言,道德目的是判断道德价值的终极标准。社会道德的优劣性质是由社会道德目的决定的,社会创制道德的目的就是抽象道德决定的终极标准。

从抽象道德决定的社会主体来看,抽象道德决定的标准必须是社会道德目的,体现道德生成的必然性,否则无法满足社会生存和发展的需要。社会作为道德主体不同于个体主体,社会主体的特性不过是从个体主体推演得来的,严格来说不过是一种理想类型(或象征性主体),没有谁能够完全代表社会而成为真正的社会主体,社会主体必须由个体主体有机结合才能实际存在。因此,所谓社会的存在与发展,社会整体的利益是个体主体合作确认的。道德目的作为社会道德标准只能在理性的基础上才能达成共识,在认识社会必然性的基础上才能形成共同的决定。任何个体的道德愿望无论多么科学合理,都必须得到社会的认可才能成为社会道德目的,也只有社会道德目的才能够成为社会道德的终极标准。社会道德目的是道德以外的其他利益,即社会的存在与发展,增进每一个人的利益总量,这就是评价社会道德价值的功利标准,是社会道德的终极标准。

具体道德决定是否也存在终极标准呢?它与抽象道德决定的终极标准是否一样呢?

具体道德决定因其具体性和特殊性,一般是不讲终极道德标准的。但是,由于具体道德决定面对的选择复杂多样,不同的选择相互之间可能存在冲突,所谓具体道德决定的终极标准主要是解决道德选择的冲突问题,是为了确定不同具体标准的最后标准。这是具体道德决定的理性要求。讨论具体道德决定的终极标准问题,还有其非理性的一面。一般来说,具体的道德决定有明确的主体和具体的情境,主体对自己的行为目的也是最清楚的,因此具体道德决定常常以社会道德原则或道德规范作为标准,一般不涉及道德终极标准问题。但是,具体道德决定所依据的道德原则与道德规范来自哪里?都是来自对社会道德的理性选择吗?可能是,但不一定:很多时候个体的道德选择不是理性思考的结果,而主要是凭借道德信仰、道德直觉、道德情感等非理性的成分所进行的。具体道德决定的非理性依据都是个体道德意识的组成部分,反映了个体的美德和道德境界。可见,具体道德决定的标准及终极标准是由理性和非理性共同决定的。这里用一个例子来具体说明。

青年刘南为了追求一位漂亮的女生翼可,用尽千方百计但仍不能打动翼可的芳心,后来他发现原来有另一个男生钱学也在追求翼可,翼可似乎更喜欢钱学。钱学比刘南高大英俊,学识宏富,但家境比较贫穷。刘南于是决定在翼可的周围大肆造谣,说:钱学是一个"采花贼",到处追求和玩弄女生的感情;家里贫穷,为了弄钱给女生买礼物,讨女生欢心,常常偷东西卖钱,借别人的钱长期不还,等等。翼可听到关于钱学的传言后,疏远了钱学,对刘南显得比过去热情一点。但不久翼可知道了关于钱学的传言都是刘南散布的,钱学严肃地警告刘南不要诋毁他的人格。于是翼可拒绝再与刘南有任何联系,刘南的追女计划彻底失败了。钱学则以自己的学识、修养,以自己真诚的爱,赢得了翼可的爱情。

在这则案例里,刘南、钱学为了爱情分别做出了不同的具体道德决定。刘南在追求翼可的过程中面临着不同的道德标准,如爱情自由、平等、尊重人、不造谣等道德规范,但这些规范与刘南追女成功的目的之间有矛盾。刘南因为在与钱学的爱情竞争中不占优势,他遵守爱情自由、平等、尊重人、不造谣等道德规范可能会情场失败,于是他决定采取造谣诋毁的方式,希望由此赢得情场优势。刘南奉行的道德原则是不择手段地追求女生。面对刘南的造谣诋毁,钱学没有采取反咬一口的办法,没有做出伤害刘南的行为,他通过自己的优秀和真情赢得了爱情。钱学奉行的道德原则是真诚、平等求爱。女生翼可最后选择了钱学而拒绝刘南,说明她认同了钱学的道德决定而反对刘南的不道德行为。无论刘南在道德上对与错,他的道德决定是经过了理性思考的,他诋毁钱学是为了改变自己在爱情竞争中的劣势地位。钱学没有面临道德冲突,但钱学的道德决定的依据和原则来自哪里?可能来自对社会道德的理性选择,但也可能就是在生活中通过观察、阅读、观看影视作品、家庭熏陶等形成了他的道德信念,这种道德信念是理性、情感和直觉的结合,他的道德决定可能就是一种习惯和直觉,没有复杂的理性思考过程。因此,具体的道德决定情况千差万别,可能是理性的决定,也可能是非理性的,一般是理性和非理性的结合。这是关于具体道德决定的性质。另外,要讨论具体道德决定如何涉及终极标准问题。在这则案例中,钱学没有经过道德冲突,他只涉及了道德标准问题;刘南有在道德冲突中做出道德选择,他可能会涉及道德终极标准问题。我们说刘南的道德决定错了,女生翼可对他的拒绝似乎也证明了这一点,但我们凭什么说刘南错了呢?我们的凭据无非是他的行为伤害了别人,不符合社会道德目的。可见,面对道德冲突,刘南如果希望做出正确的道德选择,他可能会触及道德终极标准问题。当然,具体道德冲突是否会触及道德终极标准问题,完全取决于问题的复杂程度和道德主体的思考深度。那么,讨论具体道德决定终极标准问题的必要性何在呢?我们先从具体道德决定与社会道德要求的一致性问题谈起。

关于具体道德决定标准与社会道德标准的关系,总体来说是有一致性但又有差别的。首先,具体道德决定总是在一定社会道德背景中的决定,个体无论面临什么样的具体情境,他的行为选择都处于社会道德的规范之中,个体做出道德决定必须考虑社会的道德要求。这是具体道德决定标准与社会道德标准的一致性。其次,具体道德决定的标准具有选择性,个体道德选择虽然受社会道德的调控,但不能因此说个体道德决定的标准就是社会的道德标准,而只能说可能是社会道德标准,因为个体在某种情境中也可能做出不道德的行为选择。就社会整体而言,抽象道德决定的标准必须是社会道德目的,体现道德生成的必然性,否则无法满足社会生存和发展的需要,社会创制的道德本来就是根据道德目的制订或认可的行为规范。因此,社会道德的终极标准具有绝对性。对于个体而言就不一定了,个体可以在某个情境中选择道德的行为,也可以做出不道德的选择,甚至有少数的人一辈子的生活总体上就是不道德的。而且,在阶级社会中还存在社会道德是否适应社会发展的问题,个体反抗社会道德可能恰恰是道德的、应该的。因此,从个体层面来看,具体的道德决定并没有绝对的标准,个体道德境界的不同决定了选择标准的差异。从这个意义上可以说,具体道德决定的标准就是美德,是个体美德自律的体现。

具体道德决定标准的绝对性体现在哪里呢?其实,具体道德决定标准的绝对性主要是针对具体道德决定的随意性而言的,是为了强调具体道德决定不是完全凭个体的主观任意,而是具有很大程度必然性的限制。尽管这种必然限制不具有完全的决定性,但已经在人类的历史和现实中体现了统计的规律性。因此,具体道德决定标准的绝对性主要是指美德作为评价标准的绝对性,美德是具体道德决定的终极标准。

美德作为具体道德决定终极标准的内在根据主要有三点。一是人的社会本性。任何人都是社会关系中的人,都必须处理各种社会关系问题,人的社会性正是在处理社会关系的过程中形成的人的规定性。美德就是人的社会性内涵,是人之为人的社会规定性。二是人的道德需要。道德需要是人的高级需要,是人类进化中产生的以原始人群居本能为基础而形成的社会需要。人的道德需要既是人的多层次需要中的一种高级需要之一,是人作为一种有理性的社会动物的精神规定,又是人的行为的规定。每一个人在自己的生活实践中,不断接受环境的影响、教育的引导,经过个人的自觉修养,都在不同程度上具有道德的需要。"人作为社会的产物,作为有由一定需要而推动起来从事一定社会实践的人,他必须把道德的需要纳入他的本质的规定之中。"[①]道德需要是人不断超越自我、追寻理想、展现人性光辉的内部动力,体现了人性的尊严,这就是美德本身的内在价值基础。三是人的有限理性。关于结果论道德理论的批判已经指出,确定行为的结果及其对利害人我的影响是十分困难的,把功利作为道德决定的标准本身是可以怀疑的。另外,在日常生活中,道德信仰、道德直觉、道德情感对行为选择具有很强的指导力,人们的道德生活主要是由行为习惯构成的,在一般情况下这种习俗生活并没有产生道德错误。

美德作为具体道德决定终极标准的外在根据是美德有用。美德有用体现了社会道德的调控功能。人是社会的动物,每个人的生活必须依靠社会和他人,他的一

[①] 唐凯麟:《伦理学》,高等教育出版社,2001年,第32页至第33页。

切利益都来自于社会和他人。因此,能否得到社会和他人的赞许和支持,是一个人获得各种利益的基础。怎样获得社会的赞许和支持呢?在一个正常的(或基本公正的)社会,关键在于他的品德,一个具有丰富美德、道德境界高的人更容易受人信任和得到支持,因此能够更好地获得自己的利益。这就是福德一致规律,是美德有用的根据。所以说,一个人要追求自己的利益,必须提高自身的美德。美德作为手段也是具体道德决定的功利标准。

总的来说,具体道德决定终极标准与抽象道德决定终极标准在性质上是有差异的。前者建立在后者的基础之上,是理性与非理性共同确立的主体性标准,体现了个体美德的自律功能;后者是由社会公共理性确立的绝对性标准,反映了社会存在和发展的必然要求,体现了社会道德的他律功能。

三、道德决定终极标准的内容及应用

道德决定终极标准分为抽象道德决定终极标准和具体道德决定终极标准。前者是道德目的,后者是道德境界(表现为美德)。下面分别介绍这两种标准的具体内容及其应用条件,并说明两种标准之间的关系。

(一)抽象道德决定的终极标准及应用

抽象道德决定的终极标准包括一个总标准两个分标准,其具体内容和适用条件均不同。

1. 道德终极总标准:增加全社会和每个人的利益总量

道德与法一样,是一种必要的"恶",是人类为了达到利己的目的(保障社会的存在和发展)而创造的"害己"手段(压抑和限制每个人的某些欲望和自由)。因此,道德的目的是他律的,是为了道德之外的利益和幸福,道德目的作为社会道德的终极标准就是功利主义的标准。社会道德的功利总标准是:增加全社会和每个人的利益总量,这是在任何情况下都必须遵守的道德终极总标准。[①]

道德功利总标准不仅是评价一切行为善恶的终极标准,而且是评价一切道德优劣的终极标准。评价行为善恶,虽然首先是看该行为是否违反某些道德规范或原则,但最终是看该行为对全社会和每个人利益的效用如何。凡是增进全社会和每个人利益总量的行为,哪怕违反了某些道德规则,也都是应该的、道德的;凡是减少全社会和每个人利益总量的行为,哪怕本身很理性、很完善,也都是不应该的、不道德的。例如,医生向癌症病人撒谎,不告诉病人真实病情,这种行为尽管违背了不撒谎的道德规则,但有利于病人的治疗,符合道德目的,因此是道德的。相反,诚实告诉病人病情,影响了病人对疾病的治疗信心,缩短了病人的存活时间,这种行为符合诚实的道德原则,但不符合道德目的,因此是不应该的、不道德的。

作为评价道德优劣的终极标准,道德功利总标准的评价内容是该道德对全社会

[①] 王海明:《新伦理学》,商务印书馆,2001年,第154页。

和每个人利益的效用:哪种道德对人的欲望和自由侵犯最少、促进经济和文化事业发展最快、增进每个人的利益最多、给予人的利与害的比值最大,哪种道德便是最优良的道德;反之,就是最恶劣的道德。例如,企业分配中的绝对平等原则,虽然平等是社会道德的基本原则,但分配中的绝对平等,不利于提高人的积极性,降低了企业的效率,不符合道德目的,因此是恶劣的企业道德。反之,按劳付酬、多劳多得,有利于提高企业的生产效率,符合道德目的,因此是优良的企业道德。

2. 道德终极分标准之一:最大利益净余额

在人们利益发生冲突不能两全的情况下,要增进一些人的利益,必须减少另一些人的利益,这时要增进每个人的利益总量是不可能的,而只可能增减全社会的利益总量。在利益冲突不能两全的情况下,道德终极标准具体化为最大利益净余额标准,即增减社会利益总量的原则。这是适用于利益冲突不能两全情况下的道德终极分标准。这一原则具有正反两方面的内容,并因人们利益冲突的类型不同而有不同的表现。①

最大利益净余额标准可以从正与反、积极与消极两种角度来理解。正的方面可概括为"两利相权取其重":在增进一方利益的同时必定减少另一方利益的情况下,应该选择最大的利益而牺牲较小的利益。反的方面可概括为"两害相权取其轻":在不可避免要遭遇到两种以上损害的情况下,选择最小的损害而避免更大的损害。

人们的利益冲突,主要可分为他人之间的利益冲突,以及自我利益与社会、他人利益的冲突两大类型。

(1)在他人利益之间发生冲突的情况下,最大利益净余额原则表现为最多人数的人的最大利益或最多人数的人的最大幸福原则,意为应该为了多数人的利益而牺牲少数人的利益。因为在他人之间利益冲突的情况下,保全或增加多数人的利益比保全或增加少数人的利益更接近道德终极标准;保全最多人数的人的利益而牺牲最少人数的人的利益,其净余额无疑是最大的利益,符合最大利益净余额标准。当然,由于最多人数的人的最大利益标准是两个标准——最大利益净余额和增进每个人利益总量——在利益冲突情况下的具体体现,它就蕴含着两个标准发生矛盾的可能性。这种可能性是:最多人数的人的利益可能不是最大利益,最大利益可能是少数人的利益,如果保全少数人利益而牺牲大多数人的利益,可能得到最大利益净余额;反之,如果保全最多人数的人的利益而牺牲少数人的利益,便绝不可能得到最大利益净余额。这种情况下应该牺牲大多数人利益而保全少数人利益吗?答案是否定的。任何道德标准包括最大利益净余额标准都应该服从道德总标准,牺牲大多数人利益而保全少数人利益,违背了增进每个人利益总量的总标准,只有增进大多数人的利益而尽量减少牺牲人数,才符合总标准的要求。总之,在他人利益发生冲突的情况下,首先应该根据道德终极总标准,保全最多人数的人的利益而牺牲最少人数

---

① 王海明:《伦理学与人生》,复旦大学出版社,2009年,第53页至第62页。

的人的利益；而后才应该根据最大利益净余额标准，保全最大利益而牺牲最小利益，使利益净余额达到最大限度。

举例来说，如果在利益冲突的情况下，最多人数一方的人数是90%，就应该保全这90%人的利益，而牺牲与其冲突的10%的人的利益，即使相反的选择会达到更大的利益净余额。多数人的一方即使只占总数的51%，同样应该如此选择。只有在冲突双方人数均等，保全哪一方的利益净余额最大，才应该保全这一方而牺牲另一方。这就是在利益冲突的情况下，最多人数的人的最大利益原则的应用方法。

(2) 在自我利益与社会、他人利益发生冲突的情况下，最大利益净余额原则一般表现为自我牺牲原则，即为了社会和他人的利益应该牺牲自己的利益。因为社会和他人的总体利益一般大于自我利益，自我牺牲即无私利他能够获得最大利益净余额。当然，在某些场合，当自我利益与他人利益发生冲突时，利他之利可能小于利己之利。例如，在一次暴徒抢劫学校财产的事件中，一位老师为了保护学校的一台价值5万元的仪器设备而受重伤，导致身体残疾失去生活自理能力。这名老师的行为是否应该呢？虽然老师身体健康的价值大于5万元，老师与歹徒搏斗的行为造成对自己的伤害和学校花费的医疗费用远远高于5万元，但这种选择仍然是应该的。因为当利己利益与利他利益发生冲突不能两全时，总体来说，每个人只有牺牲自我利益，保全社会和他人利益，才有利于社会的存在与发展，才能为每个人的自我利益追求创造更好的条件。这样，自我牺牲在某一具体场合看可能害大于利，但总体来说却是利大于害，是有益于整个社会存在和发展的，符合最大利益净余额原则。

还有一种自我利益与他人利益发生冲突的情况，也是利他之小于利己之利，不适用无私利他、自我牺牲原则。因为这种情况下，利他之利总体来说远远小于利己之利，就应该保全自我利益而放弃和牺牲他人利益了。例如，胡老师与某学生约定星期天到学生家单独辅导数学，但星期天早上胡老师突然心脏病发作，必须卧床休息，否则有生命危险，这时胡老师是否应该守约？回答是否定的。胡老师没有必要以生命为代价来遵守一个辅导约定，尽管这个约定很重要，但守约之利远远小于胡老师的生命价值，而且，胡老师可以采取其他方法补救，如另外托人代劳，等身体稍好后让学生来自己家，或者通过电话先给学生做些重点指导等。胡老师虽然违背了守信的道德原则，但这种行为选择符合道德终极总原则，有利于社会的存在与发展，否则一遇到小的利益损害就拿生命为代价，社会就不能很好地存在与发展。

3. 道德终极分标准之一：不损害一人地增加利益总量

最大利益净余额原则，仅仅是利益冲突不能两全的情况下的道德终极分标准。在利益不发生冲突可以两全的情况下，为了多数人的较大利益而牺牲少数人的较小利益，为了社会和他人的较大利益而牺牲自己较小利益，都是不应该的、不道德的；而只有不损害任何一方地增加双方或一方的利益，才是应该的、道德的。因为这种情况下只有后者才符合而前者则违背了道德终极总标准：增加全社会和每个人的利益总量。在人们利益不发生冲突可以兼顾的情况下，道德终极总标准便具体化为"不损害一人地增加利益总量"原则，即应该不损害任何一人地增加人们的利益，应该使每个人的境况变好或使一些人的境况变好而不使其他人的境况变坏。① 例如，学校准备给成绩优秀、学有余力的学生提供课外竞赛训练机会，其他同学的教学不做任何改变，这就是不损害一名同学的利益而增加了成绩优秀同学的利益，是道德的、应该的决定。但是，如果学校因此影响了正常的教学，或者影响到其他同学的学习积极性，这种措施就是不应该的、不道德的。

（二）具体道德决定的终极标准及应用

与抽象道德决定标准相比较，具体道德决定的标准更多表现为质的规定而不是功利计量，因此对具体道德决定标准所涉及的概念及其相互关系的理解非常重要。

具体道德决定是个体在特定的情境中对自我行为的道德评价与选择。作为个体的自主行为，具体道德决定具有明显的个别性和主观性特征，是人性尊严和美德自律性的体现，反映了个体的道德境界。可以说，具体道德决定的标准就是美德，终极标准就是道德境界。如何界定美德和道德的境界呢？它们与社会道德及其终极标准是什么关系？这些问题直接影响对具体道德决定终极标准及其应用的理解。

所谓美德，是指善的品德。品德是一个中性概念，是一个人长期遵守或违背道德的行为所形成和表现出来的心理自我。② 美德是品德中具有正道德价值的部分。完整地说，美德就是一个人具有的向善的道德意识与行为习惯。与社会道德终极标准相符合是美德的理性特质，但美德还有非理性特质。社会道德终极标准是理性思维的产物，是社会创制道德的根本要求，但这种理性标准在现实社会中不可能完全实现。这倒不一定说是有意违反（也存在有意违反者），而是受人类的理性认识能力、科技发展水平等因素的制约，人不可能预测行为的一切后果，更无法全面评价对社会的功利价值。因此，美德符合社会道德目的的理性，只是有限理性，这种符合是理性与非理性结合做出的模糊判断，美德的构成因素还包括非理性的成分（主要是道德信仰、道德情感、道德直觉）。美德的理性特质表现为个体运用道德终极标准评价品德的意识和能力，因此美德不是对所有道德规范的无条件执行，不是缺乏变通灵活性的"规则控"和"死心眼"。美德的非理性特质表现为道德信仰、道德情感、道德直觉对个体行为选择的直接作用，尤其在理性因素与非理性因素发生冲突时，道德信仰成为最后的决定标准。可见，美德作为具体道德决定的标准，是以社会道德标准为基础的，但美德标准又不等同于道德功利标准，美德有非功利的因素，道德信仰是美德的终极决定因素。

客观地说，具体道德决定是以品德为标准的，因为不是每个人都会做出道德的选择，在某些情况下有人会有不道德的行为选择。但是，前文已经分析过，具体道德决定的标准是一种应然的要求，是人性尊严和社会本性的体现，因此，具体道德决定的标准应该是美德而非中性的品德。对于每一个具体道德决定而言，作为标准的美

---

① 王海明：《新伦理学》，商务印书馆，2001年，第161页。
② 王海明：《新伦理学》，商务印书馆，2001年，第609页。

德是具体的特定的美德,并不是指一个人具有的全部美德。当具体道德决定中产生了冲突,需要进一步确立道德的根本依据时,就涉及具体道德决定的终极标准问题,涉及一个人的道德境界问题。

道德境界是一个人总体具有的美德水平。在不同的情境中,由于内在因素和外在因素的限制,个体表现的道德层次是不一样的。道德境界是对个体道德品质的总体评价。判定一个人品德高尚,并不意味着这个人所有时候都无私利他,而是指他极大地趋向无私利他的至善境界,努力增进社会和个人的利益总量,促进人类的可持续发展。

道德境界作为具体道德决定的终极标准,在解决道德冲突时,首先要求运用功利理性,判断行为选择的后果与道德目的是否相符,然后结合逻辑理性,判断所遵循的道德规则是否与自己的道德观念相冲突。如果功利标准与逻辑标准发生冲突,道德决定的最后根据就是道德信仰。道德信仰是一个人坚信的道德信念,是根据自己的人生经验与社会教养,在理性和非理性共同作用下形成的对道德的终极观念。因此,道德境界作为具体道德决定的终极标准说到底是道德信仰,这是具体道德决定主体性的体现。一个人道德信仰的形成虽然会运用理性,甚至会以理性为基础,但信仰最后是超越理性尤其是经验理性的,具有很强的非理性色彩。具体道德决定既然是个体主体做出的自我决定,就不可能不诉诸自己的道德信仰,因此,要防止具体道德决定的错误,在根本上是确立正确的、合理的道德信仰。这就是道德教育与道德修养重要性的根据。

道德境界本身是有层次高低区分的,作为具体道德决定的终极标准,不同层次的标准适用条件是不一样的。无论从理性还是非理性的角度看,人类对道德境界的追求的根本目的都是促进社会和每个人的生存与发展,因此,划分道德境界层次的标准只能是社会道德目的,或者说是个人美德促进社会道德目的的实现的程度与范围。道德境界的高低主要取决于个体美德行为占其总体道德行为的比例,比例越大,境界越高。道德境界的高低与一个人对社会贡献的大小无关,每个人只要坚持向善的原则,尽其所能地促进人类的生存与发展,就可能达到高尚的道德境界。如果一个人能力很强,已经为社会作了很大的贡献,但这个人实际只发挥了其能力较小的部分,他还有很大潜力却不愿意发挥出来,这个人的道德境界与另一个能力较小但尽力促进社会道德目的的实现的人相比,虽然后者对社会的实际贡献要小,但他的道德境界却高于前者。

以社会道德目的为标准,按照个体社会价值的实现程度可以把道德境界分为两层六等。两层是以促进还是损害社会的存在与发展为根据,分为善、恶两个层次。前者为道德正价值,为善;后者为道德负价值,为恶。善、恶两个层次又各分为三等,从至善到至恶共六个层次:至善-无私利他、基本善-己他两利、最低善-单纯利己、最低恶-纯粹害己、基本恶-损人利己、至恶-纯粹害他。① 前面已经指出,具体道德决定的标准是美德,下面分别说明善行三等次的适用条件。

至善是道德境界最高级,奉行的美德是无私利他,该原则作为具体道德决定的终极标准只适用于己他利益冲突不能两全的情境;基本善是道德境界次高级,奉行的美德是己他两利,该原则适用于己他利益一致可以两全的情境;最低善是道德境界的基础级,奉行的美德是单纯利己,该原则适用于自我与社会或他人无直接利害关系的情境。②

下面用一个例子说明具体道德决定终极标准的应用。王老师创作了一本《道德理论》,他是本着真诚求实的态度创作的,王老师做出这个具体道德决定的标准就是真诚求实的美德。当王老师正在精心思考,认真写作时,某官员找王老师谈话,他认为王老师的道德理论会给社会带来思想的混乱,要求王老师修改道德理论,或者不要出版。王老师现在面临着道德冲突。按照官员的意见,王老师的道德理论不符合社会道德目的,有害于社会,但王老师觉得官员的意见并没有充分的证据支持,王老师坚信理论创作的目的就是追求真理,学者应该求真务实、自由研究。王老师是遵循不可靠的功利道德标准还是自己的道德信念呢?经过认真思考,王老师觉得理论创新是有利于社会的存在与发展的,学者的价值就在于把自己的智慧贡献给社会,现在既然无法确认自己的理论会扰乱社会,官员的意见也并不可靠,于是王老师冒着风险决定继续创作王老师的道德理论。王老师的道德决定的终极标准就是他自己的道德信念,反映了他自己的道德境界。

综上所述,道德决定的终极标准总体来说是功利与美德的综合统一,两者之间互促互补,共同作为人类的道德决定依据。抽象道德决定的终极标准是功利标准、理性标准,是社会创制道德的普遍目的,体现了社会道德的他律性;具体道德决定终极标准是人性标准、主体标准,是以功利为基础的美德标准,是人之为人的应然选择,体现了个体美德的自律性。

思 考 题

1. 你认为人为什么应该有道德?你对道德是如何理解的?
2. 你认为道德与美德是什么关系?如何理解道德自律与道德他律?
3. 你如何理解和评价结果论道德理论?它有何可取之处?
4. 你如何理解和评价非结果论道德理论?它有何可取之处?
5. 你是如何做出道德决定的?反思并评价你的道德决定方法。

---

① 王海明:《新伦理学》,商务印书馆,2001年,第263页。
② 王海明:《新伦理学》,商务印书馆,2001年,第267页。

参 考 文 献

[1] 王海明. 新伦理学[M]. 北京:商务印书馆,2001.

[2] 王海明. 伦理学与人生[M]. 上海:复旦大学出版社,2009.

[3] 唐凯麟. 伦理学[M]. 北京:高等教育出版社,2001.

[4] J.P.蒂洛. 伦理学:理论与实践[M].8版.孟庆时,等,译.北京:北京大学出版社,2005.

[5] J.P.蒂洛. 哲学:理论与实践[M].古平,等,译. 北京:中国人民大学出版社,1989.

[6] 高兆明. 伦理学理论与方法[M].北京:人民出版社,2005.

[7] 雷切尔斯. 道德的理由[M].5版. 杨宗元,译.北京:中国人民大学出版社,2008.

[8] J.P.蒂洛. 伦理学:理论与实践[M].孟庆时,等,译. 北京:北京大学出版社,1985.

第二章 爱和公正

> 爱是生命的火焰,没有它,一切变成黑夜。
>
> ——罗曼·罗兰

专栏 2-1

苏联伟大的教育家苏霍姆林斯基在《致未来的教师》中如下写道。

我常常收到大学生其中主要是师范生的许多来信。几乎所有的信里都提出一个问题。我觉得,回答这个问题对许多未来的教师是有一定意义的。这个问题的意思是:究竟在教育工作中什么是最重要的、最主要的?

我对这个问题已经思考了32年。回答它并不那么容易,因为在我们的工作中,没有哪一样是次要的东西。不过,教育工作毕竟还是有个核心的。

未来的教师,我亲爱的朋友!在我们的工作中,最重要的是要把我们的学生看成活生生的人。学习——这并不是把知识从教师的头脑里移到学生的头脑里,而首先是教师跟儿童之间的活生生的人的相互关系。

教育工作中什么是最重要的?苏霍姆林斯基告诉我们是师生关系,是教师和学生在教育、教学活动中结成的相互关系,包括彼此所处的地位、作用和态度等。学校的教育活动是师生双方共同的活动,教师对学生的发展有着特别的意义。因此,良好的师生关系是教育教学活动取得成功的必要保证。

从教学的角度看,师生关系是一种教与学的关系,是教师角色与学生角色的互动关系。从社会学的角度看,师生关系是人和人的关系,是师生间思想交流、情感沟通、人格碰撞的社会互动关系。儿童、青少年将成长为怎样一个人,与家长、学校的教师及其他教育成员有着非常密切的关系,一名教师对学生的影响不仅仅是知识上的、智力上的影响,更是思想上的、人格上的影响。诚然,青少年成才是一个复杂的艰辛的过程,是教育者和受教育者亲密合作的结晶,其间存在着不少未知数。无数的教育实践表明,师爱和教师公正是教师职业道德的根本要求。

第一节 教师之爱

| 专栏 2-2 |

伟大的秘密

他 7 岁,上小学一年级。他有一双非常水灵的大眼睛,乌黑晶亮,清澈透明。凝视他的眼睛的时候,老师常常会有一种错觉,以为那里面正含着眼泪,像一潭水似的。

他是一个可怜的孩子,因为他的父母离婚之后都各自有了新家,他跟年迈的奶奶一起生活。奶奶只有微薄的退休金,祖孙两人有了吃的就没有穿的,总有一样要凑合。

这个孩子特别懂事,小学生的作业本通常都是用得很快的,用不了多久,家长就要买新的。没有一个同学对这件事有疑问。有一次,课间休息时,所有的同学都在操场上玩,只有他,嗫嚅着走到讲台旁,仰着小小的脸,伸出小小的手,递给老师一支铅笔。他说:"老师,我想让您以后用铅笔给我批改作业,这样,作业本用完了,我用橡皮一擦,就像新的一样了。"

老师注视着这个孩子的眼睛,发现孩子的脸特别纯洁。看着看着,老师就要掉眼泪了。老师接过那支铅笔,对孩子说:"这是我们两个人之间的秘密,我一定用只有我们俩能看清楚的符号来批改你的作业。"

孩子特别开心,冲出教室,冲进同学当中。此后,有好几个星期,老师真的用铅笔给他批改作业,而且悄悄地告诉他:"如果你都做对了,老师就只写上优秀两个字,擦的时候也好擦。"孩子一直保持了优秀的成绩。

后来,孩子的生日到了。老师买了整整 100 本小学生常用的练习本给他。老师说,这是对他作业一直优秀的奖励,还因为老师和他共有一个秘密。

这是一个伟大的秘密。

专栏 2-2 中这位具有教育智慧的教师用爱心维护了一个幼小生命的尊严,给了这个孩子良好的成长呵护。

一、爱的意义

爱是人类社会中最伟大、最神圣、最崇高、最感人的字眼。人世间的爱与被爱是生存的需要,更是发展的动力。

俄罗斯哲学家索洛维约夫·弗拉基米尔·谢尔盖耶维奇(1853—1900),被誉为俄国最伟大的哲学天才、俄国新宗教哲学之父,他留给世人一批不朽的哲学作品,对现代西方哲学思想产生了深远影响。他在《爱的意义》(1892—1894)中,对爱的分析从生物性层次——性爱入手,上升到爱的最高层次——理想本性,揭示了爱的本质。

第二章 爱和公正

人除了动物的物质本性,还具有理想本性,每个人都含有神的形象,即特殊形式的绝对内容。这个神的形象是我们在理性中,并通过理性从理论上抽象地认识到的,而在爱中却是具体生动地认识到的。

真正的爱是这样一种爱,它不仅在主观情感上确信他人和自己的个性的绝对意义,而且在现实中证明这个绝对意义,有效地把我们从死亡之不可避免中拯救出来,使我们的生命充满绝对内容。

真正的爱的对象不是单纯的,而是双重的。第一,我们爱理想的本质。第二,我们爱人的自然本质,因为它为前者的实现提供了活生生的个人材料,又经过这一点,并非在主观想象意义上,而是在其客观转换和再生意义上变成现实。无论如何,不管有无形象,首先要求我们要像对待现实的真人一样来对待社会和世界环境,而我们从来没有同这种环境融合到无差别的地步,只是和它处于最密切最全面的相互作用中。①

奥地利著名的心理学家西格蒙德·弗罗伊德通过研究认为,爱的本质是一种依附关系。他把爱定义为包括许多情感因素的依附关系,揭示了爱的本质特征。世界上任何两个事物若是依附在一起,它们便是两个紧密相连的事物了,这是相互作用力的结果:两个事物相互作用力越强,依附关系就会越紧密。

安东尼·华尔士给爱下的定义是:爱可以满足我们的这种需要,既相互接受又给予对方深情的关怀,互相推崇、尊敬、接受和赏识对方,以及与某人特定的家庭和整个人类大家庭密不可分,而最主要的是它意味着主动地关心他人的幸福。②

弗洛姆认为爱有两种含义:一种是重生存的爱,一种是重占有的爱。他认为重生存的爱是一种创造性的活动,这包括注意某人(或某事)、认识他、关心他、承认他,以及喜欢他,这也许是一个人,或一棵树、一张画、一种观念。这就是说,唤起他的生命和增强他的生命力,这就是一个人更新和成长的过程。他指出:以一种重占有的生存方式所体验到的爱则是对爱的对象的限制、束缚和控制,这种爱只会扼死和窒息人,以及使人变得麻木,它只会毁灭而不是促进人的生命力。

哲学家、教育家都鲜明地表达了爱是人类活动的一种互为因果关系的主观需要和客观存在。

爱是教育存在的本源,是教育本身的内在特质,教育与爱是共生的,是密不可分的,教育一旦没有了爱就会导致异化。从"教育"一词的原始意义上来看:"教,上所施,下所效也;育,养子使作善也。"又如《中庸》中说"修道之谓教","修道"旨在"作善"。教育旨在使人向善,善是什么呢? 善即善良、美好。可见从教育的根部寻找起,教育天性中就有使人向善之义,本身就有爱的功能。在西方,"教育"一词源自拉丁文"educare","e"作为一个词头,意为"出","ducare"意为"引",两者合起来它的本意就为"引出"。从哪里引出? 又引向哪里? 引向的目的应是使人成为人,也就是使

---

① 索洛维约夫:《爱的意义》,生活·读书·新知三联书店,1996年,第9页。
② 安东尼·华尔士:《爱的科学——对爱的理解以及爱对人身心的影响》,团结出版社,1999年。

人趋向真、善、美统一的良善的、德性的生活,这个问题构成了教育学的一个基本假定:人的可教育性,人至少是具有向善的可能性。

教育应当也必然要基于人的原始生命力,教育就是将这种原始生命力引出,引向真、善、美统一的过程。这个过程就是爱的过程,所以说教育即是爱,真爱就是本真的教育。同时,作为培养人的教育活动,这并不是意味着教育的引出过程是教育使人与自然、社会的完全疏离,或者去控制人、利用人。以人为教育的出发点就是尊重人的天性,就如柏拉图所说促使人的灵魂转向,引导人从自然性、社会性发展到精神性,摆脱机械的物质的世界对生命的支配,使人学会爱、学会生存,最终实现人自身的价值。

现代教育理论的一个基本观点是把教育的过程视为对话的过程。在"我"与"你"的对话中,教育产生了。"我"与"你"的对话是建立在独立基础上的两个个体的积极互动,"我"与"你"的这种关系必须有爱的连接才具有可能性,它是对话的基础和对话的本身。爱给予对话参与者向他人敞开自我的勇气,在对他人的爱中,也在他人所给予的爱中,人才能获得力量。只有展开真正的对话才有真正的教育,爱是对话展开的前提,也是教育的前提,是民主的师生关系存在的基础。

教育应是以培养完整的人为教育目标的,是一种培养完整的人的教育。培养完整的人,这就是教育的本真价值所在。古希腊哲学家柏拉图在《会饮篇》中借助阿里斯托芬之口描述道:主神宙斯因为完整的人具有强大的威力,而将人截成两半,削弱了人的力量,因此所有的人都在寻找着自己的另一半,渴慕重新走向完整,爱就是这种驱动人重新走向完整的动力。被劈开了的现实中的人都是不完整的,而人只有在与他人共在的过程中,在人与人的结合中才具有强大的力量,才具有完整性!爱天生就是根植于人的本性之中的,驱动着人走向完整。教育要以培养完整的人作为自己的使命,爱是教育的强大动力。

夏丏尊先生认为,没有爱,教育不成其为教育,外在制度、表层的再多变更也只是在做无用的工作,把作为教育的灵魂和生命的东西去掉了,教育无所谓教育只能是管制或其他。教育本身就应该是成熟的博爱精神的传播,"教育,对我们社会应该接待的儿童和青年是一种爱的呼唤"。一部人类历史就是一部人类追寻爱的历史,也是一部人类教育史。人类追寻爱,追寻世界和存在的意义就体现在教育过程中,爱是教育本身就有的因素,教育从一开始就伴随着爱的传递,原始的教育就蕴含着爱护生命的功能。爱作为教育存在的本源不是后天刻意强加在教育上的,教育之爱应是发自教育者内心的自愿的崇高精神,而不仅仅是教育情怀。爱是随着生命和成长的过程逐渐习得的一种能力。人的爱是与情感、认知相连的,人之与爱就像树之与向光性,教育本身得以存在就在于爱。教育是爱的延续,爱是教育延续、发展的内核。如果没有爱,教育就不成其为教育,从此意义上说,爱既是教育的内核也是对教育问题的一种回答。

爱的意义可以概括为:爱是主动关心他人的幸福,通过人与人相互承认、喜欢、给予、关心、尊重、接受、赏识、责任感等方式表达,不仅对人是不限制、不束缚与不控制的,而且是对人的不自由的一种解脱,它唤起了人的生命活力,并增强了人的生命活力,促进人的成长。爱是一种情感,也是一种能力、一种态度。

二、教师之爱

爱是一种情感,教师对学生的爱心,是教师神圣职责的理性升华,是师生感情疏通的桥梁。教师对学生的爱心,是承认所有学生都具有可塑性的起点和过程,学生感受到教师的爱心,并切身体验到教师对自己的期望之情,是其接受教育的起点和过程。教师之爱,不仅是一种高尚的道德情感,而且是一种强有力的教育力量。在高度的责任感和强烈的事业心的驱使下,教师对教学工作尽心尽力尽责,不断地吸收新知识,积极探索最有效的教与学的方法,为了学生的成长和进步,他们能毫无保留地贡献出自己的精力、才能和知识,纵然是千辛万苦,都乐此不疲、无怨无悔。热爱学生,望生成才,是教师优秀品质的反映。

专栏 2-3

爱是最好的老师

许多年以前,有一个叫约翰·霍普金的教授给他教的毕业生布置了这样的作业:去贫民窟找200个年龄在12岁到16岁之间的男孩,调查他们的家庭背景和成长环境,然后预测出他们的未来。

那些学生运用社会统计学知识,设计了问题,跟男孩们进行了交流,分析了各种数据,最后得出结论:那些男孩中有90%的人将有一段在监狱服刑的经历。

25年后教授给另一批学生也布置了一个作业:检验25年前的预测是否正确。学生们又来到贫民窟,以前的男孩都已经长大成人,有的还在那里住着,有的搬走了,还有的已经去世。但最终学生们还是和原来的200个男孩中的180人取得了联系。他们发现其中只有4个人曾经进过监狱。

为什么那些男孩住在犯罪多发的地方却有这么好的成长记录呢?研究人员感到很纳闷也很吃惊,后来他们被告知:有一个老师当年教过那些孩子⋯⋯

通过进一步调查,他们发现75%的孩子都是由一个妇女教过。他们在"退休教师之家"找到了那个妇女。

究竟那个妇女是怎样把良好的影响带给那些孩子的?为什么这么多年过去了,那些孩子还记得那个妇女?研究人员迫切地想知道这些问题的答案。

"不知道,"妇女说,"我真的回答不了你们。"她回想起多年前和孩子们在一起时的情景,脸上浮起了笑容,自言自语地说:"我只是很爱那些孩子⋯⋯"

爱是柔软的,是带有体温、无痕迹的,其内涵也是极为丰富的。学生一旦感受到教师的关爱,就能产生强烈的自信,能够勇敢地正视不足,从而有勇气超越自我,这种幸福感能够带给学生一生的积极心态与向上的勇气。

（一）教师之爱的特征

教师之爱既有人性崇善的共性，又有教育至善的特征，主要体现在以下四个方面。

1. 成熟性

教师之爱的成熟性表现为对学生身心发展规律的充分把握，对教育本质的真正领悟，对教师职业的深刻理解基础上形成的理性之爱。教师对成长中的儿童和青少年有着巨大的潜移默化的影响，但这种精神上的、社会道德上的影响并不是靠母爱更不是靠说教就能产生的，知识需要知识沐浴，精神需要精神感染，道德需要道德濡化，能力需要能力开发，一个教师的真正威信在于他的人格力量，它会对学生产生终身的影响。同样，学生不仅对教师的知识水平、教学能力能做出反应，更能对教师的道德水平、精神风貌做出评价。这对于从事教育工作的人来说，确实是其他任何一种职业都未曾有过的精神挑战。

教师如何将教育的积极力量作用于学生身上，是教育"尊德性"的体现。全国名师斯霞的教育人生，用一个字来概括，那就是"爱"。

专栏 2-4

上课了，斯霞神态端庄地走进教室。可刚从校园里"疯跑"回来的孩子们却在大呼小叫，喧闹不已。斯霞没有大声斥责，而是温和地对孩子们说："有的小朋友还没有做好上课的准备，现在老师走出去，请大家赶快坐好。"于是，她转身走出了教室。等她面带微笑回到教室时，孩子们已经安安静静地坐好了。斯霞此举，意味深长：她绝不用严厉的目光盯着学生恢复秩序，而是暂时回避，给孩子们一个缓冲的时空，让大家因为深切体验到老师的尊重从而自尊自爱。这样一个细节，让我们感受到了一位教育大家以人为本、关注心灵的精妙的教育艺术。①

纵观教育史，许多教育大家都因有一颗爱生之心，以宽广的胸怀、包容的态度，用沉着、自制和耐心，创设一个和谐、友爱和宽松的氛围，给予学生个性自由充分发展的机会，把传授知识的过程当成学习交流、自主探索和自我教育的过程，学生的自主学习、独立思考、求知欲才能得以充分展示。在轻松愉快的学习环境里，学生的好奇心、标新立异、勇于质疑、逆向思维、富于想象等创造性思维品质就会迸发出来。

2. 创造性

教师之爱的创造性是对学生不自由的束缚的解脱，是使学生的个性得到最好的发展，是对生命独特性的张扬。教师要实现对学生的创造性之爱，首先自己应是一个个性独特、内心自由的人，同时善于给学生创造一种宽松、和谐、友爱的环境，给学生最适合的教育，让他们个性充分发挥，做最好的自己。正如我国台湾教师苏明进

---

① 杨卫东：《为什么是他们——来自名师的教育智慧》，高等教育出版社，2010年，第13页。

所说的:"每个孩子对我而言都是独一无二而珍贵的,每个孩子也都有他自己最优秀的地方,我们大人最需要做的就是帮助孩子,看见他们自己的优秀,并且激励他们好好发挥,让他们走出属于自己的美丽未来!""没有一个孩子是坏的,他们只是需要被懂罢了。"

师生之间只有保持心灵上的交流和沟通,才能使学生感到无拘无束,心情舒畅,情绪振奋;只有把传授知识的过程当成学习交流和自主探索的过程,学生的自主学习、独立思考、好奇心、求知欲才能充分地展示。如果师生在教学过程中达到心理相融,不仅能较好地进行教育教学活动,而且对双方良好品质的形成也起着重要的作用,就会出现学生为了了解蚯蚓的习性,将蚯蚓放入嘴里的行为;就会听到"河水欢快活泼;我听到栀子花开的声音……"的诗句;就会有教师将学生用词不当的错误称为"美丽的错误";就会有学生大胆地将老师布置的五篇绘画作业这样自行处理:第一页是一个小女孩曳着一条线,这条线穿过三页纸,一直通到第五页,在第五页纸上画了一个风筝……

3. 教育性

教师之爱的教育性主要是源于教育自身的特质。因为爱既是一种教育理念,也是一种教育内容,还是一种师生交往,更是一种教育方式,爱应该覆盖和渗透在学校教育工作的方方面面,成为指导各方面工作的核心价值观。爱,不是教育过程中的附加部分,应成为教育过程本身。教师劳动有很强的示范性,教师不仅以自己的学识、才能、品德去教育学生,而且还会从言谈、举止、衣着、仪表等方面给学生以无形的影响。世界上任何人也没有受到这样严格的监督。孩子们几十双眼睛盯着他,须知天地间再没有什么东西能比孩子的眼睛更精细,更加敏捷,对于人生心理上各种微末变化更富于敏感的了,再没有任何人像孩子们的眼睛那样能够捉摸到一切最细微的事物。[①] 正是因为教师在学校里处于为人师表、以身立教的地位,所以,在教育教学过程中,教师应自觉地用职业道德规范来约束自己的一言一行,以免由于自己的不慎而误导了学生,应用高尚的人格去感染学生,以自己的学识去教育学生,做学生的表率,而学生则得以亲其师、信其道、学其行。师爱越真越深,教育的效果就越好。

4. 道德性

教师之爱的道德性主要源于师生之间的关怀关爱。良好的师生关系是教育活动顺利进行的重要条件,是道德性的外在体现。

教育是以学生的发展为最终目的的,要达到这一目的,教师必须充分调动学生的积极性、主动性,促进其主动的发展。然而,学生愿不愿意接受教师的教育影响,能不能主动配合教师,直接影响着教育教学质量。研究表明:师生关系与学生成绩显著相关;教师与学生建立一种友谊关系,对于促进学生兴趣和完整人格的形成有

---

① 加里宁:《论共产主义教育与教学》,人民教育出版社,1958年,第157页。

着重大意义。良好的师生关系使学生产生安全感和心理相融,同时,也唤醒教师的教学热情和责任感,激励教师专心致志地从事教育工作。相反,师生关系紧张,甚至互不信任、彼此戒备,这将会干扰教育活动的顺利进行,降低学生的学习兴趣和教师的教学热情,影响教学质量。

大量的教育教学实践证明,只具有渊博的知识和教育能力而不善于同学生建立友好、真诚的合作关系的教师,在教学中不能取得事半功倍的效果。美国的安德林在师生交互行为中研究指出:教师行为倾向命令、威胁、提醒与惩罚的控制型时,学生对学校作业表现出较多困扰,而对教师、领导一般而言较为顺从,但有时亦反抗较激烈;当教师行为倾向于统合型,即同意、赞赏、接受与有效协助时,学生表现出较能自主性解决问题,而且也乐于为集体贡献力量。教师有了对学生的爱心,就有了对学生的亲和力和凝聚力,成为按教育目标转化学生的学习主动性的"催化剂"和"聚核反应"。所以,良好的师生关系可增强学生学习动机,调动、激发教师教学的热情与智慧,形成良性循环。学生在教师的关怀下,不自由的心理束缚被解脱,生命力获得唤醒。

| 专栏 2-5 |

小 红 帽

讲述者:桂贤娣(湖北省武汉市汉阳区钟家村小学特级教师)

大约是在10年前,我们班上有一个小女孩,她患了重病,满头的黑发都没了,她想来上学,可是没有勇气。

于是,我到武汉的汉正街去买了60多顶小红帽,拿上其中一顶,悄悄来到她家,没有进家门,招手把她妈妈叫出来。我告诉她,明天早晨让她女儿戴着这个小红帽到学校上学去。

然后我就回到班上,把剩下的小红帽分发给全班60多位同学,并且告诉大家一个好消息:"明天我们不上课,郊游去!但是老师有一个小要求,希望你们都戴上老师今天送的小红帽。"

第二天一大早,同学们戴着小红帽高高兴兴地来到教室,班上一片红色。不一会儿,小女孩在妈妈的陪伴下来到教室,头上戴着小红帽。我赶紧从教室里走出来,跟她招手:"来呀,快来呀,老师和同学们都等着你呢!"

她用手捂着自己的帽子:"桂老师,我,我,我——"我说:"没啥,没啥,快到教室去吧!"当她一只脚踏进教室的刹那间,她惊呆了。教室里每一位同学都戴着跟她一模一样的小红帽!小女孩跑向自己久别的座位,趴在桌子上灿烂地笑了。在同学们的掌声当中,她对窗外的妈妈说:"妈妈,你回去吧,我上学了,我上学了!"

郊游活动之后,我们班每一天都有五六个小朋友戴着小红帽来上学。直到这个小女孩头上长出满头黑发,我们班的小红帽才正式"下岗"。

(二)教师之爱的重要性

1. 没有爱,就没有教育

爱是教育力量的源泉,是教育成功的基础。教师之爱是洒向每个学生心田的阳光。许多有成就的教育家和优秀教师,都非常重视爱的教育。夏丏尊先生在将《爱的教育》介绍给广大读者时说:"教育没有情感,没有爱,如同池塘没有水一样,就不为池塘;没有情感,没有爱,就没有教育。"罗素在《教育与美好的生活》中指出:"凡是教师缺乏爱的地方,无论品格还是智慧都不能充分地或自由地发展。"苏霍姆林斯基说:"我一生中最主要的东西是什么呢?我会毫不犹豫地回答:热爱儿童。""教育技巧的全部奥秘在于如何热爱儿童。"高尔基说过:"谁不爱孩子,孩子就不爱他,只有爱孩子的人,才能教育孩子。"爱是教师职业道德的核心,爱学生是教师应具备的美德,也是教师的天职。

爱是一种无形的力量,教育的生命就在于爱心的传递,在于情感的投入,爱可以改变一个人,可以感化一个人。师生之间一旦有了心灵感应,教育教学的良性循环就开始了。教师的一句问候、一句鼓励、一次握手、一个眼神,无不带着对孩子内心关怀的小小细节,都会令孩子幸福无比。

2. 学生成长需要爱的雨露、阳光

在师生交往中,中小学生十分关注的一个问题就是老师怎样看待我,"我是属于哪种学生"的自我意象在悄然地左右着他们的行为。现代心理科学的研究结果表明,决定人类行为和个性的关键,是人的心理及精神的自我观念,这也是学生学好学坏的一个根本原因。心理控制理论认为,个人为了达到某一目标,大脑和神经系统都在有目的的状态下运动,组成一个极为复杂的"追求目标的机器"。成功和失败的自我意象是人生经验的结果,早期的体验对后来的人生常常起决定性的影响。学生形成什么样的自我意象,在很大程度上取决于他的老师对其施加的影响。奥斯古德和塔南鲍姆建立的关于认知态度一致性的理论认为,老师的称赞有助于学生自觉克服缺点,学生会尽力和老师的评价保持一致,他们会向老师赞美的方向努力,久而久之,老师的赞美和肯定就具有真实的意义了。

师爱比渊博的知识更重要,能够得到教师的关爱,是每个学生最基础的心理需求。教师以爱的教育感染和打动学生内心世界,激起学生潜在的学习动力,使学生变得聪明、活跃、积极向上,不仅对学生的健康成长和进步是一种巨大的鞭策和激励,而且还能激活学生个体生命中爱的种子,从而学会爱家人、爱同学、爱老师、爱学校、爱社会,产生积极的爱的回流的效果。

| 专栏 2-6 |

每一个孩子都是我的骄傲

有一次上课,一名学习成绩较差的学生举手,问到他时却回答不上来,事后这名学生哭着说：老师，别人都会，如果我不举手，他们会笑话我。霍懋征当即和这名学生私下约定，以后上课再提问时，如果看到他举左手，就是会回答，不会就举右手，老师就不让他回答，这样一来，既保护了孩子稚嫩的自尊心，又给了他表现的机会。于是，师生之间心照不宣，一段时间后，这名学生的成绩有了很大提高。

霍懋征老师就是秉持着"每一个孩子都是我的骄傲"的教育情感，把一次普通的课堂提问提升到维护学生心灵尊严的高度，让人感佩不已。

3. 师爱是教师生命健康发展的支点

教师的职业性质决定了从事教师工作的人都有较强烈的尊重的需要。他们往往很注重自己在学生中的威信，很看重学校领导的信任和同事间的友谊。他们对精神需要的追求甚于对物质需要的追求，他们期望自己的辛勤劳动能得到社会的承认。由于教师身心长期处于超负荷运转状态，紧绷的工作状态、身体上的疲惫容易导致心理上的疲惫，从而使其出现"情感耗竭"的职业倦怠特征。幸福感的获得与职业观密切相关，那些把教师职业当做谋生手段的人，会更多体验到来自职业的压力，往往将教学过程视为单向的知识输出，那么，他的职业生涯自然是暗淡的。

山东省教育厅副厅长张志勇曾指出：决定教师职业生活图景的，往往不是技术、不是职业能力的高低，而是教师的职业心态。事实上，师爱是治愈职业倦怠的良药。教师的劳动不是简单的重复劳动，而是不断推出新的劳动成果的创造性劳动。一方面，教师在潜心探索和不断创新的过程中，获得成就感和自豪感，从而满足实现自我价值的高级精神需要。教师强烈的成就感是其安贫乐道、热爱教育工作和向着更高创造境界冲刺的精神动力。另一方面，教师劳动还能得到一般劳动所享受不到的乐趣。教师的乐趣来自学生的关心和问候，更来自学生的成长和进步。孟子说，"君子有三乐"，而"得天下英才而教育之"便是三乐之一。教师在与生气勃勃的年轻生命交往互动中，感受到生命的神奇与可敬，体验到自己工作的价值。师生似乎就是为了教育而教育，没有担忧，没有媚俗，他们纯净地迷醉于此时此刻。教育不是牺牲，而是享受；不是重复，而是创造；不是谋生的手段，而是生活本身。①

只有热爱教育、关爱学生的人，才能体验到做一名教师的快乐，纵然是千辛万苦，也乐此不疲、无怨无悔。教师要习惯于用一种感激和满意的心态去面对工作和生活，让自己的学校生活品质在爱的传递中提升。

专栏 2-7 摘选于 2011 年教育部新闻办公室组编的《生命与使命同行——走近首届全国教书育人楷模》的精彩片段，让我们一起感受教师之爱的思想境界吧！

[专栏 2-7]

吴邵萍：在我看来，每个人对职业的认同度不同，从而造成他们对职业的理解也

---

① 刘次林：《幸福教育论》，人民教育出版社，2003 年，第 213 页。

不尽相同。对我来说,教师是一个充满幸福感和成就感的职业,和孩子们在一起,我往往能够由衷地感到快乐。

经常有人将教师比作灵魂的工程师,而我不大愿意随大流地这样认为。我想,对于教师来说,跟孩子在一起是一次褪去浮躁、荡涤心灵的旅程,能够从中获得内心的安然和宁静。我们应该跟孩子交流,倾听他们的想法,而不是单纯地向孩子填鸭式地灌输东西,把我们自己的想法或是模式化的知识体系强加在他们身上。教师和孩子的关系,应该是一种双向且互补的学习和引导,也就是人们常说的"教学相长",这才是一个良性的循环过程。在这个过程中,教师不单单扮演着一个灵魂工程师的角色,也应该是一个接收者和被引导者,从孩子身上发现人性最原始的那些美丽。

于漪:我最大的职业成就感是逐步读懂学生这本"书",经常和他们心心相印,在引导他们成长的同时,自己的德才学识也获得了进步。

一个学生就是一本丰富的书,一个多彩的世界。学生是活泼的生命体,每个人的成长都是独一无二的。尊重他们的人格,尊重他们的个性,对他们满腔热情、满腔关爱,是我身为人师的根本所在。几十年来,我教过各种类型的学生,面对这些丰富的"书",我一本一本认真地读,一点一点地学习和领悟,兢兢业业地探索和实践,逐步懂得师爱的真谛,仁爱之心的博大,也品尝到亦师亦友的无穷乐趣。

石雪晖:教师要做学生的知心人,做育人的有心人。学生的问题可以从学习过程中反映出来,同时又直接影响学生的学习成绩。只要我们自觉地做知心人、有心人,就会发现学生中的各种思想问题。我们要主动帮助学生从彷徨苦闷中解脱出来。教师对学生越真诚,学生对教师也就越亲切。而要做到知心和有心,前提当然是爱。

三、教师之爱的具体体现

教师之爱的内涵十分丰富,归纳起来,主要体现为尊重、期望、理解和宽容。

1. 尊重

学生的发展存在着个体差异,这种差异是由不同的遗传、环境和教育等因素造成的。一般学生的发展需经历共同的发展阶段,但每个学生发展的速度、水平及发展的优势领域则千差万别。如同龄学生有不同的兴趣、爱好和性格;有的学生语言能力较强,有的学生数学能力突出;有的学生才华早露,有的学生大器晚成。

教师要有"风物长宜放眼量"的胸怀,即把学生成才放在更长的时间轴上去考量的气度,善于引导学生学习。首先,要尊重学生的差异,从差异中寻找特质,发现闪光点。只有通过细心观察、主动与学生深入地交流和沟通,才能准确地掌握他们的思想情况、学习情况及生活情况。"一把钥匙开一把锁",尊重差异的目的就是因材施导、扬长避短。比如有针对性地在学习方法上做一些指导,在生活态度上给一些建议,在为人处世上做一点点拨,在自我发展上寄予一定的暗示和期望,学生就能奇迹般地克服自身的不足,实现自我完善和超越。其次,要改变用一个模式去要求所有学生的做法，利用课余活动给学生提供个性自由、充分发展的空间和机会。爱因斯坦说过，人的差异产生在业余时间。实际上每个学生都有自己的发展潜能，一旦被发现并因势利导，促使其转化为实际能力，就会产生众多的有特长的学生，其能力的发展甚至会超越学校教育的深度和广度。

爱生还包括"视徒如己，反己以教"，尊重和信任学生，严格要求学生。爱生包括热爱所有学生，对学生充满爱心。尊重学生特别是要尊重学生的人格，保护学生的自尊心，维护学生的合法权益，避免师生对立。教师处理问题必须公正无私，让学生心悦诚服。

2. 期望

心理学研究表明：每一个学生从心底都希望得到老师的肯定、赞扬、鼓励，从而获得成功的体验，获得心理的满足。因此，教师对学生的期望在很大程度上能促进学生品德的提高。事实上，学生非常尊敬那些期望他们做得更好的老师，教师积极的期盼使学生能够在教师爱心的感召下引起积极的变化。教师期盼性的行为不仅是对学生情感的激发，更重要的是营造了一种和谐、愉快的学习氛围，从而建立良好的师生关系，使学生始终保持着积极向上的乐观情绪和努力探索、获得成功的强烈愿望，积极主动地参与学习。

"三分教诲，七分等待。"教师的期盼、等待渗透着一种更积极更深层的爱，能使优秀的学生更加刻苦地学习，也能使学习困难的学生树立起学习的勇气和信心，勇于大胆发表自己的见解，始终保持着一种积极向上的乐观情绪和努力探索的强烈愿望，促进学习困难的学生不断发展。多样、灵活、生动、丰富的赏识，期盼性的课堂评价能感染和激励学生，使学生欣喜不已，也能活跃课堂的气氛，让知识因为"插上了感情的翅膀"而变得更有趣味和魅力。成功的体验更激励着学生勇攀知识的一个个高峰，激发学生的求知欲，使各个层次的学生都能在原有基础上获得较快发展，大幅度提高教学质量。

专栏 2-8

期望和赞美能产生奇迹

1960年，哈佛大学的罗森塔尔博士曾在加州一所学校做过一个著名的实验。

新学期，校长对两位教师说："根据过去三四年来的教学表现，你们是本校最好的教师。为了奖励你们，今年学校特地挑选了一些最聪明的学生给你们教。记住，这些学生的智商比同龄的孩子都要高。"校长再三叮咛：要像平常一样教他们，不要让孩子或家长知道他们是被特意挑选出来的。

这两位教师非常高兴，更加努力教学了。

一年之后，这两个班级的学生成绩是全校中最优秀的，甚至比其他班学生的分数值高出好几倍。

结果出来后，校长不好意思地告诉这两位教师真相：他们所教的这些学生智商并不比别的学生高。这两位教师哪里会料到事情是这样的,只得庆幸是自己教得好了。

随后,校长又告诉他们另一个真相:他们两个也不是本校最好的教师,而是在教师中随机抽出来的。

正是学校对教师的期待、教师对学生的期待,才使教师和学生都产生了一种努力改变自我、完善自我的动力。

这种企盼将美好的愿望变成现实的心理,在心理学上称为"期待效应"。它表明:每一个人都有可能成功,但是能不能成功,取决于周围的人能不能像对待成功人士那样爱他、期望他、教育他。自尊心和自信心是人的精神支柱。

3. 理解

教育是从心灵出发抵达心灵的活动。泰戈尔说过,"爱是理解的别名"。我国教育家陶行知先生曾说:"你若把你的生命放在学生的生命里,把你和你学生的生命放在大众的生命里,这才算尽了教师的天职。"由于教育的本质是培养人的活动,尊重人、理解人、关心人、发展人是教育的全部内涵。理解学生,一切从学生的发展需要出发,就需要教师放下暂时的优势,俯下身去,站得跟孩子一样高,倾听孩子的声音,与孩子一起经历成长。

学生愿不愿意接受教师的教育影响,事关教育的效果和质量。只有褪去制度安排的刻痕,建立平等、民主、心理相容的师生关系,"读"学生,"懂"学生,才能使他们产生信赖感,心悦诚服。在师生"如切如磋、如琢如磨"的心灵沟通中,教师能感受到生命的神奇与可敬,体验到工作的责任和意义;学生则感受到人格的尊严,体悟到教师的期望之情,并转化为信心、动力。

2002年,美国年度教师昌西·维奇将自己成为年度教师的原因归结为学生,他认为从学生有意流露出的精神状态及表现出的行为举止中可以看到他们眼中教师的状态。因此,为了保持自己的良好状态,他把倾听每一个儿童的困惑与顿悟、快乐与悲伤当做课堂教学的立足点。

| 专栏 2-9 |

特级教师于永正在执教《荷花》一课时,让学生给课文写评语。一个学生对"这么大的荷花,一朵一朵的姿态,看看这一朵很美,看看那一朵也很美"这句话作的批语是"千岩竞秀"。学生用这 4 个字作答时于老师没听清楚、没听明白,便耐心地让其重复了 3 次。在这 3 次的重复与等待中,于老师在思考、在揣摩,在"降下柜台"、在"拆去柜台",把自己融入儿童的视野,终于明白了学生觉得荷花就像形状不同的岩石一样在竞相展现自己秀美的风姿,于是,对学生这一独特的感受和体会大加赞赏。学生在老师的耐心中感受到了关爱,在理解中享受到了平等,在赞赏中获得了自信。

用同理心的概念来解释,理解指的是把自身投入到他人的心理活动中去。只有富有同理心的教师,才会有耐心去小心地打开学生的内心世界,理解他们、认识他们。不管学生在尝试理解知识时显得多么无知、可笑,富有同理心的教师都表现出坚定的耐心和信任感,而不是嘲笑。在课堂上,富有同理心的教师会给学生充足的思考、理解、练习的时间,克制自己的急躁、冲动,耐心等待,让学生感受到老师对他们的期待和信任。

4. 宽容

宽容是教师之爱的一种重要体现。爱本身就包含着宽容,缺乏宽容,爱是不完整的。在一定意义上讲,不包含宽容的爱,并不是真正的爱。人类之所以需要宽容,原因就在于:犯错误是每个人生命成长中不可避免的组成部分。安德烈·斯蓬维尔曾说过:"我们所有的人都有太多的错误,我们太可耻、太软弱、太卑劣,所以不能不需要宽恕。"而儿童阶段具有强烈的尝试要求,可以说,犯错误是他们的权力。[①] 错误是一种履历性的成长资源,教师要学会使用这种资源,学会发挥慢的艺术,给学生成长留有时间,恰到好处地保护和帮助孩子成长。

宽容是一种积极的有效的高层次的教育态度。它要求教师具备高尚的师德修养和高超的教育能力,明白即使是知识的获得,通常也是一个困难、艰苦、缓慢的过程;人的成长更是曲折、艰难的过程。宽容意味着等待,教师要向农民学习不"拔苗助长"的心态,向木匠学习"天生我材必有用"的信念,向收藏家学习扬长避短的智慧,在等待中呵护学生成长,留有余地来促进孩子成功。

宽容要求承认每个学生都有多样化的发展潜能,一方面,要重视学生个性的培养,为学生个性的发展创造良好的氛围和条件;另一方面,要改变用一个模式去要求所有学生的做法,应根据学生的差异因材施教,把劣势转化为优势。

第二节 教师公正

| 专栏 2-10 |

这是著名小学数学特级教师、北京第二实验小学副校长华应龙的课堂。

不久前,记者走进他的课堂,小教室里的大境界令人惊叹:学生在"飞",老师在"飞",课堂在"飞",犹如鱼之在水,鸟之在林。

自由翱翔,用心凝望而不害怕,这大抵是孩子们的心声,也让我们的追问更为急切——教育,缘何而快乐?

记者:教育之于学生是什么?

华应龙:教育之于孩子就是你多看他一眼,他读出了理解、期盼、欣赏,这就是

[①] 朱小曼:《教育职场:教师的道德成长》,教育科学出版社,2004年,第12页至第65页。

教育。

记者:怎样给孩子自由?

华应龙:我的主张是融错。学校是孩子可以犯错的地方,给孩子犯错的自由,也就给了他成长的自由。怎样对待错误,怎样把错误利用起来,我总结了融错三部曲。第一部:容错——容忍、包容错误,错是错。第二部:融错——将差错转化为教学资源,错不是错。第三部:荣错——出错是光荣和荣幸,错还是错。

正确的解答,可能只是模仿;而错误的解答,却可能是创新。融错就是一种解放,就是一个过程,听到自己思维的声音,自己成长、"拔节"的声音。怎样对待自己和他人所犯的错误,我认为在今天非常重要。

学生的一个错误可以让教室响起三至四次掌声,"他有不同的声音,鼓掌!"我说:只有听到不同的声音,才能去思考。有时错了,孩子还坚持,我说:"鼓掌,坚持很不容易。"

"刚才我是这样错的……"孩子这么说。多美,对班级学习是贡献,对同学们的学习是提示和唤醒。孩子学到的不仅是知识,更是方法、态度,学到怎样直面错误、超越错误,由此培养他们的创新人格。

最好的学习不是求知,而是求不知。一个好的课堂是要把不会的教会,还要把会的教不会。兴趣是最好的老师,让他有不知道的,才好奇,才想知道。

学校是可以犯错的地方,其前提就是要有好教师。一个好教师,首先要是一个公正的教师。在学生的心目中,教师应该是学识渊博、品格高尚、行为完美、善解人意的人,尊重学生人格,尊重学生受教育的平等权利,对学生一视同仁,公正合理地对待每一个学生。

一、教师公正的含义

爱与严相辅相成,都是教育的条件、手段和动力。教师之爱,不是出于个人的狭隘感情或好恶,而是出于对教育事业的热爱,出于一种高尚的道德感、责任感;教师之严,也不是随心所欲,而是严中有爱,严中有理,严中有方,严中有度。陶行知先生曾提醒教师:你的教鞭下有瓦特,你的冷眼里有牛顿,你的讥笑中有爱迪生。教育,不是单纯地灌输,而是教师对学生的深入了解,对教育规律的潜心研究,选择公正合理的态度和方法,达到最好的教育效果。

苏霍姆林斯基曾深刻地指出:"所谓公正,就是尊重和严格要求相结合。在学校生活中,没有也不可能有抽象的公正。教育上的公正,意味着教师要有足够的精神力量去关心每一个儿童。"教师公正就是指教师把每个受教育者应该得到的合理需要、合理评价给予他,即教师在特定的教育环境中,既定的教育资源条件下,通过自己的职业劳动,公平合理地对待每一位学生,使他们自由、合理地选择当时、当地的各类型的教育资源,获得适合个人特点的、相应的教育机会和教育方式。作为教师的个人德行,"教师公正"含有优秀或完美的意思,给予每一个受教育者应得的教育的品质;换言之,即教师在从教生涯中表现出来的正大光明、质朴和公道的品质;具体说来,是指教师在教育学生的态度和行为公正平等、正直无私,对待不同相貌、不同性别、不同智力、不同个性、不同出生、不同籍贯、不同亲疏关系的学生,一视同仁,按照党的教育方针,满腔热忱地关心每个学生,热爱每个学生,从每个学生的不同特点出发,全心全意教育好学生。[①]

教师能否在教育活动中遵守公正这一基本道德要求,直接关系其在学生心目中的形象和声誉。有的老师认为使学生惧怕就是威信,这种将教师的威信建立在职业赋予的权利的行使上,极有可能在处理学生的事情上表现出偏私、不公正,这会严重损害自己在学生心目中的形象,降低自己的威望,从而影响教育效果。只有教育行为公正的教师,才能赢得学生的信赖和尊重。

二、教师公正的特征

(一)平等性

学生对教师最不能原谅的品格缺陷就是因教师的不公正而受到的不平等对待,这在记忆中是无法抹去的。

平等是公正的核心。平等是教育者对教育对象一种发自内心的理解与尊重,平等是教师公正的主要特征,其主要表现为:公正地面向全体学生,公正地看待每一个学生。"尺有所短,寸有所长";"金无足赤,人无完人";每个人都有自己的优点和长处,也都存在自身的缺点和短处。要实现教育面向全体学生的目的,教师必须了解每个学生的优缺点和长短处。如果教师对成绩好、听话顺从、有亲缘关系的学生有意无意地偏爱、袒护,往往会滋长他们的优越感,从而看不到自身存在的缺点,无法正确地对己对人,这会严重损害他们健康发展;如果教师对那些成绩差、脾气倔强、爱惹是生非的学生态度冷漠或歧视,在评价他们的表现和成绩时,抱有成见,有失公正,就会使这些学生内心对教师的不公正产生怨恨和痛苦,在学习中感到压抑,心理不平衡,严重挫伤学生学习的积极性,继而对学习逐渐失去信心。要使教师的爱真正具有公正性,教师就必须具有一颗无私的心。教师要爱所有的学生,要对学生一视同仁,要激励学生的上进心,心中要有"世上没有不合格的学生,只有不合格的老师"的信念。教师爱学生就要把欣赏的目光投向每一个学生,让更多的孩子从中感受到殷切的期望,体验成功的喜悦,获取向上的动力。

专栏 2-11

美国学者的一项调查显示,教师在一节课上与学生的目光交流有四分之三的时间集中在优秀学生身上。同样,一位教育科研人员在教学班连续听课后发现,该班

[①] 叶澜,等:《教师角色与教师发展新探》,教育科学出版社,2001年,第50页至第51页。

有两名学习尖子,在两天内被各科教师提问共12次,另两名学习上的差生。在12天内却无人问津。

研究者从5所学校随机抽取了100名教师,问:"您热爱学生吗?"90%以上的教师回答"是"。但随后向这100名教师所教的学生进行调查:"你体会到老师对你的爱了吗?"回答"体会到"的仅占12%。

(二)情境性

教师公正作为一种实践,具有其特定的情境,受到时代或事件本身场景的约束。课堂环境包含着学习者、知识、评价和共同体等多种因素。有效的教学和学习离不开课堂环境中这些因素的平衡。以共同体为中心环境的设计,强调知识的分布性,以及学生学习的自主建构与社会建构的统一。相互讨论,接受反馈,促进反思,提高学习的动机与机会,是共同体中心环境的特征。教师应依据教育现实状况,具体情形具体分析以变应变地做出能为大多数学生所接受的理性选择。在特定情境下被视为公正的教育行为,当客观条件或情境下的主体(人)发生变化时,则可能产生出一种新的彻底否定的判断。

| 专栏 2-12 |

让学生来做教师

一位教师教学生进行物品分类。他让孩子们捡了树叶、小草和花朵,回到教室后把树叶分成一堆,小草分成一堆,花朵分成一堆,然后问学生:"知道为什么要这么分吗?"

没有学生回答。深感挫败的老师把物品重新堆在一起,问孩子们是否能将它们分成不同的类别,让老师猜猜他们分类的理由。

孩子们把这些物品分成三堆,老师看了半天也找不出分类的特征。孩子们说:"这一堆,它们的味道很浓;第二堆,只散发出少许的味道;最后那一堆,一点味道也没有。"

老师感到自己不如这些孩子,问他们是否还能变换一种分类的方法。这次,孩子们将物品分成了两堆。"这一堆,它们在湿季来临时最先生长;那一堆,要到雨季来临时才会开始生长。"

在对学科知识的理解和把握上,教师具有明显的优势。但这并不意味课堂就是教师的天下,因为学习是学生自己的事情,教师是无法替代的。这个案例告诉我们,学生在对事物的分类中表现出一种将学习活动和他们的生活经验结合在一起的能力。只要给学生机会,学生就会表现出这种能力,而这正是学习的本质。教师要始终保持一颗敏感的心,不要让思维定式阻碍教学,更不能墨守成规,而应以新的视野、新的观察角度看待所有事物,以开阔的胸怀面对各种可能的情况。

（三）开放性

现代社会信息爆发增长,学生获得知识的途径是多种多样的,在价值观念、知识结构多元化的影响下,他们的言谈举止与内心理想之间形成灵活而变动的关系,这与教师个体所知的符合社会主导价值观的要求可能存在一定的差异。面对这种差异,走进学生世界,向学生学习,教师公正表现为开放性特征。教育史关于教育活动的最初论述中,开宗明义论及教师公正的影响和教师应尊重学生的要求。教育和被教育是一种安排,教师和学生是一种平等的关系,每个学生都有着长远的人生道路,其发展无法预测,更不可限量,教师只能是暂时的优势,当教师的感觉和与学生相处的分寸是十分敏感和微妙的。全国教书育人楷模语文特级教师于漪有句名言,即"与其说我做了一辈子教师,不如说我一辈子学做教师",这是对学生发展的无限可能性的尊重,也是对自然和历史规律的尊重。

> **专栏 2-13**
>
> **我留下了属于自己的脚印**
>
> 上《小马过河》一课时,我指导小朋友读书:"松鼠认真地说,'当然啦,昨天,我的一个伙伴就是掉在这条河里淹死的。'在这里,你们要读出松鼠的认真来。"我一边讲解一边进行示范,但马上有小手臂高高举起:"老师,读松鼠的话光有认真还不行,他还应该很伤心。"我吃惊地问:"为什么?""因为,他的伙伴昨天刚刚淹死,所以,松鼠应该很伤心!"……像这样的尴尬在我的课堂上已不止一次。
>
> 教学生涯其实就是一段师生互相搀扶、永无止境的学习和成长的过程。当教师将自己作为一个学习者、思考者和问题解决者时,学生的学习能力就会大大增强,他们的成绩也会迅速提高。

（四）适度性

学生个体的形成无疑是一个发展的过程,因此,对"发展"的规定性构成了认识学生个体成长的前提条件。学生发展是指学生在遗传、环境和学校教育及自我内部矛盾运动的相互作用下身体和心理两个方面所发生的量、质、结构方面的变化的过程与结果。学生发展表现为不平衡性、顺序性、阶段性和个别差异性的发展规律,一般学生的发展均经历上述共同的发展阶段,但又存在着个别差异,这种差异是由不同的遗传、环境和教育等因素造成的。每个学生发展的速度、水平及发展的优势领域千差万别,如同龄学生有不同的兴趣、爱好和性格;有的学生语言能力较强,有的学生数学能力突出;有的学生才华早露,有的学生大器晚成。因此,教育者对学生发展的尊重和遵循即适度性,这是教师公正的又一特征。

适度性是指教育过程、教育内容、教育方法等教育要素均处于一种自然和谐状态的教育,要求教育者在适宜的时间和空间内,采取适当的方式、方法、措施,营造一种相互接纳的教育氛围。真正做到将每个学生视为独立的个体,尊重个体差异。学生该做什么,就让他们做什么;能做什么,就引导他们做什么,尽可能多地为他们的成长和个性发展创造条件、搭建平台。同时,教育者应尊重学生的个体差异,使每个学生在生活中充满自信。顺其形,借其势,让孩子优良的个性特征在现有的基础上实现最大发展。

学生作为一个不断发展的人,其身心所能承载的任务与责任是有限度的,超过了一定界限,就会阻碍成长。教育者任何厚此薄彼的做法,也都是不公平的,不公平就是不适度。

专栏 2-14

于漪和 4 个口吃的学生

于漪教过的一届学生中,有 4 个表达能力很差,乍一看似乎都有口吃的毛病。但是,经于漪调查发现,4 个人的"病因"各不相同。第一个学生是舌头稍短,口齿不清。第二个是独子,父母从小娇惯,因此说起话来停顿多,语言不规范。第三个是小时候模仿口吃者说话,自己逐渐口吃起来。第四个是思维迟钝,说话结巴。于是,她对这 4 个学生对症下药,因材施教,为他们制订了各自的训练计划,使他们口头表达能力都有了显著提高,有的甚至彻底摆脱了口吃。

"在每个孩子心中最隐秘的一角,都有一根独特的琴弦,拨动它就会发出特有的音响,要使孩子的心同我的讲话发生共鸣,我自身就需要同孩子的心弦对准音调"——苏联教育家苏霍姆林斯基的这句话,极大地启发了于漪老师。"学生毕竟是不成熟的青少年,如果他们都懂事了,都有很强的自控能力了,那还要我们教师做什么呢?"由此出发,于漪总是时时处处换位思考,设身处地地感受学生的世界。

三、教师公正的重要性

(一)教师职业道德的内在要求

关心爱护全体学生,尊重学生人格,平等公正是教师职业道德规范的首要之义。目前,从世界各国对教师队伍的管理来看,在这一点上是完全一致的。除了实施教师资格制度外,还在职业道德方面有很多的要求和限制。无论是发达国家,还是发展中国家,都把献身于教育事业、热爱儿童、有优良的品德、平等公正对待学生作为教师素质的重要要求。无数的教育实践已证明,高尚的师德就是一部好的教科书,可以使学生受到"不求而至,不为而成"的潜移默化的影响,学生一旦从老师身上得到终身受益的东西,就会没齿不忘。对教师职业道德水平的高要求,是由教师职业性质所决定的。

教师之爱，源于亲子之爱而高于亲子之爱。父母是孩子出生后的第一任教师，亲子之爱是刻骨铭心永恒不易的，孩子长大之后，进入学校，他们自然希望父母之爱得以延续，一旦他们感受到一种类似父母之爱的教师的爱心在抚慰自己时，将产生极大的温暖感。教师有了对学生的爱心，就有了对学生的亲和力和凝聚力，爱心便成为按教育目标转化学生的"催化剂"和"聚核反应"。有些学生在进入学校之前，受到家庭、社会和人际的不良影响，形成了某些缺点和怪癖。如果教师恨铁不成钢、操之过急、方法不得当，就可能造成师生之间的对立情绪，使学生丧失信心、丧失希望，往往会造成恶劣的后果。相反，如果教师能深入了解学生的处境和困难，有针对性地对学生进行启发和教育，化解学生在学习和成长过程中的难点和困惑，以博大的胸怀、无限的热情、不厌其烦的耐心去开启学生紧闭的思想大门，千方百计地调动他们的积极因素，发掘其闪光点，触动其内心情感，就能使他们摆脱过去，达到转化的目的。

教师公正要求教师关爱每一个学生，对所有的学生无歧视、无偏见。否则，造成学生的心理伤害是长期的、连续的，还会导致学生集体产生不团结、不和谐的气氛，影响他们的健康成长。学生的质量决定着未来社会的质量，一个好的教师应对学生的终身教育负责。我们将教师公正作为必须履行的责任，赋予必须性、强制性、法规性的要求，且无论如何强调都不过分，这是因为教师不仅是在塑造学生的心灵，而且是在塑造未来社会的主人。"爱人者，人恒爱之；敬人者，人恒敬之。"我们给学生怎样的道德影响，意味着未来栽种了怎样的文明果实。

毕淑敏有篇文章叫《谁是你的重要他人》，作者笔下那位梳着长长的大辫子的音乐老师，是她的"重要他人"。文章写了作者上小学练合唱时，被老师批评："毕淑敏，我在指挥台上总听到一个人跑调儿，不知是谁。现在总算找出来了，原来就是你！一颗老鼠屎坏了一锅汤！现在，我把你除名了！"作者被罚下来，三天不再唱歌，"灰溜溜地"、"羞愧难当地"离开合唱队伍。又因为一句话——"你小小年纪，怎么就长了这么高的个子"，作者不由自主地就弓了身子塌了腰，从此，这个姿势贯穿了她的整个小学和青年时代"。后来，老师一边为不好找人生气，一边要求作者站回到比赛的队伍里，但只能干张嘴，绝不可以发出任何声音。"她还害怕我领会不到位，伸出细长的食指，笔直地挡在我的嘴唇间"，作者"从此遗下再不能唱歌的毛病"。"虽然我已忘却了她的名字，虽然今天的我以一个成人的智力，已能明白她当时的用意和苦衷，但我无法抹去她在一个少年心中留下的惨痛记忆。烙红的伤痕直到数十年后依然冒着焦糊的青烟。"作者郑重地写下了给教师的箴言："童年时被烙下的负面情感，是难以简单地用时间的橡皮轻易擦去的。"

每个教师都应当反思自己的课堂是否也在无意中扼杀过一个孩子稚嫩的自尊？每个教师都应该成为学生心目中正面的"重要他人"。

（二）良好的教育活动效果实现的必要条件

学生是教师公正的评价主体。关于教师公正与否的判断必须关注学生的主观感受,即学生是否产生了公正感。所谓公正感是指学生对教师在某一特定情境中的教育行为方式公正与否的评价或感受。不可忽视这样的现实:在某个阶段,学生的生理、心理发展的不成熟,思维和评价水平的局限性,使其难以辩证地看待教师的教育行为。加之人才成长的周期长,许多客观上有益学生发展的教育行为,为学生暂时不理解、不认同甚至产生不公正感。相反,一些简单缺乏智慧的教育行为,却可能由于迎合学生对公正的肤浅认知而使之产生公正感。公正感虽然不是评价教师公正及其实现程度的决定因素和唯一标准,但公正感的缺失,无疑将使教师公正失去应有的落脚点。教育效果的最优化,要求教师在客观公正的基础上,尽可能通过沟通和教育智慧引导学生体验公正,促进学生对教师公正的认可,增强教育的实效性。

专栏 2-15

有两个小学教师同上一篇《荷花》,效果却截然不同。一老师问:"荷叶像什么?"一学生主动答:"荷叶像扇子。"老师不高兴地大声说:"荷叶怎么会像扇子? 不像!"结果不仅羞辱了这位学生,而且把其他已经举手的学生都吓得缩了回去。后来她再三要求学生开动脑筋踊跃发言,可是教室里仍然鸦雀无声。另一位老师同样提问"荷叶像什么",第一个学生回答后,老师满脸笑容点头称好,于是教室里出现竞相抢答的生动场面,达到了预期的教学目的。

这里的诀窍首先是尊重学生的发言,再适时给以点拨、启发和诱导。著名的教育家史密斯·凯文深知这一道理,他在回顾自己一生的教育生涯时这样说:"学生做错了事,我从来不批评他们,而是对他们说,你再试试好吗?"

(三)师生共创共享交往幸福的关键因素

师生关系的建立与完善的基础是公正,现代的师生关系是以教师尊重学生的人格、平等地对待学生热爱学生为基础。教育是以爱为基础的心理互动的过程,教师的教育行为要被学生真正认同才会体现其价值、发挥其功效。教师威信对学生成长有很大作用,它受多种因素的影响,但却深深扎根于良好的师生关系之中。学生主体性的形成,既是教育的目的,又是教育成功的条件。教育要培养生动活泼、主动发展的个体,是具有主人翁精神的全面发展的人,因此必须充分调动个体的主动性。个体身心的发展并不是简单地由外在因素施加影响的结果,而是教师、家庭、社会等外在因素通过学生的内在动力而发生作用,没有个体主动积极参与,没有师生之间的互动,没有学生在活动过程中的积极内化,学生的主动发展是难以实现的。

教育教学活动是教师和学生的生命活动特别是精神活动的方式,教育教学中结成的师生关系是教师和学生生存方式的具体表现。不同类型的师生关系,体现了师生不同的生命活动形态,对构建师生自身的价值形成不同的意义。专制的师生关系会培养学生的依从性和专制性格,民主的师生关系会培养学生包容性和民主素质。师生关系除了对教育教学目标的实现具有手段价值外,还对教师和学生的发展具有本体目的意义。理想的师生关系是教师和学生既作为独立的完整的人,又作为合作者、共享共创者所形成的相互理解、相互尊重、相互信任、相互合作的和谐亲密关系。学生在教育交往中感受到人格的尊严,体现出自主、张扬的个性,体验到人生的价值和最初的人生幸福,进而发展自由的个性,形成健全的人格。

一个既有集中又有民主,既有纪律又有自由,既有统一意志又有个人心情舒畅、生动、活泼的班级局面,能在师生交往中感受到道德人格的力量,使师生的心情欢畅,心理相容,产生愉悦、肯定的感情,使学校、班级产生温馨、和谐的气氛,充满奋发向上的生机,使不良错误思想和行为得以抑制、淡化。师生关系作为校园文化的组成部分,对学校精神文化的建设、对学生在校的发展和今后的成长都有着重要的作用。

成都市武侯实验中学校长李镇西老师参与制定"班规",并说:"我是这个班的普通一员,既是制定'班规'者之一,又是实施'班规'者之一,既规约学生的言行,也要规约班主任的言行,一班之'长'不是班主任。"因此,他是受"班规"惩罚最多的一个,很多事例彰显了他的平等意识。

专栏 2-16

大雪飘飞之日,师生同在雪地里不分尊卑地打雪仗,学生甚至肆无忌惮地将雪球砸向躺在地上的李老师身上,以致整个身上堆了厚厚一层,若不是尚有两只眼睛和两只鼻孔露在外面,真会让人误以为李镇西老师已经"葬身"于莽莽雪海之中了。于是,学生狂笑不已,快乐无比。不料李老师一跃而起,将一团冷雪猝不及防地塞入一个同学衣领之中,随后,又是一阵笑声。

在李镇西看来,世上之人,不管地位高下、富贵贫贱,都是"大写的人",在人格、精神上都是平等的,他认为师生之间要有平等意识,同学们深为感动。于是,他与学生的平等意识日益渐长,师生感情日深。他不失时机地对学生进行平等意识教育,为未来培育出真正意义上的独立人格之人,教师的权威被民主的意志消解,同时也被放置到一个与学生同等权利的位置。他的学生从内心感到李老师是他们的知心朋友。李镇西老师赢得了学生的信任、尊敬和崇拜。

(四)帮助学生树立社会公正观念、完成社会角色承担任务

随着现代教育改革的发展,教育公正被赋予一种超越传统的教育平等的新的含义,即接受符合个性的教育意义上的平等,保障受教育者的教育权利。联合国教科文组织强调,基础教育是必不可少的"走向生活的通行证",它使享受这一教育的人能够明确自己将要从事的职业,参与建设未来的集体,以及能够继续学习。为了实现基础教育机会均等,所有儿童都必须获得达到和维持必要的学习水平的机会。扩大接受高质量基础教育的机会是促进平等的有效途径。1990年,世界全民教育大会

通过了《世界全民教育宣言》,该宣言提出,"满足基本学习需要可以使任何社会中的任何个人有能力并有责任去尊重和依赖他们共同的文化的、语言的和精神的遗产,促进他人的教育。推动社会正义事业……"在世界性教育公正化潮流中,中小学教育的公正性因其地位的重要性而格外受到关注,强调基础教育更要平等地尊重每一个青少年受教育的权利,并为他们进一步的学习提供平等的机会,在教育过程中对他们给予公正平等的对待。每一个人,包括儿童、青年和成人,都应获得旨在满足其基本学习需要的受教育机会。社会只有满足了每个人的基本学习需要,他们才能够充分发展自己的能力,才能有尊严地生活和工作,才能提高自己的生活质量,不断获得继续发展的能力,从而促进社会的文明和不断进步。

公正是人类社会追求的一个目标,是社会良性运转的必要条件。但公正并不是人类社会自然存在的一种品质,而是人类社会所追求的一种向善、向上的力量,它需要一代又一代人的不懈努力、不断积累和促进。学校教育责无旁贷地要承担起这个重要的伦理使命,不但要启迪人的心智,锻造人的品格,完善人的心性,还要努力消除社会中天然的不平等,创造宽容和谐的社会。这一切的实现,教师是关键。教师的公正能使学生体验到公正对自己、对他人、对人类社会生存和发展的益处,有益于学生公正品质的形成。学校教育追求公平公正,使学生有机会获得各种有意义的社会角色,通过勤奋的努力,逐步获得正面的道德体验,由此激发学生为公正而奋斗。

四、教师公正的具体体现

(一)有教无类

儒家不同程度地影响了中国现代教师的求知与教学生活。孔子主张教师应对学生有教无类,只要一个人诚心求教、潜心学习,无论他贫富、贵贱、智愚、亲疏、远近、老幼等,都可以成为教育的对象。对于孔子的"专业生活体验",《论语》有过许多描述,其中最能体现孔子"专业精神"的或许是开篇之语:"学而时习之,不亦说乎?有朋自远方来,不亦乐乎?人不知而不愠,不亦君子乎?"由此可见,孔子将求学、教学看成是自己的生活方式,而后又被历代中国教师的优秀代表视为专业生活的精神动力。求知已经让孔子感到快乐了,为什么他还要去教别人呢?这一方面是因为别人不远万里来到他门下做学生,表明别人认可他的学问,他应该善待别人对他的信任及虚心求教的热情;另一方面,孔子觉得如果没有人一起求学,不仅会觉得孤独,而且学问也进步得不快。难怪孔子感叹,"有朋自远方来,不亦乐乎"。这句话正揭示了孔子对于教学的基本看法:通过教学可以拥有志同道合的朋友,进而促进自己的学习,收获亦师亦友的真挚情谊。

这种教学观在《学记》中更是被清楚地表述为"独学而无友,则孤陋而寡闻"。不过,以孔子为代表的儒家教师并不刻意强求学生成为自己的朋友。就此而言,孔子有两点影响深远的态度:一是"人不知而不愠",即别人不理解他的志趣与学问,乃至没有人愿意拜他为师,他也不会生气、难过;二是他教的学生中连一个可以视为朋友的得意门生都没有,他也不会失望、痛苦,因为他只要践行自己的"天命",心灵便足以进入"发愤忘食,乐以忘忧,不知老之将至"的境界。

当然,如果遇到了得意门生,那教学无疑可以收获更大的快乐。孔子的期望也是如此,他也遇到了诸多得意门生,孔子对他们悉心引导、大力栽培,而那些被孔子相对冷落的学生似乎并没有因此愤愤不平。《论语》中时常可以看到他们或坦言自己不如同学颜回,或者虚心接受老师孔子的责骂,因为他们非常清楚,老师喜欢的是刻苦好学、志向远大的学生。

今天教师要具有这种爱学、爱教与爱才之心,达到独有的专业信仰与快乐境界,向儒家宗师学习,要坚守的不仅仅是职业公正,还有使命。

(二)长善救失

教师的施教是以对学生的了解为前提的。《学记》就要求先生(教师)了解学生,特别要掌握学生常犯的错误,吸取教育教学中的教训,提出了长善救失的职责。

《学记》云:"学者有四失,教者必知之。人之学也,或失则多,或失则寡,或失则易,或失则止。此四者,心之莫同也。知其心,然后能救其失也。教也者,长善而救其失者也。善歌者,使人继其声;善教者,使人继其志。其言也,约而达,微而臧,罕譬而喻,可谓继志矣。"

这段古文的意思是:读书的人,有四种过失,教书的先生一定要掌握。人们在学习中,有的人错在浮躁,喜欢贪多求全;有的人不与人交往,孤陋寡闻;有的人错在不专心,见异思迁;有的人骄傲自满,学一点就停滞不前。这四种过失,是由各人的心态不同造成的。教书的人懂得了学生的心态,然后才能补救他们的过失。教书的重要职责,就是鼓励学生增加、发展好的方面,补救、纠正他们的失误。善于唱歌的人,不仅自己歌声清晰、优美、嘹亮,而且能使观众共鸣,情不自禁地跟着自己唱起来。善于教书的人,不仅能启发学生的心智,而且能够使学生跟着自己,像自己一样专心刻苦读书。教师的语言要简约而通达,教育学生的言语要细微而恰到好处,举例要少而说理却要明白透彻,这样就能让学生自觉地跟着自己学习了。

优秀的教师在教书育人的同时,也要能吸引学生,感染学生,对学生知其心、长其善、救其失的人,就一定能产生一种自然的亲和力,"继其志"是自然的事。

"知其心,然后能救其失也。"对当下教育有着特别重要的现实意义。现在教师要救学生之失,家长要救小孩之失,关键就在于知其心。思想道德的教育是心的教育,是心与心的交流,即使是文化知识的传授,也应懂得学生学习的态度与掌握知识的实际程度,特别要了解学生在学习中碰到了什么障碍,才能鼓励学生发展好的方面,挽救、纠正其缺失。

教人者,成人之长,去人之短也。我们不能用"学习成绩"这一把尺子来衡量所有的学生,要尊重学生自身的发展规律,善于捕捉和发现学生身上的闪光点,努力让学生扬长避短。对于学业中等生来说,在课堂上举起右手,就是一种进步;对于学困生来说,上次默写对了5个单词,这次默写对了10个单词,这也是一种进步。但是,对于优秀生来说,一次拖拉作业,教师就应当给予批评。每一个学生身上都有闪光点和不足,教师应当对学生的点滴进步及时给予肯定和表扬,在问题出现"苗头"时就及时引导。学生成才是一个艰苦的历程,唤起他们的自信心,使之自尊、自豪、自强,必然是教育者和受教育者亲密合作的结果。

（三）一视同仁

教师公正不仅表现为用课业成绩衡量学生智力水平的"形式公正",而且更注重以追求全面提高学生素质和创新能力为根本目标的"实质公正"。教师公正的实现程度往往受到教师自身因素（知识、情绪、能力和教育艺术等）的制约,导致教师容易以自己的私利和好恶来对待学生,在不经意中就对学生造成伤害。因此,要求教师充分体现一视同仁。一要平等地对待每一个学生,不偏心、不偏爱、不偏袒,不歧视身心有缺陷的学生或后进学生,不能只爱"好学生",而应该是爱满天下,公平如秤;二要尊重学生的人格,无论在什么情况下,都不能用刻薄、粗俗的语言讽刺、挖苦、嘲笑和打击学生,尤其是体罚和变相体罚学生;三要正确合理地评价学生,针对学生的不同特点,采取不同的教育方式,给予每一个学生进步的机会。对不同层次、不同性别、不同特点的学生,尤其是对待那些学习成绩差的学生,更要耐心而热情地帮助他们,要用爱心唤起他们心灵的共鸣,用自己的真诚来获取他们的信任。

> **专栏 2-17**

"使用黑板应该注意些什么"

如果我问您"使用黑板应该注意些什么",您会如何回答?我不想妄自揣测您的想法,下面是美国一所学校关于利用黑板的几项规定。

（1）检查板书字体的大小,确定坐在最后一排的学生能够看得清楚。

（2）利用上半部分,只有在确定后排的学生不会被前排同学挡住时,才使用黑板的下半部分。

（3）列出上课计划,将要讨论的问题写在黑板上,这样你对这些问题做出回答时,学生仍然能够看到问题。

（4）在黑板上写字,背对着学生时就不要再讲课了。

（5）尽量课前在黑板上写好板书内容,使学生对将要上的课的内容纲要有大致了解。

（6）将学生的话写在黑板上。

（7）让学生有机会在黑板上写字。

（8）慎用黑板擦。在擦去学生所说或所写的观点之前,再进一步强调这些观点的价值。

一块小小的黑板竟然衍生出了如此多的"文章",不知您有何感想?看上去不值一提的问题,却折射出对每一个孩子的关注。首先,确保"坐在最后一排的学生能够看得清楚",并且"只有确定后排的学生不会被前排的同学挡住时,才使用黑板的下半部分",这反映出让每一个孩子都能公平地享受一切教育资源的思想——对于黑板这一微小的环节同样如此。还有"尽快记住每一个孩子的名字",在最短的时间内记住学生的名字,看似是一个微乎其微的小细节,但它所蕴含的意义却十分丰富,它来自师生之间的互相尊重、高频率的接触和积极的沟通,是教师面向全体学生给予同等关注的最好体现。

(四)因材施教

每个学生都是独特的个体,都具有不同于其他人的特性。教师在给学生提供发展机会时,一定要尽可能地兼顾每个学生的特性,给不同的学生个体提供适合于他们发展的机会;同时,在给一部分学生提供发展机会时,不能限制另一部分学生的发展机会,这就是因材施教,它是教师公正的一个重要体现。因材施教还有另一种价值取向,它并不排斥为有某些特长、潜质的学生提供特别的教育条件,以保证这些学生潜质、天赋的发挥。这种情况并不是对教师公正理念的违背,相反,却是教师公正的应有之意,理应在促使全体学生的发展上有所作为。除了帮助学生提高学习成绩外,还要鼓励他们在特长领域成才,让他们坚信"天生其人必有才,天生其才必有用"。

因材施教是中外教育界都没有争议的原则。对较有特长和基础较差的学生,还可以运用因材施教和高分激励的方法分别给予强化。对于天分高、资质优秀的学生,可提供较好的学习条件,引导他们刻苦努力,更上一层楼。

因材施教的关键在于以下两点。

一是要准确发现和挖掘学生的潜能。学生在没有成功之前,所谓的"材"只是埋藏于地层深处的一堆煤炭而已,教育者不经过反复洞察,因材施教不过是句空话。王崧是1990年第31届国际数学奥林匹克竞赛中的金牌获得者,他在进入湖北黄冈中学初中部学习时,各门功课都不冒尖,而且英语词汇量远不如同龄人,但他的数学教师经过仔细观察却发现他有心算能力强、思维跳跃大和注意力能高度集中于一点的特点,因此认定他是个学数学的材料,就千方百计把他引进数学的"迷宫",着意用活的知识去唤醒他沉睡的思维,使其认识自己的潜能,并不断让他尝到学习的乐趣。在这些基础上,王崧才逐渐萌生了当一名数学家为国争光的愿望,学习也因此由被动转变为主动,由乐学变为后来废寝忘食的苦学。

二要扬其长、避其短。发现了"材"如果不敢扬长避短,因材施教也只是一句空话。全面发展是教育者培养学生的终极目标,但只有首先突破某一点——使之在某一点上得到成功,获得宝贵的自信,才真正有可能向更广阔的领域扩展。

高分激励是对基础差、学习成绩总上不去的学生在全面实施成功教育的基础上采用的一项特殊手段。教育者在衡量学生成绩时应主要从三个方面着眼。①通过学生自身纵向的比较,着眼于现在的进步。②以相对测量的办法,着眼于一点一滴的提高。③从培养创造型人才的高度出发,着眼于创造能力的发挥。面对学习上有困难的学生,应更多地给予关怀和辅导,帮助他们克服学习上的难点,跟上教学步伐。即使是学习成绩差的学生,他们身上也会有各种不同的潜在能量,有闪光的亮点,这些潜能都需要通过各种方式去挖掘、发现,并加以肯定和鼓励,使他们有成功的希望。特别是在活动课或课余时间,教师要注意发现学生的特长,及时引导。学生只要有一点进步,只要达到一个微小的目标,只要有一点创造力的显示,学校和教师就应当努力点燃希望,希望之火一旦在学生的心灵中燃烧起来,转化就会迅速开始。高分激励这种评价不存在公平原则,它的全部意义在于鼓励学生自身发展。

第三节 爱的升华

教育面对的是沉甸甸的生命和灵魂,它需要博大深邃的师爱,似春雨润物,无偏无蔽;似阳光播撒,均匀漫布;似云卷云舒,大爱无声,大华若朴,营养、滋润、催开学生心灵的花朵。

一、激励

谁不梦想成功?谁不期望鼓励和赞誉?尤其是班级中的弱势群体,他们需要更多的关注和期待。由衷的肯定、诚恳的激励带给他们的是暖意、亲近,是成就感,是自信心!或许,在给他们自信的同时,会催生出一个个人才,创造出一个个奇迹!

有一位警察是自行车运动爱好者。一大早,他在大街上巡逻,发现一辆自行车飞驰而来,骑车人没有发现警察。警察下意识地打开测速仪,看自行车是不是超速了,一看测速仪打了个愣:不对呀,这是汽车的速度——这人把自行车骑得和汽车一样快!骑车人违反了交通规则,被拦了下来,是一个十五六岁的学生。他告诉学生违规了,要罚款。学生说出了学校和住址,还有骑快的原因:怕迟到。警察笑着说:"你先去上学。"

不久,那个学校收到一封信。信是哥本哈根最著名的自行车俱乐部写来的,这个俱乐部培养过许多优秀的自行车运动员。信中说,欢迎贵校学生斯卡斯代尔参加本俱乐部,我们将为其提供一切训练条件。信中还夹了警察测定的时速。

四年以后,斯卡斯代尔成为丹麦自行车赛冠军,并在奥运会上拿到了自行车运动项目的金牌。

学生骑车超速是犯错了,但那位警察并没有按常规处理了事,而是采取了智慧的举措,从而给了那位学生成为全国自行车赛冠军的机会,并拿到了奥运会的金牌。警察的高明就在于,能理智地提取"错"当中的积极因素,并加以引导,进而收到特别的效果。

在英国,两所学校之间正进行着一场足球比赛。有一位少年,他刚刚喜欢上踢足球,而且集体荣誉感极强,因为缺乏比赛经验,直到比赛将要结束时,他才被允许加入比赛。一上场,他便忘掉了不能用手碰球的比赛规则,头脑里只有一个念头:倘若要想自己的学校获胜,就必须在几秒钟之内把足球踢进对方的球门。他完全兴奋起来,把球抱在怀里,在满场的一片惊讶声中全力向对方的球门跑去。

裁判和选手全都变得手足无措,呆若木鸡,眼睁睁地望着他。观众却被这个为了学校集体荣誉而忘记规则狂跑着的少年所感动,并变得兴奋而激动起来。人们全体起立,报以长久而热烈的掌声。这起事件让人们印象深刻,以致人们不记得那场比赛中发生的其他事情。

不久,英国便诞生了一项新的国民体育——橄榄球。

这位少年的"错"是明显的,但妙在人们十分理智地对待了它。少年的"错"催生了一项新型的体育项目,这偶然之中,似乎也有着必然——你要能够全面客观地分析"错","错"一旦艺术地被掩盖了,就会出现神奇的效果,甚至会出现奇迹。

《读者》杂志曾经刊登过一篇文章,大意是作者小时候住在一间杂货铺附近,每天都能看到大人将一种东西交给杂货铺老板,然后换回自己需要的物品。于是,有一天,他将一把石子递给老板说想换糖,杂货铺主人迟疑片刻后收下了石子,然后把糖给了他。作者说,这位杂货铺老板的善良和对儿童的理解影响了他终身。

这位杂货铺老板不是教育家,但他拥有教育者的智慧:他没有用成人的逻辑去分析孩子的行为,而是用宽容维护了一个幼小生命的尊严,这是对儿童精神世界的深刻理解和尊重。

巴甫洛夫临终时,在回答"应如何去取得成功"这一问题时说:"要热诚而且慢慢来。"武汉市粮道街中学通过近30年来的教育实践总结出了"希望教育"的成功经验,并且提升到教育理论的高度;提出"转化一个差生与培养一个优生同样光荣"的口号,将社会的希望和个人的希望结合起来,坚持"无差生"的教育观;特别关心爱护"差生",总结出了激励十三法,对学生进行深入的调查,了解学生的特点,运用分类推进的方法,做耐心细致的思想工作,点燃学生心灵上的希望之火;按照三大块目标和十几项类别对学生进行评估,每学年进行2~4次,由教师、学生和家长共同参与评估,在评估过程中以激励的办法对学生扬其所长,补其所短,对每个学生建立评估档案,积累资料,以观察学生的变化和进步。经过一年又一年的辛勤耕耘,将一批又一批"差生"转化成合格生甚至优等生。其中一条经验就是"低起点,小步子":一是力所能及,二是不断提高。也就是说,教学既要让每个学生都有机会体验到成功的欣慰,不能让他们望着高不可攀的果子而失望,又要不时地根据具体情况巧妙地运用"跳一跳,够得着"的教学技巧,绝不让他们毫不费力轻易得到果子。这是对大多数学生都适用的基本方法。

激励的形式可以多种多样,内容丰富多彩。奖励面应尽可能地扩大,能让大多数学生享受到成功的愉悦,感受到希望,以增强学生的自尊和自信。同时,还应该把学校、社会和家庭教育协调起来,形成激励的合力,效果就会更好。教师既要仔细观察学生的思想和情绪的变化,实时地给予调整,化解心理矛盾,营造班级文化;又要根据每个学生的实际情况,不断帮助学生调整发展目标,使每个学生在原有的水平上都有一个新的水平的发展方向;更要传达"让优秀成为习惯"的治班理念。这样,学习就变成了"努力→成功→更大的努力→更大的成功"的良性循环。

教育是一门艺术,而这门艺术的精华就是一个字:爱。爱孩子就意味着对孩子的一生负责,它包含在教师的每一个教育、教学细节当中。只有松软适度的土壤,才有利于种子的萌发、生长。

二、真诚

爱学生并非要轰轰烈烈,并非要有伟大创举。一滴水可以映射太阳的光辉,教师的点滴言行也可以体现出爱的思想境界。爱学生首先要真心热爱自己的本职工作,真挚地关爱学生,认真踏实地教书育人,为人师表。

2011年9月9日,全国"最美乡村教师"评选活动揭晓,让我们看到乡村教师不为人知的美,也让更多的人关注乡村教师群体。他们都是普通的乡村教师,日复一日,白天面对的是一拨又一拨求知若渴的孩子,晚上要面对厚厚的备课资料和要批改的作业。他们坚定地选择偏远艰苦,选择奉献青春,耐得住寂寞和清贫,踏踏实实地去教好孩子。最美乡村教师智慧如光,像蜡烛般点燃学生的心灵,虽然微弱,却能照亮高山幽谷,是他们实践着"捧着一颗心来,不带半根草去"的人生信条,用知识的明灯引导每双求知的眼睛,找到成才的道路,让无数农村孩子用知识改变自己的命运。最美乡村教师仁爱大美,用自己的言传身教,感化每个孩子的心灵,让他们看到世界的美、生活的美和良知的美。他们就像是石阶,引领着学生一步步向上攀登,脚踩大地,仰望星空。

"也许我的肉体只能蜗居在大别山的一隅,但我的灵魂会跟随我的学生走向四方;也许我是荒原上的一根电线杆,只能永远矗立在那儿,但我能把希望和光明送向远方;也许我可能永远是一座桥,但能让学生踏着我的身躯走向希望的彼岸,我就心满意足了。"首届全国教书育人楷模汪金权这样告诉自己。怀揣一份最平常的关怀,执著去做一个平凡的人,正直、真诚、善良、踏踏实实、堂堂正正。

师者大爱,都有一颗装着学生的心,"于人有益,牛马也做"。大爱是自然与理性同在,在遵守教育伦理的同时,让孩子看到星空,看到辽阔。大爱是不放弃理想,是敞开博大的充满诗意与童真的心,毫不掩饰地、直率地表达爱与憎,敢于突破寻常教育规训的条条框框。大爱是干脆作为一个儿童,沉醉于孩子们的图画与歌谣中,体验纯粹的诗意与快乐。"花的事业是尊贵的,果实的事业是甜美的,让我们做叶的事业吧,因为叶的事业是平凡而谦逊的。"

作为特级教师的吴非还把半生积累的教育艺术倾囊相授:"在和学生对话时,你可以学习传教士的虔诚,但是你不要在学生面前扮演圣徒,不要把和学生的谈话当作布道。可以经常说些学习以外的事,如果和学生的谈话全是围绕学科学习,对学生很不利。谈话不要带着目的,不要让学生认为你有机锋城府。"

真诚的人一定是一个纯粹的人,没有矫揉造作、不需要遮遮掩掩,从来不伪装自己。教师的真诚是把无私的爱、真挚的情献给学生,给出一个真实的自己,比给出一个包装好的自己更容易取得学生的信任。对学生的进步表现出喜悦,对他们的一错再错表达出愤怒,教师真实的情感都有利于打动学生。

三、创造

全国名师魏书生说:"一位负责任的教师,最重要的是,不仅要教给学生眼前的知识,更要培养学生有利于未来,有利于人类的个性。"

教师要在有限的时间里,将人类浩如烟海的科学文化知识转化为学生的基础知识和基本技能,就必须对知识进行系统地加工和整理。给孩子创造一个良好的学习生活空间,让孩子成为一个心理强大、能力出色的人,不再把课堂变得死板,不再仅用成绩把孩子分成三六九等,这本身就是一个创造性的劳动过程。教师要根据不同的对象、不同的问题,运用不同的教学方法,以帮助学生掌握知识和发展能力,这需要有很高的教育艺术,而绝非机械性、重复性劳动所能办得到的。

> **专栏 2-18**
>
> 这是一堂初一的数学课,讲解的是一道古老的题目:鸡兔同笼,有头 45 个、足 116 只,问鸡兔各有多少?学生议论纷纷,有的拿笔算,有的心算……几分钟过去了,仍然没有人知道答案。于是,老师下令:"全体兔子立正! 提起前足。"全班学生哄堂大笑,个个睁大了惊奇的眼睛。"现在,兔子和鸡的足数是一样了,上面有 45 个头,下面该有多少脚呢?""90(只)!"同学们齐声回答。"和先前相比,少了多少只脚呢?""少了 26 只。"反应快的马上叫了起来。"这 26 只脚哪里去了呢?""被兔子们提起来了。""那么,现在你们该知道笼子里有几只兔子了吧!""有 13 只兔子!"同学们欢叫着。
>
> 麻烦的数学题目,在这位老师幽默的、形象的讲解中,变得那么有趣、简单明了。在教师创造性的劳动下,课堂教学的效率会很高。一堂课的效果,若是能让学生愿意接近它,这是一般水平;不仅接近它,而且喜欢它,这是更高水平;不仅喜欢它,而且迷恋它,这是优秀水平。

每一个课堂都是一个共同体,每个共同体都借助一套准则、一种文化在运转着。文化影响个人之间的相互交往,对学习同样也起着调节作用。教师关注学生的思维,应鼓励学生思想的表达,无论是试探性的还是确定性的,部分形成的还是全部形成的。在学生增强了自尊心和自信心,获得了自我认识能力的时候,学生便有了对学校生活的兴趣与动力,从而乐于学习,这有利于创造出学习精力和效率上的奇迹。

在美国一个学区的中小学生创新研究年度大赛中,有一年 4 名七年级学生的研究论文获得了金奖。他们研究的课题是"海水的冰点是零度"。因为教科书上写着海水因为成分复杂,冰点不是零度,可这 4 名学生偏偏对此产生了怀疑。于是,他们设计了一系列实验,积累了大量的实验资料。可是,实验的结果否定了他们之前的猜想,证明了教科书上结论的正确。他们把这些实验记录下来,写成实验报告,承认自己的猜想是错误的。可是,就是这个证明自己的猜想是失败的实验,获得了当年的金奖。

在为这4名学生感动,在被评委的评价标准震惊的同时,深知教师对学生施加的教育影响的重要性。教师的引导不是代替学生去选择,而是帮助学生觉察到选择的可能性,不愤不启、不悱不发,逐步提高他们自主改变的能力。对学生而言,每一项选择都可转化为一种可能,体现出学生的一种生活理想或未来生活图景的一个潜在因素。在教师的启发下,学生敢于提出问题,敢于质疑权威。

教育者应该具有这样的信念,确信每个正常的学生都具有无可估量的潜力,即每个人都有连自己都不清楚的潜在能力,这些潜力只有在面对实际需要时才会像走出云层的星星那样闪闪发亮。当学习者在不断追求、不断学习、不断实现教育的预期目标时,他的潜能就会在这个过程中获得释放,即获得了个人的自我实现,而这种自我实现是社会赋予每个人的自由权利。

四、幸福

什么样的教师最幸福呢?《中国教育报》2008年10月22日第3版曾用"当……我……"的句式,请教师进行填词造句,以表达教师的职业追求,分享教师职业的幸福。吉林省抚松县兴参小学教师对儿童精神世界的深刻理解和尊重,让我们感受到了师爱的力量和智慧,或许我们可从中寻获答案。

吕增春:"当孩子的衣衫不整时,我会弯腰亲自为他整理好。因为我坚信,他一定能从我的动作中感受到师爱的温暖。"

杨月荣:"当学生探而未果时,我不会轻易说出答案,而是引导鼓励他们再试一次。因为我坚信,他们会比上一次有收获,并最终探知结果。"

王天鹏:"当我被世俗功利困扰时,我会选择和孩子们在一起。因为我坚信,孩子天真纯洁的心灵可以洗涤我心灵的污垢,让我脱离庸俗。"

颜笑丽:"当孩子高高举起了小手,站起来却没有答案时,我不会讽刺、挖苦加训斥,而是轻轻地对他说:'别着急,再想想。老师知道你有了答案,只是站起来又忘了。'因为我坚信,在耐心的等待中,一定会听到花开的声音。"

黄佳利:"当自卑的孩子胆怯地伸出小手想拉拉我的大手时,我不会冷漠地视而不见,而是带着感激,迅速地拉起他的小手,紧紧握在我的大手中。因为我坚信,他一定能从我的大手里感受到力量,从而变得自信、乐观。"

徐英华:"当我被繁杂的工作压得心烦意乱,一股无名火往上蹿时,我会找个借口离开学生,一个人走进书本。因为我坚信,书这位'哲人'能让我的心远离浮躁,归于宁静,从而避免孩子们无辜受伤。"

逄明香:"当学生上课不注意听讲时,我在暗示提醒的同时,更多的是反思自己的教学。因为我坚信,反思才能促进教师的成长,才能让自己的课堂更有吸引力。"

欧宪军:"当学生为暂时的成功而沾沾自喜时,我在为他喝彩的同时,更要激励他学无止境。当学生因暂时的失败而沮丧时,我会安慰、鼓励他:失败乃成功之母,何况你没有失败,勇于参与就是成功。因为我坚信,只要引导得当,任何感受都可以成为长大的动力,任何经历都是一生的宝贵财富。"

王永珍:"当孩子仍沉迷于前一个话题的议论而使得课堂无法正常进行时,我没有大声喊'闭嘴',而是轻轻地说:'听,这么多的小蜜蜂在叫。'因为我坚信,孩子们会从形象的事物中明白深刻的道理。"

段云龙:"当孩子在走廊里仰着小脸,渴望得到我的关注时,我会主动飞给他一个'媚眼'。因为我坚信,他一定会从我的表情中读到幸福与满足。"

"2011年度致敬校长"——山东省日照第一中学校长许崇文的致敬理由是:教育的效率究竟从哪里来?现如今的教育界,"高效"、"有效"之类词语满天飞,正说明了我们对于这个问题答案的极度渴求。许多人都在这一问题上苦苦思索和探求,但许崇文也许找到了一个更为接近本质的途径——把师生和生生之间的亲密关系先建立起来。一个学生喜欢哪个老师,往往这个老师所带的学科就学得好,这不就是亲密的魅力在教育中的作用吗?

教育面对的是一个个鲜活的生命个体,教育的本质是人与人之间的沟通交流,是一个人影响另一个人的过程,哪怕一个眼神、一个动作、一句鼓励的话,都可以对学生产生重要影响。在良好教育生态的营造中,最重要的就是和谐、融洽的师生关系。许崇文正是用"师生成长共同体"实现了教育氛围和教育关系的重构,让教育回到了学校的哲学原点,营造了一个温馨和谐的教育生态家园,把学校办成了一个真正让老师和学生"坐下来"交流思想、启迪智慧、共同成长的地方,真正诠释了"教学相长"的真谛。

全国名师魏书生认为:幸福和快乐源自内心,一个人只有树立了正确的世界观才能是幸福的,人最强烈、最持久的幸福感就是征服自己惰性之后产生的幸福感。幸福是一种感受,一个爱事业、爱学生、爱他人、也爱自己的教师,一定是一个享受快乐并给他人带来快乐的人,是一个受学生和家长欢迎的教师。

现代心理学表明,师生之间并不是单向的 S-R(刺激-反应)结构,学生的反应又可作为刺激导致教师调整自己的行为,师生之间实际上是一种互动的反射环结构。幸福作为一种情感,与其他情感一样,包括体验和表情。作为一种内在体验,幸福是独享的;但通过外部表情,幸福又可以与他人分享。当教师的内部体验外化为表情时,教师的幸福就变成了一种可被观察的对象了。学生通过识别教师的表情,在自己内心激起同构的心理体验,这种体验又要外化成学生的表情。教师通过学生表情的反馈强化了自己的幸福体验,学生的幸福感也因此更为强烈。师生的幸福感是创造与享受的内在统一。这种统一不是外在的。你创造,我享受,或我创造,你享受;先创造,后享受。

教师职业生活的幸福感可归结为三种源泉。一是得天下英才而教育之的快乐。二是探索求解未知之谜的快乐。三是分享生命成长的快乐。教师的幸福蕴含着挥之不去的教育情感和神圣责任。要获得幸福感,第一个条件就是必须热爱学生、接近学生,在教导学生时知生于心,循循善诱、深入浅出。第二个条件就是必须学而不厌,不断地钻研,坚持不懈地探索、实践。

思 考 题

1. 请联系实际谈谈你对"长善救失"教育原则的理解。
2. 即使是伟大的苏霍姆林斯基,也有疲倦的时候,而他摆脱疲倦的方式恰恰是回到孩子身边,把心灵献给孩子,那便是教师力量的源泉。苏霍姆林斯基是一个为了爱孩子而来到这个世界上的人。那么,我们是否可以说,只要爱孩子,我们就可以做好教师?
3. 你如何理解俄国教育家乌申斯基所说的"教育者多么伟大,多么重要,多么神圣,因为人的一生幸福都操在他们手里"这句话?
4. 德国教育家第斯多惠说:"教育是一种不在于传播本领,而在于激励、唤醒和鼓励的教学艺术",你同意这个说法吗?为什么?
5. 全国名师张万化有一句名言:一个优秀教师的核心素养是迅速准确地读懂学生。你认为如何才能做到这点?

参 考 文 献

[1] 索洛维约夫.爱的意义[M].董友,杨朗,译.北京:生活·读书·新知三联书店,1996.
[2] 刘次林.幸福教育论[M].北京:人民教育出版社,2003.
[3] 明庆华.教育学导论[M].武汉:湖北人民出版社,2005.
[4] 叶澜.教师角色与教师发展新探[M].北京:教育科学出版社,2001.
[5] 杨卫东.为什么是他们——来自名师的教育智慧[M].北京:高等教育出版社,2010.
[6] 王炬辉."教师公正"研究[J].淮南师范学院学报,2006(6):132-137.
[7] 常生龙.教学就是教师的人生——读《教室里的心灵鸡汤》一书有感[N].中国教育报,2010-9-2(08).
[8] 燕丽华.我看到了时间的力量[N].中国教育报,2011-9-8(09).
[9] 王晓璐.教育要坚持一种适度原则[N].中国教育报,2011-1-27(08).
[10] 张滢.全国教书育人楷模特别报道.于漪:育无止境 爱满天下[N].中国教育报,2010-10-15(03).
[11] 周舟.论成功教育的依据可能及现实意义[J].中国教育学刊,1992(3):19-23.
[12] 周勇中.何处是我"家":中国教师的专业传统[N].中国教育报,2007-11-23(04).

[13] 萧成志.古代教育大纲主张师生知心[N].广州日报,2011-12-21.

[14] 尚海涛.将关注的目光放在教学细微处[N].中国教育报,2008-12-5(06).

[15] 周舟.论成功教育的依据可能及现实意义[J].中国教育学刊,1992(3):19-23.

[16] 尹超.追寻教师的精神品质——《致青年教师》读后[N].中国教育报,2010-9-9(09).

第三章 惩戒的界限

> 神对人说："我医治你所以伤害你，爱你所以惩罚你。"
>
> ——泰戈尔

[专栏 3-1]

近年来，我国教育界普遍倡导激励教育、赏识教育，强调家长、教师都要以平等的姿态和孩子对话，尊重孩子，给孩子创造一种宽松自由的气氛。但是，激励和赏识是否就意味着不能批评？学生犯了很严重的错误，该拿他怎么办？

青岛市某中学学生联合"炒"掉班主任之事在网上议论得沸沸扬扬，学生"炒"教师，并非教师犯了错误，而是这位班主任不让学生谈恋爱，不让学生穿出格的服装。无独有偶，在上海某中学，按学校要求，学生必须穿统一校服参加升旗仪式，一个女生不遵守校规，穿了超短牛仔裤和露脐装，班主任让其回家更换，女生以剥夺上课权利为由，向电视台曝光。

焦点一：教师们困惑，这样的学生，该拿他们怎么办？

最近在上海和北京等地，就"家长会上，教师点名批评成绩不好的学生"一事展开激烈的讨论。

焦点二：教师们说，名都不准点，是不是取消批评教育这一做法了？有关法律专家表示，点名批评的确侵权，教师应摒弃"为学生好可以不考虑学生感受"的传统观念。学校依法办学、教师依法执教，才是适合目前社会需要的教育方法。

我们经常可以从电视里看到私塾先生手拿戒尺，对不听话或不完成规定要求的学生进行处罚，甚至孔老夫子都会采用这样的方式教育学生。民间也流传着"不打不成器"的说法。

焦点三：这样的处罚是不是一种教育？有时的确不能否认这种方式的成效。

资料来源：摘自《中国教育报》，略有改动。

第一节 惩戒教育概述

一、惩戒教育的内涵

1. 何谓惩戒

"惩戒"与"惩罚"是一对联系较为紧密的词。从字面意思上看,两者差异不太大,在实践中也常常被人们混淆。"惩罚"在古汉语中是分开使用的。《诗经·周颂·小毖》中有"予其惩而毖后患","惩"的意思与现代汉语中的"惩罚"相似,指因受打击而引起警戒或不再干。"罚"也同样有处分责罚之意。"惩罚"的英文单词是"punishment",指对个人或集团实施的处罚,旨在制止某些行为或鼓励其他行为。"惩罚"应用于教育中,只是意思更加具体化,其范围包括教育过程中的口头指责、课后留校、罚写作业和其他强迫措施,以及体罚、停学,甚至开除学籍。《教育大词典》中对"惩罚"有两种解释,在教育学意义上,指对个人或集体的不良行为给予否定或批评处分,旨在制止某种行为的发生;在心理学意义上,指反应后出现的能够抑制之前反应的事物。①

概括起来说,教育惩罚是指在学校中针对个人或集体的不良行为给予否定或批评处分,其目的在于制止某种失范行为的发生。在教育惩罚过程中,惩罚行为直接针对的是失范行为,其严厉程度与失范行为偏离社会规范行为的严重程度相一致。

从教育伦理的角度说,我们主张对学生的惩罚应该是有教育意义的,我们将之界定为惩戒教育。惩戒教育是学校教育中经常采用的一种教育方法,目的是使个人或集体分清是非善恶,改正缺点和错误。惩戒的过程是通过对不合范行为施与否定性的制裁,从而促使不合范行为减少,以及合范行为产生和巩固的过程。"惩戒"中的"惩"是惩处、惩罚,是其手段;"戒"是戒除、杜绝,是其目的。广义的惩戒教育包括教师惩戒和学生惩戒;狭义的惩戒教育专指针对学生的惩戒教育。这里只讨论狭义的惩戒教育。

在学校教育中,惩和戒是紧密地结合在一起的,作为同一过程的手段和目的,惩和戒是相辅相成、不可分割的。学生的发展和进步是惩戒教育根本的出发点。惩戒具有三个要素:一是不合范行为已发生,这是惩戒产生的前提;二是否定性制裁的实施,这是惩戒行为的发生;三是不合范行为的弱化,以及合范行为的产生和巩固,这是惩戒的结果。因此,惩戒不仅包括否定性制裁的实施,而且包括惩戒的全过程,学生不良行为的弱化、合范行为的产生均是惩戒过程必不可少的一部分。由此看来,否定性制裁的实施并不等同于惩戒,它只完成了惩,只有使学生达到了戒的目的才是真正完成了惩戒行为。如一名男同学欺负女同学,教师斥责他,并扣除了其品德

---

① 顾明远:《教育大词典》,上海教育出版社,1998年,第176页。

分,到此教师并没有完成其惩戒行为,只有这名男同学意识到了自己的错误并不再欺负同学时,惩戒过程才算结束。因此,教师实施惩戒行为切忌只惩不戒。由此可见,惩戒教育与教育惩罚虽有相似处,即两者都是对不合范行为实施否定性制裁,但惩戒更强调否定性制裁的教育效果,注重其戒除目的的达成,而惩罚往往只关注负性强化的取得本身。同时,惩戒的过程是一个不仅包括教师否定性制裁的实施,而且包括学生合范行为的养成,因而是师生双方共同参与的过程;惩罚则仅指教师单方面的制裁行为,而对该行为在学生身上的效果关注不够。惩戒真正体现了促进学生发展的教育目的,更易于被人所接受和实践,更符合学校中教育制裁的实施目的。

由此看来,惩戒教育并非单纯为了使行为失范的学生为其错误带来的后果负责,也并非为了威慑学生不要触犯学校的纪律规范,而是在于通过这种正面的教育方式使失范学生感到痛苦或羞耻,激发其悔改之意,通过内省和自觉,不断改正自己的不良言行。因此,惩戒教育的出发点在于对学生的关怀爱护、不侮辱学生人格和不损害学生的身心健康,目的在于使学生认识到自己的过失,并能改正过失。

惩戒教育的具体方式由轻到重依次可表现为:口头批评、警告、记过、留校察看、开除学籍等。

2. 惩戒教育和体罚

体罚是惩罚的一种形式,常指施加惩罚使被惩罚者身心感到痛苦,以促使其改变错误。惩戒也是通过给学生身心施加某种影响,使其感到痛苦或羞耻,激发其悔改之意,从而达到矫正目的。但事实上,惩戒与体罚是不可相提并论的。在教育实践中,体罚往往与对学生的肆意打骂、伤害和虐待联系在一起,其所能取得的教育效果微乎其微,因此,体罚一直受到批评和谴责。而惩戒是教师在尊重学生人格、不伤害学生身心发展的前提下,对学生的不合范行为进行规约和制止的行为。应该看到,人们反对的是体罚本身,法律禁止的是体罚行为,而非惩戒。惩戒在学校教育中的存在不仅是合理的,而且是必要的。教师对违纪学生实施适当的惩戒并不违法。如果认识不到这一点,把惩戒和体罚混同起来,或者简单地借口保护儿童、保护学生的合法权益而在理论上否定惩戒行为,是无法解决现存的惩戒教育随意行使的实际问题。实际上,惩戒和体罚是有着明显的区别和界限的。其一,从目的上看,惩戒是为了帮助学生真正认识错误,改过自新,从而主观上不愿犯错;体罚则侧重于使学生惧怕皮肉之苦,从而不敢犯错。其二,从程度上看,惩戒是不以损害学生身心健康为原则的一种教育方式,是教师的职业权利之一;而体罚不仅损害了学生的身心健康,更是一种违法行为。其三,从手段上看,虽然两者都是通过施罚使学生身心感到痛苦来达到最终目的,但痛苦的内涵不同:惩戒中的痛苦是学生幡然悔悟后的痛苦,多是内发的;体罚中的痛苦更多的是教师施加给学生的,多是外铄的。其四,从效果上看,惩戒能使学生最终心悦诚服地改掉错误,且能增进师生感情;而体罚虽也能使学生改正错误,但学生完全是被动的,学生往往还会对教师产生抵触情绪,由此可能导致更加严重的违规行为。

我国教育法明确禁止体罚和各种形式的变相体罚。但关于如何界定体罚和变相体罚,目前没有官方的解释,因此现实中普遍存在对体罚和变相体罚的不恰当解释,对教师正当的管理造成困扰和不利影响。国外对此则有明确的界限划分,如日本学校教育法规定学校可以对学生及儿童行使惩戒,但不得进行体罚,并列举体罚实例,如不让学生如厕;超过学习时间仍留学生在教室中;不让迟到的学生进入教室等。

即使没有明确禁止使用体罚手段的国家对体罚的使用限制也有非常明确的规定。比如韩国的《学校生活规定预示案》对实施学生体罚所用的工具作了以下规定。①可进行体罚的情况包括:不听老师的反复训诫和指导;无端孤立同学;学习态度不端正;超过学校规定的罚分等。②实施体罚的场所要避开其他学生,在有校监和生活指导教师在场的情况下进行;实施体罚之前要向学生讲清理由,并对学生的身体、精神状态进行检查,必要时可延期体罚。③实施体罚所用的工具:对小学、初中生,用直径 1 cm 左右、长度不超过 50 cm 的木棍;对高中生,木棍直径可在 1.5 cm 左右,长度不超过 60 cm。同时规定教师绝对不能用手或脚直接对学生进行体罚。④关于体罚的部位及体罚的程度:男生只能打臀部,女生只能打大腿部;实施体罚时,初中生、高中生不超过 10 下,小学生不超过 5 下,程度以不在学生身体上留下伤痕为准,受罚学生有权提出以其他方式(如校内义务劳动)来代替体罚。①

3. 惩戒教育与赏识教育

赏识教育是近些年在基础教育课程改革中倡导的一种新型教育理念和方法。赏识教育认为好孩子是"夸"出来的,而在教育过程中对学生的一味批评会伤学生的自尊心,进而影响学生的身心发育。赏识教育的核心就在于爱护和发展学生的个性,使受教育者内心深处的需求得到满足。通过赏识学生的优点,帮助学生找到他们学习、生活以及职业倾向最合适的位置,让他们将自己的个性和潜能发挥到极致,获得生命的乐趣。赏识导致成功,教师和蔼可亲、激励温暖的语言,能使犹豫变得坚定,恐慌变得平静,怯懦变得勇敢,自卑变得自信,等等,综合起来就是拥有"我能行"的力量与信心,这就是教师对学生进行积极心理引导的结果。

教师在对学生实施赏识教育时,要全面、客观地认识赏识教育的本质和内涵。实际上,赏识教育并不是单纯的鼓励加表扬,常识教育在操作时分四个层面:赏识孩子的行为结果,以强化其行为;赏识孩子的过程,以激发其兴趣和动机;创造环境,以指明其发展方向;适当提醒,以增强其心理体验,纠正其不良行为。② 科学合理地运用表扬等赏识教育方法能给学生以激励,但如果不遵循教育的规律,长期地、一味地、单纯地给予表扬,甚至滥用赏识,则易使学生产生执拗、依赖性强、盲目自大的心理倾向,进而造成学生难以接受失败,无法面对挫折和坎坷,从而不利于学生健康、全面的发展,其结果往往与赏识教育的初衷背道而驰。

---

① 杨光富:《美英韩泰四国教育体罚现象透视》,载《当代教育科学》,2003 年,第 9 期。
② 周弘:《教你如何赏识孩子——赏识教育操作方法》,华语教学出版社,2001 年,第 233 页至第 234 页。

赏识教育和惩戒教育是实施全面自由发展教育不可缺少的组成部分。倡导赏识教育不等于简单的表扬、鼓励,实施惩戒也不等于批评、指责,甚至体罚。赏识教育和惩戒教育都是对学生实施全面自由发展教育的必要手段;都在于对于学生的爱;都要建立在科学理性的师爱基础之上;目的都是为了促进学生的成长和发展。赏识如同汽车的油门能提供动力,鼓舞学生前进;惩戒如同汽车的刹车,警告学生停止,避免车毁人亡,伤人害己。负反馈和正反馈同时起作用才能形成稳定的系统,赏识教育和惩戒教育两者缺一不可。教育是一个复杂的系统工程,赏识教育和惩戒教育是必不可少的,它们不是对立的双方,而是相互促进的,合理处理两者间的关系具有深层的意义。

(二)惩戒教育的特点

1. 教育性

惩戒教育以教育为目的,以惩罚为手段。作为教师,采用惩罚手段的目的是希望引起学生的重视,让其明白自己的错误。教育惩罚的效果体现在制止问题行为上,惩罚不是目的,目的是让学生知错能改,不断取得进步。因此,惩戒教育作为一种重要的教育手段,教育性是惩戒教育最本质的属性。

2. 规约性

惩戒教育是对学生行为规范的一种约束,有利于学生养成良好的学习、生活习惯,有利于学生养成对个人品行和公共生活中应有行为规范的尊重,保障学校教育教学正常运行的制度规范对生活在学校的所有人都公平、公正地适用。

3. 针对性

惩戒教育直接指向学生的失范行为或不良思想表现。教师绝不能无缘无故地随意使用惩罚,只有当学生的行为表现违反了正当合理的规范,扰乱了正常的教育教学秩序,影响了其他学生正常的学习和生活时,惩戒才会使用。因此惩戒教育具有明确的针对性。

4. 广泛性

惩戒教育的具体方式多种多样,而且有程度轻重之分:较轻的如否定性的眼神和表情、言语批评;较重的如采取强制措施、给予处分等。惩戒教育的具体方式的广泛性决定了学校和教师在采用惩戒时的选择性,惩戒方式从选用的角度看有合理与不合理之分,选择合理恰当的方式是惩戒教育显现效果的前提。

二、惩戒教育的合理性与必要性

随着现代教育的发展和教育理念的更新,对于惩戒教育人们有以下几种不同的观点和看法。

赞同者认为,惩戒教育是有积极意义的,是教育本身的需要。这是大多数教育学者和一线的教育工作者比较赞同的观点。一般认为,惩戒教育是教育不可或缺的组成部分,在学校教育中,表扬和惩戒共同支撑着整个教育方法体系。此外,惩戒教育作为学生不良行为的"警戒灯"与"矫正器",不仅有利于学生形成社会所认可的行为规范,而且更重要的是它有助于培养学生的法律观念与责任意识。

持中间立场者认为,惩戒教育是"双刃剑",有利有弊,要谨慎运用,不可偏废。惩戒作为一种教育手段,具有一定的作用,在教育中,我们可以运用它。但是,过度惩戒又会给学生的身心健康带来危害。因此,在教育中,我们不能迷信惩戒。要正确掌握惩戒的尺度,使之以最小的负效应换取最大的效果。惩戒教育是学校教育中经常使用的一种教育手段,它可以分为良性的惩戒教育和不良的惩戒教育。不良的惩戒教育具有很大的危害,是我们应极力避免的。而良性的惩戒教育对学生的成长具有积极的意义,应予以保留。惩戒教育的实施应遵循一定的原则才能达到预期的目的,所以认识惩戒的教育作用,探索行之有效的惩戒措施,对于教育教学工作具有现实意义。不恰当地夸大惩戒的教育功能,忽视教育实践中多种教育手段的协同运用,无视惩戒背后的教育理念,定会与片面夸大赏识教育的作用一样,对教育教学实践产生不利的影响。

反对者则认为,惩戒教育的作用是消极、负面的,主张禁止运用惩戒。他们认为,惩戒权的存在,使得教师体罚学生在某种意义上成为理所当然的事情;并认为,教师无权惩戒、体罚学生,某些教育体制要彻底改革。有人认为惩戒绝不是什么灵丹妙药,惩戒权的提出,本身就是对教育本质的一种背离。有人甚至认为,惩戒是教育失败的根源。

以上三种对待惩戒教育的态度,从不同程度上看到了惩戒教育所带来的利弊。但是,有的过于看重其积极的一面,有的过于看重其消极的一面,有的则采取了简单的调和态度,这些都不完全符合目前教育改革的需要,不能很好地解决当前我国惩戒教育所面临的理论和实践问题。

(一)惩戒教育的历史沿革

古代的传统教育无论是在东方还是在西方,都主张惩戒,都授予学校和教师行使惩戒权,而且是毫无限制的。在殷商甲骨文中,"教"字被形象地表现为:儿童在棍棒体罚的威胁下,学会尽"孝"。① 教师可用各种手段,针对各种事由,对学生进行惩戒,并且对惩戒造成的结果毫不在意。体罚是最常用的方式,棍棒、皮鞭等是主要工具,如我国古代最常用的惩戒是用戒尺打手板。教师对于不守礼仪规范者,《周记·小胥》曰:"觵其不敬者,巡舞列而挞其怠慢者。"《明会典》又曰:"生员有戾规矩,并课业不精,禀膳不洁,并从纠举惩治。"② 更有甚者,教师可以对学生施以处罚。例如,《尚书·舜典》有"朴作教刑"的记载,郑玄作注认为,"朴"是榎楚做的刑具。到明朝,监生倘若"毁辱师长及生事告讦者,即系干名犯义,有伤风化",定将该生杖刑一百。③

---

① 孙培青:《中国教育史》,华东师范大学出版社,2000年,第15页。
② 梅汝莉:《中国教育管理史》,海潮出版社,1995年,第113页。
③ 李才栋,等:《中国教育管理制度史》,江西教育出版社,1996年,第404页。

第三章 惩戒的界限

到了文艺复兴时期，人文主义教育家吹响了人性解放的号角。他们强烈地抨击体罚，反对过分依赖暴力的惩戒。在他们的影响下，当时的一些学校在惩戒问题上有所改进。对惩戒的主体、惩戒处分的等级与标准等做出了一些规定，在一定程度上避免了惩戒的滥用及对学生的无谓伤害。

17世纪以后，对于惩戒教育逐渐出现了两种不同的价值取向：一种主张温和的惩戒，即在确有必要时惩戒，不回避体罚；另一种则主张完全尊重学生的人格尊严，避免任何不人道的外在强制性的惩戒手段。

前一种观点以洛克、赫尔巴特等人为代表，认为教育管理是必要的，但体罚一定要适可而止，不能过分，倾向于保留体罚。洛克在其《教育漫话》中多次提到惩罚。"善有奖，恶有罚，这是理性动物唯一的行为的动机"，父母与教师应该把儿童当做具有理性的动物去看待，因此，奖励与惩罚是应该采用的。[①] 赫尔巴特在其《普通教育学》中强调训育的作用。他认为，管理儿童是教育的首要任务，其目的在于对儿童进行外部的引导，为教学和训育创造一种秩序。管理的方法有监督、威胁、惩罚、命令、权威与爱。

后一种观点则以卢梭等人为代表，他们主张绝对尊重儿童，保护儿童的天性自由发展。但卢梭也不反对惩戒，他提倡的是一种自然的惩戒。他呼吁给儿童以自由，不要束缚儿童，但他同样反对放任，他认为，要使个人的意志服从公众的意志，必须遵守纪律。在卢梭的名著《爱弥儿》中，他提出"对于儿童的过失，要用自然后果法去惩罚。在迫不得已的时候，可以把一个桀骜不驯的孩子当做"有病的孩子"来处理；可以把他关在房间里，如果必要的话，还可以让他成天躺在床上，规定他的饮食，用他自己一天天增多的缺点去吓他，使他觉得那些缺点是非常可厌和可怕的"[②]。

20世纪是关注儿童的世纪，随着保护儿童权利运动的开展，谴责并要求废除体罚、改进学校惩戒方式的呼声越来越高，保护儿童权利运动在国际范围内受到普遍关注。1924年，国际联盟大会通过了《日内瓦儿童权利宣言》，首次表示出国际社会对儿童权利的关心，成为保护儿童权利的里程碑。第二次世界大战后，人权思想进一步发展，联合国大会于1959年通过的《儿童权利宣言》，这是联合国历史上第一个关于儿童权利的国际性公约，标志着儿童权利观念在世界范围内的初步确立。在此期间，越来越多的国家通过法律宣告废除体罚，禁止用不人道或侮辱性的方式来教育儿童。这一趋势在20世纪五六十年代尤为明显，瑞典、丹麦、西班牙及瑞士等大多数欧洲国家先后废除了体罚。而在第二次世界大战后新成立的社会主义国家里，体罚作为强制性维护纪律的方式，被认为与社会主义教育原理不相一致而禁止使用。

新中国成立后，教育部于1952年发出明确批示，废除对学生实行体罚和变相体罚。1989年，联合国大会通过的《儿童权利公约》第二十八条第2款明确规定学校执行纪律的方式应符合儿童的尊严；《儿童权利公约》第三十七条指出，应确保儿童不

---

① 约翰·洛克：《教育漫话》，教育科学出版社，1999年，第30页至第31页。
② 任钟印：《世界教育名著通览》，湖北教育出版社，1994年，第444页。

受酷刑、不人道或有辱人格的待遇、体罚或其他方式的残害。我国现行法律也明文规定,废除体罚和变相体罚。

当今绝大多数国家在法律上都禁止体罚学生,惩戒教育和体罚开始泾渭分明起来。目前,国际上的基本情况是:体罚是明令禁止的,但惩戒教育都是存在的,只是惩戒教育的方式和力度有所不同。号称儿童的天堂、世界上最民主的国家——美国,也保留着学校的惩戒权。美国学校惩戒包括两个部分:一般的惩戒教育和特殊的惩戒教育。一般的惩戒教育是在美国学校实施最多、相对来说也较轻的一种学校惩戒。针对扰乱课堂秩序、在校作弊、迟到、不做家庭作业、拒绝服从教职工的指导、乱扔杂物、使用水枪、没到法定年龄(16周岁)或没有驾驶执照驾车到学校、未得到学校允许擅自不到校上课等一般违纪行为,给予一般性的惩戒教育,主要包括:给家长打电话,罚站,罚早到校或晚离校,勒令离开教室 10 min 或 30 min,罚星期六来学校读书等。对于较为严重的违纪违法行为,如:行为有损于学校的学术风气;行为使同学、教师、校领导处于危险当中;损坏学校财物;损坏私有财物;拥有、携带武器或危险的器械来学校;享用和拥有烟草;拥有、购买、享用、转移麻醉剂、酒精饮料、毒品和仿制毒品等,对这些行为,学校会采取许多非常用或非通行的特殊惩戒教育,比如体罚、停课、开除等。① 在物质文明和道德文明建设都卓有成效的新加坡,对青少年学生也采取了惩戒教育的策略,对有不良行为的学生甚至处以笞刑。亚洲国家中日本和韩国也都对惩戒教育的范围、形式、程度等做出了明文规定。

从惩戒教育的历史和现状看,惩戒教育从没有约束的绝对权力到今天和体罚相对立的相对权力,体现了对儿童的人文关怀、人格尊重和人权的保护。大多数国家在明令禁止体罚的同时,都对惩戒教育做出明文规定,并有所保留,这反映了惩戒教育是教育活动客观规律的要求,是不能完全摒弃的。

(二)惩戒教育存在的合理性

惩戒教育有其心理学的基础。从心理学的角度看,惩戒教育是通过外界力量使学生的心理或行为发生某种改变。行为主义学习观认为学习就是刺激与反应之间建立直接联系。改变学生行为的途径在于外界刺激,外界刺激是引起学生行为改变的决定因素。行为主义认为,当学生出现错误或不良行为时,外界惩罚是使其改正的有力手段。而认知主义学习观认为,学习或行为的改变要以人的内部认知状态为中介环节,学习并不是刺激与反应之间形成的简单联结,人并不是机械被动地接受外界刺激而做出反应。随着学习理论不断深化,强调外界刺激的行为主义与强调内在信息加工的认知主义之间不断融合,形成认知行为主义,它有力地阐释了人的学习原理。认知行为主义认为,培养或改变学生观念和行为既依靠外界刺激的作用,也需要学生内在认知加工的作用。惩戒教育并不排斥充分考虑学生的内在心理特

---

① 暴侠:《美国中小学惩戒教育措施及启示——以 Loudoun 县公立学校为例》,载《宁波大学学报》(教育科学版),2011 年,第 4 期。

点和发展规律,强调不能简单地对学生的失范行为施以惩罚,需要通过帮助学生实现认识的转化,达到矫正错误行为的目的,这恰好与认知行为主义的研究一致。

惩戒教育具有积极的道德意义和人性基础。从人性论角度看,人性中既有善的因素又有恶的因素,人自身是一个充满着灵与肉、善与恶、理性与感性的矛盾统一体。正如西方人性论所说,人一半是魔鬼,一半是天使。人的自私、自负及人在成长过程中表现出来的反社会行为、不遵守规范、不听他人劝导等都是人性中恶的表现。正因为人有恶的一面,所以才需要道德与法律来规范人,才需要教育来引导人健康向上地成长。惩戒的目的就是要抑制人性中的恶的膨胀,引导善的成长,使人不断成为"人"。惩戒的动因在于在学生的心灵中培养出其对恶的厌恶感、羞耻感,以及对善的向往、对规范的虔诚尊重,真正的惩戒教育是坚决反对体罚和心罚的。惩戒坚决反对把它作为报复性工具和功利性工具使用,以恶报恶、以牙还牙的报复性惩戒观和杀鸡儆猴的功利性惩戒观都是惩戒教育所摒弃的。因此,惩戒教育不是实现外在目的的手段,惩戒的目的只在于使违纪学生对其失范行为产生羞耻感和对合范行为产生虔诚尊重之情感,从而达到抑恶扬善的目的。因此,惩戒的存在具有道德意义。当然,惩戒作为一种纪律规范,其规约性是其根本特征,但惩戒的规约性与其促进人的发展并不相矛盾,相反,这正是人性发展所必需的。正如涂尔干所说,纪律规范经常被人们当成是对人的自然本性的侵害,因为它阻碍着人们不受限制的发展。这样的看法有道理吗?恰恰相反,倘若一个人没有能力将自己限制在明确的限度内,那么这就是一种疾病的征兆。因此,从这一角度来解释,纪律规范是人性本身所必需的,这是人性通常用来实现自我的方法,而不是极度贬低人性或破坏人性的方法。① 既然惩戒的实质在于塑造违纪学生对失范行为的羞耻感和对合范行为的尊重情感,而规范对人性发展具有积极意义,因此,惩戒在本质上就具有发展性而非束缚性,是一种善的存在而非恶的存在。惩戒也具有存在的道德意义和合理的人性论基础。惩戒的本质不仅没有违背教育的本质,而且与其是相符合的。因为教育不仅意味着提高人们的道德水平和知识技术能力,而且也意味着按照文明社会与他人交往的准则规范人们的行为。通过道德规范的实践,养成了一种能够支配和规定我们自身的能力,这才是自由的全部实现,②亦即通常所说的"养成教育"。

(三)惩戒教育的必要性

惩戒教育是现代教育一个必不可少的组成部分。没有惩戒的教育是不完整的教育,没有惩戒的教育是一种虚弱的教育、脆弱的教育、不负责任的教育。惩戒教育的存在是十分必要的。

从学生个体角度看,惩戒教育有其存在的必要性。如果一味地反对任何形式的惩戒,寄希望于教师耐心地开导,苦口婆心地说教,显然忽视了学生的个体存在及其

---

① 爱弥儿·涂尔干:《道德教育(涂尔干文集第三卷)》,上海人民出版社,2001年,第52页。
② 爱弥儿·涂尔干:《道德教育(涂尔干文集第三卷)》,上海人民出版社,2001年,第55页。

差异性,也忽视了教师的能动性及说服教育存在的一定的局限性。很难想象只有说教和鼓励、没有惩戒的教育是全面的教育,是有效的教育,能解决所有的学生违规行为问题。学生在学校犯错,只进行单纯的说教,晓之以理,动之以情,这固然是一种文明健康的方式,但效果却因人而异,每个人都有自己的价值观、人生观,尤其现在的学生,生长的环境是讲求个性、自主的社会,单纯的说教很难让所有学生都认识到其行为的错误性。惩戒教育作为引导学生发展的外界刺激因素具有一定的积极作用,尤其当学生的内在认知发展得并不成熟时,惩戒教育更有其存在的价值。在中小学教育阶段,学生内在动力和自我控制能力发展并不成熟,难以完全依靠内在力量来调控自我认识与行为,还需要外在力量来加以引导和支持。惩戒教育作为引导学生发展的外在力量,是学生自身发展的需要。

从教师的角度来说,惩戒教育作为维护教师专业性的保障是不可或缺的。在现实中,教师对学生的体罚事件确实存在,但不是普遍现象,可是当它成为媒体炒作的话题时,过度宣扬使教师的形象趋于恶化,有失全面性、公正性。在此舆论氛围下,将教师惩戒和体罚混为一谈大张挞伐,可能使部分教师为了规避惩戒教育给自身带来的风险而有意免除惩戒教育,从而导致教师专业自主权利的缺失,使教师无法履行必要的教育职责,丧失教育应有的效果。缺失专业权利制度保障的教师某种意义上也属于弱势群体,在强调人格平等的今天,教师的人格尊严、合法权利同样也需要得到尊重和维护。否则,缺失惩戒教育的教育最终受害的其实是学生。

就学校而言,对有较严重问题的学生仅采用说理式教育,起不到威慑作用。因为惩戒的缺失将直接导致学生缺乏对自身行为承担责任的意识。缺乏纪律约束,学生将会更加有恃无恐,学校的正常教育教学管理将日益困难。缺少了惩戒的教育,就如除去了强有力的制约手段,容易造成学生行为失控、个人中心主义泛滥、教育管理的威信降低、管理难度的增加,其消极影响甚至可能横向蔓延,表现为问题学生人数将呈上升趋势,且易相互勾结形成不良群体,这将对其他学生的正常学习、生活形成干扰,进而使整个班级乃至学校的良好秩序受到威胁,不利于良好班风、学风和校风的形成,长远看甚至还将增加社会的不稳定性因素,使犯罪率升高。因此,从学校教育管理的角度讲,惩戒教育是维持正常教育教学秩序的必要手段,同时,对于学校形成良好的校风、学风也是必要的制度保障。

三、惩戒教育对于学生成长发展的意义

我们认为,一切教育手段都应为促进学生发展的教育目的服务。在学校教育中作为合乎教育发展规律、合乎法律规范、合乎师生交往伦理的惩戒教育应该保留,因为它对青少年的成长具有积极的意义。

1. 使学生养成良好的学习习惯,养成终身受用的美德

学生是以学习为主要任务的人,学生学习成长的过程是学生主体性不断成长和发展的过程。在学习过程中,学生学习的自主性、独立性、创造性等优秀品质的发展有赖于养成良好的学习习惯,美德也往往存在于良好的行为习惯中,惩戒教育能够

让学生懂得识别什么是生活中的假、恶、丑,对生活中的真、善、美会有更进一步的认识,从而产生对制度规范的认同并自觉对自身行为进行有效的控制和约束。学生一旦形成良好的学习生活习惯,就实现了自我的改造,它将成为学生未来生命的有机组成部分,使其终身受用。

2. 让学生接受法律与规范的教育,有利于促进学生的社会化

学校教育是为学生将来走向社会作准备的。学校要使学生明白如何处理与他人、集体及社会的关系,懂得个人的自由不能妨碍他人、集体和社会的利益。学校中的合理惩戒就是从一个侧面告诫学生,只有对自己的言行节制,将来才能更好地适应社会。同时,学校通过合理的惩戒告诫学生,学校中有规章制度的存在,社会和国家有法律法规的存在,违反规章制度、违反道德和法律规范,都会受到相应的惩罚。校纪校规、社会道德和法律是个人自由及集体与国家利益的保证,逾越了这些界限就要受到相应的惩罚,这样就使学生树立了纪律观、道德观和法律观。所以说,合理的惩戒教育,是个体社会化的重要手段。纪律观、道德观和法律观内化成学生的观念是一个长期、反复的过程,既要靠说服教育,又要靠适当的、合理的惩戒。

3. 让学生感受真实的生活,是教育回归生活的需要

存在主义者博尔诺夫在其《教育人类学》中提出非连续性的教育主张。他认为,人生在世总会有挫折,人有时会处于危机之中。因此,在教育中应当正视挫折和危机,使教育起到告诫和唤醒的作用。当学生有错误、缺点时,应该抓住这个教育时机,使学生受到合理的惩戒教育。合理的惩戒教育能使学生醒悟,使学生的心灵受到震撼,使其生命深处沉睡的自我意识被唤醒,最终使精神得到升华。要让学生去感受真实的生活——既有甜蜜和成功,又有痛苦和挫折。谁的言行有错误,就要用惩戒去告诫他,让他品尝自己所酿造的苦酒,从中吸取教训。

正如教育家杜威认为的,"教育是生活的过程","学校必须呈现现在的生活——即对于儿童来说是真实而生气勃勃的生活"。[①] 生活中可能遇到的一切都应该体现在学校教育中,"儿童是一个人,他必须或者像一个整体统一的人那样过他的生活,或者忍受失败和引起摩擦","儿童必须接受有关领导能力的教育,也必须接受有关服从的教育"。[②] 因此,在学校中使用惩戒并非就是不民主,而是接触现实生活的一种需要。

4. 使学生学会对自身行为负责,增强责任意识

合理的惩戒是使学生学会为自己的行为负责的重要手段。学生由于自己的失范言行而受到了惩戒,他就会深刻地领悟到哪些事情是该做的,哪些事情是不该做的;哪些界限是不能逾越的,逾越了就会造成不良的后果,就会受到相应的惩罚。与惩戒教育相比,赏识教育也能在某种程度上使学生学会负责。但在一个学生身上,总是既有优点又有缺点,通过惩戒使学生从缺点和错误中吸取教训,往往其体验更

---

① 任钟印:《世界教育名著通览》,湖北教育出版社,1994年,第1074页。
② 赵祥麟、王承绪:《杜威教育论著选》,华东师范大学出版社,1981年,第99页至第101页。

深刻,也更能促使他去深刻反思,从而真正学会对自己的言行负责。

5. 使学生体验到生命的挫折教育

现代学习方式的突出特征是体验性,体验使学习进入生命领域,学习过程已经不仅仅是知识增长的过程,同时也是身心和人格健全发展的过程。惩戒教育是学生成长过程中身心发展必不可少的一种体验,没有批评和惩戒的人生是没有的,不能正确对待批评和惩戒是不利于个人发展的。作为学生,只有从小接受恰当的惩戒教育,不断积累惩戒所产生的积极的心理体验,才能增强抗挫能力,才会成长为能够适应现代社会发展需要的有创新能力的人才。

第二节 惩戒教育的基本原则

虽说惩戒在学校教育中是合理的、必要的,惩戒权也是教师权利的重要组成部分,但这并不意味着教师可以随意地对学生实施惩戒。惩戒教育必须在一定的原则下科学行使,遵循一定的法定程序,否则就是非法的,这是惩戒教育权行使的基本要求。

一、教育性原则

教育性原则是惩戒教育实施的首要的根本性的原则。惩戒教育的目的是教育,不能为了惩罚而惩罚。惩戒教育必须让学生认识问题所在,认识惩罚手段寄寓着教师的爱心、善意与尊重。当学生认识到错误所在并决心不再重犯时应免于或减轻处罚。

这就要求教师在使用惩戒手段时的动机应该是美好的。教师应本着爱护学生,出于使学生的人格向善的良好愿望去惩戒。绝对不能为了报复学生或出于私利而实施惩戒,那是有违教师的职业道德的。只有这样,教师才能公正合理地进行惩戒,在该使用惩戒时才去惩戒。

教育性原则要求教师要尽可能少地使用惩戒手段。"我们想使儿童变成聪明、贤良、磊落的人,用鞭挞以及别种奴隶性的体罚去管教他们是不合适的。只有万不得已的时候和到了极端的情形之下才能偶尔用用。"[①]教师要为惩戒建立一个多种强度等级的次序,而且每次惩戒都要取下限,而非上限。因为,能够为惩戒赋予权威,使惩戒变得可怕的东西,与其说是惩戒引起的痛苦,不如说是惩戒表现出来的责备所包含的道德失信。所以,惩戒一旦被使用时,它都会由此丧失掉一部分威慑力。只有当它仅仅构成一种威胁时,它才保持了它的全部权威。所以,惩戒要越少使用越好。有经验的教师在发现学生对自己的过错确实有所认识和决心改正时,往往减轻或取消惩戒。相反,如果教师频繁使用惩戒,而且每次取严厉的上限,严厉程度节

---

① 约翰·洛克:《教育漫话》,教育科学出版社,1999年,第30页。

节攀升最终超过学生的感受域限,使学生产生麻木心理,惩戒的道德威慑力也就荡然无存了。如果用赏识教育或其他较为平和的教育手段能达到使学生改正缺点和错误的目的,则尽量不使用惩戒,因为学生毕竟更乐于接受赏识教育。赏识教育能更好地发挥学生的积极主动性,也能使学生身心愉快,有利于建立和谐、融洽的师生关系。

教育性原则要求教师如果必须使用惩戒手段,就应大胆地使用惩戒。马卡连柯曾经指出,"凡是需要惩罚的地方,教师就没有权利不惩罚。在必须惩罚的情况下,惩罚不仅是一种权利,而且是一种义务。"[①]学生身上的某些缺点和错误,有时通过说服教育不能使其改正,但通过合理的惩戒教育却能奏效,这时教师就应该大胆地使用惩戒教育。

教育性原则要求教师把握惩戒教育的目的在于为了让学生戒除不良行为,尽可能促进学生的个体发展,而不是为了让学生的违规行为受到报应。因此,在惩戒教育后要做好帮扶转化工作,绝不可一惩了之。要跟学生继续谈心,让学生了解惩戒的目的,鼓励学生做出积极行为,帮助学生制订详细的改进计划,并督促改进,实现真正意义的转化才能达到惩戒教育的效果。

二、科学性原则

正如教育活动要考虑学生的个性、年龄、性别等特点一样,惩戒作为一种教育行为,也应充分考虑学生的性情、精神状态、素质、过往表现、生活方式等特点,在实施惩戒时要因人而异。在惩戒教育中,也要"因材施罚"。

惩戒教育应按照学生个体的不同采用不同的惩罚方式。实施惩戒教育时,教师应针对学生性别、年龄、气质、性格等具体情况,在惩戒的时间、地点及惩戒方式上采取灵活的态度,不能一成不变、千篇一律。不同情况做出不同的分析,充分考虑孩子的承受能力,找到学生犯错误的原因,从对学生负责、对孩子成长有利的角度设计惩戒的教育方式,就像中医所讲的同病异治、对症下药的辨证施治一样,惩戒也要因人而异,力争实现对孩子错误的有效矫正和对学生成长的真正促进。另外,还要依据学生所犯错误的性质、情节,以及对错误的认识态度来决定给予必要的惩戒。曾任美国总统的里根,小时候踢破邻居家的玻璃所受的惩罚是他必须自己赚钱进行赔偿,由此使他明白每个人都应对他所做的事负责,也造就了他的政治生涯中令人钦佩的果敢、富于承担责任的优良品质。

"因材施罚"并不违背公正原则,它是在公正原则下,根据学生的特点,在惩戒的方式上、形式上、时间上进行调整。如对自信心不足、感受性较强的学生,应少用惩戒或减轻惩戒;相反,则应加大惩戒。另外,教师在实施惩戒前,要了解学生当前的优势和需要,有针对性地选择惩戒方式和形式。由于人的行为都是受特定的需要驱

[①] 吴式颖,等:《马卡连柯教育文集》(下卷),人民教育出版社,1985年,第57页。

使的,惩戒就应该逆着他的需要,要在某种程度上剥夺违纪学生的优势需要,让他体验匮乏,想得到的得不到。比如按照公正原则,对于违纪学生一视同仁地实施停课反省,但是如果某个学生本来就不想上课,那么教师的停课可能刚好满足了他的需要,而不会对它构成惩戒性因素,更不会弱化他的违纪行为。因此,实施惩戒一定要因人而异,只有这样才能达到惩戒的预期效果。

三、伦理性原则

惩戒教育是发生在教育主体间的一种教育行为,这种行为必须遵守师生间的伦理原则,这是对教育者惩戒行为的基本道德要求,违背师生伦理的惩戒是不合时宜的。

首先惩戒教育要尊重学生的人格,把学生当人看,把学生当做活生生的、具有独特存在价值的个体来对待。尊重学生的人格和尊严,尊重学生的成长和发展的需要,尊重学生心理发展的内在规律,尊重学生的生命价值是惩戒教育活动展开的前提。惩戒不一定意味着不尊重,这可以在苏联教育家马卡连柯的论述和教育实践中得到很好的说明。马卡连柯指出:"如果没有要求,那就不可能有教育。""我的基本原则永远是尽可能多地要求一个人,也要尽可能多地尊重一个人。""对我们所不尊重的人,我们不能提出更多的要求。当我们对一个人提出很多要求的时候,在这种要求里也就包含着我们对这个人的尊重。"[①]这就是尊重和要求相结合的原则。由于有了这一原则的存在,即使是采取十分严厉的惩罚措施——禁闭的时候,由于制度上禁闭只对那些可以提出更高要求的学生(限于捷尔任斯基公社社员,不针对普通学生)实施,即使是受处罚的学生也非常容易理解这一惩罚所体现的尊重和教育意义。[②] 同样,放弃惩戒也不一定意味着尊重。如果没有教育性的惩戒以制止某些错误的行为,那么学生在许多事情上将只能通过成本更大的"自然惩罚"去学习。此外,如果没有适当的惩戒,那么,关系到每一个学生健康发展的切身利益的教育秩序将难以有效维持。从专业伦理的角度看,无条件地回避惩戒权的使用,反倒可能是一种有违师德的教育渎职行为。

惩戒的最终目的是为了使违纪学生产生羞愧感,从而达到教育的目的,通过惩戒使学生重塑对规范的虔诚尊重之情感。在传统的教育实践中,教师往往忽视这一点,把惩戒当成是对违纪学生的报复和其他学生的威慑,造成了对学生人格的不尊重和身心不同程度的伤害。目前,随着新课程改革的逐步深入,每一位教师都应持有尊重学生的理念。因为新课程的核心理念是关注人,关注人的发展。在新课程背景下的学校教育,特别是对学生的惩戒教育自然也应该以学生的发展为根本目的。在惩戒违纪学生时,应尊重学生的一切,只有在尊重学生的前提下,惩戒才有可能使

---

① 全国比较教育研究会、全国教育史研究会:《马卡连柯教育思想研究论文集》,北京师范大学出版社,1988年,第140页、第132页和138页。

② 王天一,夏之莲,朱美玉:《外国教育史》(下册),北京师范大学出版社,1985年,第413页。

学生产生对过失的羞愧感,这是重塑他们敬畏纪律规范的关键。在惩戒时,对学生的尊重主要体现在对学生人格尊严的尊重。为此,教师在惩戒时要切忌对违纪学生大发脾气,这种情绪失控极易导致对学生的体罚,失去教育的人道主义精神。同时,教师也要避免走入另一个极端,即对学生实施冷血般的惩罚,常常表现为对学生的心理惩罚,如冷言冷语的讥讽等,容易伤害学生的心灵。

其次,在惩戒教育时教师要信任学生。信任是一种特殊形式的尊重,它不仅是一种教育要求,而且是对教师的一种道德要求,任何惩戒手段的使用都必须以对学生的信任为前提,只有建立在信任基础上的惩戒才会产生教育的力量。教师对学生的不信任会影响到学生人格的正常发展,很难想象学生的诚信品质是不可能在充满怀疑、猜测甚至敌对的环境中养成的。同时不尊重事实、不听解释、不问缘由的惩罚是对学生的不负责,更是对教师神圣职责的亵渎。我们应该相信学生具有的潜能和可塑性,在这样一种学生观基础上的惩戒教育才会激发学生的内在潜能,促进学生的自主成长和自我完善。

再次,教师在实施惩戒时要懂得关爱和宽容学生。从某种意义上说,学生成长和发展的过程也是不断试误和探索的过程,学生的错误是身心发展过程中很自然的现象。我们应该宽容和接纳学生的错误,时时关怀学生的成长。只有当惩戒教育充满了教师的爱和宽容的元素,所采取的措施对学生产生了积极的作用,惩戒教育才会显得更有力量。

四、依法性原则

我国相关教育法律将惩戒教育作为教师的一项专业权利赋予给教师。我国现有教育法律法规没有对不当处罚以(体罚等)外的教育性惩戒做出禁止的规定。"尊重未成年人的人格尊严"、"关心、爱护全体学生,尊重学生的人格,促进学生在品德、智力、体质等方面全面发展"与"不得对未成年学生和儿童实施体罚、变相体罚或者其他侮辱人格尊严的行为"并不矛盾和冲突。《中华人民共和国教育法》第二十八条规定,学校及其他教育机构有"对受教育者进行学籍管理,实施奖励和处分"的权利。这一条款实际上肯定了教师的惩戒权的存在,即教师惩戒权是法律赋予教师的一种管理职能,是一种专业权利,同时也是一种义务。这与许多国家将教师惩戒权作为教师从事正常的教育教学活动的专业权力相一致。但是教师不能滥这用种权力,教师的惩戒应尊重学生的合法权益,应遵守相应的法律法规,不能超越法定的权限。1999年第九届全国人民代表大会第二次会议通过了《中华人民共和国宪法鉴正案》,首次将"依法治国,建设社会主义法治国家"的基本原则确立下来,"依法治教"也由此有了宪法的依据,成为教育事业必须遵循的准则,乃至追求的目标。"依法治教"就是要求所有的教育法律关系主体必须在合法的权限内按照合法的程序做出合法的行为。惩戒教育的实施也应在"依法治教"的大框架下进行。任何惩戒教育方式都要遵守法律的规定,这是惩戒教育的底线要求。因此,当教师对学生实施惩戒时,首先要考虑的问题是可不可以惩罚,即对学生的惩戒是不是在法律许可的范围之内,对学生的惩戒会不会侵犯学生的合法权益。

惩戒教育的依法性原则要求教师必须严格遵守相关法律规定,不能侵犯学生的人格权、身体健康权、隐私权、通讯自由权等基本权利,严格禁止体罚及变相体罚行为。我国现有教育法律法规均对体罚等教育行为做出了禁止的规定。比如,《中华人民共和国未成年人保护法》第二十一条规定:"学校、幼儿园、托管所的教职员工应当尊重未成年人的人格尊严,不得对未成年人实施体罚、变相体罚或者其他侮辱人格尊严的行为。"第六十三条规定:"学校、幼儿园、托儿所教职员工对未成年人实施体罚、变相体罚或者其他侮辱人格行为的,由其所在单位或者上级机关责令改正;情节严重的,依法给予处分。"《中华人民共和国教师法》第八条第4、5款也分别规定:"关心、爱护全体学生,尊重学生人格,促进学生在品德、智力、体质等方面全面发展";"制止有害于学生的行为或者其他侵犯学生合法权益的行为,批评和抵制有害于学生健康成长的现象"。《中华人民共和国教师法》第三十七条规定,"体罚学生,经教育不改的",应当"由所在学校、其他教育机构或者教育行政部门给予行政处分或者解聘",并且"情节严重,构成犯罪的,依法追究刑事责任"。

惩戒教育的合法性,还表现在必须遵循个体身心发展的自然法则(即身心发展的规律),教育要适应并促进个体的身心发展。合法性惩戒教育是以合理的规章制度及规则为基础的。学校应当制订惩戒教育条例,对教师惩戒学生的内容、方式做出具体规定,惩戒条例的制订需经过学生、家长与学校的共同讨论研究,惩戒教育所依据的纪律规范应该是符合教育和教育发展规律的,充分体现民主、公平、人性的原则。其中,征求学生意见并由学生参与制订纪律规范是十分必要的,它不仅符合民主法治的精神,而且也可使学生更加自觉自主地遵守,自主地对自身进行惩戒教育。

惩戒教育的依法性原则要求惩戒教育应当考虑对惩戒的主体、客体做出适当的规定。惩戒的主体,是指惩戒权利的享有者和惩戒行为的具体执行者。一般说来,惩戒行为不同,其所要求的相应惩戒主体也有所不同,而不同的惩戒主体的权限也是不同的。在教育实践中,并不是任何人都能成为惩戒的主体,都能行使一定的惩戒权力的。各国教育法中往往明确规定了有关主体的惩戒权限,非主体行使、跨主体行使都是违法的。特定的惩戒应当由特定的惩戒主体(教师、教师集体、校长等)去实施。教师惩戒只能是较轻的惩戒方式,而较重的惩戒方式只能由学校做出,如记过、留校察看等。只有合法的主体才能行使相应的惩戒权,超越权限的处罚就不具有合法性。惩戒的客体,即惩戒所指向的对象,是指学生的特定违纪行为。惩戒行为只能指向学生的违纪行为,而不能是学生个人或其身体、心灵,这是由惩戒的教育性质决定的。惩戒是为了教育学生,戒除其不符合社会规范的行为,促进合范行为的产生,其针对的只能是学生的违纪行为,而不是学生个人。惩戒的对象是学生的违规行为,而不是学生本身。任何指向学生的身体、尊严、人格、心灵的惩罚都是反教育的。

教师惩戒的实施还应当受到一定程度的限制。漫无目的、毫无节制的惩戒肯定是非专业的、不科学的,甚至可能是反教育的。为防止教师在对学生的不合范行为实施惩戒时有太多的自由裁量权而滥用职权,应对教师个人所能实施的惩戒的形式进行限定,并给予必要的监督。惩戒教育的合法性原则要求惩戒教育的实施必须保证惩戒教育程序的正当性。做出惩戒决定的步骤与手段是否公平,尤其是做出诸如勒令退学、开除等较为严重的惩戒决定时,更应保证程序的正当性。在做出惩戒决定之前,应让学生为自己的行为辩解,这是法律赋予学生的权利。《中华人民共和国教育法》第四十二条规定:受教育者有权"对学校给予的处分不服向有关部门提出申诉,对学校、教师侵犯其人身权、财产权等合法权益,提出申诉或者依法提起诉讼"。国外对学生惩戒的实施规定了严格的程序,诸如口头申戒、取消特惠、放学后留校等等较轻的惩戒实施一般由学校或教师自行实施,但许多国家也做出了详细的规定。如美国一些州规定教师在实施惩戒时要遵循严格的法定程序:学生犯规→教师找一个见证人→命学生摆好姿势→教师持木板→心平气和→打→填写书面报告→见证人签字→送交校长室存档。对于长期停学等较重的惩戒而言,许多国家则规定了更为严格的程序,作为对学生告知、听证、申辩和申诉权利的保障。[①]

五、公正性原则

"其身正,不令而行;其身不正,虽令不从。"公正是教师的一种美德,它表现为教师在教育劳动过程中的一种高尚人格。公正好比一架天平衡量着教师行为的道德水准的高低,并在教育活动中对学生的人格产生极大的影响。公正性原则是指教师在惩戒学生时能够按照既定的规则处理问题,不杂私情地公平对待每一位学生。

公正性原则要求老师在实施惩戒时不能感情用事。教师实施惩戒只能是学生违背相应纪律规范的结果,不能凭感情用事,采取随意性态度,更不能出于私心报复。在惩罚与过失之间,要有必然的联系,不要涉及与过失无关的学生的个人特征及过去的经历。有的教师,眼下想教训学生,但又找不到把柄,于是就把"陈年老账"翻出来搞"秋后算账",这样给学生的印象往往是教师心胸狭窄,而且容易造成学生的抵触情绪。

公正性原则要求老师在实施惩戒时要对所有违纪学生进行一视同仁。如果教师对某位学生的违纪现象不加干预或有意宽恕,那么就会给其他学生造成错觉——纪律规范并非具有神圣不可侵犯的道德权威性,它们是软弱的,从而在根本上削弱了纪律规范在学生心目中的道德权威性,导致学生敢于藐视和任意侵犯纪律规范。对规范哪怕是教师表面上的怀疑,也会导致学生的怀疑,而学生的怀疑将从根本上动摇纪律。另外,这种毫无原则的宽恕也会培养学生那种指望犯过错而不受惩戒的侥幸心理。然而,没有什么比那种指望网开一面的侥幸心理更能削弱惩戒机制,使惩戒变得不公正、不合理。

公正性原则要求老师在实施惩戒时应该对事不对人。教师要公平客观地对待

---

① 李军,曹莹雯:《中小学惩戒实施状况的中外比较与借鉴》,载《当代教育科学》,2006年,第15期。

每一位学生,绝对不能厚此薄彼。教师遇到违规问题切忌先入为主,认为出现这类行为一定是那些平时常犯错的学生所为,不问青红皂白批评指责印象不好的学生。学生最反感的是教师依据学生成绩,把学生分为三六九等,对成绩好的学生偏袒、偏爱,对成绩差的学生罪加一等。学生更忌讳教师以貌取人,因此惩戒教育要做到不论谁犯了错误,都能一视同仁,这样学生在惩戒面前才能心服口服。

六、整体性原则

教师在对学生的违纪行为实施否定性制裁时,要结合使用其他方法,不能孤立地使用惩罚手段,必须将惩罚与整个教育方法体系结合起来,尤其应该与说理、赏识等教育方法结合起来使用。

对学生实施惩戒要与说服教育结合起来。教师在平时就要培养学生的荣誉感,如果学生不知道集体对他有什么要求和为什么要求他,惩戒将没有什么意义。教师除了在惩戒前要向学生解释他为什么会受到处分,而且在实施否定性制裁之后也要加强对学生的思想工作,因为惩戒不仅包括惩戒行为的实施,而且包括学生接受处分后不良行为的弱化,以及合范行为的养成与巩固的全过程。在这个过程中,教师要关注学生的思想变化,加强对学生的思想引导和说服教育。从理性角度讲道理、摆事实,帮助学生认识错误的性质、造成的危害及其根本原因,认清受到惩戒教育的原因,并提出改进的方法和努力的方向。这样才能使学生心服口服,认同教师的惩戒手段,取得良好的教育效果。

惩戒毕竟是刚性教育,还要与赏识教育结合。惩戒的是学生的过错行为,不能因为学生有过错就全盘否定学生,教师要善于发现学生的闪光点,对学生的任何一点进步都要及时给以鼓励。这样,一刚一柔、刚柔相济才能达到最佳教育效果。奖赏时指出学生的不足及进一步努力的方向,惩戒时又肯定学生的成绩和优点。这样,学生会认为教师处理事情公正、客观,因此从内心更加敬重、信任教师,也乐意接受教师的批评与帮助。同时,在大力倡导激励教育、赏识教育的今天,赏识教育必须适度,要认识到惩戒与赏识是一对辩证统一的整体,对于每一个成长中的学生来说,惩戒教育同样必不可少。关键是要了解惩戒教育,学会科学、有效地实施惩戒教育,要罚之有据、罚之有爱、罚之有方,使惩戒教育深入内心、触及灵魂。

七、艺术性原则

正确地运用惩戒教育,让学生在体验中得到感悟,使惩戒升华到一个更高的境界是需要通过一定的教育艺术来实现的。

惩戒教育的语言应该是艺术性的,应该是学生能够接受的。好的语言让学生如沐春风,欣然接受教育;而刺耳的话语即便发自内心出于良好的动机也会使学生心生厌恨,效果甚微。因此,在惩戒教育中,如何使用语言,掌握沟通的技巧和说话的艺术,用语言打动学生的心灵,让学生心悦诚服地接受引导,是专业教师的一门必修课。

惩戒教育的具体运用同时也是教师实践智慧的表征。几个小孩正在扯着操场上的一棵小树拔河,一位女老师跑过来大声呵斥道:"撒手,小树会被你们弄死的。"随后她又吼道:"下午罚你们劳动,给小树浇水培土,听到没有?"几个孩子吓得低下了头,其中一个胆小的孩子还抽泣起来。同样的情境,教育家孙敬修也曾遇到过,他没有呵斥,没有暴怒,而是沉思片刻,走过去把耳朵贴在了小树上。孩子们莫名其妙,问他干什么。孙老说:"你们听,小树在哭呢,你们把它的命根快摇断了。"孩子们听了后,惭愧地低下了头,孙老继续说:"我们去拿铁锹和水桶好吗?"孩子们飞快的拿来了水桶和铁锹,孙老和他们一起给小树浇水、培土。这之后,孩子们还当上了小树的"卫士",坚持为小树培土、浇水。同一件事情,不同的惩戒方式很可能得到两种截然不同的教育结果。

惩戒教育的艺术性,不但表现在惩戒教育语言的艺术性和实践的智慧性上,还具体表现在惩戒教育尺度的把握、恰当场合的选择、时机的确定、惩戒方式的选用等方面。当惩戒教育成为教育艺术,就不会给孩子留下心灵的创伤,心理体验就能够给孩子良性刺激,形成正确的心理价值趋向。合理的惩戒教育是教师专业智慧的充分体现,使教育达到一个崭新的境界。

第三节 惩戒教育的运用规范与技巧

惩戒教育是把"双刃剑",需要高超的技巧和实践智慧。教师作为使用者,必须对其有深刻的认识。只有凭着对学生的爱护之心,把握惩戒的基本原则,对行为失范的学生进行合法、合理、合情、合人性的惩戒,恰如其分地运用此手段教育学生,才能使学生建立起正确的人生观、价值观,形成良好的行为习惯,达到惩戒教育的最终目的。在具体实践中,教师应注意从以下几方面着手,注意使用的策略和技巧。

一、教师首先应保持良好的心态

面对行为失范的学生,应对其采取合理的惩戒教育。但是,要取得良好的教育效果却并非易事,其中教师的良好心态是影响惩戒教育效果的关键因素。

面对行为失范的学生,老师首先要树立正确的学生错误观。人们常说,人非圣贤孰能无过。天下没有不犯错误的学生,求知是孩子的天性,犯错也是孩子的权利。好的表现是孩子的需要,探索也是孩子的特点。因此,教师应该树立正确的学生观,在教育学生时,应该理解和宽容孩子的错误言行,切不可一味苛求学生不犯错,师生间的交往如人与人之间的交往,需要平等的对话与交流,而非对立和冲突。

面对行为失范的学生,老师要有必要的心理准备。有些老师害怕学生犯错,认为学生犯错是故意和自己过不去;学生一旦犯错就觉得自己脸上无光,备受挫折;尤其是面对屡教不改或有损自己尊严的犯错学生,就会认为学生不可理喻甚至不可救药,因而表现出生气、责备、自责,甚至失去理智和冷静而恼羞成怒。学生在处理过程中表面服从但内心不甘,甚至和老师产生对抗,老师情绪发泄之后内心也备受挫折,丧失教育的效能感。激情和冲动进行惩戒的背后,往往会导致两败俱伤。有经验的教师往往对学生的错误有充分的心理准备,对犯错学生的态度是宽容和理解,站在学生的立场上,心平气和地处理善后工作,让犯错学生明理、知错、改错,让他们发自内心地尊重自己、敬畏自己。

面对行为失范的学生,以朋友的身份多些理解和信任。现代师生关系强调平等的对话与交流,那种居高临下的简单惩戒只会拉大师生间的距离。面对犯错的学生,老师有必要以朋友的身份、朋友的心态、朋友的口气、朋友的感触去面对,去教育和说服学生,才能使他们心服口服,才能取得良好的教育效果。

面对行为失范的学生,只有保持良好的心态才会对学生的错误有公正客观的了解。行为失范学生有的是思想认识问题,有的是行为习惯问题,有的可能还有心理问题,只有建立在调查研究的基础上,认真帮助他们分析错误产生的缘由,才有可能避免错误的再次发生。建立在客观公正基础上的惩戒,才能避免惩戒的简单和粗暴,才有可能促进失范学生进行反思和自省。

面对行为失范的学生,教师要不断提高自身修养,提升师德水平。面对行为失范的学生,特别是一些行为反复失范的问题学生,教师往往会以个人好恶、价值判断、情绪等强加到问题处理过程中,表现出个人情绪的宣泄、报复等心理,或者表现为强烈的压制和控制学生,或者不能根据学生的身心、性格、人际关系、平常表现、行为性质等做出理性的判断和必要的引导与矫正等。这些行为均超出了教师职业活动的范围和目的。善于做学生工作的教师不会采用训斥、谩骂、讽刺、挖苦的简单方法,而是充分运用自己的智慧触动学生的心灵,消除学生的心理压力,让学生真正从内心深处意识到错误,乐意与老师合作,坚定改正错误的决心和意志,采取果断的改正行为。所以,面对行为失范的学生更应该加强职业的修养,宽容、冷静地对待学生的错误。换一种心态,换一个角度,换一种方式,你会发现每一个学生都有可爱之处,你就会发现教育有着无比深刻的内涵和魅力。

二、帮助学生找准犯错的动机

学生犯了错就一定要实施惩戒教育么?如果教条地回答"是",那么就是在坚持一种完全以结果为导向的道德是非观了。根据柯尔伯格的道德发展理论,这种道德观属于道德认知发展的低层次阶段。作为专业教师,当遇到行为失范的学生,我们至少应该考虑学生的犯错动机,惩戒规定也可以在综合考虑多个方面的因素之后灵活执行,这样才能让惩戒教育达到促进学生发展的教育目的。

| 专栏 3-2 |

四块糖感化了"犯错误"的孩子

有一次,陶行知看到学生王友用泥块砸自己班上的男生,当即制止了他,并令他放学时到校长室去。

第三章 惩戒的界限

放学后,陶行知来到校长室,王友已经等在门口准备挨训了。可一见面,陶行知却掏出一块糖果送给他,并说:"这是奖给你的,因为你按时来到这里,而我却迟到了。"王友惊讶地接过糖果。

接着,陶行知又掏出一块糖果放到他手里,说:"这块糖也是奖给你的,因为当我不让你再打人时,你立即就住手了,这说明你很尊重我,我应该奖你。"王友更惊讶了,他眼睛睁得大大的。

陶行知又掏出第三块糖果塞到王友手里,说:"我调查过了,你用泥块砸那些男生,是因为他们不守游戏规则,欺负女生。你砸他们,说明你很正直善良,有跟坏人作斗争的勇气,应该奖励你啊!"王友感动极了,他流着眼泪后悔地说道:"陶……陶校长,你……你打我两下吧!我错了,我砸的不是坏人,而是自己的同学呀!"

陶行知满意地笑了,他随即掏出第四块糖果递过去,说:"为你正确地认识错误,我再奖给你一块糖果,可惜我只有这一块糖了,我的糖完了,我看我们的谈话也该结束了!"说完,就走出了校长室。

专栏3-2的故事中,陶行知为什么没有简单地惩戒王友同学呢?普普通通的四颗糖,却能触及人的心灵,让人感受到心灵的震撼与交融,让人感受到陶行知先生赏识教育之中隐含的艺术。其中的奥妙就在于陶行知先生善于洞察学生犯错背后的积极动机并加以引导,让学生心生惭愧,最终发自内心地认识并承认自己的错误。所以,当老师发现学生犯错的背后隐藏着美丽的动机时,一定要想办法积极加以利用,这样才会收到良好的教育效果。

首先,老师应该认识到,行为失范学生的错误是有差别的。可根据学生是否有意犯错和犯错的动机将错误分为三类:一是无心之错,原因是学生缺乏经验,对后果不能预见犯下的无意之错;二是有意之错,学生是出于美丽的动机,但缺乏处理问题的能力,好心办坏事而导致的错误;三是无理之错,学生明知故犯,因为管不住自己,或是故意发泄报复、攻击他人做出的损人不利己的错事。

其次,面对行为失范的学生,老师应该分清错误类型,区别对待。对于第一类错误,老师应教会他如何避免下一次再犯同类型错误,不能对他采取严厉的惩戒,因为学生不是故意而为的。对于第三类错误,教师应该依据已有纪律规范严厉惩戒,坚决杜绝学生不良事件再次发生。而对于第二类错误,老师则应谨慎处理,因为学生行为本身动机是好的,但又确实造成了一定的损失或危害。处理时要对学生犯错的积极动机加以引导,满足其心理需要,不宜任意进行严厉惩戒。

最后,面对行为失范的学生,老师应该帮助学生认真分析失范行为的成因并帮助他们找到解决问题的方法。首先要帮助学生分析自己的行为动机,行为动机是好的就可以表扬他,以减轻学生的焦虑;然后分析做事的方法对不对,方法不错或部分不错,也要先肯定他,让他知道自己的部分行为是被大家认同的;最后分析错误的结果是怎样形成的,进而通过分析探寻正确处事的规则和方法。这样学生才能真正找到自己犯错的问题所在,惩戒教育所倡导的行事规则才能被学生内化。

三、惩戒应直接针对学生的失范行为

帮助学生分析错误形成的原因,本质上是为了对失范行为本身进行全面具体的分析,表明惩戒是针对失范的行为而非针对学生个人,这对于惩戒教育而言十分重要。

惩戒教育直面学生的失范行为,意味着教师的惩戒应该主要针对学生的越轨行为。由于惩戒的本质内涵是确证纪律规范所具有的道德权威性,所以惩戒必须针对的是学生在道德方面出现的不良行为。这就意味着,只有当学生在道德上犯了错误时,教师才能对其实施惩戒;而对于学生在非道德方面所出现的过失,教师不得进行惩戒。在现实中应该避免走入惩戒的误区,如将一些诸如考试成绩不理想、做作业不认真、上课走神等纳入惩戒的范围。这些情况通常较少影响他人,仅对学生个人产生影响,有些也非学生故意而为,而是与学生的个人习惯和个性特点有关。学习是依赖兴趣的一种活动,老师过分依赖惩戒来指导学生的学习,会导致学生学习兴趣的丧失,使学生失去求知欲,失去学习的内在动机,不利于人的创造力的发展。同时还要避免惩戒扩大化,将学生过往的与本次所犯错误无关的错误累加起来,翻老皇历,算旧账,放弃学生或是从重处罚学生,这只能使学生自暴自弃,丧失改过的信心和勇气。

惩戒教育直面学生失范行为,意味着违规学生个人为自己的行为负责,不涉及无辜他人。在现实中,惩戒教育应该禁止株连他人的做法。一些学校和班级为了管理的方便,采取"一人犯错,大家受罚"的株连方式,这样的惩戒教育是有悖现代法治精神的,同时对于行为合范未犯错的学生也是不公正的,是有违惩戒教育的目的的错误做法。

惩戒教育直面学生失范行为,意味着教师应该有一双善于发现学生优点的眼睛。每个学生心中都会有两根弦,一根是善的,一根是恶的。我们应该学会拨动善的那根弦,让它奏出最美的乐章。从行为失范学生身上发现闪光点,把惩戒教育变成一次促进学生发展的机遇,惩戒教育因此也会变得美丽。

| 专栏 3-3 |

罚得巧:两张圈画促成"家"①

麦克劳德读小学时,有一天,他出于好奇忽然想亲眼看一看狗的内脏是什么样的,于是就和几个同学偷偷地套住一条狗宰杀了,并把内脏一件件地分割、观察。谁知这条狗是校长家的。校长知道后很生气,认为这真是无法无天了,不加惩罚绝对

---

① 曾长和:《三位校长的巧和爱》,载《教学月刊》(中学版下),2002年,第4期,略有改动。

不行。很快校长处罚决定出来了：罚他画一幅人体骨骼图和一幅血液循环图。麦克劳德自知理亏，甘愿受罚。于是，他非常认真地画了两幅"受罚图"交了上去，并做好了准备再接受别的处罚。哪知，校长和老师看后都觉得画得很好，于是没有再给他其他处罚。这件事情之后，麦克劳德兴趣很高，更加发愤致力于解剖学的研究，终于成了著名的解剖学专家，荣获了诺贝尔医学和生理学奖。

专栏 3-3 中这位深谙惩戒教育之道的校长正是发现了麦克劳德具有喜欢观察动物解剖结构的好奇心而采取了一种与众不同的惩戒方式，没有严厉地惩戒，而是宽容学生过错，以伯乐的眼光发现了这匹"千里马"。这位校长不失时机地引导学生的创新意识和探索精神，才有日后获得诺贝尔奖的麦克劳德。

惩戒教育直面学生失范行为本身，意味着惩戒教育要提供促进学生发展的机会。魏书生老师善于观察学生犯错后的悔过心理，他利用学生犯错加以惩戒的机会让学生做一些平时不想做的事情。比如：他让缺乏亲情的学生，犯了错误就罚他写一封家书；对于不爱体育活动的学生，犯了错就罚他跑步；对于不爱阅读的学生，犯了错就罚他在讲台上给大家朗读一篇课文，等等。他没有使用批评、罚款一类的消极措施，而是将惩戒转化为积极的补偿行为，不失为一种惩戒的艺术。

四、惩戒实施应选择适宜的时机和场合

在学生出现违纪行为后是立即进行惩戒，还是适当延长一点时间后再进行惩戒是一个颇有争议的问题。行为主义心理学研究表明，从失范行为开始到实施惩戒，间隔时间越长，效果越差。教师对行为失范的学生，要及时发现，及时批评教育。如有一位教师将一学生叫到办公室问："好好想一想，你上周做了一件什么错事？"这样处理问题显然是没有时效性的。因此，主张行为主义的教育工作者认为，学生失范行为发生后，如果必须进行惩戒教育，就应及时进行。

我们认为，在实际教育活动中，适当延长一段时间后再实施惩戒的方式也有优点。从学生方面来看，他们将有时间来深入分析自己出现过错的原因，以便引起内心的反省。有些教师在学生出现失范行为后立即进行惩戒，结果学生并没有想通，只是不知其所以然地接受惩戒，效果是有限的。从教师方面来看，适当延长一点时间，有利于避免教师因情绪失控而出现滥用惩戒的情况。同时，也有利于教师对违纪学生的行为性质进行理性的分析，从而可以防止予以惩戒时的草率决定。当然，延长时间并不意味着拖延太久，拖延太久会使学生忘记了过失行为，惩戒效果就会降低。教师不应随心所欲选择惩戒的时间，只有当学生的内心产生需要时再进行惩戒教育，才会达到预期的效果，否则很可能事倍功半，甚至事与愿违。

惩戒教育实施的时机很重要，实施的场所也很重要。一般而言，惩戒教育不宜在公共场合进行。古人云："扬善于公堂，规过于私室。"对于行为失范的学生，特别

是对于胆小内向的学生,在私下进行批评教育要比公开进行好。对于那些一时不能正确认识自己的错误、比较固执的学生,可以适当在办公室进行批评,借助其他教师言论的旁敲侧击,使其及时认识并改正错误。对于自尊心很强又"爱面子"的学生,则应以单独聊天的方式进行批评,创造一种轻松和谐的气氛,让其在与老师平等交谈中认识错误。只有被批评的错误具有代表性,批评一人可以教育全班学生时,才可公开批评,起到对全班同学"敲警钟"的作用。选择适当的场所实施惩戒教育,会减少受罚学生的敌对情绪,有利于失范行为的后期矫正。

五、惩戒方式的选用要合理有度

国内外惩戒教育方式大同小异。从教育实践看,我国的惩戒教育类型可分为纪律处分和实施惩戒措施两类。较轻的事实惩戒措施一般由老师把握惩戒的尺度,较重的警告、记过、留校察看、停学及开除等纪律处分往往由学校以书面形式做出。

我国现有教育法律法规并未对中小学教育的惩戒方式尤其是由教师自由裁量的事实性惩戒手段加以明确。因此,教师在具体实施过程中要结合具体情境、学生的特点、不同错误类型合理进行选用,并在实施过程中把握好使用的分寸。教师在惩戒学生时可根据具体情况采取以下方式实施。

1. 批评

直接用语言对学生进行批评,指出错误行为,根据情况可当众批评或个别批评,是惩戒行为中最轻的一种。这种方式实施时教师不能讽刺、挖苦、打击学生,不能使用有伤学生尊严或侮辱人格的语言。在批评教育时,教师要控制情绪,以免情绪失控产生过激行为。

| 专栏 3-4 |

2003年6月,重庆市渝中区教师向全市广大教师发出倡议:要规范教师用语,使教师用语文明、人性和艺术化。同时,推出教师不能使用的十条禁语。这十条禁语具体如下所述。

(1)你为什么这么没用。
(2)你简直无可救药。
(3)你再这样调皮,我就要请家长。
(4)你怎么这么笨。
(5)你再不努力学习,就考不上好中学(大学),将来就没有什么出息。
(6)你这样总是全班最后一名(或者倒数几名),对得起你的父母吗?
(7)全班同学不要像他(她)那样。
(8)某某同学是我们班最好的学生。
(9)某某品德不好,是全班最差的。

(10) 你不认真学习可以,但不要影响其他同学。

2. 书面检查
根据失范行为的情节轻重,书面检查可分为写检查交给老师,或者在班级当众检查。

3. 没收
没收与失范行为有特定关系的物品,没收是暂时的,教师在这段时间内不能对该物品加以使用,并且,应在短期内归还学生或家长,但危害性物品除外,危害性物品要报由有关部门及时处理,并通知家长。

4. 隔离措施
将学生从其扰乱的背景中分离出来,以控制学生的行为,如让学生坐到教室离教师较近的一个固定位置、固定的角落或窗口听课。隔离不能剥夺学生的受教育权,且时间应有限制。

5. 带离教室
这种做法适合于影响课堂教学正常进行、上课的老师制止不了的情况下,由班主任或学校管理人员带离教室进行批评教育。带离教室要由学校备案,要及时通知家长,教育之后要让学生回到教室,所欠下的课程,教师要想办法给学生补上。

6. 罚晚离校
罚学生晚一些离开学校,教师应及时通知家长,并在学校备案。在晚一些离开学校的时间内,教师应组织学生进行适当的功课补习,以弥补在课堂教学中因失范行为而掉下的功课;教师也可以和学生谈话,进行思想教育,纠正其失范行为。罚晚离校的时间不能超过1 h。

7. 适当增加作业
用这种方法要注意的是作业的量和质的适当,题目是学生能完成的,并且完成的时间不能太长。

8. 剥夺某些权利
被剥夺的权利应该是学校正常教学活动之外的,与学生受教育权无直接联系的权利,如当班干部、评先进、申请困难补助、春游等。

对于那些严重的失范行为,教师要及时制止并上报学校。

教师在对学生实施惩戒的时候,要注意把握惩戒的分寸。其一,一定要注意惩戒教育在数量上要有度。对多数学生而言,惩戒教育是通过让学生对自己错误的行为产生厌恶和羞耻的心理,而不是一种积极的心理刺激。其二,要在程度上把握度。这就要求教师充分考虑学生的可接受性和可承受性,要做到学生的利益所受到的侵害与其所受到的教育、个人的进步相比显得微不足道,反之则是不合理的惩戒。比如学生因贪恋打篮球而耽误了晚自习,老师一气之下割破了学生自己花钱购买的篮球,这样的惩戒无疑是过度了。老师完全可以采用暂时将篮球没收的措施,既可达到管理的目的,又避免了学生的财产损失。其三,惩戒教育度的底线是法律的底线。

我国教育法律严格禁止体罚和变相体罚的惩罚措施,这是老师在具体实施惩戒时要严格把握的。尽管惩戒教育的度受多方面因素的制约,但我国教育法律对于惩戒教育又没有像有些国家那样规定的十分具体明确,这也为教师灵活实施留下了适度的空间。教师只要在惩戒教育过程中把握好一些基本原则,不违背基本要求,就足以让学生受到良好的教育。

六、惩戒后的帮扶转化不可或缺

针对学生的错误行为而言,惩戒教育无疑是一剂"良药",但这是一副有副作用的治标不治本的"良药"。只有在合理的惩戒之后辅以帮扶转化才能有力促进学生的行为矫正,才能达到良好的教育效果。因此,帮扶转化是惩戒教育诸阶段必不可少的重要环节。

一方面,惩戒教育借助心理刺激作用让学生消除自身错误的行为,本身不可避免地会对学生的心理产生一些有利或不利的影响。惩戒对于学生心理的影响,一般来说因人而异,比如:性格内向与性格外向的学生心理感受不同;屡次犯错与首次犯错的学生心理感受不同;学习成绩好的学生和学习成绩差的学生感受不同;平时和老师关系好的学生与平时和老师关系关系疏远的学生的感受也不同,等等。对于好学上进的犯错学生,在惩戒之后要和他们进行沟通,关键是让他们意识到自己的错误以后改正即可,帮助他们分析犯错的原因,今后如何避免此类错误的发生,告诉他们没有必要陷入深深的自责,今后老师仍然会把他们当做优秀的学生。对于学习成绩不好但又有是非感的犯错学生则要防止其自卑心理的产生,可以采用目标激励的方法,鼓励他们逐步改正,充分调动他们的是非感、道德感的优势,激发学生改正错误的决心。

另一方面,对待屡教不改的问题学生,要分清类型对症下药,才能真正帮助学生改正不良行为。例如,王晓春老师就将问题学生分为厌学型、纪律型、品德型、心理障碍型和"好学生"型等几种常见的类型。针对问题学生的正确帮扶思路是:首先通过各种手段,在调查研究的基础上全面了解学生的情况,通过分析判断确定问题学生的类型,再来对学生的问题进行归因分析、确定责任。学生屡教不改的问题根源往往都在家庭,但具体到每一件事上,可能家庭没有责任,是老师本身缺乏问题意识或是老师本身在处理问题上言行有问题。只有找到突破口,寻找问题的病根,才能对症下药,制订具体可行的转化方案并不断反馈评估才可能收到效果。在转化过程中,一是切忌采取孤立、威胁等手段使自己处于学生的对立面,要营造一个实现问题转化的外部环境,包括同学、玩伴,尽可能争取家长的理解和支持;二是老师在问题学生转化过程中要有充分的耐心,问题学生的问题非一朝一夕所形成,其转化必然有反复,老师要懂得"抓反复"、"反复抓";三是要寻找教育帮扶的突破口,让学生树立改正问题的信心,转变消极被动的角色。

| 专栏 3-5 |

把我当道错题"叉叉"了吧①

事情虽然过去四年了,我却记忆犹新。从那以后我再也没有对学生"叉叉"了事了。

四年前,陈小伟是我带的班里一个非常调皮的学生,学习差,纪律差,就连模样儿瞧着也不顺眼,是那号"鬼见愁"的人物。我坚信,在学校师生中,他远要比我们有的老师闻名。接手他以后,我奚落他的次数比正眼瞧他的次数多。我恨医学还不够发达,要不给他"修修脑"就好了。

一天,他又迟到了,我毫不客气地把他"拎"到办公室里,几个月来的辛苦和怨气一股脑儿地发泄了出来。等我骂得差不多了,陈小伟竟然对我说:"老师,在你眼里我终究是个坏孩子,您就当我是道错题,给'叉叉'得了!"说完,他拿起我办公桌上的红色粉笔在黑板上狠狠地划出一个"×"来,使我深受震惊。我放陈小伟走了,陷入了沉思。

过后,我诚恳地找陈小伟谈了一次话,陈小伟对我说:"老师,我从小都是被人骂大的呀!"说着,陈小伟大哭起来。这话再次让我震惊。是呀,一个常年受到歧视和冷遇的小孩,别人都不给他申诉和快乐的空间,他能不作践自己吗?通过这次谈话,我还了解到他这回是送母亲去医院才迟到的。从此以后,我没有再训斥陈小伟,而是好好地待他。我一有机会就表扬陈小伟,有"出头露脸"的事也尽可能让陈小伟去做。陈小伟开始变了,我瞧着他也顺眼了。原来,陈小伟也是有闪光点的。

不过事情并未一直往好的方向发展,陈小伟又在校外跟同学打架了,把人家打得头破血流的,闹得挺凶。我再也受不了了,教训他:"你真是道没救的错题,你本来就该被'叉叉'掉,没人会给你'勾勾'的!""是的,我本来就是道错题,没有人会瞧得起我,你把我'叉叉'得了!"说完,陈小伟头也不回地跑出了学校。校方也没有叫我去找回陈小伟,说陈小伟是个坏学生。

半年过去了,就在我要淡忘陈小伟的时候,我收到了一封来自外校的信。陈小伟谈到了离校出走之后的经历,父母恨他不争气,只得央求外地的姑姑帮忙转学借读。陈小伟在信中写道:"老师,真对不起,一个不争气的学生给您写信。我离校那次打架,是因为同学说我给您送了礼,您才对我那么好的,我就打了他。现在想想真不应该,您对我那么好。本来想向您解释一下,见您发那么大的火,就算了。我不怪您,我知道,您也挺辛苦的,由于我的存在,班级荣誉损失不小,您的荣誉也损失不小……"

看了信,我思潮翻滚。我知道,自己错在心太急,太功名利益了。假如自己当时

---

① 吴增强:《学生心声细聆听——班主任与每一个学生》,教育科学出版社,2009年,第125页,略有改动。

再耐心一点,再细心一点,不太看重自己的工作成绩,陈小伟也许就不至于转学借读。都说儿童是茁壮成长的树苗,如今树苗尚未长成,为何就断定它不能成材?即使是歪脖子树,为人师者岂能抡起板斧一砍,"叉叉"了事?我们应当对它加以修正,加以扶植,多年以后,歪脖子树也是会成材的。

七、争取家长的理解和支持

2002年12月28日,《中国教育报》刊登了一组"关于惩戒认同度"的调查数据。其中,参与调查的家长总数为145人,其调查结果表明:65%的家长认为惩戒是一种教育;82%的家长认为惩戒很难把握;35%的家长认为惩戒就是体罚。

从调查中可以发现,家长对惩戒教育还是比较认同的,只是有部分家长对惩戒教育认识较模糊,家长担心的是教师实施惩戒教育的度的问题,而不是应不应该惩戒的问题。如果能向家长澄清惩戒教育和体罚的关系,相信有更多的家长会支持老师对孩子实施为了孩子发展、让孩子树立正确观念的合理的惩戒教育。因此,对学生实施相对较为严格的惩戒教育时,教师应尽量与家长取得联系,就惩戒教育的缘由、目的、方式、需要家长配合之处等与家长进行沟通,让家长对学校和老师的惩戒有个清晰的了解,这样不但不会产生误会,家长还会与学校和老师形成合力对孩子进行教育。

在惩戒学生时,及时和家长沟通十分必要。其一,由于学生是未成年人,对自己的错误的认识存在不足或偏颇,学生自己和家长诉说时难免大事化小地推卸责任。如果老师不能和家长及时沟通,家长由于偏听偏信,往往对自己孩子受到的惩戒难以接受和理解,害怕自己的孩子在学校受了委屈,甚至因惩戒感到愤怒,酿成老师和家长之间的矛盾。这也是很多老师忌讳惩戒学生的原因之一。因此,老师在惩戒前和家长沟通主要的目的在于让家长了解学生所犯的错误,以及学校或老师打算采取的措施,旨在争取家长的支持,而不是简单地把沟通当成告恶状或数落家长。其二,通过沟通,进一步了解家长对于惩戒的看法或意见,有助于老师考虑各方面的因素,做出更为合理的选择。其三,通过沟通,争取家长在惩戒教育时与学校教育达成共识,在实施中给予必要的配合。

惩戒教育在构建家校教育合力时应注意以下两点。

(1)联系家长的目的在于为了共同教育学生,绝不是推卸教师的教育责任。教师作为教育教学的专业人员,在教育理念和教育方法上较家长有着明显的专业优势,告学生的恶状,把教育学生的责任推给家长,让学生面对不懂教育艺术、方式方法简单粗暴的家长时,只会使问题愈加复杂化,惩戒教育在家庭可能演化成家暴,导致学生身心的伤害。

(2)在学校教育和家庭教育的关系中,学校教育应发挥主导性的作用。教师和家长沟通不应是批评、指责家长的不是,而应心平气和地与家长讨论学生的问题,寻找教育的良策。在讨论过程中教师应该针对学生存在的问题,对家长提出具体的可操作性的建设性意见,以及需要家长配合的注意事项。尊重学生是惩戒教育的前提,只有改善沟通方式,争取家长的理解和支持,尊重学生的惩戒教育才能变为现实。从这个意义上说,尊重家长也应是专业教师的必备的职业修养。

八、反思与建议

(1) 惩戒教育是一种出发点在于对学生的关怀爱护、不侮辱学生人格和不损害学生的身心健康,目的在于使学生认识自己的过失,并能改正过失的教育方式。它有别于教育的惩罚,也不能错误地理解为体罚。

(2) 惩戒和赏识都是对学生展开全面教育的有效方法,它们是全面教育方法体系的共同组成部分。

(3) 尽管人们对于惩戒教育还有不同的态度,但从教育发展的历史看,惩戒教育的价值取向虽有所不同,但惩戒教育始终是教育的应有之义。这是因为惩戒教育不但符合人的道德需要,是合理的存在,同时符合学生个体发展的需要,是合乎教育发展规律的。

(4) 惩戒教育必须在一定的原则下科学行使,遵循一定的法定程序,否则就是非法的,这是惩戒教育权行使的界限。

(5) 惩戒教育是把"双刃剑",需要高超的技巧和教育实践的智慧。教师作为使用者,必须对其有深刻的认识,才能把握好使用的尺度和分寸。

思 考 题

1. 惩戒教育的本质内涵是什么?它与教育惩罚是什么关系?为什么人们常常将它与体罚混同起来?
2. 惩戒教育的合理性与必要性表现在哪些方面?
3. 惩戒教育应把握的基本原则有哪些?
4. 在实施惩戒教育时应注意哪些问题才能把握好惩戒教育的尺度与分寸?
5. 以下是全国十佳班主任郑立平老师在管理班级过程中实施惩戒的创新实践,请你谈谈他的做法给予你的启示,并结合实际提出你的关于惩戒教育实施的新创意。

弹性惩戒单

学年初,我和学生们共同制定班级管理细则,详细规定了各种违纪行为和落后表现应该受到的惩罚。和其他班级管理细则不同,这些违纪行为所对应的惩罚措施并不只有一条,而是有相对并列的多条。如果学生违纪,他可以从相应的惩戒措施中进行选择,并认真执行。例如,某学生上晚自习时和同桌吵闹,扰乱课堂纪律。值日班长根据班规,很快就会开出"惩戒通知单"。

> **惩戒通知单**
> （　　年　　月　　日）
>
> ××同学：
> 　　今天晚自习上课时，你和××大声吵闹，不仅耽误了自己的学习，而且严重影响了课堂秩序。你的行为已经违反了我们的班规第20条，为使你进一步认识自己的错误，养成良好的学习习惯，请从以下几条惩戒方式中选择一条，并在班级纪律检查委员会的监督下认真接受惩戒。
> 　　（1）说明情况，向大家公开道歉，争取同学们原谅。
> 　　（2）写一份呼吁同学们认真读书学习的倡议书，张贴宣传。
> 　　（3）完成一份违纪心理剖析，并在班级中宣读。
> 　　（4）为同学们唱首歌，活跃一下班级气氛。
> 　　（5）到操场锻炼，跑步5圈，强化认识。

资料来源：郑立平.班级管理新点子.《班主任之友》，2007年第11期。

参 考 文 献

[1] 申素平.教育法学:原理、规范与应用[M].北京:教育科学出版社,2009.

[2] 王晓春.问题学生诊疗手册[M].上海:华东师范大学出版社,2006.

[3] 张立平,张乐华.教师必须掌握的惩戒教育艺术[M].北京:中国轻工业出版社,2011.

[4] 钱焕琦.教育伦理学[M].南京:南京师范大学出版社,2009.

[5] 檀传宝.教师伦理学专题——教育伦理范畴研究[M].北京:北京师范大学出版社,2010.

[6] 魏书生.班主任工作漫谈[M].桂林:漓江出版社,2008.

第四章 学会享受民主

> 民主使每个人成为自己的主宰。
>
> ——洛威尔

第一节 民　　主

专栏 4-1

按下呼叫器，老师来"私聊"
——学生感慨港校很民主

如果有问题不是到办公室找老师，而是按呼叫器，老师主动与学生"私聊"。2008年9月6日，卓刀泉中学的18名学生结束了对香港灵粮堂怡文中学的访问回到武汉，他们很羡慕香港学校的民主。

到达香港的第二天，武汉学生就去参观了灵粮堂怡文中学。令他们感到惊讶的是，每间教室的墙壁上贴满了学生的个性海报："我喜欢某某明星"；"下次考试我要争取第一名"……这些海报全是学生的心声。

在陪同参观过程中，不少香港学生透露这是他们"第一次进入老师办公室"，这令武汉学生感到费解。校方解释，在香港，学生不可进入老师办公室。学生若要找老师，可按办公室门前的呼叫器上对应老师的编号，老师就会出来和学生单独交流。"一方面可让老师有更多私人空间，另一方面也可保护学生隐私"。另外，学生有任何意见可以直接找校长投诉。

即将上初二的李微阳说，武汉学校的课堂一般由学校老师主讲，学生记笔记，而港校课堂上，老师主要是提问和解答，学生思考和表达的机会更多。港校课堂的氛围也令她感到很惊奇：学生可以在课堂上说话，也可以随意向老师提出任何问题，只要与学习相关；学生还可以睡觉，只要不扰乱课堂秩序。

专栏4-1介绍的港校的民主在我国大陆学校的学习和生活中是非常少见的。作为教师，总是抱有一种"被交流"的心态，喜欢坐在自己的办公室里，等待学生来交流、来咨询;在课堂上,教师充满了威仪,主宰着教学过程中的一切。

民主氛围浓郁的校园,教师更为容忍、更为豁达,学生更有勇气、更多参与。灵粮堂怡文中学的民主特色给了武汉学生诸多感慨。

香港的学校中充满了民主学习和生活的氛围,那么什么是民主?怎样理解民主呢?

一、民主的概念

"民主"一词起源于古希腊,发展至今已经是一个含义相当广泛的概念。它既是政治中常常出现的一个词语,又是经济、文化和社会中频频出现的一个词语;既是一种国家制度特色,又是一种观念意识、工作作风和工作方法;既是一个理想问题,又是一个具体实践问题。

1. 民主:人民的权力

民主:人民的权力。这主要是从词源意义上讲的,也是对民主最普遍的理解。"民主"一词源于古希腊语,由"人民"和"统治"两个词语组成,意思为"人民的统治",这里的人民是多数人而不是少数人。就本来意义而言,民主是指多数人的统治,或者称人民的统治,即最终的政治决定权不依赖于个别人或少数人,而是特定人群或人民全体的多数。民主意味着主权在民,人民当家做主,意味着由广大人民掌握国家权力,管理国家事务、管理经济文化事业、管理社会事务。民主不是替民做主,而是由民做主,即由广大人民按照多数裁决原则决定社会和国家的重大事务。

2. 民主:国家形式或国家形态

民主:国家形式或国家形态。大多数政治学教科书都持有这一观点。列宁在《国家与革命》中将民主表述为"民主是国家形式,是国家形态的一种"。[①] 这种观点符合马克思主义的国家学说,能够揭示阶级社会中民主与国家之间密不可分的联系,有利于把握作为国家形态的民主的阶级实质。"民主作为'国家形式'或'国家形态',是与一定的经济基础和阶级利益相联系的……维护统治阶级的政治统治和经济利益是民主的实质内容。"[②]民主既是政体,又是国体。作为政体形式的民主,与专制相对立,在多数裁决原则的指导下人民享有决定国家制度和管理国家事务的平等权利。作为国体形态的民主,与专政相并列,对人民大众实行民主必然要求对极少数敌对分子实行专政,民主与专政是既对立又统一的关系。

3. 民主是对国家权力与公民权利关系的制度安排

"从权力与权利结构分析,民主首先是对国家权力与公民权利在制度上的一种理性设计与安排。"[③]民主对国家与社会、权力与权利的界限作了严格的区分。在民主政体下,权力来源于人民,政府在维护社会公共利益、保障公民权利的前提下行使

---

① 列宁:《列宁选集》(第三卷),人民出版社,1995年,第201页。
② 王惠岩:《政治学原理》,高等教育出版社,1999年,第274页。
③ 范进学:《民主的概念分析》,载《西南政法大学学报》,1999年,第1期。

第四章 学会享受民主

管理国家、社会事务的权力。政府行使国家权力以公民更好地享有权利为前提和目的。在权力与权利的关系上,权利是基础,权力是保障,权力以权利为条件。民主政体承认国家的公权力与公民的私权利是两个不同的领域,政府行使权力要以法律为尺度,不得侵犯公民的正当权利。

4. 民主是一种文化、一种精神

民主是一种文化。作为政治文化的民主是构建政治制度和决定政治统治合法性的重要思想基础,它包含价值观和基本原则两个方面的内容。民主的价值观主要体现在重视人的价值、自由、真理的相对性,以及法律面前,人人平等等方面。从民主的基本价值观可以引申出民主理论的基本原则,包括人民同意原则、选举决定原则、多数统治和尊重少数原则等。"从政治文化的角度来认识民主,把民主视为一种政治信仰和指导人们政治实践的规范,对于我们全面认识民主政治具有重要的意义。"①

民主是一种精神,主要是指民主本身包含着平等、自由、协商、妥协和合作精神,这是从意识的角度对民主的把握。

5. 杜威、陶行知对民主的理解

美国哥伦比亚大学教授杜威(John Dewey)在其1916年出版的《民主主义与教育》中说,"民主主义不仅是一种政府形式,它也是一种联合生活的方式,是一种共同交流经验的方式。"②他认为:第一,民主是一种特殊的政治形式,一种管理政府的方法;第二,从更广泛的意义上说,民主是一种生活方式,是一种社会的和个人的生活方式;第三,民主具有道德意义。关于民主的道德意义,他指出,民主主义问题是个人尊严与价值的道德问题,民主社会可以通过互相尊重、互相容忍、授受关系、总结经验等,来实现个人的尊严与价值。他进一步认为,作为一种生活方式的民主和政治的民主不是对立的,前者是后者的切实保障。把民主的概念从政治领域引申到社会生活中,在大多数情况下,民主是作为专制主义、权威主义的对立面而使用的。也就是说,民主成为人们对待工作与生活的一种积极的态度,它意味着人与人之间的一种平等关系。

我国教育家陶行知先生对民主的解释是,"民主……通俗点说,就是'大家有份'。在倒霉的时候是'有祸同当',在幸运的时候是'有福大家享',在平常的时候是'大家的事大家谈,大家想,大家做'。"他将民主与教育相联系,认为民主的教育就是民有、民治、民享的教育,"民有"的意义,是教育属于老百姓自己的;"民治"的意义,是教育由老百姓自己办的;"民享"的意义,是教育为老百姓需要的,并非如统治者为了使老百姓能看布告,便于管理,就使老百姓认识几个字。他还说:"民主教育是教人做主人,做自己的主人,做国家的主人,做世界的主人。"③

---

① 张旺,卞凤玲,《论民主的政治文化涵义》,载《理论学刊》,2003年,第6期。
② 约翰·杜威:《民主主义与教育》,人民教育出版社,2001年,第92页。
③ 陶行知:《中国教育改造》,东方出版社,1996年,第193页至第201页。

综上所述,民主就是在一定的阶级范围内,按照平等和少数服从多数的原则来共同管理国家事务的国家制度,在这样一种制度下,人民拥有超越立法者和政府的最高主权,国家全体公民直接或通过他们自由选出的代表间接行使权力和公民责任。民主通过一系列原则和行为方式保护人类的自由,是自由的体制化表现。民主是一种尊重多数人意愿,同时极力保护个人与少数群体基本权利的共同要求。

二、民主的要求

民主的要求主要包括四个方面:一是主权在民;二是少数服从多数,多数尊重少数;三是肯定个人;四是权利与义务同在。

1. 主权在民

民主的基本含义是"人民的权力"、"人民的统治"或"人民进行统治、治理"。说得通俗些,就是人民做主,它是与专制针锋相对的。尽管人民的内涵外延与做主的真实程度在各种类型的社会中不尽相同,但人民做主始终是民主的核心内容。美国政治学家科恩指出,民主即民治,是一种人民自治的制度。[①] 世界上大多数国家的宪法都明确规定主权在民、一切权力属于人民。在我国,党的十五大报告指出:社会主义民主的本质是人民当家做主。因此,民主的首要要求是主权在民。

2. 少数服从多数,多数尊重少数

民主不是"一个人的统治"与"少数人的统治",民主的原意是:"多数人的统治"。从这个意义出发,民主是以多数人意志为政权基础的政体形式或国体状态。民主作为政体形式,与专制相对立,遵循少数人服从多数人的原则。一个国家或是一个集体,面临对公共问题做出决定时,始终要遵循少数服从多数的原则。在少数服从多数的前提下,多数应正确对待少数,尊重和保护少数人的权利。

少数服从多数,多数尊重少数,这是民主的基本要求。其一,在对某个事项做出决定之前,少数人应当同多数人一样拥有陈述自己观点的权利和机会。多数应该认真听取少数人的意见,尽可能地吸取这些意见中的合理成分,对不同意见采取一种"你可能对,我可能错"的虚心、审慎、妥协、兼容的态度。其二,对该事项经过充分讨论并根据少数服从多数做出正确决定之后,多数应保护仍然坚持自己观点的少数人,允许他们保留意见,不能歧视少数人,更不能对他们进行打击迫害。用伏尔泰的话说,就是"我不同意你的观点但誓死捍卫你坚持自己观点的权利"。至于与公共事务无关或对公共利益无妨的个人私事,则应该给予人们充分的自由,不能将多数人的观点强加于少数人。

3. 肯定个人

民主既然是人民的统治,就意味着每个个体在公共事务中必须服从"人民"这个集体或整体。当我们强调个人对集体或整体的依赖时,有可能忽视、忘记个人的价

---

① 科恩:《论民主》,商务印书馆,1998年,第12页。

值与意义。同样,当我们强调民主的本质是人民当家做主的时候,也容易用"人民"这个集体、整体去否定个人。但是,民主不仅不以否定个人为基础,而且是以弘扬个人为前提的。人民作为集体或整体,是由具体的个人组成的,抽掉了或否定了具体的个人,人民就成为一个没有实际内容的空壳,人民当家做主就成为一句失去意义的空话,民主也就成为一个抽象空洞的口号。

民主要求每个个人都有基本的自由权利,可以自由地支配自己的身体和精神,自由地决定自己的事务。同时,民主还要求个体之间的权利必须平等,不允许存在任何特权。如果民主允许以个人的名义为所欲为,民主就会沦为暴政。民主否定了为所欲为的无限权力,甚至是以人民的名义行使的无限权力。在真正民主的社会里,任何权力的合法性都建立在承认人的尊严和人权的基础上,建立在每个个体拥有基本的自由权利,每个个体之间的权利是平等的基础上。民主不是对个人的否定,而是对个人的尊重与褒扬。

4. 权利与义务同在

人民民主是社会主义的生命。人民当家做主是社会主义民主政治的本质和核心。毫无疑问,民主意味着人民享有权利。但是,如果对民主的理解仅局限于权利,看不到"争得民主"既是享受权利,又是承担义务,就没有真正全面地理解民主。宪法规定的公民基本权利和义务,反映一个人和国家的关系,以及人与人之间的关系,是国家制度的重要组成部分,是民主的质与量的标志和体现。在公民社会,公民既享受宪法与法律赋予的权利——这是民主政治的必然体现,又承担宪法和法律规定的义务——这是民主政治的必然要求。没有无权利的义务,也没有无义务的权利。承担义务,意味着承担责任,意味着不是社会现实的旁观者,而是社会进步的责任人。民主是权利与义务的统一。

三、民主的条件

在不同的历史阶段,人们对民主有不同的理解。民主的实现需要一定的条件,主要包括物质条件、法制条件、智力条件和心理条件。

1. 物质条件

物质条件主要指地理条件和经济条件。在一些发达国家,民主制度较健全并实施得较好,而某些贫困地区和国家尚处在以经济、科技、教育为发展核心的阶段,对民主的需求不高,甚至暂时搁置,为了经济利益,可以专制和牺牲人权,尽管有小部分人认为他们应该得到完全的民主,但没有全民的需求,也就不可能实现真正的民主。

2. 法制条件

从法律上保障公民有言论自由、争辩和批评的权利,鼓励公民参与各项政策的讨论,当然在宪法里还规定有其他权利,如出版和选举权利等。在一些民主实行得比较成功的国家,对言论的自由可以允许其为少数派服务,尽管当权派会压制少数反对派,但仍然保障其思想自由和言论自由的权利。所有言论和思想自由的个体,最终会将所有不同意见汇聚在一起,共同为主体(国家)利益服务,无论是政府还是某个社会团体和个人,都要为实现这个共同的目标互相监督和管制。

3. 智力条件

实现民主,首先要搞清楚究竟什么是民主,这就必须通过教育。教育被认为是民主得以实现的智力条件。社会公民普遍受过较好的教育,能理性地用科学的眼光看待问题,有取得社会媒体资讯的渠道和技能,了解本国和国际的基本法律,了解本地、本国、国际的新闻,在教育不发达国家和地区,即使具备其他条件,民主仍然不可能发展得好。当然,教育不能保证一定产生明智的政策,但是,假如公民普遍受教育程度不高,民主要想取得持久的成功,希望必定渺茫。

4. 心理条件

社会成员实行民主时必须具有的性格特点和思想习惯,是民主得以存在的心理条件。公民的态度和性情,如:宽容地面对激烈的辩论和反对声音;学会妥协、接受不完美的解决方案;有务实的精神和灵活的态度;相信难免出错、持批判态度、能容忍、客观、有信心等,并且能形成这样的社会风气,代代相传,深入人心,这种价值观形成一种文化,并潜移默化影响到每个人。

第二节 教学民主

|专栏 4-2|

五名学生被打屁股,课堂体罚为哪般?

"啪、啪、啪……"英语教师用废弃清洁工具上的铝合金杆重击阳阳的臀部。打到第3下,9岁的阳阳开始哇哇大哭,教师没有停手,打完12下,才让阳阳回座位。

这一幕是2010年3月23日发生在陕西省西安市莲湖区二府庄小学。莲湖区教育局于2010年3月30日公布对该教师和校长的处理结果。

挨打后,阳阳不想上学,因为"害怕英语老师"。记者问:如果转学校,会不会去上学?他回答:"不去,因为另一所学校还会有英语老师。"

学生挨打

2010年3月24日,阳阳的母亲徐贵芬像往常一样,中午下班后往家赶。路上,她接到她的父亲从家里打来的电话,说阳阳的臀部被打伤。徐贵芬几天后回想那天中午的情形依然泪流满面,"回到家,我看到孩子的屁股肿得像茄子一样"。没有顾上吃午饭,徐贵芬赶到学校,找教导主任韩聪茸和打阳阳的英语教师刘晓明。

原来,刘晓明给学生布置作业,包括阳阳在内的几名学生没完成。3月23日上午第三节课,几名学生一同受到教师的"教育"。3月28日,记者见到阳阳时,他正与其他小朋友玩游戏。褪下裤子,左侧臀部可见红印。

徐贵芬不解:"你(教师)能不能打,能打,不是你那个打法。打了12下,孩子都求饶了,你还不松手。教育孩子有多种方法,你可以罚他写单词,把他留在学校,让他背书。"

阳阳说,刘老师让5名学生手扶黑板、背对同学,然后用棍挨个打屁股。一些学生所穿夹克比较长,护住臀部,刘老师让他们脱下外套。"打的时候,下面的同学数一二三四……我没有数老师打了几下,是同学告诉我,我被打了12下。"阳阳说,"被打的同学有的哭着喊'妈妈',但老师继续打。打完后,老师不让我们告诉家长,否则下次打35下。"

教师停职

2010年3月27日下午,刘晓明上门道歉,请求原谅,承诺为阳阳补习英语。徐贵芬不相信他说的话,因为刘晓明不是第一次打阳阳:"他第一次打阳阳,我就找过他,他说再也不打了。结果第二次又用脚踢阳阳,我再来找,他又向我保证。现在是第三次打阳阳,而且打得这么重。"

阳阳说,如果同学没写完作业,或者英语课文背不下来,刘老师第一次扇脸,第二次踢腿,第三次打屁股。大家平时最怕英语教师。"上英语课,只要老师一瞪眼,我就会发抖。"阳阳说。

在二府庄小学,记者了解到,刘晓明于1982年出生,2007年开始在这所小学教英语,带四个年级、四个班。校长黄长安说,刘老师一直认真工作,所带学生的英语成绩排在全区前列,但打学生"过激了,不对"。2010年3月28日,联合调查组进驻学校,展开调查。3月30日,莲湖区教育局公布处理结果:校长和当事教师被停职,当事教师给予行政记大过处分;两人同时扣发绩效工资,直到再次上岗。这是莲湖区近年对校长和教师处罚最严厉的一次。莲湖区教育局监察室副主任胡英说:"下一步,我们不但要对该校老师加强师德教育,还将召开全区75所中小学和幼儿园校长、园长会议,开展师德教育专题活动。"

至于两人何时复职,胡英说,这要看认错态度和接受培训后的表现。同时,她希望刘晓明接受教训,重新振作起来,再次走上教师岗位。

事发后,刘晓明不愿接受采访。记者再三说服,他勉强同意回答几个问题。刘晓明说:"两篇英语课文,布置一个月了,还有5个学生背不下来。当时真有点恨铁不成钢,着急了。"他告诉记者,学校外来务工人员子女比较多,比较难教。另外,学校对教学质量的要求很高,有很多测评。学生对基本知识必须掌握,他没有办法才出此下策。这几天,他一直在反省自己所犯的错误。受到处分的校长也表示"服从局里的安排,将认真反思"。

为什么会出现教师体罚学生的现象?为什么在国家法律法规不允许体罚学生的明文规定下,还会出现学生受到体罚而致伤的现象?为什么"恨铁不成钢"的思想会以体罚的行为来表达?

教学是促人发展、树人成才的活动,由教师和学生共同完成。在教学过程中,教师和学生的人格是平等的。无论采取什么样的教学方式,尊重学生的人格都是前提条件。这是教学民主最重要的表现。

一、对教学民主的理解

教学民主是什么？定义有多种：其一，教学民主是指在教学过程中，师生人格平等，共同参与，各自发挥不同的作用，从而实现一定教学目标的一种机制；① 其二，教学民主就是在课堂教学中坚持民主平等的原则，师生平等参与、合作学习，促进学生学习的一种教学方式；② 其三，教学民主是突出学生的主体地位，创设民主、和谐氛围，激发学生的主动参与意识，开发学生的学习潜能，指导学生学会学习的一种现代教学过程；③ 其四，教学民主是指教师在教学中，对学生人格、个性、主体地位及其他方面全面尊重的状态、现象。④ 上述种种定义，各说不一。那么，如何理解教学民主呢？

（一）教学民主的内涵

1. 平等

教学民主，首先意味着教师与学生之间的平等，以及学生与学生之间的平等，即在教学过程中所有人都是平等的。教师要破除传统师道尊严的思想，把自己放到和学生平等的位置上，一视同仁地对待每一个学生。如果没有这样一种理念，就不会尊重学生的人格和思想感情，也不可能给每个学生一片自由发展的天空，使他们受到最适合自己的教育。平等是教学民主的根本理念。

2. 自由

自由体现在教学中，包括两个方面：一是教师教的自由，即教师在一定范围内自由地选择教学内容、教学组织形式、教学方法等；二是学生学的自由，即学生在教学过程中有思想和表达的自由。教师的教学自由受政府的方针、政策及学校规章制度等制约，学生在教学中的自由则很大程度上由教师决定。自由是教学民主的核心，如果教师没有一定的教学自主权，他就没有教的自由，也就谈不上教学民主，这一点在改革开放前表现得尤为明显；如果学生没有自由思想和表达的权利，则谈不上学的自由，教学民主也无从说起。

3. 尊重

尊重是人的一种重要的需求，马斯洛在其需要层次理论中，把尊重的需要列为五大需要层次之一，认为这是一般人都具有的一种需要。既然教师与学生的人格是平等的，那么在教学中师生之间的彼此尊重就是理所当然的事了。如果教学中师生之间彼此不尊重，必然产生武断、专制，甚至践踏人格的现象，这与教学民主就背道而驰了。因此，尊重是教学民主的重要表征。

---

① 王萍：《素质教育与课堂教学民主》，载《现代大学教育》，2002年，第1期。
② 张国民，周春爱：《浅析民主教学》，载《教学与管理》，2003年，第1期。
③ 庞大镶：《关于课堂教学民主的思考》，载《人民教育》，2000年，第9期。
④ 李年终：《关于课堂教学民主性的思考》，载《广西社会科学》，2002年，第2期。

4. 承认差异

人的生命首先是作为个体而存在的,离开了个体生命的存在,一切都会失去真实的承担者和前提。[①] 每个学生都是独立的个体,每一个体都有独特的个性和能力,每个学生都有权力要求接受适合其个性特点的教育,从而最大限度地实现人生的自我价值。教学民主要求承认学生的差异性,因材施教,从而使学生的发展达到个性化、特色化和最优化。这既是教学民主的重要内涵,又是教学民主实现的重要目标。

(二) 教学民主的目的

让教学主体更开放、教学内容更多样、教学氛围更愉悦、教学环境更和谐,这些都是服从于教学民主直接目的的具体目标,但不是根本目的。教学民主的直接目的在于推动教学中人的发展,主要是每个学生的充分发展;而学生的不断发展反过来必将对教学产生新的期待、提出新的要求,教学本身也将由此获得新的发展。后者,是教学民主追求的根本目的。人生而好奇,乐于求知,对于知识的追求,无疑应是促人发展的最重要手段。教学本是一种融合了人的理智、情感的实践活动,教学的本质特征就在于人通过学习进行扬弃,使自己得以充分发展,从而实现自我价值。

(三) 教学民主的基本原则

教学民主的基本原则,即探索教学民主所应遵循的基本行为准则。石中英教授从平等、参与、自主、宽容等角度论述了教育民主的基本原则。概括地说,就是要确立"以人为本、人文同构"的基本原则。一方面,教学要培养的是文化的主人,而非文化的奴隶。师生在教学过程中,不能被知识、技术所异化,而应灵活地掌握它们,以追求更好的发展。此即教学民主"以人为本"的原则。另一方面,人并不是生而成为社会人,人之所以成为社会人,是因为他受过教育,具有人类赖以生存的基本品格。教学中学生的活动,既是学习、探索、掌握和应用知识的活动,又是未成熟的个体理解、体悟和领会社会规范,继承人类优秀文化成果,从而发展成为文化新人的过程。"文化化"的人,才是真正意义上的社会人,而被人内化了的文化,才是活的文化。这是教学民主"人文同构"原则的内涵。诸如尊重学生、信任学生、师生和谐、平等对待学生等提法,都是"以人为本、人文同构"原则在某一方面的体现。只要体现了"以人为本、人文同构"的意蕴,都可被认为是教学民主的具体原则。

(四) 教学民主的特点

1. 教学系统视角

(1) 整体性。教学是一个由师生、内容、手段共同构成的整体世界,教学民主内部显性隐性、宏观微观层面的各要素以整体组合的形式达成特定功能。教学系统的结构合理与否决定其总体功能的强弱。谈论"教"不可能脱离"学",谈论"师"不可能脱离"生",单纯关注局部要素而忽视要素间的关系或联系,不能达成教学的最优化。

---

① 高清海,等:《人的"类生命"与"类哲学"——走向未来的当代哲学精神》,吉林人民出版社,1998年,第178页。

（2）复杂性。教学是人为与为人的事物，人的因素使教学得以发生，同时使其颇具复杂性。就教学民主而言，其内部结构具有显性与隐性相互作用、宏观与微观彼此渗透等特征，且随着社会历史条件的推移而不断有所调整，因此，历史的、别国的经验，只可借鉴，不可照搬，必须与一时一地的具体条件相结合，充分考虑各方面的影响因素。

（3）开放性。教学本身是一个不断与社会经济、科技、文化相互适应，与环境发生交换的开放体系，其民主程度同样与社会民主发生着互动互进的作用，真正的教学民主需要来自社会的支持，同时会反哺社会民主的进程，而不是封闭于教学系统内部。

（4）相对独立性。教学系统虽然具有开放性的特征，但教学民主本身并不等同于社会民主，而是有着相对独立的发生与演进规律，有着富于自身特色的研究域和话语系统，其变化、发展也有可能领先或落后于同时代社会民主的进程。

（5）选择性。教学本身是人为事物，其要素和结构在一定程度上是可以被规划、设计和选择的，教学民主的原则、方法等也是如此，教学中的人可以凭借对教学的认识和观念，选择教学民主的实施策略。

2. 教学主体视角

（1）全体性。对教师而言，在课堂教学中，教师面向每一个学生，激发每一个学生的学习欲望；对学生而言，在课堂学习中，每一个学生都参与学习活动的全过程。人人都是"当局者"，没有一个"局外人"。

（2）主体性。体现在课堂教学中，教师注重培养学生的主体意识，尊重学生的主体地位，善于当"导师"，而不局限于当"讲师"；学生充分意识到自己的主体地位，具有主动学习、自主学习的强烈愿望，努力成为名副其实的课堂学习的主人。

（3）愉悦性。教学的出发点是建立一种相互尊重、相互信任的新型师生关系，其目标是营造一种宽松愉悦、民主和谐的教学氛围，使学生学得轻松、学得愉快、学得高效优质。这就要求教师放下师道尊严的架子，尊重学生的独立人格，培育学生的健康心理，关心学生的疾苦，成为学生的良师益友。

二、教学民主的基本要求

教学民主的基本要求，服从于教学民主的基本原则，是教学民主的根本目的顺利实现的保障，主要有四点要求：自尊自信，自主自省，开放乐新，价值多元。

1. 自尊自信

教师与学生对自身价值和尊严保持理智的信心，同时对他人的价值和尊严保持足够的尊重，以避免教学在满足人的欲望的同时，人自身被外部对象所占有，陷入物质主义的漩涡中，导致人性片面化和异化的加深，乃至逐渐失去自己的本质。

2. 自主自省

教学过程是师生共同向着未知领域的"探险"过程，为求真知和体验求知的乐趣，必须尊重个人的自主性，时刻反思和质疑，这也是自尊自信基础上的进一步前行。

3. 开放乐新

怀特海认为,使知识充满活力而不使之僵化,是一切教育的核心问题。[①] 教学民主更需要对环境开放,乐于接受异质文化,愿意沟通、谈判、妥协和改变。

4. 价值多元

用民主、宽容的眼光看世界,世界是多元的;也唯有用多元价值来评价教学,教学民主的实现和发展才是有可能的。如教学评价应采取多元评价方法,兼顾理性和非理性因素,注重形成性评价与终结性评价相结合、发展性评价与选拔性评价并举等。

三、教学民主的实现条件

(一)营造氛围

没有良好的氛围,实施教学民主就是一句空话。因为参与教学活动的师生双方都是活生生的人,他们有感情、有智慧、有性格、有人格。所以,作为教学的主导者,教师在组织教学时,首先应考虑民主气氛的营造。

1. 尊重全体学生,分层施教

"素质教育的第一要义是面向全体学生"。[②] 尊重和面向全体学生,是民主意识的集中体现。视部分学生为"陪读",歧视"学困生"的做法与教育的民主思想是相悖的。教师在课堂上要给予每个学生均等的学习机会,并针对不同层次学生的发展水平提出不同层次的要求,使学生获得成功的喜悦,进而自觉参与到教学活动中来。

2. 建立同志式师生关系

"我们提倡学生尊敬师长,同时,也提倡师长爱护学生。尊师爱生,教学相长,这是师生之间同志式的关系"。[③] 在课堂上,教师如果摆出一副师道尊严的架子,任意支配、役使学生,就很容易伤害学生的自尊心、自信心,扼杀学生的学习兴趣,甚至使之产生逆反心理——"你要我学,我偏不学。"教师只有把自己摆到与学生人格平等的位子上,关心学生,爱护学生,学生才会亲其师,信其道。

3. 营造宽松的学习氛围

构成这一氛围的基本条件有两个:一是教师的期待;二是教师的宽容。有经验的教师,总是以种种艺术手法激励和唤醒学生的求知欲。课堂上,尽量使学生感到"老师在期待我","我能行"。即便学生理解有误,出了错,教师也应该选择合适的语言鼓励、启发学生,让其在改正错误中取得进步,尽量不给学生留下一丁点儿受伤害的心理阴影。

(二)学生参与

学生参与与否决定了民主的真假,参与的程度决定了民主的程度。在教学过程

---

① 怀特海:《教育的目的》,生活·读书·新知三联书店,2002年,第9页。
② 柳斌:《关于素质教育的思考》,江苏教育出版社,1996年,第6页。
③ 邓小平:《邓小平文选》(第二卷),人民出版社,1994年,第95页。

中,教师要积极引导学生参与到教学的进程当中来,共同处理教学过程中的问题。

1. 参与课堂教学

课堂教学,尽管是教与学双方的事,但重心在学。学的方法不外乎两种:一是被动接受;二是主动获取。离开了主动参与和体验,学生所获取的知识只能是表面的、浅层的,甚至是僵死的。学生只有全身心地参与教学过程,才能将外部信息纳入主观世界,再通过信息加工和贮存,从而在获取新知识的过程中使自己得到全面发展。

2. 参与教学设计

教师的教是为了学生更好地学,为了学生更好的发展。教师在设计教学时,要站在学生的角度认真思考教学内容的适合性;用能够激起学生好奇心的方式呈现知识;主动寻求学生的意见,引导学生参与教学手段、教学方法等的设计。

3. 参与教学评价

把学生本人、同伴、教师都作为评价的积极参与者和重要的评价资源,主动引导学生参与教学评价。学生参与对自己的评价,成为对自己的学习负责的人和自律的学习者;学生之间相互评价,既促进小组合作学习,又使每个学生看到他人的优势,反思自己的不足;而学生对教师的评价,则可以让教师认识到自己在教学中的长处与不足。学生的身心发展在很大程度上取决于周围同学对他的评价和自我评价。注重学生参与评价,正体现了教育的本质,这有利于增强他们辨别是非的能力,有利于学生个性的发挥,有利于学生养成终身学习的习惯。

(三)讲究方式

教师在教学过程中,要做到教学民主,除了营造氛围和引导学生参与之外,还需讲究教学方式,否则不能收到教学民主的最好效果。

1. 教学结构开放

与应试教育"口耳授受"的封闭结构相对,民主的教学结构把学生的活动作为教学变革的重心,使课堂教学呈现出一种活泼的开放局面。如卢仲衡的"启、读、练、知、结",段力佩的"读读、议议、讲讲、练练",魏书生的"定向、自学、讨论、答疑、自测、自结"等教学模式均是典型范例。

2. 教学形式多样

变换课堂教学的空间形式,有利于师生之间、学生之间的交流,如将传统的纵排学习小组改为横排学习小组、两人学习小组、四人学习小组等;根据互补原则进行学习组合,将不同背景、不同学习成绩、不同层次的学生编为一组,利用形成民主学习情境。

3. 教学活动丰富

把学生的活动贯穿于教学的全过程,使学生最大限度地动手、动口、动眼、动脑,去行动,去实际操作,让学生在轻松愉快的情境中自主活动。如英语课堂的情境操练、短剧表演、交际游戏,化学课堂的学生实验课、自由组合、自主操作等充分体现教学活动丰富的特点。

第三节　在教育教学中享受民主

| 专栏 4-3 |

教学民主(十一则)①

（1）教师要树立教学民主的思想，就要抑制自我中心意识。要明确，对学生指责、埋怨、强迫、命令，就等于在师生的心灵之间挖鸿沟，只能增加师生之间不理解、不信任，只能降低学生的学习效率。

（2）要统一，就要采用民主的方式，大家讨论表决。这样，学生才能从小养成民主的习惯，包括一事当前，把自己放在主人翁位置上独立思考的习惯；讨论中，给自己寻找论据，注意倾听别人论据的习惯；表决后，特别是个人意见被否决后，坚决执行多数人决议的习惯。

（3）教与学、教师与学生是矛盾的两个方面。解决这个矛盾，靠老师管学生，压学生，主观片面地命令学生，或者靠学生批判师道尊严，学生上讲台，都不能解决矛盾，而只能激化矛盾。强调学生必须服从老师或强调老师必须服从学生都是极端的做法。

（4）真理常常在两个极端之间的某一点上，这一点就是用民主的方法，使师生之间获得最大限度的相互理解与支持，从而提高教学效率。民主像一座搭在师生心灵之间的桥。民主的程度越高，这座连通心灵的桥就越坚固，越宽阔。

（5）培养学生自学能力，必须最大限度地释放学生自身的能量，调动学生源自内心的学习积极性。要做到这些，教师就必须有教学民主的思想。

（6）教师的心灵对学生如果是一个未知的世界，那么就谈不上教学民主。教师应该把自己对人生、对事业、对教学的看法都真诚地和学生交流，这样学生才会真诚地、无保留地谈他们的想法。师生在充分信任、理解的基础上探讨问题，才能最大限度地调动学生的积极性。

（7）要做到教学民主，就要和学生多讨论、多商量。商量什么？从教学目标、教学内容，到教学重点、课时安排，以至具体的教学方法都同学生商量，尽可能达到师生之间认识的统一。

（8）学校工作和班级工作应最大限度地依靠民主管理和制度管理，少一些"人治"，少一些无效劳动。

（9）民主决不意味着无政府主义，更不意味着可以为所欲为。民主意味着人们更严格地按照科学的法律、制度去工作、学习和生活。

（10）民主与科学紧相关。科学发达，人们善于从科学的角度去理智地思考问

---

① 魏书生：《魏书生班主任工作漫谈》，漓江出版社，2008年，第466页至第468页。

题,而不只是从私欲的角度,单凭感情去思考,这样才谈得上民主。

(11) 民主管理,在某种意义上,就是多数人参与管理,参与决策,参与比较复杂的工作。这和分工、和专业化并不矛盾。

魏书生老师将民主理念始终贯穿于教学之中,他从教师变成了"导师",而不是主宰一切教学活动发生与停止的权威。学生能够在他的引导下,主动参与,积极思考,化被动为主动获取。教学理念的改变,引导着学生学习方式的转化。对学生来说,不仅提高了学习效率,而且他们在耳濡目染中养成了民主意识;对于教师来说,民主教学不仅提高了自己的教学质量,而且能够更好地为社会培养具备民主意识的公民。

一、在班级管理中享受民主

专栏 4-4

魏书生:146 名学生都是我的副班主任

2006 年 8 月 12 至 13 日,在呼和浩特举行的首届"和谐教育、创新管理"大型教育活动中,我国著名教育改革家魏书生就如何管理好学校、班级及如何教育学生等问题作了精彩的演讲。据了解,该大型教育活动是"中国·呼和浩特第七届昭君文化节"项目之一。

魏书生说:"人们问我,魏老师啊,你又当书记,又当校长,还是两个班的班主任,教两个班的语文课,你是怎么做到的?我说我当班主任很简单,146 名学生都是我的副班主任。我带班最要紧的一个思维方式就是:凡是学生能干的事儿,班委不干;凡是普通班委能干的事儿,班长不干;凡是班长能干的事儿,我就不干。这样一级一级往下落实,当班主任这个活儿才是一种脑力劳动,而不是体力劳动。同时,这样做也增强了学生的能力。"

两天中,共有 3 000 多人聆听了魏书生的演讲。①

从专栏 4-4 的故事中可见,魏书生老师充分尊重学生,充分信任学生的能力,在与学生相处的过程中并不是什么都由教师说了算,靠教师的权威处理一切。这样一种民主的管理方式,不仅增强了学生的参与程度与管理能力,而且提高了管理效率,让教师能够从烦琐的日常管理中抽出身来研究学生的所需所想,从而找到更好的方法促进每一个学生成人、成才。

(一) 班级民主管理的基本理念

1. 为每一个学生创造平等的受教育和锻炼的机会

每个学生都是可造就的人才,每个学生都应该得到公平的受教育的机会。让每

---

① 刘建军,魏书生:《146 名学生都是我的副班主任》,载《北方新报》。

一个孩子受到同样的教育是每一个教育工作者的理想。但是,就现阶段而言,地区之间的差异、学校之间的差异使得每一个孩子所受到的教育不可避免地存在着质和量上的差别。即使是在同一个班级中,由于学习成绩和学生个性的差异,每个学生受到教师关注的程度是不同的。在班级管理中,应努力给每一个学生创造平等的受教育和锻炼的机会。

2. 在班级生活中培养学生的民主观念

民主观念是在民主生活中培养出来的。但生活经历并不丰富的学生仅仅通过书本和课堂知识是无法深入领会"民主"的博大内涵的。只有通过教师的努力,带领学生创造和建设一种真正的班集体民主生活,他们才能形成基本的民主观念。当他们日后成为社会建设的主人时,观念便转化为为社会进步做出艰苦努力的迫切愿望和实际行动。

3. 在履行权利和义务的过程中培养学生的责任心

培养社会责任感是德育的根本任务之一,但仅仅靠口头的宣讲和教育是难以实现的。一个人是否具有责任感,只有当他面对权利和义务的时候才能显现出来。一个不需他人提醒主动收起同学的饭卡去充值的生活委员,一个自觉组织同学进行体育锻炼的体育委员,当他们走向社会后,必定是一个对工作负责的人,也必定是对国家、民族乃至全人类负责的人。在权利和义务的履行过程中,学生的责任心得以建立,而权利和义务本身所闪耀的民主精神放射出更加璀璨的光芒。

4. 视班级为社会生活的演练场

校园生活是学生走向社会的演练。学生在班级中生活,要处理好学习与生活、学习与工作、同学之间、自己和老师之间的关系;要学会对自己负责,学会牺牲自己的利益服从集体的利益,学会在规范下生活等,所有这些都是社会生活的基本能力。为了增强学生的社会适应力,有必要在班级生活中引导学生全面认识和感受民主精神,参与班级的民主管理,创造条件让学生学会做一个"社会人"。

(二)以《班规》治班

班主任个人权威的合理性在班级管理中是不可否认的,但管理只是手段,教育才是目的,而真正的教育是自我教育,因此,对于一个优秀的班集体来说,教师的个人权威与学生的自我教育都是不可或缺的,两者有机融合于一个统一体中,这个统一体便是《班规》。教师的个人权威通过《班规》体现,便不再仅仅是教师的气质、才华等对学生的吸引,而是转化为集体意志;学生的自我教育通过《班规》体现,也不再仅仅是学生要求上进的自觉性,而是转化为参与班级管理的义务和权利。依靠《班规》,班集体的所有成员都成了管理者,同时又都是被管理者,班级管理便由专制走向了民主。

以《班规》治班的意义绝不仅仅是管理班级本身,从长远的教育目的来看,是让学生通过这种形式受到真正的民主启蒙教育,从中学到民主,享受民主。正如陶行知在《创造的儿童教育》中所说:"在民主生活中学民主。专制生活中可以培养奴才和奴隶,但不能培养人民做主人。民主生活并非杂乱得没有纪律,人民只可以在民主的自觉纪律中学习做主人翁。"

专栏 4-5 是李镇西老师以《班规》治班的实践案例,可供借鉴(下文中的"我"指李镇西老师)。

专栏 4-5

1. 引导思想:对三个问题的讨论

新生进校,我便向大家提出三个问题。第一,你们是否希望这个班最终成为一个好的集体?第二,若要让我们班成为好集体,需不需要每个人都克服自身的弱点?第三,为了保证同学们为集体的利益而克服自身的弱点,需不需要制定《班规》?经过讨论,学生对这三个问题都能做出肯定的回答。全班同学都希望拥有一个好的班集体,这正是"法治"管理赖以实行的最根本的思想基础。

2. 统一认识:《班规》与《中学生守则》不尽相同

一说到《班规》,就有学生提出疑问:"国家已经制定了《中学生守则》(以下简称《守则》)、《中学生日常行为规范》(以下简称《规范》),学校也有各种规章制度,我们再搞《班规》是否多余呢?"还有学生说:"在小学和初中,我们班也定过不少'班规'之类的东西,但很少坚持执行。我们现在制定《班规》会不会也流于形式呢?"

我这样给大家解释:"《守则》、《规范》当然不错,但毕竟不可能具体包括一个班级的各种情况,而我们即将制定的《班规》,正是《守则》、《规范》中有关纪律要求的具体化。另外,《守则》等条令虽然对中学生提出了合理的规定,但这些条令本身并不带强制性。在执行过程中,人们一般认为这只是提倡而非强迫,学生违反了《守则》、《规范》也无相应的惩罚措施,久而久之,本来合理的规章制度最终便成了一纸空文。因此,我们制定的《班规》不应仅仅是道德提倡,而应是行为强制,应具有法律般的约束力,使之真正切实可行。"

3. 确定原则:可行性、广泛性、互制性

所谓可行性,含义有两点:一是提的要求、规定应符合实际,便于监督检查,不能提一些虽然合理但难以做到的要求;二是不仅仅提出纪律要求,还应同时有相应的强制措施,明确违反了该怎么处理。

所谓广泛性,是说《班规》应尽可能地涵盖班级一切可能出现的违纪情况,以后凡是班内出现了违纪现象,老师、同学都可以从中找到相应的惩罚措施,做到有"法"可依。

所谓互制性,即《班规》既应体现出学生之间的互相制约,更应体现出师生之间的互相制约,特别是学生对班主任的合理制约。也就是说,《班规》不仅仅是对学生的管理,同时对班主任也具有责任监督、权力限制(这一点是我主动向学生提出来的),而且应把这个监督权、限制权交给学生。

4. 起草《班规》:让每一个人都成为"立法者"

学生的认识基本统一后,我又问学生:"这个《班规》应由谁来起草?"大多数学生都说：" 当然是李老师啦！"也有少数学生说：" 由班干部！"竟没有一个学生说：" 应由我们自己！"我又开始引导学生：" 这个班不只是李老师的，而是每一个同学的，要求这个班好也是每一个人的希望，制定《班规》同样是你们每一个人的意愿，因此，这个《班规》理应由班上每一个人起草。"我之所以要让学生自己起草，而不是我拟个初稿交学生讨论，是因为我希望学生从一开始就意识到：《班规》是我们自己制定的，而不是老师强加给我们的。更重要的是，学生自己草拟班规，使他们一开始就不知不觉地进入了自我教育、自我管理的角色。

当学生每人交上一份《班规（草案）》后，我布置学生干部进行归纳、整理、加工，形成初稿，然后交给全班同学反复讨论、修改。由于大家都认识到《班规》正式形成后的权威性，讨论便极为认真，他们根据可行性、广泛性、互制性的原则对初稿进行了字斟句酌的推敲。整个《班规》包括学习纪律、寝室纪律、清洁卫生、体育锻炼、值日生、班干部、班主任、其他共 8 个部分 40 条，每一部分中都有若干具体细则，基本上覆盖了班级管理的各个方面、各个环节。《班规》的每一条都写明了执行者，并对执"法"不严者也有明确的惩罚规定。

在我的主动要求下，《班规》专门设了"班主任"一项，并对我有如下规定：" 每月出现下列情况中任何一种，均罚款两元或罚扫教室一次：①对学生发火超过一次；②上课拖堂两分钟以上；③错误批评学生一次；④用不文明语言侮辱学生的人格；⑤未经学生允许占用自习课上语文课；⑥执行本《班规》不严。对班主任的惩罚由班长执行，全班同学监督。"《班规》还特别规定：" 全班同学每月以不记名形式对班主任工作投一次信任票，信任票未获半数，罚独自扫教室一次；连续两次未获半数，由班委向校长写投诉信。"

5. 执行《班规》:《班规》面前，人人平等

经过两周时间的反复讨论、修改，最后由全班同学以无记名投票方式通过《班规》。《班规》一旦正式生效，便成了班级"法律"。在它面前，班上任何人（包括班主任）既是守"法"者，又是执"法"人。不管是我还是学生干部，或是普通学生，平时的班内管理便是共同全力保证《班规》的严格执行。面对《班规》，人人都有权利，同时人人都没有特权。对班主任来说，维护《班规》的权威，便是维护自己的权威；对学生来说，维护《班规》的尊严，便是维护自己的尊严，而教师的权威和学生的尊严都已通过《班规》转化为集体的意志。

（三）民主取向的班主任

班主任的人格魅力，以及班主任在班级管理中的角色定位，对于形成民主的班级文化是举足轻重的。班主任要做"民主家长"，莫做"包办家长"、"专制家长"。

1. 身体力行

身教重于言教。班主任不但要有较高的业务水平，而且还应以高尚的道德力量去影响学生。班主任每一个细微的举动、不经意的习惯时刻都在感染着学生。地上

的纸屑,课桌上的摆设,窗帘的安放等,走进教室同学们都在认真学习,那么弯弯腰,动动手,擦一擦,拖一拖,学生看在眼中,自然受到潜移默化。凡是要求学生做到的事情,班主任要首先做到;要求学生学会的知识,班主任要首先学会;要求学生遵守的规则,班主任要首先遵守。班主任的民主作风,必然会带动"班委"干部,从而在全班营造出浓郁的民主氛围。

2. 尊重学生

一是用学生的眼光看问题。对学生犯的错误和出现的问题,要换位思考,慎重对待。二是用学生的心理对待学生的行为。对学生的偏执言行,给予理解和宽容,做到动之以情、晓之以理。三是班级做出的重大决定必须体现学生的意志。鼓励学生大胆参与班级管理,充分表达自己的意见,尽可能采纳学生的正确意见。只有相信学生,学生的主体意识、民主意识才能得到强化,学生在这样的班级中,会真正感受到尊重和认可,并在精神上产生一种满足感,进而逐渐养成民主的习惯。

3. 平等对待科任教师

班主任要教育学生,不要重主科、轻小科,对主科教师和小科教师同样要尊重。要做到这一点,班主任首先要有一个正确的指导思想。学生对科任教师的反映,科任教师对学生的看法,班主任要及时了解,在科任教师和学生之间发挥好桥梁与润滑剂的作用,并且要有持久性。特别要求学生平等对待每个科目的任课教师,不因自己的好恶而有所偏爱。

教育除了传输必要的知识以外,更重要的是培植一种民主、科学的精神,一种负责任的公民意识,一种对社会、民族、国家的责任和义务,以及对他人尊重。民主取向的班主任,是严于律己和人格示范的统一体;既对学生有真诚的爱,又对学生严格要求;既是学生的守护神,又是传播知识和道德火种的普罗米修斯。从民主取向的班主任身上,学生学会民主,并享受民主,孕育着一个国家自信和强大的未来。

二、在学科教学中享受民主

专栏 4-6

一堂作文评讲课[①]

作文评讲课的主要特点有四点。

1. 尽可能多地让学生参与作文评讲

李老师从课的开始直到课的结尾,因势利导,从不放过让学生主动参与的机会。如在大声宣布第一个板块"榜上有名"的学生名单后,他稍卖一下关子说,"那么入选今天第二个板块'佳作亮相'的作品是谁的呢?"在学生们猜测和期待的目光中,李老

---

① 许家琴:《民主合作 自由参与——李镇西老师作文评讲课侧记》,载《中学语文教学》,2003年,第12期,略有改动。

师朗声宣布:"他们是曹燕同学的《眺望》,王正星同学的《生命的赞歌》。"接着李老师引导两位作者从三个方面谈自己的体会:①内容是不是真实的,说说构思过程;②认为最满意的一点是什么;③认为最遗憾的是什么。这几个问题在引导作者总结反思的同时,也引起了其他人的思考。随后让曹燕、王正星两位登台,充满感情地朗读自己的作文。然后将问题转向学生:"如果硬要分出高下的话,你更喜欢哪一篇?为什么?"在学生自评、互评、老师点评的过程中,有二十几位同学纷纷争着拿过话筒各抒己见,有的同学还争抢了两三次。

2. 尽可能多地给学生以积极的鼓励

"榜上有名"的竟有二十几位,给了学生充分表现的机会,更为可贵的是,李老师不放过哪怕是一个小亮点,推出了"片段欣赏"这一板块,又给了二十几位同学登台展露的机会。一个精彩段,一句绝妙话,甚至一个传神的词语,都成了令李老师用红笔重点褒扬之处。正是这份难得的特别的呵护,给了学生久违的感动:成功原来这么简单!他们当众大声读着属于自己的"亮点",自己的"精彩"。同学们在惊喜,在赞叹,在分享,在努力靠近。面对学生的吞吞吐吐,面对学生词不达意的稚拙,李老师以含笑的眼神注视着,从不打断;对于精彩的独到的见解,李老师还动情地给予掌声鼓励,不拘泥于自己的事先设计。

3. 尽可能多地实现师生间的平等对话

课前导入时,李老师说:"同学们第一次上这样的课吧,在这么大的舞台上上课,真有点演戏的味儿!"接着他从扬州聊到四川乐山大佛,很自然地拉近了师生间的距离。在同学们评点欣赏时,李老师也不时以讨论者的身份来几句。面对大部分同学的同感:生活单调,没多少写作的好材料,李老师加以认同,并设身处地谈了自己的感受,用自己《面对朝阳》的写作经历,引导学生学会从平常生活中去发现,去感悟,启发他们体会"太阳每天都是新的"这一深刻的哲理。紧接着,李老师还讲述了在扬州文昌阁看到的一幕动人的情景——在落日的余晖下,父女两人围着柱子捉迷藏,由此,进一步启发学生要有一双发现美的眼睛。在遇到同学间观点相同或是相反时,李老师总是让他们各抒己见,甚至自己也参加辩论。考虑到学生作文的甘苦,李老师每次都与学生同题作文,并在评讲课上推出"教师试笔"这一板块。那天,他声情并茂地朗读了自己的作品《倾听花开的声音》,接着让学生评议并提出修改意见,然后一一虚心接受。这样,通过对老师作品原汁原味地品尝,学生明白了:老师原来也是跟他们一样的需要不断学习不断提高的人,而不是高不可攀、完美无缺的神。这样与老朋友交心似的写作,还心存什么顾虑呢!

4. 尽可能地创设新颖、活泼的形式

李老师的作文评讲课遵循学生的写作心理,尊重学生的写作情感,推出了"榜上有名"、"佳作亮相"、"片段欣赏"、"出谋划策"、"逆耳忠言"、"同龄人语"、"教师试笔"、"名人忠言"这几大板块,令人耳目一新。在整个评讲课上,李老师通过主持采访的活动形式,一改作文评讲课严肃、沉闷、压抑的气氛,无论是老师还是学生,无论是往日的写作高手还是今日的写作新秀,都有机会平等对话,在对话中加深对他人及其作品的认识,从而反思自己及自己的文章,获得了既学习他人又提高自己的学习效果。通过几大板块的安排,李老师细微周密地一步一步将学生引向主动参与,乐于交流,最后真正达到了"我手写我心"的写作境界。

让学生参与课堂教学,培养他们的主动参与意识,是他们获取知识,形成健全人格的重要学习方式,也是教师的匠心所在。给了学生参与的机会,更要激发学生主动参与的愿望。李老师在课堂上时刻把握学生的心理,给予学生积极的鼓励。学生敢于参与,乐于参与,归功于教师善于在课堂上搭建师生平等交流的平台,采用生动活泼的多种教学形式,有助于加强教学的有效性。综观这堂作文评讲课,李老师带给我们的不仅是语文课堂形式的创新,而且带来了教学理念的创新,那就是:引导学生主动求知,乐于求知,并通过生生之间、师生之间的互动与交流,体会到自由学习的快乐,师生在民主、平等的氛围中共享生命成长的幸福。

(一)"我的课堂我做主"

一位初中化学教师在讲述燃烧的现象时,在讲台上摆放着纸片、石头、木块,上课一开始就提出问题:"大家说说看这些东西中哪些能燃烧?哪些不能燃烧?"学生们根据已有的生活经验很快做出判断,得出可燃物燃烧与其本身的性质有关的结论。接着,教师拿起纸片、木块问,点燃后哪一个燃烧得更剧烈呢?学生们不甘示弱,争相表达自己的观点:可燃烧的剧烈程度和可燃物与氧气的接触面积有关。教师趁学生的主动性已被开启时,进一步引导学生动手做实验。拿两张大小相同的纸片,一张纸片揉成纸团,另一张纸片展开,问:"如点燃,哪个燃烧得更旺?为什么?"学生们再一次激烈地讨论,踊跃地发言:可燃物与氧气的接触面积越大燃烧越剧烈。

这节课使学生能尽情地表达自己,在表现自己的过程中全员参与,增强了自信心,在相互讨论中理解并掌握了知识。新理念下的化学课堂必须打破传统的教学模式,让学生成为课堂的主体,充分发挥学生的主观能动性,营造民主、和谐、宽松的课堂氛围,为学生创新能力的培养搭建平台。这样,学生就愿意表达自己的见解,在课堂上能轻松愉快地接受知识。

(二)享受探究

一位小学语文教师认为,在教学古诗时,应营造一种氛围,让学生有自由支配的时间,有提出问题和解决问题的机会,完成"解诗题→解词→理句→连意→体情"整个教学过程。下面以教学古诗《题西林壁》片段为例。

教师:请同学们先分组合作自学古诗。可以先读读诗句,再交流读懂可与内容,若读不懂可与小组成员一起想办法解决。

学生自主学习,教师巡视指导。

教师:现在请各小组汇报学习情况。

学生:我们认识了"识",是查字典知道的,"不识"就看不清。

学生:我们组不知道苏轼是怎样的一个人?

学生：我们知道，他又叫苏东坡，是唐宋八大家之一，这是他在游玩时写的一首诗。

学生：我们知道了第一句诗的意思，即从正面看庐山成为山岭，侧面看是山峰。

学生："成"是"是"的意思，不是"成为"。

教师：纠正得好！同学们，你们来看（教师画岭和峰）。现在谁能把第一句诗所描绘的画面说得更具体一点？

上面介绍的这一教学片段较好地体现了新课改理念，课堂学术氛围很浓，使古诗教学焕发出活力。大胆地"放"，巧妙地"扶"，让学生自信地去探索，体验学习的乐趣。学生在民主平等的气氛中能够大胆质疑，共同释疑，其探究经验在学习中得以丰富，探究能力在学习中得以提高。

（三）享受创造

一节音乐课上，认识了锣、鼓、钹、小锣等打击乐器后，教师选定有关的打击乐器，让学生以小组为单位即兴创编一个场景的打击乐演奏片断。学生经过一番认真热烈的讨论，根据各组自身的优势编排了非常美妙、热烈的音乐情景。有的利用老师所给的材料，有的从身体部位、器官中找乐器，有的演奏出喜庆丰收的景象，有的体现了闪电、雷鸣、风雨交响乐，更有的演奏出众人划桨赛龙舟的热烈场面。各组还给自编的音乐作品取了名。这种由教师提出问题、提供讨论材料，让学生围绕音乐形象，轻松自由地组合，展开讨论、实践的教学，既活跃了课堂气氛，又提高了学生的主动性。围绕同一主题，学生产生的想象、联想是多种的，见解也是不同的。在这一活动中，学生的参与程度非常高，创作欲望、表现欲望高涨，学生们享受到了创造的乐趣。

在民主、和谐的教学环境中，学生鲜明的个性和独特的创造力在群体思维的碰撞中得到锤炼。学生在尊重和信任中，获得了充分表达自己的认识、情感和思维的机会，消除了顾虑，进而能主动地参与到活动中来，积极地思考、探索，学生们思维上互为补充、互相完善、集思广益，有助于形成更为清晰、生动的艺术形象，探求创新的心理愿望不断加强，创新能力日益提高。

三、在校园文化建设中享受民主

校园文化是学校的"隐性课程"之一，主要包括物质文化和精神文化两个层面。物质文化是校园文化的外在体现，包括学校的建筑物、文化设施、校园环境、教室布置等。校园文化可以直接影响学生的精神感受和思想观念。整洁、优雅、和谐有序的校园环境不仅能愉悦心情、振奋精神，使学生在紧张的学习之余，有一个轻松、舒适的氛围，而且能提高校园文化活动的层次，形成一部高质量的、无形的"教材"。精神文化是校园文化的核心内容，包括思想文化、社团文化和艺术文化等，是一种渗透了感情色彩的情感生活环境，最能反映一个学校的内在品质。民主、和谐的校园文化是相信教师的工作，关注学生发展的文化，是给予师生愉悦而不是压抑的文化，是师生将学校的发展与自己的发展融于一体的文化。

上海市建平中学设立了学生自主管理委员会,实行了学生校长助理制度。在校内实施自主管理、自我服务、自我教育的学生自主管理模式,给予学生较大的自主管理权限,鼓励学生积极参与学校各个层面的管理。学校组织的各类活动力求以学生自身的道德需要为前提,努力使学生自身发展需要与社会发展需要和谐统一,把学生作为活动的主体,放手让学生参与组织、实施。如 1998 年在全国奋力抗洪抢险过程中,学校把国庆通宵晚会和抗洪精神结合起来,提出了"爱我中华——寻找世纪之交的民族精神"的晚会主题。晚会从方案设计到具体实施,都是在全校学生主动参与下进行的,方案向全校学生征集,由学生具体实施,学校和教师只是做好辅助协调工作。为突出晚会的主题,学生主动请来了参加抗洪抢险的解放军战士讲述"大坝上的故事"。为活跃晚会气氛,学生们自己设计了美食街、跳蚤市场、化装舞会和金秋赛歌会等丰富多彩的节目,极大地调动了学生们的参与积极性。建平中学树立"学校是民主的摇篮"的理念,注重学校民主环境的建设,注重培养学生的自主参与意识,学生们在享受民主的过程中也受到了很好的教育,体现了民主环境的育人功能。

邢台市巨鹿县新华学校围绕"快乐成长,幸福一生"的核心理念,规范了多种校园活动文化,建立起涵盖校园环境、学科文化、班级文化、宿舍文化、餐厅文化等方面的校园文化体系,使有形的文化与无形的文化互为表里,相辅相成。学校在制定校风、校训、教风、学风,以及为建筑物命名等过程中都反复征集师生意见,通过共同讨论后确定,这种形式充分调动了师生参与校园文化建设的积极性,大家各抒己见,建言献策,不仅推动了校园文化建设的顺利开展,而且让校园成为寄托师生情感的精神家园。走进新华学校,教学楼、宿舍、餐厅,一步一景,班级量化评比台、墙壁上的学生书画作品、教室门前的班级风采榜、楼道拦板墙上的涂鸦墙,每一个角落都能让人感受到校园文化的存在,在这样的环境中,学生时时处处都能接收到美好向上的激励,继而形成积极乐观的人生态度。

深圳市罗湖区水库小学在"最充分发展学生,最好地服务社会"办学理念的指导下,逐步形成了"敬业、求真、开拓、增优"的教风和"勤学善思、全面发展"的校风,努力营造"尊重、民主、开放"的校园文化。如学校推行个性化的班级文化,全校 30 个班级都自主精心设计了富有个性的绿色班徽,提炼了各自的班级精神。教室由学生自己精心装点,营造"家一样的感觉"。通过一系列主题活动,营造出积极向上且各具特色的班级文化。由学生自主管理的红领巾广播站——绿之韵广播站,每天定时播出"身心健康"、"关爱环境"、"时事快讯"、"教你学英语"、"好歌大家唱"、"成语故事"等精彩生动的节目,校园里经常回荡着清脆悦耳、充满快乐的歌声、琴声、读书声、欢笑声……此外,学校大力推行"一生一体艺"计划、打造人文景观、建设漂流书屋等活动,都最大限度地发挥了校园文化的育人价值,激发了师生热爱学校的情感,增强了爱班荣班、爱校荣校的责任意识、主人翁意识。学生在校园文化建设的实践中,在轻松愉悦的情绪状态下,接受和内化道德规范的要求,达到寓教于乐的良好效果。

四、反思与建议

（一）营造平等的氛围

平等是对话与交流的基础，有了平等的对话与交流，才会有民主的风气。

1. 建立平等的师生关系

师生之间客观上存在着年龄、知识、经验、社会地位与角色的差别，教师的师长地位，易于导致师生之间的隔膜。师生之间的平等指的是师生在人格上的平等，也就是说，无论教师还是学生，都同样享有作为一个人的起码的权利，都同样需要尊重和被尊重。教师要用自己的行动让学生时刻感受到师生之间是平等的。

（1）互相学习。教师和学生互相学习，不仅是信息化社会的需求，而且这种互学关系的建立能帮助学生树立健康的人生观，培养良好的心态，改善师生关系，同时还会激发学生对新知识的渴求和探索，让学生养成终身学习的好习惯。

（2）激励。把微笑带进课堂，把激励带进课堂。只有在和谐、愉快的学习气氛中，学生才能保持积极向上的乐观情绪和努力探索的强烈愿望。学生在激励中成长，不仅能激发学生的积极情感，而且更重要的是营造了一种平等、民主、轻松、愉悦的氛围，使学生的创新意识得到激活。激励的氛围是培养学生创新意识的土壤和阳光。

（3）自由开放。让学生在课堂上随时质疑问难；让学生发表对教材的不同意见，发表与老师不同的见解；允许学生简缩解题过程，答错了可以重答，回答不完整的可以补充，没想好允许再想，不同意见允许争辩；教师错了应虚心接受学生的意见和批评。

（4）尽情尽兴。寓教于乐，让学生策划具有新意的游戏，使学生在快乐中学习，在快乐中成长。如组织学生讲故事、演小品、接成语、猜谜语、打乒乓球、跳绳、下棋等，让学生在玩中去感受、去体会，并引导学生记录下活动中的所思所想、所悟所得。鼓励学生玩，鼓励学生闲暇时尽情地玩，在尽情尽兴中促进学生身心的全面发展。

2. 营造平等的气氛

心理安全和心理自由是平等的两个最重要的条件。心理安全是指学生在教学中体验到自己与其他同学的平等关系，不用担心自己的想法是否被人否定或遭到嘲讽。心理自由是指学生精神上没有压抑感、束缚感，自己的想法能够自由地产生和表达。

动之以情，晓之以理。宽容、善待每一个学生，教师在与学生的相处中，力争建立平等、民主、和谐的师生关系，把培养少数尖子生的观念转变为面向全体学生，关心、爱护每一个学生，以教师良好的言行对学生进行熏陶。

尺有所短，寸有所长。无论出身贵贱、家庭贫富、成绩好坏、能力高低，每一个学生在人格上都是平等的。教师要关注全体学生,给每个学生提供表现的机会,运用各种方法尽可能照顾学生在生理、智能和文化素质等方面的差异。教师要帮助学生认识到"尺有所短,寸有所长"的道理,引导学生发现自己和他人身上的闪光点。

搭建平台,展现自我。尽可能地给学生一片展现自我、自由飞翔的天空。如实行班干部轮换制,让每个学生都有充分发挥自己的聪明才智的机会;在课堂上,忌教师"一言堂",鼓励学生的求异思维,不把自己束缚在既定的狭小框框内;充分利用课外活动这个舞台,如学习园地、作品展览、手工制作、团队活动等,让学生们"各显神通"。教师应该做的,就是站在旁边为他们呐喊加油,为他们的表现喝彩。

(二)做一个民主的教师

一个民主的教师是教学生做自己的主人,促进学生全面发展,努力建立和谐的师生关系,为学生的终身发展奠定坚实基础的教师。

1. 充满爱心

在民主型教师的心中,有一个大写的"人"字,他施行的教育是"目中有人"的、充满爱心的教育。他把学生当人看,对学生充满人性尊重和人文关怀,表现为师生之间和谐共处,和睦生活,共同学习,共同进步。

2. 尊重个性

"尊重"在这里不是"迁就",而是在理解的基础上,尽可能根据学生的个性予以积极引导,从而让每一个学生都成为最好的自己。一个民主型的教师,必须认真对待每一个学生的心灵世界,尊重他们成长过程中独特的精神需求,因材施教,因势利导,让每一个学生相信自己,并力求做最好的自己。

3. 追求自由

没有自由就没有民主。一个民主型的教师是一个充满自由精神的教师。这种自由精神尤其应该体现在对学生心灵自由的尊重上。尊重学生的心灵自由,教师自己就必须是个心灵自由的人。教师通过自己的人格魅力感染学生,不强求、不逼迫,学生从教师的行为示范中习得民主,享受自由。

4. 强调法治

让学生依据共同制定的规则参与教育教学管理是民主教育中法治精神的突出体现。学生是学习的主人,教师的所有工作从根本上说都应服务于学生,学生理应享有对教育教学的建议、评价与监督权。教育中的法治精神还体现于班级管理从"人治"走向"法治"。

5. 倡导宽容

宽容在本质上是一种对于多样化的态度。民主从某种程度上说,就是有容忍和幽默的雅量来承认一切人可以有分歧的权利。[1] 一个民主型的教师,需要有宽广的

---

[1] 爱·麦·伯恩斯:《当代世界政治理论》,商务印书馆,1983年,第22页。

胸怀、豁达的气度。宽容包括：允许学生学不会；允许学生犯错误；允许学生多样化发展；欣赏学生的不同个性；包容学生的不同观点等。

6. 激发创造

民主是对人的本质的解放，而人的本质在于创造。培养学生的创造能力，是民主型教师的使命。当教师无视学生的潜在能力，把他们当做低能儿培养的时候，学生的表现也许会让教师不满意甚至失望。但是，如果教师充分信任学生，给他们提供机会并积极鼓励、激发、引导其展示自己的才能时，学生表现的创造精神和创造能力常常会令教师惊叹。

思 考 题

1. 谈谈你对教学民主的理解。
2. 在教育教学实践中如何做到师生共享民主？
3. 做一位民主的教师，你准备好了吗？

参 考 文 献

[1] 秦国卫.建设民主开放的现代校园文化——巨鹿县新华学校校园文化建设的做法[J].党史博采(纪实),2010(12).

[2] 王作亮.民主和谐的学校组织文化设计策略[J].教学与管理,2007(10).

[3] 张海.论学校民主环境对学生道德发展的影响[J].思想·理论·教育,2001(12).

[4] 黄仲强."尊重、民主、开放"校园文化建设的构想与实践[J].教育科研论坛,2010(12).

[5] 刘友银.塑造生态化校园的民主平等观念[J].开放潮,2007(9).

[6] 史得锋.实施民主教育 建立和谐校园[J].科学大众·科学教育,2009(9).

[7] 赵萱珍.民主和谐的音乐教学活动与创新教育[J].中国音乐教育,2001(12).

[8] 王粹宜.班级民主管理的理念与实验[J].学校党建与思想教育(下半月),2005(1).

[9] 李镇西.在民主生活中学民主——制定《班规》依"法"治班[J].河南教育:基教版,2009(3).

[10] 张若东."民主家长"——班主任的角色[J].成功(教育),2007(8).

[11] 张旭明.班级民主管理三部曲[J].小学教学参考(综合版),2007(21).

[12] 徐凤民,纪桂芹.谈班级管理中的民主与平等[J].中国科教创新导刊,2007(19).

[13] 冉亚辉,易连云.民主取向的班级建设[J].当代教育论坛:宏观教育研究,

2006(8).

［14］王晶.按下呼叫器,老师来"私聊" 学生感慨港校很民主[N].武汉晨报,2008-08-06(11).

［15］顾肃.论政治文明中的民主概念和原则[J].江苏社会科学,2003(6).

［16］孔红梅.化学课堂教学中的民主与创新[J].新课程(教育学术),2010(8).

［17］周海亚.民主·合作·自主·迁移——论新课堂中的古诗教学[J].陕西教育(教学版),2007(11).

第五章 同行之间的竞争

> 益者三友,损者三友。友直,友谅,友多闻,益矣。友便辟,友善柔,友便佞,损矣。
>
> ——孔子

"同行"是一个十分亲切的名称,但毋庸讳言,同行之间也存在着种种竞争——资源的竞争、利益的竞争。竞争是一个永远存在的主题,企业和企业之间存在着竞争,同行之间存在着竞争。提起同行的竞争,我们可能首先想到的是"同行是冤家";提起教师同行竞争,我们可能会想到"文人相轻"。作为一名教师到底需要怎样的竞争,到底需要遵循怎样的道德规范来与同行之间展开竞争?这些是每一个教师职业从业者所必须面对的问题。

第一节 竞争与教师同行竞争

每天早晨,羚羊睁开眼睛,所想的第一件事就是:我必须跑得比最快的狮子还要快,否则,我就会被狮子吃掉。同时,从睡梦中醒来的狮子,它的脑海里闪过这样一个念头:我必须追上跑得最慢的羚羊,否则,我就会饿死。于是,羚羊和狮子一跃而起,迎着朝阳奔跑,就这样,新的一天开始了。

这就是动物顽强的生存动力,这就是残酷的竞争。弱肉强食、适者生存的竞争在生物界的演化过程中几乎贯穿始终。然而,竞争不但是自然界生物的宿命,更是人类与生俱来的挑战。事实上,竞争同人类自身一样古老。自从出现了人类,当他们为猎取同一动物或摘取同一果实而相互搏斗时,竞争便已存在。让我们来看看生活,看看竞争是如何在有人的地方开始出现的。

孩子为了老师手中的小红花而竞争,莘莘学子为考上一所好学校而竞争,走出学校的毕业生为谋职而竞争,在职者为晋职晋级而竞争……正如那句流行语:竞争无处不在。我们到处能够遇见竞争:国家与国家的竞争,公司与公司的竞争,人和人的竞争等。竞争存在于每一个地方。

为了更好地生存下去,人类必须学会竞争。所以,我们常常看到、听到或说到"在这个竞争如此激烈的社会,只有……才能……"之类的话。我们也成了草原上的羚羊和狮子,人人都是竞争者,人人都在为成为竞争中的赢者而努力。那么,什么是竞争呢？

一、竞争的内涵

竞争是生物界和人类社会普遍存在的一种现象。"竞争"一词很早就出现了，亚里士多德在《政治学》一书中就使用了"竞争"和"垄断"这对范畴，并已认识到垄断是由于没有人去竞争。① 在讨论"正义"时，他还提到优胜劣败的规律。② 不过，在西方直到亚当·斯密的《国富论》和达尔文的《物种起源》出版后，竞争的本质和作用才为越来越多的人所认识。

关于竞争的概念，早在1907年德国法学家罗伯在其著作中曾做过这样的解释：竞争是各方通过一定的活动来施展自己的能力，为达到各方共同的目的而各自所作的努力。《现代汉语词典》关于"竞争"的定义是：为了自己方面的利益而跟人争胜。而《古今汉语词典》关于"竞争"的定义是：为了自己或本集团的利益而跟别人争胜。具体来说，就是多个主体竭力争取某个目标。综合关于"竞争"的说法，这里将"竞争"定义为：两方或两方以上的个人或群体为了夺取他们共同需要的稀缺资源，按照一定的规则而展开较量的过程。从这个定义中可以知道，竞争的产生和进行必须具备以下四个条件。

1. 条件之一：人的需要

要探讨竞争产生的原因，就要搞清楚人类社会为什么会有竞争，就必须从人的需要入手。正如普列汉诺夫的观点：辩证唯物主义将目的论从社会科学中彻底清除出去，以社会的人的需要，并以在一定时间内满足这些需要的手段与方法，来解释社会的人的活动。③ 人类历史的源头在于人的需要及其增长。如果没有人的需要，人类的活动就失去了意义，也不可能出现经济、政治、文化等各种社会行为和制度。人的行为总是由一定的动机和欲望驱使的，没有一定的动机和欲望就不可能产生有目的的行为。需要是人类一切活动的出发点和归宿，是人类社会历史的第一个前提。人们是在争取满足自己的需要当中创造他们的历史的。④ 竞争作为一种有目的的行为，在人们相互逐利的过程中，更是需要的产物。不仅获取某个竞争目标的强烈欲望会驱使人们参与竞争，而且与别人抗争的内在冲动，超越他人的心理需求也会产生竞争行为。正如美国早期著名的社会学家、社会心理学创始人查尔斯·霍顿·库利所说："抗争属于比较简单的、原始的和直接的竞争。它没有更高层次的思想精确性，也不包含任何升华了的理想。一匹生机勃勃的马，一旦听到另外的马蹄声从后

---

① 亚里士多德：《政治学》，商务印书馆，1996年，第35页。
② 亚里士多德：《政治学》，商务印书馆，1996年，第16页。
③ 普列汉诺夫：《普列汉诺夫哲学著作选集》（第2卷），生活·读书·新知三联书店，1959年，第269页。
④ 普列汉诺夫：《普列汉诺夫哲学著作选集》（第2卷），生活·读书·新知三联书店，1959年，第272页。

第五章 同行之间的竞争

面传来,就会竖起双耳,加快步伐,尽最大努力保持自己的领先地位。人类的竞争看上去就有很多这样的本能因素。我们逐渐意识到的周围的生存与竞争活动,似乎直接作用于我们的神经,同样会激起我们对生活和奋斗的热情。每个有抗争热望的人,凡是听到或谈到一项充满生机的活动,就会有种要加入的冲动。就如他混在一群情绪激动的人当中,无论他是否意识到,他都会情不自禁地受到那些人激动的情绪的影响。志向常常是这样产生的:当一个人与大家在一起时,他的自我感便模模糊糊地在他的脑海中呈现,他希望自己能够成为同伴中的至关重要的人。他可能看到自己并不能在大家正在从事的事情上优于他们,于是他就躲在自己的想象中,琢磨自己做什么样的事才会令人钦佩,并决心这样做。他就是这样秘密地建立起雄心来。"[1]

2. 条件之二:多个主体的共同需要

多个主体的共同需要即不同人对同一目标的追求。

在鲁滨逊的荒岛上,在一个人的世界中,竞争是不存在的。当然,那荒岛上可能有其他的野兽,与鲁滨逊竞争、抢食,但那里不会有人与人之间的竞争。我们所说的"竞争"是指人与人之间的竞争。

在鲁滨逊的一人世界中,没有竞争对手,没有人跟他竞争。鲁滨逊可以随心所欲地享受荒岛上的各种资源,他拥有荒岛上能享受的一切,他是整片土地上的君主。只要他够勤快,他可以有吃不完的美味:山羊、葡萄干、海鳖……然而,有一天鲁滨逊发现沙滩上有一个人的光脚留下的脚印时,他吓得惶惶不安。他害怕野人发现他种植的园地,毁掉庄稼,他害怕野人发现他驯养的山羊,捉走山羊。于是鲁滨逊赶紧修筑防御工事,赶紧把山羊转移到安全地带。

荒岛上如果有竞争的出现,那是因为在荒岛上增加了其他人。有一两个或更多人的世界,就变成社会。社会学的复杂是因为我们不是生存在鲁滨逊式的世界,而是生存在一个多人的社会。在这样一个多人的社会里,人与人之间有着共同的需求,围绕着同一个目标展开的较量行为就是竞争。反之,追求目标不同的人之间是不会形成竞争的。

经济学家张五常在谈论"竞争"时说曾举过一例。张先生幼年在香港的湾仔书院念书,学生看电影进场时,都喜欢争着去取影院发放的、有关上映电影的故事的一张说明书——俗称"戏桥"。因为成群的学生都争取将戏桥占为己有,原本免费派送的戏桥因学生之间的争夺而身价倍涨,有的学生就以数元港币成交旧的(过时的)戏桥,那时,这数元港币可是张先生一个星期的零用钱。但过了两三年,学生们由厌而至弃之,收藏戏桥的嗜好顿失所踪。有一位姓李的同学,爱戏桥成癖,继续珍藏。虽然这位李姓同学仍执著于收藏戏桥,但此时其他同学已没有此爱好,于是,争抢戏桥的竞争也不复存在了。

---

[1] 查尔斯·霍顿·库利:《人类本性与社会秩序》,华夏出版社,1989年,第196页。

在人的社会里，只要人们的目标指向一致，人与人之间就有可能产生竞争。竞争是一种社会互动形式，指人与人、群体与群体之间对于一个共同目标的争夺，是多个主体为争取同一目标而竞力。

3. 条件之三：资源的稀缺性

综合上述两个条件，竞争是不同人对同一目标的需要。不同人的共同需要只是产生竞争的必要条件之一。一方面，人们对某个竞争目标（资源）如果没有需要，自然就不会参与竞争。另一方面，如果资源很多，可以同时满足所有的需要者，那么也不会产生竞争。只有当所需资源不能同时满足所有的需要者时，才会产生竞争。那么，在现实生活中，作为人们追逐目标、需求对象的资源，能否满足所有人的需要呢？不能。这是因为无论是经济资源，还是政治资源、文化资源，绝大多数资源都是有限的，有的甚至具有稀缺性，因此，资源不可能同时满足所有人的需要。

资源的稀缺性，这是人类社会生存和发展的根本约束条件，是人类社会一切矛盾和冲突的根本原因，同样也是竞争产生的根源。正是由于资源的稀缺才导致人的需要与满足需要之间的矛盾，才导致竞争。比如在一个单位中，资源的稀缺性可以表现在：晋职晋级的名额有限，评先进的名额有限，涨工资的名额有限，进修学习的名额有限……

由于资源有限，为了获取各自的利益，人与人之间的竞争就不可避免。一方面，每个人都有一定的需要，都想得到一定的物质或精神方面的享受，来满足自己和家人的需求。另一方面，由于资源的稀缺性，有限的资源不可能满足所有人的需要，人们必然为争夺资源而彼此较量。对此，我们可以用"僧多粥少"这个成语来描述："粥"是"僧"所共同需要的目标，因为化斋的和尚们都有生存的需要，但"粥"并不能同时满足每一个化斋和尚的需要，因为"粥少"而"僧多"，这样必然会产生竞争。由此可见，竞争源于资源的稀缺性，源于"粥少"和"僧多"的矛盾，源于自己的需要与他人的需要之间的矛盾，也即需要与满足之间的矛盾。只要存在需要与满足的矛盾，就必然会产生竞争。如果资源无限，人们可以随意拿来满足自己的需要，人们也就无须为获得资源而进行竞争。

多个主体的共同需要和资源的稀缺性是竞争的逻辑前提，是产生竞争的充分必要条件。

4. 条件之四：一定的规则

一定的规则，虽然不是竞争产生的必要条件，但它是正常有序竞争的必要条件。

竞争虽然是人与人之间的一种相互排斥或相互反对的关系，但这是一种间接的反对关系，而不是直接的反对关系。竞争与冲突不同，冲突更为直接的目标是打败对方，是直接以对方为攻击目标的一种互动行为。而竞争主体对目标的追逐，资源的需求虽然可能引发竞争主体之间的矛盾，但竞争不是因为矛盾双方相互冲突引起的相争，在多数情形下，竞争双方并没有直接的矛盾。如考试、体育比赛，竞争主体之间可以是很友好的关系。

我国"网球金花"李娜和塞尔维亚网球姑娘扬科维奇是网坛有名的一对"跨国闺

蜜"。两人最早一次交手是2004年的广州公开赛,当时排名百名开外的李娜在决赛中逆转,击败了世界排名36的扬科维奇,首次夺得WTA(国际女子职业网联)巡回赛的冠军,正是从这时开始,这对竞争对手开始熟悉彼此。此后,随着在巡回赛场的打拼及相互了解的加深,两人惺惺相惜成了好友,情同姐妹。不过友谊归友谊,赛场上两人交手绝不含糊,网球水平不相上下,但是总体说来李娜占有优势。目前,两人均位列世界网球女单排名前十名之内。扬科维奇曾坦言自己很崇拜李娜:"我和李娜是非常要好的朋友,每次跟她在一起比赛都会让人非常愉快,她是一位非常好的选手。"相信两人在赛场上的比赛会是一场势均力敌的较量,不过,不管比赛结果如何,这对竞争对手之间的友谊不会因为胜负而改变。

李娜和扬科维奇,她们在赛场上是竞争对手,在赛场外是好友。由此也说明,竞争主体之间的关系不同于冲突双方之间的关系:冲突双方是直接的反对关系,而竞争主体之间没有直接的反对关系。竞争的目标主要在于获取资源,而不是反对其他竞争者。为了防止竞争发展成一种直接的反对关系,必须制定竞争各方都应遵守的规则。

竞争,跟任何游戏一样,是有规则的。这是因为,没有规则就不能决定胜负。在弱肉强食的竞争中,优胜劣汰就是一种规则。竞争必须依循一定的标准以衡量、评判竞争者的高下。如体育比赛有赛场准则,评聘职称有评定准则,标准的制订可以改变竞争格局。假若什么评判标准也没有,胜负就无法决定了。没有优胜者,竞争就没有目的了。

此外,竞争还须按照一定的社会规范进行。人与人之间的竞争规范,就是制度、法律、纪律、习俗、道德等,这些规范有约束性,指定竞争者在某种情形下能有某种行为或不能有某种行为。如爱情的竞争就涉及道德准则,而政治、经济领域的一些大规模竞争,往往需要法律、制度来维持,否则就会变成暴力或战争,导致社会动乱。

二、教育领域竞争机制的引入

社会主义社会中有没有竞争?对此有个认识的过程和实践的过程。

马克思、恩格斯把竞争与私有制联系起来,把竞争看做是资本主义生产方式存在和运行的条件,他们设想未来的社会将消灭私有制,不存在市场经济,认为未来社会主义社会的经济生活中将不再存在竞争。恩格斯设想未来社会将以竞赛代替竞争,竞赛促进生产劳动,促进人智力、体力的发展。马克思、恩格斯的观点对中国的社会主义经济建设产生过深刻的影响。我们曾一度认为,我国社会主义制度消灭了私有制,消灭了阶级和剥削,社会中以往存在的各种矛盾和冲突就会化为乌有,人们之间就只有兄弟般、同志式的竞赛。因此,在计划经济年代,我国推行的是社会主义劳动竞赛,把竞赛与调动一切积极因素投入社会主义经济建设结合起来。虽然在建国初期确实取得了很多骄人的成就,但这种竞赛主要依靠政治因素的推动,忽视经济规律本身的作用。那时的竞赛是"帮后进","不让一个阶级兄弟掉队",形成一个不是齐头并进就是大家落后的局面。个人能力是有差别的,搞平均主义就会损害个人发挥能力的积极性。"干多干少一个样,干好干坏一个样,干与不干一个样"的"大锅饭"严重挫伤了劳动者的积极性,很大程度上束缚了生产力的发展。

邓小平理论重新肯定社会主义社会可以搞市场经济,并且在改革开放中逐步确立社会主义市场经济体制,竞争的理论和实践才得到新发展,成为适合社会主义市场经济的一个重要范畴。1984年10月,党的十二届三中全会通过的《中共中央关于经济体制改革的决定》,首次以党的文件的方式肯定了社会主义社会中也存在竞争:"长期以来,人们往往把竞争看成是资本主义特有的现象,其实,只要有商品生产,就必然有竞争,只不过在不同的社会制度下竞争的目的、性质、范围和手段不同。"对马克思主义理论和社会主义建设实践,这无疑都是一个伟大而勇敢的创举,具有划时代的历史意义。

经济体制改革的影响逐步深入到我国社会生活的方方面面,社会主义市场经济的活动实践确立和丰富了社会主义形态中的竞争理论。竞争价值和竞争思维开始主导社会组织的变革,竞争成为人们社会生活的重要内容和手段。市场经济内在地包含着竞争,它只遵循价值法则,竞争的结果必然是优胜劣汰、奖勤罚懒、不讲情面。这与计划经济条件下的竞赛可谓是天壤之别,这种机制无疑对每个企业、每个人都是一种压力和动力。市场经济的竞争规律大大强化了人们的竞争意识。或者说,由于市场经济的发展,社会生活的方方面面都将体现出竞争的态势。职工竞争上岗、公务员竞聘职位等事实频频出现在人们的生活中,并日渐为人们所认同、所接受。同样,在教育领域,引入竞争机制也成为日常话语和制定教育政策的选择方案。教师群体中的竞争及教师同行竞争的必要性也正在为人们所接受,得到了人们价值观上的认同。如今,我国的教育体制已进入全面的改革,通过实施职称评定、教师聘任、绩效工资等一系列措施,竞争已深深渗入教师的职业生活中。

(一) 职称制度

职称是指专业技术人员的专业技术水平、能力及成就的等级称号。过去实行职称制度,称为"专业技术职务聘任制度",实际上是"职称"与"职务"两个概念有所混淆。

新中国成立初期至20世纪五六十年代,实行技术职务任命制度。"文化大革命"期间,此项制度一直处于停顿状态。1977年9月,邓小平同志在《教育战线的拨乱反正问题》一文中强调:"大专院校也应恢复教授、讲师、助教等职称。"由此,中断多年的教师职称评审工作首先在高校逐步进行。1986年2月国务院颁布《关于实行专业技术职务聘任制度的规定》,改革职称制度,其基本内容是:"专业技术职务是根据实际工作需要设置的有明确职责、任职条件和任期,并需要具备专门的业务知识和技术水平才能担负的工作岗位,不同于一次获得后而终身拥有的学位、学衔等各种学术、技术称号。建立专业技术职务聘任制度,应当根据实际需要设置专业技术工作岗位,规定明确的职责和任职条件;在定编定员的基础上,确定高、中、初级专业技术职务结构比例;由行政领导在经过评审委员会评定的、符合相应条件的专业技术人员中聘任,受聘者有一定的任期,在任职期间领取专业技术职务工资。"1986年5月,中央职称改革工作领导小组转发《关于转发国家教育委员会中小学教师职务试行条例等文件的通知》,原则同意国家教育委员会《中学教师职务试行条例》、《小学教师职务试行条例》、《关于中小学教师职务试行条例的实施意见》等文件,按照试行,并要求结合地区、部门的实际情况制订《实施细则》贯彻实施。自此,教师职称制度在中小学正式推行。1992年至今,中小学教师职称评审工作进入经常化、制度化阶段,各地也相继出台了细化量化职称评审规则。中小学教师职称制度的建立和实施,第一次明确了中小学教师的专业技术人员身份属性,提高了中小学教师的社会地位。教师职称与收入的挂钩,使教师既有压力又有动力。

教师职称制度的初衷在于激发教师竞争,调动教师工作的积极性和创造性。不过,由于教师职称制度自身存在的缺陷及在实际操作中产生的偏差,暴露出预期目的与现实结果的反差:教师之间确实有竞争了,但那是追名逐利的竞争;教师确实有了积极性,但不是教书育人的积极性。教师职称评审工作存在着诸多不规范现象,也影响了职称制度的社会公信力,阻碍了职称功能的发挥。2009年,人力资源和社会保障部、教育部联合印发《关于深化中小学教师职称制度改革试点的指导意见》,强调"坚持民主、公开、竞争、择优,切实维护教师的合法权益"的基本原则。随着社会的发展和进步,教师职称制度在新的历史条件下将不断得到调整、补充和完善,一个充分体现竞争激励机制和公开、公正、公平的人才评价的科学体系将会逐步建立起来。

（二）教师聘任制度

教师聘任制度是聘任双方在平等自愿的基础上,由学校或教育行政部门根据教育教学需要设置工作岗位,通过学校和教师签订聘任合同,聘请具有教师资格的公民担任相应教师职务的一项制度。教师聘任制度,是教师管理和教师任用的重要制度,是学校管理引入竞争机制的重大改革和重要措施。1994年1月1日起施行的《中华人民共和国教师法》第十七条规定:"学校和其他教育机构应逐步实行教师聘任制。教师的聘任应当遵循双方地位平等的原则,由学校和教师签订聘任合同,明确规定双方的权利、义务和责任。实施教师聘任制的步骤、办法由国务院教育行政部门规定。"在我国历史上这是第一次完整地对教师聘任制做出了明确的法律规定,是教师任用制度上的重大突破。1995年9月1日起施行的《中华人民共和国教育法》也明确规定:"国家实行教师资格、职务、聘任制度……学校及其他教育机构行使下列权力……聘任教师及其他职工,实施奖励或者处分。"这些法律的颁布统一了人们对教师聘任制的认识,为推行教师聘任制提供了强有力的法律保障。

在市场经济条件下,市场对资源的配置起基础作用。作为一种重要的市场要素和经济资源、人力资源的配置和人才流动必须按照价值规律的要求,并受到供求关系的影响和调节。在我国社会主义市场经济条件下,教师的劳动在一定程度上进入市场,按市场规则自由流动,其流向必然会受价格、竞争、供求因素的驱动和影响。

建立和推行教师聘任制是我国教育人事制度的一项重大改革,是学校用人机制的根本转变。这一制度的实施,将建立一种具有竞争和激励机制的教师任用制度,也会触动教师管理中长期存在的难点和矛盾。

我国的教师任用制度,形成于建国初期,由于受苏联模式的影响,教师的录用、任命和调配等管理工作都是通过计划与行政的形式和手段进行的。这种教师任用制度是在计划经济模式下运行的,与当时的社会经济、政治体制是相适应的,曾经对我国教育事业的发展起到了积极的作用。但随着社会主义市场经济体制的建立及其对教育改革和发展的要求,这种制度的弊端已越来越突出,主要体现在三个方面。①用工形式僵化。固定的用工形式消减了学校用人的自主权和教师选择学校的权利,忽略了教师和学校之间的权利与义务关系,教师工作缺乏严格的岗位职责。②流动渠道不畅。单纯的行政手段使得人才的部门所有、单位所有状况严重,人员结构性的超编或缺编严重,人员流动性差。③竞争意识缺乏。过于集中和统一的管理模式缺乏灵活性和自主性,使教师有职业固定的安全感而无危机感,不能主动适应岗位变化的要求,人岗不符现象严重,有人不适其岗,有岗不得其人。这些问题的存在,使学校人力资源的使用效率低下,广大教师的积极性、创造性得不到充分的调动和发挥。

实施教师聘任制度是社会主义市场经济发展和教育改革的需要,是适应社会主义市场经济的教师任用制度改革的重要组成部分。实行教师聘任制度的重要意义就在于引入优胜劣汰的竞争激励机制,破除教师职务终身制,强调能上能下、能进能出的用人机制。进入21世纪后,各地进一步深化教师人事制度改革,全面推行教师聘任制,实行资格准入、竞争上岗、全员聘用、合同管理,优化教师队伍。这些年,教师聘任制度的实施在教师队伍建设上起到了重要的作用,主要表现在:①打破了岗位职务终身制,优化了教师队伍,少数不适合教学的教师受到了触动,多数在岗教师也提高了对自己的要求;②初步建立了竞争机制,改革了人浮于事的局面,激发了教师工作的积极性,提高了教育质量;③教师聘任制的实行深化了教育改革,积累了大量的宝贵经验。但是,由于国家整体的人事制度没有及时进行配套改革,使得聘任制的积极作用远未发挥出来。如何继续搞好聘任制,促进教师队伍建设,仍值得认真探讨。

(三)绩效工资制度

绩效工资又称绩效加薪、奖励工资或与评估挂钩的工资,是以职工被聘上岗的工作岗位为主,根据岗位技术含量、责任大小、劳动强度和环境优劣确定岗位级别,以企业经济效益和劳动力价位确定工资总量,以职工的劳动成果为依据支付劳动报酬,是劳动制度、人事制度与工资制度密切结合的工资制度。2009年1月1日起,由国务院审议并通过的《关于义务教育学校实施绩效工资的指导意见》(后简称《指导意见》)正式施行。《指导意见》指出:"绩效工资分为基础性和奖励性两部分。基础性绩效工资主要体现地区经济发展水平、物价水平、岗位职责等因素,占绩效工资总量的70%,具体项目和标准由县级以上人民政府人事、财政、教育部门确定,一般按月发放。奖励性绩效工资主要体现工作量和实际贡献等因素,在考核的基础上,由学校确定分配方式和办法。根据实际情况,在绩效工资中设立班主任津贴、岗位津贴、农村学校教师补贴、超课时津贴、教育教学成果奖励等项目……充分发挥绩效工资分配的激励导向作用。教育部门要制定绩效考核办法,加强对学校内部考核的指导。学校要完善内部考核制度,根据教师、管理、工勤技能等岗位的不同特点,实行分类考核。根据考核结果,在分配中坚持多劳多得,优绩优酬,重点向一线教师、骨干教师和做出突出成绩的其他工作人员倾斜。"

绩效工资的理论基础就是按劳分配、奖勤罚懒、打破"大锅饭"平均主义,它是按绩效来分配工资,实行多劳多得、优绩优酬。有的教师虽然职称低,但工作量饱满、教育教学突出也能拿高薪。中小学实施绩效工资,目的在于提高教师待遇,完善分配激励机制,拉大教师间收入差距,提高教师的竞争意识和积极性。随着教师绩效工资制度的陆续铺开,各种矛盾也接踵而至:倾向"行政层"的有之,搞平均主义的有之,不升反降的有之……此外,教师们对"拿自己的钱奖励自己"也有诸多怨言。各地如何协调、下拨教师奖励和浮动的工资、如何建立健全科学完善的教师绩效考核指标体系,如何公开透明制订教师绩效工资分配方案等,都是教师绩效工资改革亟待解决的问题。

综上所述,改革开放以来,我国中小学推行的教师人事制度、教师任用制度、教师工资制度的改革,指导思想旨在破除平均主义,引进竞争机制。当然,竞争机制的引入有一个如何完善和科学化的过程。但无论如何,在教育领域内,教师同行之间愈来愈激烈的竞争已是不争的事实。

三、教师同行竞争的积极作用

竞争是一种激励手段,在教师同行中开展适度的有益的竞争有利于激励教师个体奋发向上,有利于提升学校教育质量,有利于推进教育事业的发展。

（一）激励、促进教师专业成长

世界本来就是充满竞争的世界,无论动物还是人,都在竞争中进化,在竞争中发展。

一位动物学家在考察生活于非洲奥兰治河两岸的动物时,注意到河东岸和河西岸的羚羊大不一样,前者繁殖能力比后者更强,而且奔跑的速度比后者每分钟要快13米。他感到奇怪,既然环境和食物都相同,为何差别如此之大? 为了解开这个谜底,动物学家和当地的动物保护协会进行了一项实验:在两岸分别捉10只羚羊送到对岸生活。结果送到西岸的羚羊发展到14只,而送到东岸的羚羊只剩下了3只,另外7只被狼吃掉了。

谜底终于揭开,东岸的羚羊之所以身体强健,只因为它们附近居住着一个狼群,这使得羚羊天天处在竞争氛围之中。为了生存,它们变得越来越有"战斗力"。而西岸的羚羊长得弱不禁风,恰恰就是因为缺少天敌,没有生存压力。

在特定的环境中,一种动物如果没有竞争对手,生存能力就会弱化,就会变得死气沉沉。同样,一个人如果没有竞争对手,他的斗志就会弱化,就会甘于碌碌无为。竞争使人多了一种紧张感,多了一份危机感,竞争通过体现差异、利益分配这一手段调动人的积极性,激发出人的动力,挖掘人的潜力。

井无压力不出油,人无压力轻飘飘。这种压力和危机感正是一种动力。教师在与同行的较量中,为了胜出,就会不断地努力,促使自己不断提高、不断完善。在竞争的过程中,通过与同行的比较,教师能客观地评价自己,发现自己的缺点,于是自我反思,自我完善,提高自身的职业素质。并且,竞争为那些有抱负有能力的教师提供了实现理想、表现自我的平台和机遇,很多优秀教师就是从一次次的竞争中脱颖而出的。

下面介绍浙江温岭市优秀青年教师周辉兵的成长案例,具体见专栏 5-1。

专栏 5-1

机会总是给有准备的人

1997 年秋天,我被分配到温岭的一所农村中学东浦中学任教社会和政治学科,还担任美术教师,从此我就真正地开始了我的教学生涯。初上讲台的日子,我把每一堂课都当做公开课对待,尽自己最大的努力设计好每一堂课,上好每一堂课。有时为了设计好一个教学环节,请教有经验的老师,翻阅各种参考资料,有时还会有梦中想出妙招而半夜起床的情况。在上课中,我总是全身心地投入,激发起学生的学习热情,拓宽着学生的知识面,学生都非常愿意我来讲课。课后,我会认真地反思课堂上的成功之处与不足之处,并及时地调整教学设计。虽是初上讲台的教师,但在同行教师眼中,我显得比较老练,他们常夸我"在教学中总有着一种说不出的天赋,没几年必成大器"。

我深知只有种下智慧和汗水,才会收获丰硕的果实。我深知课堂真正的功夫在课外,我开始潜心读书。苏霍姆林斯基的《给教师的建议》、夸美纽斯的《大教学论》、加德纳的《多元智能》成了我的最爱;《教育科研技能训练指导》、《怎样写教学论文》、《教师如何做质的研究》使我掌握了一定的教育科研方法;《怎样听课评课》、《说课艺术》、《走进课堂——初中历史新课程案例与评析》等理论联系实际给了我很大的启发;《国际教育新理念》、《教育新理念》、《新课程中课堂行为的变化》等帮我更新了理念;《认知发展心理学》、《初中生心理学》、《学习论》、《现代学习论与学习指导》、《学与教的心理学》等使我更好地把握学生的学习心理;《自主学习:学与教的原理与策略》、《合作性学习的原理与技巧》、《综合性学习的理论与实践》等给予我综合课堂的启发。

2000 年我参加自学考试,用了 2 年的时间取得了浙江大学行政管理本科自考毕业;2004 年 4 月考入浙江师范大学,攻读思政学科方向教育硕士,提高了自身的业务

第五章 同行之间的竞争

素质。

读书拓宽了我的视野,激发着我的思考。

1998年,是我教书的第二年,温岭市举办初中思想政治优质课比赛。在学校教师的一致推荐下,我抱着试试看的心态和见见世面的想法参加了比赛,课题内容为《社会主义精神文明建设》。我为此准备了一天。

虽抱着试试看的心态,但我却精心地设计了课堂:确定了从生活中来到生活中去、事实到理论再解决现实问题的总体教学思路。

这堂课一举获得成功,取得了第一名的好成绩,得到了政治教研员陈存明主任的大加赞许。次年春天,我以《尊敬老师》一课参加台州市政治优质课评比也取得了不俗的成绩,尤其是在课堂中我尝试的授知与激情相结合受到了各县市教研员的赞赏。

1999年,温岭市"名师与骨干教师教学示范周"在市第三中学开展,教研室破例让我这个只有不到两年教龄的教师开设示范课并作教学经验介绍。在活动中,我的"可持续发展"一课获得了全体听课教师的好评,课后全体教师报以持久热烈的掌声。

掌声是对一个年青教师永恒的鼓励和最好的鞭策。

掌声也凝聚着教研室领导对一个年青教师发展的期望。

从此"周辉兵"这个平凡的名字在广大社会教师中流传开来。

2000年,我考入温岭四中后,市内外慕名而来听课的人多了起来,"教学骨干"、"后起之秀"等赞美之词也多了起来。我振奋着、愉悦着,但我没有陶醉,更没有懈怠,因为我清楚地知道,成绩只能代表过去,而不能预示未来,前面的路还长……

我没有停止前进的脚步,准备着、积蓄着,期待着机遇的来临,期盼着更大的成功。

2001年,浙江省举办第二届社会学科优质课评比,每个地市的参赛名额只有1名,且必须经过层层选拔出来。从学校到教研区,到温岭市,再到台州市,只有都取得第1名的成绩,最后才有资格参加全省的比赛。

机会来了,机会也只给有准备的人。任教以来,我吸取了大量的教学理论,积累了丰富的教学素材。我珍惜这样的机会,广泛地查找创新教改信息,虚心向教研员、优秀教师请教,在自己的课堂中不断探索尝试……

在学校的比赛中,我获得了优胜。

一课《古代罗马》,震动了教研区的评委老师,所有评委一致打出了最高分,我从教研区走到了市里;一课《百家争鸣》引发了评委的争鸣,我以第一名的成绩从温岭脱颖而出。一课《邓小平理论和香港回归祖国》以立体、多维的知识体系与教学方式,创设情境,激发情感,注重教学的情意性倾倒了全体评委,我以第一名的成绩从台州胜出。在教研区比赛时我上课的序号是最后,温岭市比赛时我上课的序号是最后,台州市比赛时我上课的序号也是最后,"最后的序号"成了我的吉祥序号。

浙江省第二届社会优质课评比要求每位参赛教师准备初一、初二、初三各一堂课,在上课的前一晚临时抽签决定上哪一课。于是我根据要求,花了很大的力气又准备了初一的《中国的水资源》、初二的《西汉的强盛》。

台州市教研室为了让我能在省里取得好成绩,开展了两项活动。

2001年4月,台州市优秀教师教学展示暨学术报告周活动在临海举行,我作了《邓小平理论和香港回归祖国》示范教学,听课教师给予了很高的评价。尤其让我有很大提高的是,在这次活动中,我聆听了浙江省教研室牛学文老师在会上所作的有关综合性学习的学术报告,并且在会后得到了牛学文老师对本课面对面的指导。在课后,我对课稍作了调整,以"邓小平理论与香港回归"为主题,对相关知识进行了整合,采用了主动提问的方式,开展课堂教学。

第二项活动是台州市教研室牟哲夫老师、陈家华老师、临海市教研室施小森老师、温岭市教研室庞必正老师四位专家专程来到学校听取我参赛的三堂课,对我的创新教学设计与综合课堂给予了赞赏,并提出了许多建议。现在,三个课例都入编在人民教育出版社的《综合性学习的理论与实践——初中社会优秀教案集》一书中。

2001年,初冬的诸暨天马学校多媒体教室里却温暖如春,这里正在进行浙江省第二届社会优质课评比。机会总是给有准备的人留着,在上课的前一晚,我又抽到了我自己的吉祥序号,又是最后一个上课。幸运也总降于有准备的人头上,我抽到的上课内容正是我最能保证上好的《邓小平理论和香港回归祖国》。

优质课评比的第二天下午,听了近两天课的评委与来自全省各地的400名骨干教师或埋着头小憩,或者无精打采地坐着,也许是倦了,也许是有点儿审美疲劳了。这样的情景对于我的课的开展是极为不利的,因而我就想能否马上给教师感觉到新意。于是我马上调整了我的教学设计,抛开了我自己创作的本用于导入的诗歌。

……

《邓小平理论和香港回归祖国》课堂教学以教学创新、学法指导为特色得到了评委的极大认可,获得了浙江省社会学科优质课评比一等奖。在接受浙江教育电视台采访时,我提出综合社会学科课堂教学应引导学生联系阅读、主动提问、互动解决、自评互评。

……

在课后,特级教师边永坚先生在《政治课教学》(2002年,第2期)上撰文对我的课进行评析,他在文中对本课给予了高度的评价,认为我在设计教学时有教学创新意识、主体参与意识和情感渗透意识。

2002年4月,浙江省社会政治教学评价研讨会在杭州召开,参加会议的是全省的命题专家及骨干教师近300人,会上安排了两节公开课,其中一节就是我的《关注和平与发展》复习课。

会议安排得十分紧凑,那天上午安排了各地5位命题专家讲命题经验,我和另一位杭州老师的课也安排在这天上午。上课开始已经11点多了,待到我上课时,时间刚好是中午12点,学生忍着饥饿,听课的老师也有点儿倦意。课开始了,我试图将方法指导渗透在课堂中,但不知什么原因,学生反应平平,结果在30多分钟后就结束了课堂。这堂课我在学校里也上过,课堂效果很成功。那天天气并不热,但我的后背

第五章 同行之间的竞争

却流了很多很多的汗水。

此时我陷入了深深的苦恼之中。

我在思考,为何同样的课堂,同样的设计,同样是全身心的投入,在此地上得很成功,而在彼地会上得很沉闷,甚至很吃力。这是怎么回事呢?

于是,我又开始进一步地潜心学习与反思。

"雄关漫道真如铁,而今迈步从头越。"2002年10月,省教研室组织全省社会骨干力量进行《初中社会"综合性学习"教学模式的研究与实践》研究,我有幸被确定为课题组的核心成员,并承担子课题《初中社会"综合性学习"教学模式中的评判法研究》的研究与实践。

2003年3月,总课题组组织核心成员赴国家级课改实验区义乌市学习社会学科课堂教学经验,我在活动中进行了《区域的故事》课堂教学,本课教学按照综合性学习课堂教学模式进行操作,义乌市社会学科骨干教师及课题组其他核心成员对本课及课题研究提出了很多很好的建议和意见,有力地推动课题研究进程,提高了课题研究的质量。

2003年9月,在衢州为衢州市社会骨干教师作《干旱的宝地》示范教学,首次将自评表用于学生的自评,取得了明显的自评效果。

2003年11月,在浙江省社会教学研究会第二届年会上作《干旱的宝地》优质课教学展示,引导学生开展了自评互判,听课教师感到比较新鲜,并给予很高的评价。

2003年12月,在温岭市教学改革示范周活动中作新教材《丝路明珠》示范教学,以自评互判的形式升华学习主题,与会教师给予高度评价。

2004年3月,在台州市中学社会教学研究会成立大会上作《实话实说话流行》教学展示。在温岭市社会政治教师培训会上作新课标辅导报告——《树立新理念,构建新课堂》,提出课堂教学中应树立评判意识。

2005年10月,参加台州市送教下乡活动,上课课题为《合理的购物方式》,课堂教学中教师让学生自学教材,并结合自己购物的实践经验谈学习感受,进行了自评课课堂教学模式的尝试。参加温岭市送教下乡活动,上课课题为《我是社会小主人》,用同样的方法,取得了成功。

2005年12月,在温岭市中小学教师素质提高工程中为全市中学社会政治教师作《创造性地处理教材策略研究》专题讲座,在讲座中系统地阐述评判法的操作体系和策略。

2006年4月10至11日,浙江省初中社会学科"综合性学习"课堂教学模式研讨会在金华召开。出席会议的有省、市、区有关领导、专家学者和骨干教师代表等150余人。在会上我上了体现评判法的《关注不平凡的变化》研究课,有关领导、专家对研究课进行了互动点评和指导。我也在课后写了一段教学反思。

……

几年来,我们在浙江省教研组牛学文老师的悉心指导下,课题组成员开展了一系列的课堂教学实践活动,教学水平不断长进。

"昨夜西风凋碧树,独上高楼,望尽天涯路",这是迷茫中的追求!"衣带渐宽终不悔,为伊消得人憔悴",这是痛苦中的执著!"众里寻她千百度,蓦然回首,那人却在,灯火阑珊处",这是冥思苦想后的豁然开朗,是播种后的收获!

2004年11月,杭州市采荷实验学校彩旗飘扬,学校的礼堂内鲜花朵朵。全国首届《历史与社会》优质课展评活动在此召开,来自全国各地的骨干教师400多人汇聚一堂,见证最高规格的学科教学比赛。

我受浙江省教研组和省社会教学研究会的选派前往参赛。我上课的课题为《合理的购物方式》。

比赛前一夜,抽签决定上课的顺序,这次我没有抽到我的幸运序号,而是抽到了第一个上。第一个上总不是什么好事,我在这样想着……

第一堂开始了,课堂上面对陌生的学生,如何在短时间内拉近与学生的距离呢?上课时,我先把自己抛了出去:"我女儿的三岁生日快到了,昨天晚上我到学校附近的超市去逛了逛,想给女儿买个礼物,可是最后老师什么也没有买,大家知道为什么吗?"学生一下子就猜开了,在学生充分猜测后,我用课件展示了六件商品,并说:"这些都是老师看中了可以作为礼物送给女儿的,因为太多,所以我无法选择,今天有这么多同学在,帮老师选件礼物吧。"学生再一次说开了,此后学生就在轻松愉悦的氛围中进行着本课的学习……尤其是最后学生自编自演的小品把本课带入了高潮。

(两学生表演购物小品,甲生演顾客,乙生演服装店老板)

乙:来看了,来看了,来看一看,瞧一瞧,正宗广州名牌衣服。

甲进入商店,看衣服。

甲:这件衣服多少钱?

乙:480元。

甲:太贵了,便宜点。

乙:不行啊,这可是品牌服装啊,你先穿穿看。

甲试穿衣服。

乙:哎呀,你看多合身啊,真是太棒了。

甲:便宜点吧!

乙:好,最低价给你,280元吧!

甲:太贵了,80元钱卖不卖?

乙:实在不行,你这是让我大亏本。

甲:那我走了。

甲欲走,乙拉住了甲。

乙:你别走,有事好商量,有事好商量,好,就80元。

(学生掌声)

师:感谢两位同学的表演,原价480元,以80元钱成交,我很想知道购买者有什么窍门。

(教师采访演甲的同学)

第五章 同行之间的竞争

生:我的窍门四个字:"压价"和"走人"。

(全场笑)

师:噢,这购物窍门还挺有用的,我们以后在购物中都可以试试,在场的老师在听课后去买东西时就可以用上了。

(全场笑)

人民教育出版社韦志榕、富兵老师,浙江省教研组牛学文老师,深圳南山区教研员吴萌老师……11位评委,全国历史与社会学科界的最高权威都向我投来了赞赏的目光。

课毕,在我身旁一位来自吉林的老教师对我说:"年轻人,祝贺你!现在开始你就全国有名了。"

第二天,展评结果揭晓,我获得了一等奖的好成绩。我想机会总是给有准备的人留着,硕果也只给有准备的人留着![1]

周辉兵老师是经过层层筛选,代表浙江省参加全国《历史与社会》优质课评比的青年教师,最终获得全国一等奖,成为全国有名的优秀教师。从周老师的自述中可以看出:周老师的成功并不是一蹴而就的,而是刻苦磨砺、奋力拼搏取得的。他任教第二年就勇拔温岭市初中思想政治优质课比赛头筹,真是初生牛犊不怕虎,初显咄咄逼人之势。考入温岭中学任教的第二年就以第一名成绩从台州市政治学科竞赛中胜出,并代表台州市参加省赛,荣获一等奖。回顾周老师的个人成长历程,可以发现,周教师可谓是以赛促教。在多次教学竞赛的比拼中,周老师不断丰富教学经验、反思教学成败、完善教学设计并逐步形成自己的教学风格,教学水平飞速提高。"小荷才露尖尖角,早有蜻蜓立上头",周老师在教学竞赛中屡创佳绩,让他脱颖而出,也为他提供了各种平台和机会:结识了教研室老师、特级教师等专家、同行,相互切磋教艺并得到他们的帮助和指点;承担了多次公开课、展示课和专题讲座,并被确定为课题组的核心成员,教学科研齐头并进、相互促进。教学竞赛促进了周教师的快速成长。经过各级各类教学竞赛的锤炼,周老师乘风破浪,成为精干善战的业务"尖兵"。

(二)为学校的发展注入活力,提高学校教育质量和办学水平

《荀子·劝学》篇云:"积土成山,风雨兴焉;积水成渊,蛟龙生焉;积善成德,而神明自得,圣心备焉。故不积跬步,无以至千里;不积小流,无以成江海。"宋代朱熹诗云:"问渠哪得清如许,为有源头活水来。"从自然规律来说,大河的水来自于小河,小河都没水了,大河不可能有水;如果小河不为大河提供水源,大河早晚会干掉。就组织和员工关系而言,组织好比大河,员工好比小河,如果每个员工都能成为一条川流不息的小河,那么组织这条大河是永远不会干枯的。组织由个人组

---

[1] 周辉兵:《梦想着·准备着·思想着》,内容有改动。

成,没有个人能力和积极性的发挥,组织就不会有活力,组织的宗旨和目标就无法实现。

教师和学校之间的关系亦是如此。兴校必先聚才。梅贻琦先生说过:"所谓大学者,非谓有大楼之谓也,有大师之谓也。"教师是学校教育中最重要最关键的因素,优秀的教师团队永远是学校发展的核心竞争力。有什么样的教师队伍,就有什么样的教学质量。教师、学生和学校,是一个互动的整体,他们相互制约又相互发展。教师是纽带,他们以自己的专业发展带动学生自主发展,同时形成学校的核心竞争力,学校因此不断向前发展。一所学校,唯有教师活了,课堂才能活起来,学生才能活起来,最终校园才能充满活力。学校要发展,必须调动教师的积极性。教师之间的良性竞争能有力地激发教师的积极性和创造性,当每一位教师都能致力于寻找机会学习更多的知识,追踪他所教学科课程的最新发展,不断拓展自己的专业能力,那么,教师专业发展就将是学校最具活力的元素。一所学校,只有全面激发教师个体的竞争意识,并把教师个体的竞争意识形成合力,通过教师队伍的活力促发学校内部的活力,充满活力的校园才能推动教育教学质量的全面发展与提升。在教师之间、教师集体之间开展良性竞争,可以提高学校教育教学质量、办学水平和办学效益,从而推进我国教育事业的发展。

专栏 5-2

竞争上岗,山区学校发展新动力

2005年秋,郧县鲍峡镇中学开始推行教师竞聘上岗,当时这一改革在全校乃至全镇教师中引起了强烈的反响,不少人预测此举纯粹是作秀,不会有好结局。四年过去了,鲍峡镇中学已由过去默默无闻的普通中学跃为郧县声名赫赫的名校,学校面貌变了,教师心态变了,校风变好了,学风变浓了,教风更严谨了,全校团结协作,以校为家,许多工作由过去"要我做"变为"我要做",教学质量得到很大的提升。四年来,鲍峡镇中学教学质量综合考评均进入郧县前五名,其中2007年、2008年连续两年位于郧县各乡镇第一,受到上级和社会群众肯定和好评。实践证明,鲍峡镇中学推行的教师竞聘上岗的做法是正确的、成功的,取得了一定成效,积累了一定的经验,值得我们深思。

一、上下呼应,教师竞聘上岗脱颖而出

《中华人民共和国教师法》明确规定,学校应当逐步实行教师聘任制。学校推进聘任制对建立一支合格稳定的教师队伍,提高学校办学的自主性,调动广大教师教书育人的积极性,提高教育教学质量,推动学校内部管理体制的改革,促进教师合理流动,增强教师队伍活力具有重要意义。在学校干部与教职工中实行竞聘上岗是教育发展的大势所趋。鲍峡中学前些年也推行过竞聘上岗,但由于教师严重缺编,当时推行的竞聘上岗只是走走形式。2004—2005学年度,鲍峡中学有学生1 563人,教师88人。2005年秋季开学,预计学生人数不足1 400人,至少减少三个班。而且学生人数还将逐年减少,最少时将不足800人,在此之前,因高峰而逐年调入到中学的教师必须要有一个适合的机制来分流。

1997年以后,鲍峡镇调入调出的教师较少,教师队伍相对稳定,时间长了不少教师逐渐失去了工作热情和工作动力,产生了惰性,特别是一些资历深职称已上去的中老年教师有不少产生了混日子的思想。于是在学校工作中,教师的业绩开始拉开差距,成绩好的能拿满分10分,成绩差的仅得零点几分;教师的工作量多少不均,工作量多的每周达到18节,而少的每周仅2节,甚至有不代课的;工作态度差距也较大,态度好的工作兢兢业业,任劳任怨,态度差的工作尖酸刻薄,找碴子,挑事端;领导干部中存在着在其位不谋其责、不爱岗不敬业,甚至有谋私利、耍特权的现象发生,而又苦又累又担风险的班主任工作往往无人愿意承担……凡此种种问题,唯有用竞聘上岗这一人事改革来破解。

在此背景下,由鲍峡中心学校自上而下的要求与鲍峡中学自下而上的愿望相结合,催生了2005年秋季开学前在鲍峡中学推行鲍峡中学教师竞聘上岗的决策。

二、以人为本,教师竞聘上岗有章可循

学校任何一项工作的开展必须做到有理有据,有章可循,特别是涉及教师切身利益的事更应慎之又慎。鲍峡镇中学竞聘上岗的指导思想是:以人为本,严格根据师生比例确定教师人数,按需设岗,应聘自愿,拒聘自由。同一岗位的多个报名教师按照"需要第一、质量第一"的原则择优聘人,在聘任中优先本校教师,放眼全镇教师。实行三段聘任制,先由竞岗领导小组聘任中层干部,后由学校领导集体聘任班主任,最后由班主任聘请科任教师。

竞聘上岗的具体程序如下所述。

(一)成立领导小组,制订竞聘方案

学校成立了以校长为组长,党支部书记、副校长、工会主席为成员的学校竞争上岗工作领导小组。制订了包含岗位设置、竞岗条件、程序、日程安排、纪律等9项内容的竞岗工作方案。在实际操作中发现问题及时调整。

(二)广泛宣传动员,激发参与热情

召开由全体教师参加的竞聘动员大会,组织学习省政府办公厅下发的《中小学机构编制管理暂行规定》的文件与郧县教育局下发的《郧县教育事业单位推行聘用制实施方案》的通知,提倡教师转变观念,鼓励积极竞聘。

(三)接受竞岗申请,确定中层干部

教师和中层干部都要根据任职条件向学校提出书面申请,而此前任职的学校中层领导一律解除职务,重新竞岗。竞争干部岗位的,先做竞选演说,后由教师根据申请人平时的德、能、勤、绩进行民主测评,学校根据测评分确定领导干部。

(四)任命年级组长,聘任各班主任

学校确定三名副校长任三个年级的年级组长,年级组长参与班主任的聘任。明确班主任享有的优惠政策,经过个人报名竞岗演说后,由民主测评与领导票决相结合,产生班主任。

（五）聘定任课教师

学校将全校教师的任课申请分年级、科目公示到黑板上，学校领导与班主任进行"闭门聘任"。要求班主任进行"暗聘"，班主任之间互不商量，只将自己中意的任课教师写在聘书上交到领导小组手中，若同一教师被多个班主任聘任，按双向选择的原则，由学校征求任课教师的意见，让其选择班主任，选聘上的教师姓名即从黑板上擦去，班主任从剩下的教师中继续选聘。经过一轮的聘任后，部分落聘教师开始申请学校公布的剩余岗位，但仍有部分班主任在校内无法聘到合适的教师，就在全镇范围内选聘。竞聘上岗工作结束后，落聘的教师交由镇中心学校另行安排工作。

三、成功经验，教师竞聘上岗应与时俱进

实践证明，鲍峡中学比较成功地推行竞聘上岗，取决于两个前提条件：一是聘任制要以本镇本校的师资数量与质量为基本条件，数量不足，质量不高就难以进行，即使搞也只是形式；二是推行聘任制县里要有政策，有指导方案，镇里要坐好"台子"，当好"后盾"，对聘任中调入的教师要开绿灯放行，对落聘教师要重新安排工作岗位，一句话，就是要适当赋予学校用人的自主权。

回顾四年来的竞聘工作，鲍峡中学值得借鉴的做法有三点。

第一，思想做细、宣传到位、争取理解、公平公正，天大的事也为零。回顾四年竞聘上岗的过程，每一学年竞聘前，学校都要召开动员大会，公示竞聘方案，讲明竞聘纪律，竞聘中事事公开公平公正，不搞暗箱操作，一切竞聘按事先确定的原则、方案操作，竞聘领导小组只是活动的操作员。这样一来，竞聘上岗的教师和落聘的教师都心服口服。

第二，以人为本，以工作为重，量才使用教师。几年来，鲍峡中学对待个别校龄长或因身体原因既不能上讲台又不愿担任已设岗位工作的老教师，学校事先与中心学校沟通，请求对其落聘后做好适当的安排；关于落聘教师对竞聘上岗中的某些过程或细节提出的质疑，学校领导小组会针对质疑问题，对照竞岗方案，认真调查后做出公正的裁决；对于个别落聘教师有抵触情绪，不到新单位报到的现象，中心学校与学校不是强硬压制，而是共同做好说服工作，最终都给予了妥善解决。

第三，及时完善竞聘方案，保证方案科学合理。例如 2006 年增设了勤工俭学岗，2007 年将岗位责任与绩效工资挂钩，做到了与时俱进。

当然，鲍峡中学的竞聘上岗工作仍有一些需要改进与完善的地方。

一是通过班主任聘任教师，赋予了班主任的人事权，但在这一过程中容易使人情关系泛滥。为增加聘任中的客观公正性，今后学校应将班级的综合教学成绩与班务管理作为该班主任下次被续聘的重要参考依据，可以考虑将年终教学奖金划拨到班，由班级来发放，最终使班主任达到人、事、财三权统一。

二是在竞聘上岗的过程中，要扩大学校教师入口，引入"活水"，又要积极探索落聘教师的出路问题，不能简单地向上一级机构一交了事，应引导教师从教学岗位转到后勤服务岗位，换岗及创办学校勤工俭学实体等。

中小学管理的新体制是实行校长负责制和教师聘任制,其核心是加强岗位责任制和激活机制的高效运行。在实行聘任制时,作为校长务必进一步确立教师是治校办学的主人意识,不能将教师置于从属地位。推行教师聘任制,一能促使教师合理流动,达到人尽其才;二能真正调动教师的主观能动性,实现人尽其力;三是干部、教师竞争上岗,变过去"要我干"为"我要干",从而打破了"干好干坏一个样,来年照常把班上"大集体形式的"凭良心工作的半消极思想"的用人机制。鲍峡中学的做法证明,推行教师竞聘上岗应是学校成功管理的必由之路。

专栏5-2中的案例讲述的就是当前我国中小学普遍实行的教师聘任制,鲍峡中学竞聘的做法是——竞争上岗,分层聘用。鲍峡中学推行干部、教师竞争上岗,从而打破了"干好干坏一个样,来年照常把班上"大集体形式的用人机制。鲍峡中学竞聘上岗,大力强调"以人为本",给予教师自主选择权,采用分层聘用的方式,引入竞争机制,既给广大教师以紧迫感,又能真正有效地调动教师的主观能动性,实现人尽其力。落聘教师的出路问题,学校尽可能对其做好适当的安排,给予妥善解决。无论是竞聘上岗的教师还是落聘下岗的教师,都心悦诚服,积极投入工作。教师有积极性,许多工作从过去的"要我做"变为"我要做"。教师心态变了,教风、学风和校风也随之发生了转变。短短几年,鲍峡镇中学的教育教学质量得到了很大的提升,由过去默默无闻的普通中学跃为郧县声名赫赫的名校。

竞争是一种激励机制,良性有益、适当有效的同行竞争可以调动教师的积极性、主动性和创造性,激发教师的能力、潜能,从而促使教师个人成长与进步,并推动学校和教育事业的发展。

四、教师同行竞争的消极影响

之所以说教师同行竞争是必要的,这是因为同行竞争能成为一种激励教师的因素或作为一种激励教师的手段。从组织管理角度讲,以竞争作为激励因素或激励手段,是组织利用人们对稀缺资源的共同需求来激励其组织成员。这种手段常常确实能产生正向和负向激励作用。例如,一个组织可以设立一些数量有限的奖项,让组织成员依据某些规则去竞争,但规定仅有少数优胜者能够获奖。在这种情形下,有希望获奖的个体或团体可能会受到激励去为之努力奋斗或争取,这就是由奖励而产生的正向激励。又如,一个组织也可以制定一套奖惩规则,根据这些规则,让组织成员中的最优异者获奖,最差的一部分人则受惩或被淘汰出局。这样,许多成员由于担心失败和淘汰而不得不努力工作,这是由惩罚而产生的负向激励。

必须指出的是,竞争虽然可以导致激励,但激励并不等于竞争。确切地说,大多数激励并不伴随着竞争,也不需要竞争。例如,当一个组织中的奖励、表扬、关怀、友爱、愉快的工作内容和工作环境,以及成长和发展的机会等对每个成员都敞开并不受数量限制时,由这些因素所产生的激励则不是与竞争相伴的。这些激励给组织成员带来的仅仅是兴奋感、愉快感和努力工作的意愿和动力,而不会引发组织成员间的相互竞争。只有当这些因素受数量的限制,也就是说当组织中一些人的成功是与另一些人的失败相联系时,或者说一些人的成功是以另一些人的失败为前提时,竞争才会发生。

虽然竞争能产生正向激励和负向激励,但在组织管理中,竞争激励却并不是唯一的激励方法或激励手段。竞争是把"双刃剑",原因在于,竞争运用若不得当,组织内部的竞争会产生许多消极后果。就教育组织内部的竞争而言,教师同行竞争有着积极的作用,但竞争手段的滥用、教师之间的过度竞争会致使竞争负面效应凸显,主要表现在以下几个方面。

(1) 教师同行竞争会导致教师个人之间、群体之间对抗、摩擦和冲突增加,相应的使教育内部的合作性和凝聚力降低,人际关系紧张。

美国心理学家莫顿·道奇从理论和实践上研究了合作与竞争是如何影响群体功能的。道奇指出,合作有三种心理含义。第一种是可替代性,即参与一种合作的所有成员的行为是可以互换的。如果一个成员已经从事达到特定目标的某项行为,其他成员就不必重复同一行为。例如,一个汽车修理员更换了他自己队赛车上的一个轮胎,其他汽车修理员就不必更换同一个轮胎了。第二种是肯定性精神宣泄,意思是,如果一个合作性互动参加者的行为促使该群体更加接近目的,那么这个成员的行为将为其他参加者所接受,并受到他们的喜欢和奖励。例如,一个棒球运动员守住了本垒,他的队员便和他握手并拍打他的肩膀以示祝贺。第三种心理含义是肯定诱导性,意思是,如果合作的一个成员采取行为的结果是促使群体更接近目标,其他参加者会接受他的任何行动,这将诱使他们支持他。但是,在竞争的情境下,心理上的含义正好相反。不会有可替代性,同样,其他人也不会赞成和接受肯定性精神宣泄或肯定诱导性。其余的人会试图防止而不是支持那些促使个体接近目标的行为。

道奇做了一个简单的实验,用他的学生作为被试来检验他的理论。他对他班中的一半人说,他将以合作为基础给学生分成等级打分。全部学生都是同一分数,而这要取决于在讨论同一个题目(如:人类关系方面)时,他们怎样成功地对付其他班。然后,道奇告诉该班的另一半学生说,他将以竞争为基础给他们打分。按对讨论人类关系问题的贡献来分等级,对解决问题作出最大贡献的人将是优,贡献次之的将是良,等等。实验结果表明,合作解决问题的群体成员要比竞争群体中的成员协调一致。此外,合作的群体比竞争的群体能较多地采纳相互间的意见,彼此能比较友好地相处,能更快地记住彼此的姓名。相反,在进行竞争的个人之间,很少有沟通,陈述不得不经常重复,并且还有许多误解。此外,个体间彼此更多地相互侵犯,他们比合作群体的成员更多地表现出忧虑。[①]

教师同行竞争之所以会降低甚至破坏合作,是因为参加竞争的教师相互之间成

---

① 惠特·W.巴克:《社会心理学》,南开大学出版社,1986年,第141页至第142页。

了竞争对手,而竞争者取得优胜、获得成功的必要条件是战胜对手。为了达此目的,竞争教师通常会对其他参与竞争的教师封锁消息、制造假象、设置障碍。显然在这种情况下,学校组织中所需要的团队精神会受到削弱,教师群体间的合作性、凝聚力会普遍下降。

虽然大多数人都期望与他人友好相处,期望有良好的人际关系,然而一旦我们知道自己是在和他人互相竞争时——不论是为了提升还是为了得到资金——对我们来说,建立或创造信任诚实、和睦融洽的人际关系将是困难的。特别是在胜利者人数有限,且胜利是要以别人的失败为前提时更是如此。竞争机制本身更多地专注于利益关系,而并不在乎人际间的其他关系。在教师同行竞争的实践中,教师之间的对抗是难以避免的,利益的冲突很容易使教师之间的同情和关怀程度降低,这会导致教师之间缺乏互助,教师互相设防、互不信任和互相猜忌,把别人的成绩看做是一种威胁,出现怨恨别人超过自己的嫉妒心理,加剧教师之间的矛盾,造成教师之间人际关系的恶化。

(2) 激烈的同行竞争导致教师的心理压力增大,教师的健康发展受阻。

考察中小学教师的身心障碍问题,其形成因素是多方面的,既有教师个体素质欠缺的个性原因,又有行业特点、社会压力、竞争影响等共性原因。这里只谈论竞争因素的影响。

基础教育改革的积极成果之一是引入竞争机制,让昔日吃惯"大锅饭"、按工龄拿工资的中小学教师们面临竞聘上岗、按绩取酬、优胜劣汰的无情挑战,教师待岗、提前离岗及工资随岗位和教学质量而变化浮动已成为不争的事实。教师不再有"象牙塔"中的安稳感,压力不断增大。不少教师害怕自己在激烈的升学竞争和岗位竞争中难以取得令人满意的结果,焦虑、担忧甚至恐惧的情绪成为笼罩在他们心头挥之不去的阴影。随着竞争越来越激烈,教师的工作节奏日趋紧张,精神上容易产生巨大压力,精神上的高度紧张和身体上的超负荷状态对教师的健康是非常不利的。如果不注意休息和调节,中枢神经系统持续处于紧张状态,会引起心理过激反应,久而久之可导致交感神经兴奋增强,内分泌功能紊乱,产生各种身心疾病。

2004年,江苏省东台市使用国际公认的焦虑自评量表、抑郁自评量表及自编的考试压力心理测试题,对全市中小学教师的心理健康状况展开了一次大规模的调查评估活动。

调查结果显示,近半数教师存在心理问题,教师呈焦虑症状检出率为43.5%,呈抑郁症状检出率为48.8%。比全国正常人群心理障碍发生率(20%)高出一倍多。在检测样本中,有54.4%的人选择"情绪低沉、闷闷不乐";45.8%的人选择"常常被睡眠问题困扰";43.3%的人选择"有时或经常坐卧不安,难以保持平静";29.9%的人选择"有时或经常要哭或想哭";62%的人选择"无缘无故感到疲乏";23.4%的人选择"因头痛、颈椎痛和背痛而烦恼";甚至有29.5%的人选择"有时或经常产生自己死了别人会生活得更好"的念头。

调查发现,考试对教师情绪的影响非常明显,因为很多学校将学生成绩与对教师的奖惩、聘任联系在一起。在考试前,53%的教师感到烦躁、脾气变坏;58%的教师在学生考试的那几天吃不香睡不好;81%的教师因学生会做的题没有做对而十分生气;6成以上的教师将学生的考试成绩与自己的岗位竞争挂钩,十分担心学生成绩不好自己会待岗、下岗;78%的教师十分关心所教班级平均分与同轨班的名次排列。

据近年国内相关机构调查,北京、上海、广州、辽宁等省市的教师心理状况和江苏省东台市的调查结果很相似,都显示有近一半的中小学教师存在程度不等的心理健康问题,远远高于全国普通人群的比例。

心理疾病和生理疾病是紧紧联系在一起的。健康心理学家的研究发现,持续感到压力、抑郁或是无助的人比经常感到高兴或热情的人更容易患癌症。同样是来自江苏省东台市2004年10月份的调查统计,全市教师癌症发生率约为0.32%,是该市普通人群癌症发生率(0.2%)的1.6倍。另外,该市中小学教师患脑供血不足、机体疲劳缺氧、高血糖、高血压和肝肾功能、消化道、呼吸道、颈、腰椎方面的疾病的发生率也比较高。

同行竞争可以让教师满怀希望,朝气蓬勃,这是一种健康的心理。但激烈的同行竞争也容易使教师在长期的紧张生活中产生焦虑,出现心理失衡、情绪紊乱、身心疲劳等问题。好的激励应当是人们一种自觉自愿、心情舒畅、积极主动的工作状态,如果学校一味依靠竞争、强化竞争来激励教师,只会让教师处于一种被迫的行为状态,这会导致教师感到压力过大,疲惫不堪。

(3)激烈的同行竞争会导致部分教师道德水平下降,导致不正当竞争。

道德产生于社会合作。在社会合作中,人们会认识到他人的重要性,认识到与他人的良好关系是个体生存发展的重要前提,从而也认识到尊重他人,以及人与人之间相互关心、支持和友爱的重要意义。正是从这一系列认识中,人类道德观念和行为得以衍生。因此,道德的根本作用在于抵制人类由动物本能的自我中心主义所导致的个体间的盲目和残酷的生存竞争,使之在道德的作用下建立起良好的合作关系以谋求生存和发展。由于竞争所表现出来的利己和排他很明显,竞争对于社会道德来说并不是一种积极因素,而是一种消极因素。经验告诉人们,在一个组织或社会中,竞争越是激烈和残酷,人们的道德水准便越是下滑,人的自我中心主义处于压倒一切的地位。在激烈和残酷的教师同行竞争中,为了击败对手,取得胜利,教师之间不是互相关心,互相支持,而是互相对抗,互相设置障碍,尤其是当竞争的结果关乎教师个体生存的时候。当竞争的失败意味着教师生存条件丧失的时候,阴谋破坏、恶性的不正当的竞争手段就可能层出不穷,有的教师甚至是置对手于死地而后快。

|专栏 5-3|

我在单位里应该算是一位比较优秀的教师,教学成绩年年排在平行班同科的第一名,每年的业绩考核都是优秀,每年都能领到奖金并且外出旅游。我的成绩是令人羡慕的,但是我却一点儿也高兴不起来。在平时的工作中,我感觉得到同事对我都是敬而远之,同事间人际关系淡薄,几乎看不到老师凑在一起讨论问题的场面。很多教师因为担心成绩落后,整天忧心忡忡,心理压力过大,有的甚至采取不正当的竞争手段来拉高成绩。没有竞争就没有进步,但是过于强化竞争,而忽视了对教师的人文关怀,这也是我们所不愿看到的。

专栏 5-3 中的案例所反映的情形,实际上概括了教师同行竞争的种种不良影响。提升教师的竞争意识,在工作中形成你追我赶的局面是每个学校领导所期望的。但是过于强化竞争,过于突出学校的利益而忽视教师的人际环境,过于突出竞争的激励作用而忽视对教师的人文关怀,对于教师的发展都是很不利的。试想,没有一个良好的个体心理状态,没有一个良好的人际关系氛围,何谈教师的爱教乐教呢?又何谈教师的身心健康呢?从案例中我们也可以看到,业绩考核与教师薪金、晋职、聘任等切身利益息息相关,有的教师因为担心业绩考核成绩落后,为改善自身处境不惜采取不正当手段来拉高成绩。教师同行之间的残酷竞争,学校内部的过度竞争,会导致部分教师人格扭曲、道德下滑及教师之间的不正当竞争。

教育组织内部引入竞争机制是一把"双刃剑",它可以是教师、学校和教育发展的巨大推动力,但同时也会带来诸多问题。教师同行竞争既需要强调,又需要控制,在教育领域的改革实践中,需要对竞争机制的深层缺陷进行补偿。

第二节 教师同行竞争的道德规范

现代社会是一个充满竞争的社会,随着教育领域的改革步步深入,教师同行竞争会日趋激烈。正如林格伦所指出的:竞争确实是生活的一部分,即便试图将之逐出学校之外,也是办不到的。[①] 那么,教师应该如何面对同行之间的竞争?遇到强劲的竞争对手,教师应该怎么办?惧怕竞争,想方设法躲避?直面竞争,与竞争对手一决胜负?心生嫉妒,排挤竞争对手?一味抱怨,既生瑜,何生亮?……

一、教师对待同行竞争的几种错误行为

在教师同行竞争的实践中,教师对待同行竞争大致有下面几种错误行为。

(一)回避竞争

在远古时期,北极熊和熊猫都是栖息在西伯利亚大草原上的大型食肉动物,同属于食肉目熊科。大约在几万年前,这种栖息在西伯利亚大草原上的食肉动物发生了分化:一支向南,进入中国四川与陕西交界的温暖的针阔叶林中温带生活;另一支却一路北上,踏过极地苔原带,进入北极圈附近生活。在中国四川温暖地带生活的

---

① 时蓉华:《社会心理学》,浙江教育出版社,1998年,第510页。

"南支"熊由于生活条件优越,食物充足,不为生存发愁,日益懒散,本是捕食大型动物的凶猛的食肉动物,由于自身懒惰和缺乏竞争意识,开始逐渐放弃捕食大型动物,转而吃小型动物,后来觉得捕食小型动物也太麻烦,又转而吃植物,吃树叶,吃竹子,最后这个种群不断退化,它们也因此变成了濒危动物,这就是我们现在所看到的熊猫。而在北极圈内生存的"北支"熊为了生存,要不断与海狮海豹搏斗,不断与严酷的生存环境抗争,在不断与外界生存环境搏斗的过程中,"北支"熊不断超越"先祖",身体机能也不断进化,体重增长到 500 kg 以上,原本不会游泳的身体进化到能在北冰洋的寒冷海水中游泳长达 2 h 之久,它们的耐力也非常惊人,奔跑速度可高达 60 km/h,它们以海豹、鱼、鸟和鲸的尸体为食,成为堂堂正正的"北极圈之王"。

本是"同根生"的同宗同种的熊类发生截然相反的分化,一个成为需要人类重点保护才能生存的、仅供人赏玩的熊猫,一个却成为威猛的"北极圈之王"。这个故事让人感慨万千,是什么使熊猫变得如此脆弱不堪,又是什么让北极熊变得如此强大?答案就是:生存的压力、竞争的意识和挑战的勇气。正是这些让北极熊在极端恶劣的生存环境下没有灭亡,反而成为北极圈霸主;而熊猫则因为缺乏生存压力、危机意识和挑战的勇气,最后退化为供人观赏的濒危物种。如果能像北极熊一样时刻保有一种竞争意识和生存危机、时刻持有一份面对困难勇于挑战的勇气,也会如北极熊一样变得越来越强大,我们的生活也将变得越来越美好。

然而,在现实生活中,虽然教师或多或少不同程度地感受到了竞争的压力,仍有些教师就似熊猫一样,缺乏竞争意识和挑战勇气。竞争意味着较量,较量就必然要分出输赢,只论结果自是胜者少败者多;竞争意味着改变,改变就必然打乱原有节奏,就要投入更多的精力和时间。因此,当同行竞争并不直接涉及诸如职称评定、岗位竞聘等教师至关重大利益时,竞争意识薄弱的教师就会以消极的态度对待竞争,千方百计逃避竞争。究其主观原因,大致如下。

1. 弱者的心态

人类属于生物界,就不可避免地要分出强者和弱者。竞争中也是如此。所谓强者弱者,既可以从竞争实力划分,也可以从心理上划分。从实力上划分出的弱者可以在一定条件下扬长避短,战胜强者,赢得竞争。从心理上划分的弱者,并非在实力上不如强者,而是他们从心理上就认定自己不具备竞争实力,不足以与竞争对手抗衡,不可能赢取竞争的胜利。他们惧怕竞争对手、惧怕竞争失败,他们的口头禅是:"我缺少经验";"我能力不够";"机会还是留给其他人吧";等等。这些心理上的弱者畏惧竞争,也不敢承认自己的怯懦,他们总会找出很多看似合理的理由,来使自己不去参与激烈的竞争。

譬如,某学校组织业务竞赛时通常会出现以下这些现象。

现象一:新任教师想到老教师教学经验丰富,争先创优的经历更胜自己一等,所以在申报优质课时、在举行各种大赛时,他们都保持沉默,不敢"上场"较量。

现象二:青年教师应该说是有经验的,少数人在各种比赛中已经崭露头角,但大多数人认为,最终的获奖者还是那些有名的教师或从业时间较长的教师。

第五章 同行之间的竞争

现象三:俗话说,"久经沙场必有败阵",有的老前辈担心自己输给年轻人,于是说"我都得了不少证书啦,把机会还是让给年轻人吧",而其他岁数较大的教师更是说"老了老了,不中用了,年轻的时候都不爱整那些东西,这时候更不要现那个眼"。

分析上述现象,这些新任教师、青年教师、老教师之所以都摆出"君子矜而不争"的姿态,原因就在于他们认为自己会失败、他们输不起。新任教师、青年教师认为经验丰富的有名的教师、从业时间较长的教师会获胜,而经验丰富的从业时间较长的教师则害怕失手输给年轻人丢人现眼。在面对竞争的态度上,他们的想法倒是不谋而合:仰视对手,贬低自己;只看到对手的实力,而漠视自己的能力;只看到胜负的结果,而漠视自我的超越。这些教师不够自信,丧失了向竞争劲敌挑战的勇气,还未开始较量,自个儿就先认输了,最终纷纷放弃参加教学竞赛。

如果把自己定位于弱者,面对激烈的竞争、强大的同行对手,这样的教师只会以怀疑自己、否定自己来进行自我消耗,到后来就会失掉挑战的信心,没有勇气去面对竞争。缺乏勇气、缺乏信心的教师即使勉为其难参加了竞争,在竞争的天平上,失败也总是会向他们倾斜。正如英国思想家培根所说的,"灰心生失望,失望生动摇,动摇生失败"。

一个人所能犯下的最大错误,就是害怕失败。失败并不可怕,可怕的是有些人会因害怕失败而退缩。有些人总是焦虑自己在竞争中表现不如意,担心自己在竞争中失败,因为失败的滋味确实很痛苦,所以,为了避免咀嚼失败的痛苦,他们宁愿放弃竞争。这类人虽然遇不到竞争的失败,但也绝对遇不着竞争的成功。况且,放弃竞争只能使自己原地踏步,相比其他人的不断进步,事实上这类人的竞争力是在不断贬值的。对于畏惧失败的人,其实失败在时时跟随,危机也会步步紧逼。成功从来不会向弱者低头,只会向强者伸手。无惧失败,就是心理上的强者;跌倒了能站起来,就不是失败。只要敢于竞争,不断地尽自己最大的努力,便是在创造成功。因为,只要参与竞争,就可以通过一次又一次的竞争实践来弥补实力的欠缺,在一次又一次的比拼中汲取经验,完善自我,每一次的竞争就是提升自己的一个过程。

生活在竞争无处不在的时代,在对自身能力有充分的认识和把握之前,教师首先要拥有强者的心态——无畏竞争、无畏失败。只有无畏,才能将职业风险降到最低,也只有无畏,才能使这些问题得到解决。弱者的心态只会让教师自己受禁于死地——是自己禁锢了自己,是自己打败了自己,因为自我认输,自我放弃,早已注定在竞争中只能是个失败者。所以,从心理层面划分的弱者根本无法竞争,一个不敢直面挑战、不勇于竞争的教师,永远不可能在竞争中取胜,除非能从心理上来一个翻天覆地的改变。

2. 惰性的习惯

人是有惰性的,一旦拥有并适应了舒适生活就容易贪图安逸,满足现状,不愿再向前多迈一步。惰性是一种不想改变生活和工作习惯的倾向。谁不愿意过一个悠闲自在的日子呢?而竞争却是要拼的,拼就意味着改变,意味着要投入相当多的心血和时间。竞争改变人生,竞争能激发人的创造潜能;人的创造潜能很大,而安于现状的惰性也同样强烈。

曾听到某学校教导主任抱怨:"我们学校的年轻教师不知是怎么了,上级最近要求上交的各项论文,年轻教师都没有写。布置上交征文,一个交的也没有。有一个讲课比赛,我布置时说,谁想讲就给我交个申请,还是一个交的也没有。他们到底怎么了?"后来因此找该校的一位年轻老师交谈,她说她觉得写这些东西没什么用处,写和不写一样,又不一定能获奖。

有一些教师认为,备课、改作业、学校和家庭里里外外的事情已经够忙进忙出、疲于奔命了,不愿再去费心费力地折腾自己,搞业务竞赛。这些教师不指望优秀,只求合格,这样就够了。既然合格就知足了,在没有外在的压力下,这样的教师又怎会有积极的竞争动力和进取心呢?人都是有惰性的,当惰性变成一种习惯,人生将很难有进步。惰性形成习惯,我们就会被它牵绊,梦想将灰飞烟灭,只留下"得过且过"四个字。人一旦安逸惯了,就容易驻足不前,意志也最终会在安逸中一点一点地被消磨,从而失去斗志和活力。惰性如野草,不知不觉间日渐疯长,一旦填满心灵,所有的理想、信念、进取精神、竞争意识等都被无情地蚕食。

想想真是这样:学校要参加某公开课比赛,要派人上公开课,你不想去,他不想去,最后某位教师去了,大家觉得这位教师真是倒霉;要参加某一科研论文评选,学校要教师上交文章,你推她,她推他,推来推去,又落在这位老师身上;这么苦累了三五载,当年那个众人眼中的"倒霉蛋"居然从人群中冒出来了,成了名副其实的佼佼者。

俞敏洪有句话:"艰难困苦是幸福的源泉,安逸享受是苦难的开始。"教师工作的弹性很大,一天的工作量视个人而定,用三五个小时能做,用七八个小时能做,用十一二个小时也能做。你选择三五小时的工作量的安逸,时间会给你带来严厉的惩罚;你选择十小时甚至十二小时的拼搏,时间会给你带来温馨的奖励。有的老师说自己当不了一线教师,退做二线教师;做不了二线教师,转个职工岗,看图书室,也很舒服。

但是,我们不同于熊猫,国宝还能依靠人类的援手,而我们最终依靠的还是自己。在现实社会中永远存在残酷的竞争,一个有惰性的教师最终可能会面临严重的职业危机。在人与人的较量中,惰性是一个比竞争对手更可怕的东西。一个安于惰性的教师是可悲的,因为不用竞争对手来击败你,你已经自己把自己淘汰出局了。

（二）竞争即非合作

中国的教育问题有很多原因,师资力量不强是重要因素之一。师资力量如何提升?教师培训、学习、研究,这些都正确,但是就整体来说,师资力量来自合作的力量。"文人相轻"这个成语似乎有一种魔力,吞噬着教师之间的相互信赖、相互欣赏与真诚合作。无须忌讳,教师这个群体是一个不善于合作的群体。在分科课程体制下,由于教师文化的封闭性、教师同行竞争的残酷性,使得教师同行之间的合作难以为继。教师文化的封闭性突出表现为教师的专业个人主义。学校传统的分工特点

第五章 同行之间的竞争

是把教师分在不同的教室之中,在客观上把教师的工作范围定位在某些工作职责之内。教室的独立是教学一个最重要的特征,一个教室就是一个独立的"班级王国",教师被分配到每个教室里,与其他教师的工作隔离开来,教师在职业生活中体现出明显的个人主义。绝大部分教师认为,课堂教学中教师的行为应该完全是独立自主的,也是个人性质的,因而教师常常"单干"。他们按照自己的经验、自己的方式去处理教育教学中遇到的问题,很少与其他教师交流。教师工作方式的个人主义倾向,导致多数教师缺乏与同行合作的意愿与习惯。另外还有教师同行竞争的影响。过于激烈的竞争会阻碍教师同行之间的合作,这一点前面已有论述。在这里我们进一步探讨:为何教师明知合作有益却仍选择竞争,以及教师相互间不合作的种种表现有哪些。

心理学上有这样一个经典的实验。让参与实验的学生两两结合,但是不能商量,各自在纸上写下自己想得到的钱数。如果两个人的钱数之和刚好等于100或小于100,那么,两个人就可以得到自己写在纸上的钱数;如果两个人的钱数之和大于100,比如说是120,那么,他们两就要分别付给心理学家60元。结果如何呢?几乎没有哪一组学生写下的钱数之和小于100,这样他们就都得付钱。

心理学家认为,人们与生俱来有一种竞争的天性,每个人都希望自己比别人强,每个人都不能容忍自己的对手比自己强,因此,人们在面对利益冲突的时候,往往会选择竞争,拼个两败俱伤也在所不惜。利益冲突会导致人们优先选择竞争,这是不言自明的。但是,在有共同集体利益的情况下,人们是否仍然会选择竞争呢?

战国时,秦昭襄王对范雎说:"天下的贤才武士,以合纵为目标,相聚在赵国,而且要攻击秦国,我们该如何对付。"范雎说:"大王不必忧愁,让我来破解他们的合纵关系。秦国与天下的贤才武士并没有什么仇恨呀!他们相聚要来攻打秦国,只为求一己的富贵。一群狗在一处,卧的卧,立的立,走的走,停的停,不会互相争斗,如果投一块骨头过去,每只狗都会起来抢夺,并且互相撕咬,这是什么原因呢?因为那块骨头,彼此都起了争夺之意。"秦王于是派范雎带了五千斤黄金,在武安大摆宴会,散给合纵之士的黄金不到三千斤,他们就互相争斗起来,也不再策划攻击秦国了。

卢梭也讲过这样一个故事:"如果大家在捕一只鹿,每个人都知道应该忠实地守着自己的岗位。但是如果有一只兔从其中一人眼前跑过,这个人一定会毫不迟疑地去追捕这只兔;当他捕到了兔以后,他的同伴们因此而没有捕到他们的猎获物这件事,他会不大在意,这是无须怀疑的。"现在我们来详细解释一下卢梭的故事逻辑。假设部落中的所有人都共同前去猎鹿,他们站成一个圈,将牡鹿栖息的灌木丛团团围住,然后慢慢向里逼近,牡鹿惊醒后便开始向外逃窜,此时如果大家同心协力,牡鹿就会被离它最近的猎手杀死。但是,假设在这一过程中有一个猎人看见一只野兔,而且肯定能将其捕获,由于他离开岗位,牡鹿便从包围圈的这个缺口中逃走了。

这对捉到野兔的猎人来说无所谓,因为他有兔肉吃了,但其他人却白白赔了一副空肚肠。①

从上面这两个故事可知,即使在双方有共同利益的情况下,因为利益分配不均,以及长期利益与眼前利益的矛盾,人们仍然会选择竞争,而不是选择对双方都有利的合作。这种现象,被心理学家称为"竞争优势效应"。

在教育组织内部,教师彼此之间的利益有的是相互排斥的,有的是相容的。崇尚竞争的管理体制强化了利益分配的冲突,这使很多教师也会像上述实验中的学生、故事中的合纵之士及猎人一样,选择竞争而不是合作。专栏5-4中的案例选自一位高中教师对同事之间合作的看法。

| 专栏 5-4 |

教会徒弟,饿死师傅

我承认同事之间的合作对于教师改进教学是有好处的,但是,一想到教师与教师之间的白热化竞争,说实在的,我们都只能口头赞成合作,而实际上大家都在私下想办法自己怎样做才能胜过别人,以保持自己在学校教师中的优势,否则就有可能被竞争所淘汰。就拿我们学科组(英语组)的教案评比来说吧,虽然校长在学校开学之前的大会上反复要求教师在备课过程中要加强合作,要相互交流,相互共享,但是,没有一个人愿意把自己到处查找资料、凝结自己大量心血钻研出来的教案奉献给大家来分享。如果真是这样,获奖就肯定没有希望了。而你知道,一旦在教案评比中获奖励,你就再也不用担心什么末位淘汰了,也不愁"骨干教师"、"教坛新秀"等光荣称号轮不到你了。再说,学校的末位淘汰制令每个教师都必须在同伴合作中"留一手",以确保自己的竞争优势。

诸如职称评定、绩效考核、职务晋升等制度虽然在提高教师工作积极性和职业认同感方面发挥着重要作用,但客观上也导致了教师之间关系冷漠、缺乏互信、明争暗斗等情形的出现。这种制度设计引起的教师之间因逐利本性而形成竞争关系使教师群体内部缺乏一种合作的氛围。

以绩效考核为例。近年来,不少地区、学校努力建立竞争体系,推行了严格的教师教学工作绩效量化考核。然而,到目前为止,教师绩效评价的目的、内容、指标体系、方式等都尚未完善,现阶段主要是以升学和教学成绩评价学校、以教学成绩评价教师,并以此为据对教师进行奖惩。因而教师绩效考核排名的高低直接关系到教师奖金的多少、声誉的好坏、能否晋职、有无提干,这使教师非常在意自己的教学成绩。为了确保自身的教学优势,为了获取更多的利益,教师的教学教研活动必然由一种

---

① 卢梭:《卢梭文集:论人类不平等的起源和基础》,红旗出版社,1997年,第114页至第115页。

教学常态衍生为恶性竞争,形成各自为政的"围城式"教学态势:班主任例会制名存实亡;年级教师间的经验交流都暗藏一手;科任教师间的相互渗透与照应荡然无存……教育合作被各自为政瓜分,被各种教育竞争替代。

同科教师之间的明争暗斗。教学质量对教师来说是头等大事,提高教学质量是好事,完全可以"众人拾柴火焰高",现实却是在"你差我就好"的病态心理下竞争。同年级、同学科教师之间的各种试题、复习纲要及计划都要暗藏一手,都期望着自己的秘密武器能胜人一等。教师各自存有戒心,教研留一手,将好思路、好方法、好经验视为个人在竞争中取胜的资本,不肯把自己的知识技能、资料教具拿出来与他人共享。学校教研活动形同虚设,教师各自闭门造车、单打独斗、知识封锁、排斥同行,教育观念和视野不可避免地陷入狭隘和单一,教师同行之间处于封闭保守的教学氛围中。

异科教师之间的你争我抢主要表现在教学时间和优秀学生的掠夺上。数学老师说数学很重要,总分的差距主要在于数学分数;英语老师说不学好英语,你的可持续发展就会成问题;语文老师说语文是学好各学科的基础,语文都没学好,哪像个中国人。数学老师还没下课,语文老师已在等候,英语老师见状,上课时干脆拖课。一些学校甚至出现了比哪个老师凶,谁更凶学生就先完成谁的作业。还有任课教师尤其是班主任为争抢学习成绩好的学生、能力强的班干部而争得面红耳赤,甚至反目成仇。

学校与学校之间的你死我活。学校间的名次之争你死我活:有的说我校的平均分第一;有的说我校的及格率第一;有的说我校的优秀率第一;有的说高分状元出自我校……总之,学校与学校之间没有真诚的合作与欣赏,而是伸出手掐对方的软处,相互咬着对方的短处,穿高跟鞋般拼命垫高自己。

在教师同行竞争中,教师总是处于习惯性防卫状态以保护自己。教师往往将同行尤其是与他处于同一层次的教师视为对手,在业务上采取封闭的态度。"同行是冤家",竞争双方似乎注定是利益截然对立的冤家对头,这就进入了竞争非合作的误区。

正是这种排斥合作的竞争心态及行为,影响了教师群体教学科研的实际效果,也制约了学校教学质量的整体性提升。这种非合作式竞争必然影响教师与教师之间的和谐友善关系。事实告诉我们,协作精神的缺失和团队意识的淡薄所引发的紧张的人际关系和工作氛围,是扼杀教师人生幸福的刽子手。这种相互倾轧、相互争斗的不良风气若是带入师生关系,这样教育出来的学生会比较自私和冷漠,完全背离了教育是要培养下一代的初衷。

(三)不正当竞争

两千多年前的战国时期,有个隐居世外的高人叫鬼谷子,他收了不少学生,孙膑与庞涓就是其中的两个。两人都很有才能,平时关系最好,还结拜为兄弟,相约他日得志,彼此不要忘了对方。

庞涓建功立业心切,在鬼谷子处只学了三年就匆匆下山了。当时魏惠王正在广招人才,庞涓投奔而去,很快得到重用,当上将军,连打了几个胜仗,连齐国也败在他手上,名声震响各国。

庞涓富贵后,并没有实现当年结拜的诺言。孙膑经人向魏惠王举荐,终于得见魏惠王,魏惠王与孙膑一聊,就要封他为副将。庞涓知道孙膑的才能远在自己之上,如果重用他,将对自己不利。于是庞涓说:"孙膑为兄,我为弟。哪能让兄长屈居副职呢?不如暂时拜为客卿,等他建树功勋之后再行拜爵。那时,我自当让位,甘居其次。"魏惠王不明就里,同意了庞涓的建议。其实,这不过是庞涓防范孙膑与他争权的计谋:客卿没有实权,只空享较高的礼遇而已。

数日后,魏惠王要考察孙膑的军事才能,举行了一次会操,让孙膑、庞涓两人各演一套阵法。孙膑由于熟读兵书,对布阵了如指掌,很快操演完毕,而庞涓却一时没了主张,幸亏孙膑指点,才勉强凑合过去。

经此事,庞涓便下决心要除掉孙膑,否则日后必然屈居其下了。庞涓诬告孙膑叛魏归齐,并向魏王出示伪造的信件。魏惠王大怒,下令对孙膑施以膑足刺面的刑罚,凿下了孙膑的膝盖骨,使其残废。

这是大家熟知的孙膑与庞涓的故事。庞涓嫉妒孙膑的才能,为了保住自己的地位,设计陷害孙膑。庞涓这种为达目的而造谣中伤乃至残害竞争对手的恶行,就是一种不正当的竞争行为。

从竞争的性质上看,竞争可分为正当竞争和不正当竞争。两者的本质区别在于是否遵守同一标准或规则,是否使用不正当手段。有些竞争的获胜者不是靠自己的真本事,不是按照竞争规则去战胜对手,而是靠不正当的手段以违反竞争规则的方式去赢得竞争的胜利,这就是不正当竞争。

人与人的竞争不像肉食动物那样先搜寻对方,再追赶、击倒、生剥硬吞,鲜血淋淋,人与人的竞争也可能将对手逼得渐失生机,走投无路,终则退出社会与人生的竞技场。激烈、尖锐、无孔不入的各个领域的竞争,固然给许多人带来成功的喜悦,但同时也给另外一些人造成深深的痛苦。况且,胜者少负者多,在总量上,竞争失败带给人的痛苦比竞争成功带给人的喜悦要多得多。生存需要竞争,而竞争也是为了生存。更何况世态炎凉,胜者王侯败者寇,人们总以成败论英雄,依附胜者,冷落败者。人性复杂而多面,善恶存于其间,相生相克。利益决定着人性的善恶,但利益的冲突往往又诱发人们放大人性中的恶因。现实生活中,随着"竞争"这个词语频频出现,许多双曾经真诚的眼眸被利益所蒙蔽,虽然回过头时发现有些目标其实是否达成并没有之前想象的那么重要。然而,当时的你可能犹如魔障不能自拔,心中所念只有个"赢"字。于是为赢取目标、赢取成功,竞争这个本该是推动人类文明与社会进步的车轮,却被一些盲目无知的想法误解成尔虞我诈、损人利己、为达目的不择手段。正是因为这一道道自筑的藩篱,将公正公平、真诚关爱囚禁在一个个荒凉的孤岛,于是有竞争的地方,往往都会不可避免地出现不正当的竞争手段。我们常常看到竞争中的丑陋行径:明争暗斗、相互诋毁、互不买账、暗箭伤人、阴谋诡计等,这些都是不择手段的不正当竞争。

第五章 同行之间的竞争

而今,不少地区、学校努力建立竞争体系,使教育内部的竞争氛围浓烈。每位教师都不同程度地感受到各种竞争带给自己的恐慌与焦虑,失败者往往要承受很大的精神压力,有时还要付出物质代价。某些地区、学校更是盲目引进企业管理的末位淘汰制、末位转岗制,在此情形下,教师同行竞争实质上已演化为教师内部的生存竞争。正是这种过分强化竞争的淘汰法则,使教师人人自危、人心惶惶。为保"饭碗",教师们不得不使出浑身解数,自然也包括某些不正当手段。危及生存的巨大压力,以及奖金、声誉、住房、提干等方面的利益驱动,使某些教师利令智昏,见利弃义,为竞争获胜不择手段。教师又称"人类灵魂的工程师",这也就要求教师以德立身、德高为范。然而,由于道德缺失,某些教师的意识深处存在着滋生丑陋的温床,即使平时纹丝不露,但只要碰到一个临界点,便会马上发作,往日的知书达理、循规蹈矩、温文尔雅都化作乌有。随着教师同行之间的竞争愈演愈烈,在生存压力、利益驱使与道德缺位等因素的内外夹攻下,有些教师便一叶蔽目,剑走偏锋。教师一旦为一己之私所诱或被眼前利益所蔽,偏废了公平诚信的竞争规范,就会陷入不正当竞争的泥潭。现实生活中,有的教师甚至以身试法,专栏5-5即是一个典型的例子。

专栏 5-5

副教授投毒害上司

2004年12月14日中午,扬州大学(简称扬大)医学院副教授贡昌春被拘留。贡昌春涉嫌向他的顶头上司——扬大医学院医学遗传学与医学细胞学教研室主任、副教授武辉博士饮水里下毒,致其几乎所有脏器均遭严重损伤。目前,嫌犯的作案动机正在调查之中。2004年12月30日,贡昌春被正式逮捕,此案将在近日由当地检察机关提起公诉。

投毒:一口橙汁毒倒博士

受害者武辉,今年42岁,三年前由东南大学博士后站被作为人才引进扬州大学,进校即任扬大医学院基础医学部医学遗传学与医学细胞学教研室主任。

据了解,贡昌春至少投过两次毒,其中最严重、也是导致整个事件东窗事发的一次发生在2004年的10月9日晚,国庆长假后开学的第二天。据知情者透露,当天傍晚,武辉在扬大医学院教工之家打乒乓球时,打电话让妻子买一瓶饮料放在自己的办公室,让他打完球后喝。

打完球后,武辉回到办公室,拿起妻子买的饮料喝了一口,发觉不对劲,于是换了一杯白开水便去上课了。

当晚8时武辉的身体开始出现不适,到后来越来越严重,从事医学研究多年的武辉判断出这是中毒的迹象,于第2天住进了医院。

惨状:博士中毒后头发掉光

第二天,因病情在扬州大学的医务中心未得到缓解,他被转入扬大医学院附属医院——苏北人民医院急诊治疗,这一住就是43天。在住院的第12天,武辉的头发突然大把大把地脱落,没几天头发掉了个精光。2004年10月11日,医院经检查发现,他几乎所有的脏器都出现了损伤,其神经系统也遭到破坏。医院随即向他的家属下达了病重通知单。2004年10月14日,武辉的爱人报警,警方随即展开调查。

供认:投毒只为让上司难受

贡昌春很快成了警方重点怀疑对象。2004年12月14日,警方在医学院将贡昌春拘留。据了解,贡昌春承认是自己下的毒,所使用的毒物是用于染色体分析的化学试剂秋水仙碱。秋水仙碱又称秋水仙素,存在于秋水仙花内,毒性极强,口服6 mg即可死亡。贡昌春交代,当时自己只用手指头蘸了一点秋水仙碱放入了武辉的饮料瓶中,目的只是"想让武辉难受难受"。

动机:投毒可能因心态失衡

据了解,武辉进入扬大之前,贡昌春稳居该教研室代理副主任一职长达10年之久。但武辉2002年作为高级人才引进扬大医学院后,即任职该教研室主任,贡昌春的心态有可能因此逐渐失衡。

在扬大医学院更为广泛的议论是,贡昌春面临着相当的生存危机。

据了解,扬州大学已经要求35岁以下的教师须取得硕士研究生文凭方能上岗。贡昌春年龄43岁,一直是本科学士学位。据该校一位老师分析,如果其在学术上仍迟迟没有突破或建树,能走的一条路就是在行政职务上谋取进展,而挡在贡昌春面前的却是个实力极强的"对手":具有博士学历的武辉。

专栏5-5中,扬大副教授贡昌春因职位晋级失败而迁怒于竞争对手,教研室主任这个职位你能上我就不能上,你成功我就失败,你得益我就受损。在竞争中,争胜和改进是完全不同的竞争目标。学校是个小社会,自身资源有限,可以拓展的资源也很有限。对该教师而言,在晋级需求与学校资源稀缺这一基本矛盾之下,还存在着职位晋级与生存危机的关联。于是,竞争失败的被淘汰,竞争成功的个人价值得到体现,凡此种种因素,成了"生命中不能承受之重",争胜成为竞争的唯一目标。因此,职位的落选导致贡昌春心态失衡,为了让竞争对手"难受难受",该教师竟然数次向竞争对手投毒。该教师的行为已侵犯他人的人身权利,致使他人的身体受到伤害,该教师最终受到了法律的制裁。

生存的压力与利益的驱动,会致使某些"道德近视"的教师不惜以不正当竞争手段来赢取竞争的胜利。而教师在与同行竞争中的不道德行为、不正当行为又会致使本应公平的教师同行竞争走向非理性歧途。

二、教师同行竞争应遵循的道德规范

综观前面所介绍的竞争中的种种错误行为,教师该如何面对同行竞争呢?竞争具有两重性,竞争是教育领域的一剂强心针,虽说作用很快很强,但也会有副作用。同行竞争会给教师集体带来生机和活力,会高速度、高效益地推动学校和教育事业的发展。然而当竞争机制引入后,利益的冲突也会使教师之间经常产生矛盾冲突,

第五章 同行之间的竞争

如得不到有效的调控,教师之间、学校之间关系扭曲、矛盾激化、冲突升级,甚至殃及学生,给整个教育事业带来不良影响。为此,要把教师同行竞争保持在健康的范围之内,化解竞争的负面效应带来的不良影响。靠什么才能把教师同行竞争维持在健康的范围之内呢?这不仅需要完善的竞争体制、法律条款来保证良性竞争的进行,而且需要心灵的砝码来规范教师的竞争行为。这个心灵的砝码就是道德规范。制度只能制定竞争的基本规则,无法承担起人类行为的全部职责,而道德是用来限制自私的动机和不良行为的。康德说过:"有两样东西,我们愈经常愈持久地加以思索,它们就愈使心灵充满日新又新、有加无已的景仰和敬畏:在我之上的星空和居我心中的道德法则。"①

(一) 尊重

尊重就是无论对自己或别人,始终都把人看成目的,而不把他视为一种工具或手段。将人本身看做目的,而不能将人看做达到目的或获取利益的手段,这是人的行为的一个限制条件,也是人之为人的最高价值。尊重是人类社会最起码的道德共识,是全球伦理的底线原则。一个人的道德品质是有高低之分的,但最基础的道德品质是尊重自己和尊重别人。一个尊重自己和尊重别人的人,是有道德的人。相反,不尊重别人的人,无起码的道德可言。

1. 尊重自己

尊重自己即自尊,就是使自己受尊敬的心理和行为,也就是使自己得到自己和他人尊敬的心理和行为。一个人怎样才能得到自己和他人的尊敬呢?自尊,说到底就是使自己有作为、有价值,从而赢得自己和他人尊敬的心理和行为。自信是自尊的根本特征。约翰·罗尔斯认为自尊具有两个方面:第一,它包括一个人对他自己的价值的感觉;第二,就自尊总是在个人能力之内而言,自尊包含着对自己实现自己的意图的能力的自信。② 如果缺乏自尊,我们会缺乏信心的,并会渐渐成为某种不是自己的人。有自尊与自信才能让我们感觉到自己的能力,其作用是任何其他东西都无法替代的,而那些软弱无力、犹豫不决的人,他们永远不能拥有自尊自信者身上的力量。

在与同行的竞争中,教师应该如何自尊自信面对自我与竞争对手呢?

(1) 自信面对竞争,大胆表现自己。世界汽车大王亨利·福特说过:如果你认为自己行或不行,你常常是正确的。当我们回首往事时,发现自己做到的事情是我们认为自己能做到的事情;我们觉得不会发生的事就从来没有发生过。为什么会这样呢?当我们在头脑中设计出一种未来的结果时,我们的潜意识就会朝那个方向努力,通常在我们还未知觉的情况下,潜意识已经悄悄跟随着自己的假设。所以当你觉得能行时,你会产生积极的意识,一种成功的意识;如果你觉得自己不行,你就会

---

① 康德:《实践理性批判》,商务印书馆,1999 年,第 177 页。
② 约翰·罗尔斯:《正义论》,中国社会科学出版社,1988 年,第 427 页。

产生消极的意识,一种失败的意识。

自信就是相信和信任自己,鼓舞和爱护自己,信心并不只是心灵拥有的一种想法,而是一种拥有心灵的想法。尊重自己就是培育自信,教师要积极面对教育领域改革扔向自己的各种竞争,在竞争中大胆表现自己,把竞争带来的机会抓在自己手里,在竞争中改变自我、实现自我。一遇到强劲对手就主动退让的教师,束缚于惰性不愿改变自己的教师,都是竞争中的不自信者。他们一味地退让、一味地不争取、一味地放弃,源于内心的自轻自卑、自我挫败。机会一次又一次在他们面前溜走,即便有机会送上门来,也会被善于竞争的同行抢去。内心惧怕竞争的教师,沉湎于安逸的教师,就像蜗牛一样,永远把软弱的躯体缩在坚硬的外壳中,这样的人永远都没有机会面对竞争,也无法在竞争中磨砺自己,只能以蜗牛的速度挪一小步歇三大步,慢慢地前行。

(2) 正视失败,洞见失败的价值。当我们面对新的竞争挑战时,必须充分相信自己能够做好。但有时即使我们尽了全力并保持绝对的自信,也难免会失败。这是因为一山更比一山高,强中自有强中手。

尊重自己就是把自己看做目的,不把自我价值感同外在竞争目标的达成等同看待、将自我尊重同外在的财富、成功和社会地位的展示等同看待。自己不是工具,不是手段,要善待自己,不能将竞争中的失败等同于自我价值的失败。在某一具体事物中的失败并不等于人生的失败,只不过是在某一具体时刻中未能成功地进行某一具体尝试而已。对于失败所持的态度,比失败本身更重要。并且,失败也是价值的,可以把失败看做是一种"得",即失败就是经验的获得,要学会在每一次失败中发现有等值利益的种子。因此,直面失败有两层含义:一是不要害怕失败,因为失败并不否定自我价值;二是重视失败的经验教训,把失败当成练兵的机会,期待下一次竞争的来临并避免再犯同样的错误。竞争的失败也是有所得的。

说到教师同行之间的竞争,竞争目的不能只盯着名利,只盯着胜负输赢,应该把在竞争过程中的学习、成长和进步视为更重要的目的,这种目的取向对教师来说才最有意义和价值,教师也容易摆正心态,以平和心态对待同行竞争。只有这样,教师才不会惧怕竞争的失败,才懂得享受竞争的过程并坦然接受竞争的结果。因为教师清楚地知道,无论结果如何,参与竞争即是在战胜自我、超越自我、实现自我,所以即使竞争失败,教师也不会自怨自艾、一蹶不振。在与同行的竞争中,看重竞争过程,淡化竞争结果并不断汲取经验,这样的教师不会丢掉自尊,自信自立也会伴随他们。

2. 尊重竞争对手

尊重自己固然是一种美德,尊重他人更是一种美德。正视、尊重、接纳竞争对手,向对手学习并为对手的成功喝彩,是明智之举。竞争对手的存在,对我们来说虽是一种压力,但更是一种动力,他有力地敦促我们不懈怠、不自满,催生我们更加奋发、更加努力。尊重竞争对手,要求我们做到在任何时候都不贬低对手。每位竞争对手,都有各自的优势,都有值得学习和借鉴的地方。如果我们能从一个新的更高的起点上审视对手的优势和特点,在一定条件下,创造性地为我所用,就可以转化为

第五章 同行之间的竞争

自己的财富。在某种意义上说,向竞争对手学习,是最直接、最生动、最有效的学习,是最现实、最快捷、最有力的提高。尊重竞争对手是最起码的竞争规则,诋毁和谩骂竞争对手的人是无能的、不道德的,只会让自己失去快乐和自我尊重。因为我们还犯了上一个错误,即以他人的成功贬低我们自身的价值。善待你的竞争对手,方尽显品格的力量和生存的智慧。竞争对手是我们的老师和榜样,尊重竞争对手就是尊重自己。

尊重同行,这既是教师职业道德的一般要求,又是教师在同行竞争中所必须遵循的重要道德规范。这个规范对调整教师在同行竞争中的行为有着重要意义,是保证其他参与竞争的教师教育教学顺利进行和正当权益不受损害的道德行为。在竞争中尊重同行,主要有以下三点。

第一,对同一学科教师的尊重。同一学科的教师可能毕业于不同学校,学历层次有高有低,教学时间有长有短,教学方法存在差异,但每一位教师都有自己的优势和长处。在与同学科教师的竞争中,有的教师会在学校领导、其他教师及学生面前恶意抨击竞争对手的教学成绩、教学方法,甚至造谣中伤竞争对手的声誉威信等,这样的行径不仅让这些教师在同学科教师中输了人情,而且输掉了人格。现代科学高度分化又高度综合的发展趋势,使得一个人不可能在某一学科内处处精通。以尊重的道德要求调整好教学竞争中同学科教师之间的相互关系,也是发展教育和科学研究、提高教师业务水平的需要。

第二,对不同学科教师的尊重。在同行竞争中,竞争的教师往往是不同学科的。为了保证他人教育教学工作的顺利,为了保证他人的正当利益,也必须按照尊重的道德规范来评价和调整教师的竞争行为,做到彼此相互尊重。特别反对某些人搞"傲慢学科"的做法。所谓"傲慢学科",就是用贬低其他学科的方法来抬高自己学科的威信。其结果往往给他人的教育教学带来困难和冲击,使自己获得暂时的胜利。这是个人利己主义行为的表现。在不同学科的教师同行竞争中,我们必须谴责和避免这种现象,提倡不同学科教师之间在竞争中的相互尊重。

第三,尊重竞争中优秀的和暂时处于后进状态的同行。由于资质和努力的程度不同,在竞争中教师之间呈现出优秀、一般和暂时处于后进的状态,是极为正常的。对于优秀的同行,毫无疑问应该给予充分尊重。这种尊重有利于推广他们的先进经验,以提高教师集体的水平;这种尊重,可以使优秀同行成为自己的一面"镜子",映照出自己的不足,从而有利于自己的提高;这种尊重,也有利于优秀同行本人更加发奋努力。因此,尊重优秀同行,是利己、利对方、利集体"三全其美"之事。如果说,尊重优秀同行对于一般的教师还比较容易做到的话,那么,尊重暂时处于后进状态的同行则可能具有一定的难度。真正从情感上接受尊重后进同行的这一道德要求,并在实际行动中确实做到尊重他们,关键在于:一是从人格上给予他们应有的尊重;二是用发展的眼光看待他们,努力发现其闪光点;三是在竞争中给予他们必要的帮助。

尊重竞争对手就是尊重自己,只有相互尊重,教师之间才能友好相处,才能相互取长补短、共同进步,才能从竞争中彼此受益。

（二）合作

"竞争"一词来源于拉丁文"competere"，意思是"一起努力或一起寻找某些共同的兴趣"。基于该词的原始含义，真正的竞争是指在合作实现某个共同目标时，一起工作或努力。①

大自然给我们很好地诠释了"竞争"的这种原始含义。在自然界，任何生物的生存和繁殖都需要资源，而这个世界的生存资源是有限的，因此，为了自身的生存及多繁殖后代，竞争是不可避免的。然而合作力量大，因此在种群内部，合作必不可少。一头狮子很难捕捉到奔跑如飞的羚羊，可是如果好几头狮子一起合作，它们就很容易捕获猎物。所以，种群生存的动物们之间更多的是互相合作，而非单打独斗、针锋相对、你死我活。鬣狗们也会厮打、搏斗，然而它们通常在战斗结束不到五分钟内就会言归于好，一起玩耍，互相舔舔和抚摸，以化解敌意和不快。如果只想凭一己之力在丛林中求生，最后等待它的很可能就是死亡。丛林中的生存并非只有弱肉强食，除了血腥的竞争，丛林中也需要合作。动物会在竞争中合作，生活在社会中的人们，更要学会在竞争中寻求合作。人类从诞生那天起，甚至在诞生之前就不是个纯粹的经济的"利己主义者"，当然，也不是纯粹的经济的"利他主义者"，而是一个经济的"互助主义者"，或者更准确地说是一个经济的"共生主义者"。② 所以，一定程度上可以说，人不仅仅是相互竞争、嫉妒、敌对的存在物，更是相互合作、关怀和共生的存在物。

只是现实生活中，很遗憾，人们都在说，"我们通过竞争去赢取一场比赛或战争，而不是一起工作实现互利互惠的共同理想"。教师同行之间的竞争亦如此。在激烈竞争的"过度激励"下，一些教师往往淡忘或模糊了教育工作中固有的整体性、一致性和协作性，染上浓重的自我中心、个人本位的晦色，缺乏交流分享、协同合作的意愿。

一位科学家曾经提出解决问题的共生效应：某一问题的解决如果只靠个人单打独斗，在相互隔离的状态下，即使每个人竭尽全力，也未必能提出有价值的见解；如果许多人聚合在一起，就某一问题各抒己见、相互交流，就可能通过思维的碰撞，产生意想不到的效果，即产生"1＋1＞2"的效果。教师相互合作可以很好地产生共生效应，在教师群体中，能有不同的思想、观点、教学模式、方法的交流、碰撞，甚至冲突，是非常宝贵的。教师之间的同伴互助是提高教师教学能力，促进教师共同成长的一种重要途径。教师之间一旦能够真诚合作，那么它的成效将高于任何一种教师培训。再者，从学校来看，作为一个组织机构，它强调的是全体教师的综合竞争力而不是个人的相对竞争力。教师之间多合作多分享是提高学校整体竞争力最好的方

---

① 马克·安尼尔斯基：《幸福经济学：创造真实财富》，社会科学文献出版社，2010年，第30页。

② 吴飞驰：《企业的共生理论——我看见了我看不见的手》，人民出版社，2002年，第18页。

式,一旦教师群体内部无法形成合作的氛围,从长远来看必将制约学校的发展,也必将影响教师自身的发展及学生的发展。

教师个人的发展动力及价值实现固然首先在于竞争机制激励下各个教师主观能动性的发挥,但同样也离不开教师之间良好的协作氛围。没有良好的协作氛围,教师之间的竞争就可能背离社会基本的道德价值体系,最终的结果无论对于教师个体还是学校集体都是极为不利的。因此,能否和他人进行有效协作是教师同行竞争道德规范的内在要求。

那么,如何培养教师的团结协作精神、合作竞争意识呢?

1. 努力提高道德修养,顾全大局

每个教育工作者都应该正确地认识到:我们都从事着同一个事业,都是为着同一个目标在努力。教书育人是我们共同的神圣职责,我们没有理由让个人本位主义、自我中心思想盘踞在自己心头。教师应努力提高自身的道德素养,工作中既要充分发挥自己的积极性、创造性,勇于争先当仁不让,又要能够处处顾全大局,谦虚谨慎,与人为善。在与同行竞争中教师要超越个人得失的狭隘,站到一个教师群体协作竞争的新境界,在教师团结协作的基础上展开教育教学竞争和科研竞争。在与同行竞争中,教师要有公德——争也为公,让也为公,和也为公,各自尽心尽能尽职。唯有如此,才能正确看待自己及他人的得失,教师之间的竞争就会保持它的公平纯洁,竞争才会健康而不会发生异变。在奋力竞争的同时,不淡忘团结协作、互勉共进的集体主义精神,这是每一位教师必须具备的道德修养。

2. 构建合作性竞争模式,培养教师的团结协作精神

所谓合作性竞争模式,核心是强调运用合作的思想和观念指导竞争,促使竞争对手之间密切合作,共同提高,优化竞争各方面发展所需要的资源要素。合作性竞争模式努力把个人之间的竞争转化成群体之间的竞争,是一种超越了过去的合作及竞争的规则,并且结合了两者优势的一种方法。

| 专栏 5-6 |

既要竞争也要合作

1985年,白城一中(白城市第一中学的简称)针对当时阻碍学校发展的分配制度上的平均主义"大锅饭"现象,制定并实施了岗位责任制、考核法和赏罚法,并于1991年试行校内结构工资制,在教师考核中引进竞争机制,突出了以教师个体为单位的工作量考核,在教学质量方面则慎重赋值。这种类似课时工资制的教学工作量化管理,在相当程度上根治了"干不干一个样、干多干少一个样"的痼疾。教师的工作热情高涨,出现了满负荷甚至超负荷工作的生机勃勃的景象。

1996年,为了进一步解决"干好干坏一个样"的问题,学校在考核方案中加大了教师个人的教学班考核成绩项的赋分权重,将教学工作数量、质量的权重比控制在3∶7左右,并继续将考核结果与教师个人的结构工资、评职晋级、提拔使用直接或间

接挂钩,产生了很强的导向作用。教师不仅重工作数量,而且更重教学质量,在相当程度上控制了课时工资制模式容易产生的"出工不出力"的现象,提高了竞争的质量。

1998年,学校管理者发现,经过十多年的改革,全校绝大多数同志已经适应了独具本校特色的"多劳多得、优劳优酬、重责重奖"的运行机制,靠竞争求生存、求发展的意识不断加强。这固然有其可喜可贺的一面,但由于教师考核几乎所有项目都是以个体为最小单位进行的,而且学校投入的结构工资"上封顶、下保底"的总数基本不变,因此这个机制就只能是"你多我必少式"的校内竞争机制,实际上,有些教师已经开始趋向于"各自为战",有些则安于现状。特别是个别教师思想素质较低,甚至在校内期末考试中也出现猜题、压题等不良现象,更有甚者,擅自多留作业,搞题海战术,抢占学生自习时间,十分不利于整体教学,不利于学生的全面发展,有悖于素质教育。针对这种竞争有余而合作不足的苗头,学校一面加强思想教育工作,一面继续运用考核的导向调控功能,修订考核方案。这次选择的切入点是变校内竞争为校外竞争;变奖金总数固定为"上不封顶、下不保底";变"各自为战"为"整体作战";变安于现状为不懈追求。在考试成绩目标体系中,改个体考核为以学科年级备课组为最小考核单位,还增加了年级学科备课组群体教学质量的权重,并经论证,准备增加以各班级为中心分别集体考核教师的评价项目,淡化个人之间的评价差别。改革后仍坚持将考核结果与个人结构工资直接挂钩的做法,但对同学科同进度的教师,不再作直接的个体成绩对比评价,而是将他们视为一个整体,只在期末进行全市重点高中联考时,与兄弟校相同学科的整体成绩进行比较评分,并据此发放结构工资。这样调整,一改过去那种校内同行互争总数固定的奖金的做法,引导教师共同竞争更高的不封顶的奖金,这样既留有竞争余地,又有利于教师的团结合作。这项改革实施2年多来,广大教职工竞争意识不减,而和谐施教气氛日浓。学校的各项工作都有了长足的进展,学校先后于1999年和2000年被吉林省委省政府授予"模范集体"和"文明单位"的荣誉称号,还于1999年被评估为吉林省首批办好重点高中办学水平A等校。1999年和2000年高考,升入本科院校的人数均为600余人。

白城一中在内部改革中运用考核的调控功能促进高素质教师队伍建设的实践启示我们,在对教师进行考核时,要兼顾竞争与合作,就应注意以下几个方面的问题。

第一,考核要与思想政治工作及其他各项能促进高素质教师队伍建设的措施同步进行。第二,考核的目标体系和评价指标体系应是多元化的,检测方法应是多角度的、多样式的。第三,校内考核奖金不宜"封顶",要敢于给冒尖教师个人重奖,也要敢于给冒尖的教师集体以重奖。如果奖金"上封顶",只利于个体间的竞争而不利于群体间团结合作,极易造成不利于素质教育的内耗。第四,运用考试成绩考核要兼顾教师个体和群体。要树立以学生为中心的考核思想。第五,考核有法,但无定法。考核内容与方法都要随教育改革形势的发展变化和本校不同时间的实际而不断修改完善。何时侧重竞争因素,何时突出合作意识,都要因时制宜,充分发挥考核

第五章 同行之间的竞争

所具有的导向调控功能。①

在学校教学管理的诸多环节中,对教师工作业绩的评价考核是一个不容回避的重要环节。然而,在学校管理体制改革过程中,常见一些学校在运用评价考核这种管理手段时,矫枉过正,非"左"即"右",以一种倾向掩盖另一种倾向,发生不能兼顾竞争与合作的无效管理或者说是负效应管理的现象。就全国范围来讲,白城一中是较早运用现代教育评价理论,在校内管理体制改革中引进竞争机制的,而当各地纷纷掀起竞争高潮甚至实行末位淘汰制时,他们又"反弹琵琶",强化合作机制的运行。白城一中合作性竞争模式,促使教师在竞争中密切合作,共同提高,把教师个人之间的竞争转化成教师群体之间的竞争,这种模式结合了竞争与合作两者的优势,既激发了教师的竞争意识,又有效培养教师的协作精神。

总之,既竞争又合作的思想与付诸实践的能力,不仅是教师队伍整体建设的标准,也是对任何一位教师个人素质的基本要求。

(三)公平

一个社会没有竞争不行,有了竞争但竞争不公平也不行。只有公平的竞争,优胜劣汰才能起作用。如果竞争不公平,这一机制就会失灵,就不是优胜劣汰,而是"逆淘汰",即"劣胜优汰"。市场上的劣质产品驱逐优质产品,庸才打败人才等都是不公平竞争的后果。由于不公平竞争的结果是劣胜优汰,所以,它就不可能推动社会健康发展。而且,由于竞争的不公平,竞争的失败不是由竞争者自身的原因造成的,而是由外在的原因造成的,本来凭自己的竞争实力能得到的资源、利益没有得到,这会使竞争的失败者无法接受失败的事实,产生反叛的情绪和行为,引发社会风险。

德国社会学家马克斯·韦伯1919年作了"以学术为业"的著名演说,在谈到大学教师学术生涯时说:"你对每一个人都要凭着良心问一句:'你能够承受年复一年看着那些平庸之辈爬到你头上去,既不怨恨也无挫折感吗?'当然每一次他们都会回答说:'自然,我只为我的天职而活着。'但至少就我所知,只有极少数人能够无动于衷地忍受这种事。"正如韦伯所说,在现实的教师同行竞争中,确实存在着一些不公平的竞争,资质平庸的教师往往获取高位,那些富有才华的教师反而受到埋没。这种"逆淘汰"的竞争,只会导致踏踏实实做工作的广大教师极度地感到失望,有些教师甚至会采用极端手段,或者结束自己的生命或报复他人。

2011年4月8日《南方周末》发表了一篇"大学团干之死 遗书里的痛与恨"的报道。该报道称,2011年3月23日13时左右,合肥工业大学团委副书记陈刚跳楼死了,时年34岁。陈刚是在竞选团委书记落败后自杀的。他在遗书中自述,因为有

---

① 盖雁,尹钟祥:《既要竞争也要合作》,载《中小学管理》,2001年,第1期。

人设置了种种反常的竞选程序,用不正当手段拉票,才把他排挤走的。① 姑且不论合肥工业大学在这次团委书记竞选中是否存在违规行为,在陈刚看来,这是一次不公平的竞争,致使志在必得的他意外落选。于是,这个在同事眼中"既实干,同时又有善良品质的人",在熟人眼里"凡事守原则与底线的人",就这么以决绝的方式结束了自己年轻宝贵的生命,确实让人感到深深的惋惜。

公平竞争是竞争的理想类型。一个公平竞争的社会是人类最佳的社会状态,那么到底什么样的竞争才是公平的竞争呢?竞争是一个过程,它有开始,有展开,有结束。因此,公平竞争的公平,应当体现在这整个过程之中。只有起点公平了、过程公平了,才会有结果公平。具体而言,公平竞争应当表现在三个方面:一是机会平等,二是规则公正,三是手段正当。机会平等,规则公正主要是针对竞争组织者提出的道德要求,而教师同行竞争多是指同一学校内教师之间的竞争,在这一类同行竞争中,竞争多是由学校管理者组织开展的,且学校管理者仍属于教师队伍之列,从这个意义上说,这三方面也是教师同行之间公平竞争的道德准则。

1. 机会平等

机会平等是指参与竞争的机会对于每一个主体来说都是开放的,也就是说,每一个竞争者都有平等参与竞争的权利、平等参与竞争的机会。他们在公正的规则下,相同的平台里,同一条起跑线上开展竞争。当代自由主义思想家米尔顿·弗里德曼认为,机会平等与结果平等有着质的不同。对"机会平等"不能完全按字面来理解,因为人们不可能在家庭出身、智力等天赋条件上机会平等。机会平等的真正含义是法国大革命时的一句话:前程向人才开放。尽管由于人主观能力的差异,造成了某些竞争前提条件的不均等,但机会却是向所有有竞争意愿的人开放的。竞争者都有权参加竞争,任何力量都不能剥夺竞争者参与的资格。起点的公平是公平竞争的基础和前提,如果规则不公正,机会不平等,有些人享有特权,而另一些人甚至连参与竞争的机会都没有,这样的竞争就不可能是公平的竞争。然而在教师同行竞争中,有时候竞争机会却并不平等。

我们常说"机会平等,公平竞争",鼓励教师积极参加各项教研竞赛活动。但是在实际工作中,出于学校利益、个人关系等方面的考虑,学校管理者常常把机会的砝码放在了优秀教师这一边,优秀教师参加活动多,锻炼机会也多,几乎成了"获奖专业户";而一些后进教师,由于不能为学校争荣誉,所以很难获得锻炼机会,工作中逐渐失去自信。学校管理者不能为了一时之利而弃后进教师的成长于不顾,影响部分教师参与竞争的积极性。学校管理者只有立足长远,以教师的发展为本,在教师集体中营造一个人人参与、平等竞争的氛围,才能最终达到促进教师整体素质提升的目的。

2. 规则公正

规则是公平的支撑,是公平实现的重要基础。公平的结果,离不开公正规则的

---

① 参考 2011 年 4 月 8 日《南方周末》,略有改动。

保障。规则公正,表现在制定规则和执行规则两个方面。规则何以承载公平正义之重?从规则的制定来看,要求制定者秉持公心,吸收民意,科学设计,为社会成员提供公平竞争的制度环境。从规则的执行来看,要求相关主体严格按规则办事,竞争组织者要做合格的"裁判",客观公正地对待每一个竞争者,对竞争者的违规行为及时发现,并按照规则的要求给予相应的惩戒。当然,不论是制定规则,还是执行规则,都应是公开透明的。只有规则的制定和执行都在公正轨道上运行,才能由程序正义的"善始",抵达实体正义的"善终"。否则当公正之魂游离出规则之体,就会发生规则的异化。

一方面,有人把规则作为谋取私利、维护不当利益的工具,或者为利益攸关者量身定做规则,或者抓住规则的软肋暗箱操作以逞其私。譬如中小学竞聘上岗,各校自定规则,有的学校领导班子成员利用手中的权力,调整各种积分指标的权重,制定对学校领导班子有利的积分规则,使学校领导全部都能聘上理想的岗位。譬如职务竞选,有的学校领导临时改变竞选规则,让自己中意者上,让不中意者下,诸如此类。于是在公正的"招牌"下,暗藏种种条件、限制、门槛等,在貌似平等、公开、民主的竞争场景幕后,进行着利益的交换与输送。

另一方面当规则不再为公正代言,也就丧失了规则的公信力和约束效力,所造成的"真空"会迅速被各种潜规则填补占据。而当各种潜规则大行其道,将会排挤、侵蚀更多的显规则,对公平竞争的堤防造成深度冲击。

专栏 5-7

丹东一小学教师竞聘前集体离婚

据报道,最近,丹东市振安区同兴镇中心小学停课了。老师们都在忙,忙啥呢?办离婚。老师们集体离婚缘于当地教育局某文件的规定——离异带孩者直接聘用。

记者因此来到同兴镇中心小学,一些老师正聚集在校门口议论着这件事。

"你办离婚手续没?"

"办完了,能不办吗?不办可能下岗啊。"两位男老师在一起小声嘀咕着。

据一位不愿透露姓名的男老师透露,近段时间,约有40名老师办理了离婚手续,9月6日前基本上都拿到了离婚证书。据称,这一切都是当地教育局下发的一份教师竞聘文件惹的。

同兴镇中心小学现有教师超编11人,振安区教育局决定将于近日竞聘上岗,聘用期为3年,11人不能上岗。振安区教育局同时下发了关于《振安区中小学人员聘用制实施办法》(以下简称《办法》),该《办法》中第17条明确规定:首次实行人员聘用制时,教职工有下列情况之一的,符合竞聘条件,经本人申请,学校应与其签订聘用合同。而其中所列一项可直接聘用的条件为:离异或丧偶且抚养未成年子女。

"竞聘文件政策中有离婚这一条,就是为了保护老师中的弱势群体,真没想到会出这样的事情。"丹东市振安区同兴镇焦副镇长说。

据焦副镇长介绍,同兴镇中心小学老师大面积办离婚的事镇里已经察觉,但离婚是受婚姻法保护的,民政部门都是按规定办理的,因此,镇里很难阻拦。

"这次竞聘是贯彻丹东市教育局的精神,文件中的规定并不是区教育局制定的。"振安区教育局赵局长解释说。赵局长表示,竞聘引发老师集体离婚让人不可理解。①

由专栏5-7可见,规则失当是导致政策性尴尬的根源。竞聘上岗须体现公平竞争的原则:机会均等、起点公平。但有关部门在规则设计上,却加入了道德救济的色彩。正是这照顾弱势群体的一抹温情,反而在更大范围上颠覆了真正的公平。只要是离异或丧偶且抚养未成年子女的教师,就可以得到这三年一签的"铁饭碗",而其他条件,比如说敬业心、教学水平、道德素养等,都难以同其相比。丧偶的事一般的教师是做不出来的,"两权相害取其轻",离异总可以了吧?如此一来,择优汰劣的政策初衷反被化于无形。

3. 手段正当

建立公正的规则,属于他律,是利用外在的力量规范竞争,以限制竞争行为和防止不正当竞争行为,从而使竞争具有公平性。但是光靠外在强制力量去控制竞争是不够的,还必须使竞争的参与者具有公平竞争的理念。只有竞争的参与者具有公平竞争的理念,把他律变成自律,把公平竞争当做自己的理想与信念,才能把外在的强制力量内化为自觉自愿的行为,才能保证竞争的公平。

手段正当,即竞争者的自律,是指竞争者不以直接或间接损害他人利益的非法手段竞争,而是自觉遵守竞争的规则,凭借实力、发挥才智取得优胜。参与竞争者要按规则行事,不得非法获取竞争优势。竞争者所采用的竞争手段是自己才能的展示,是自己能量的释放,这些手段需要在竞争规则的范围、法律许可的条件、道德规范的适用内,按照正当竞争的原则去实施。竞争主体不能以干扰、欺骗、打压、破坏、报复等手段搞垮对方,甚至置对方于死地。在竞争过程中,竞争者都力图发挥才智战胜对方,各不相让,但他们之间又是相互促进、相互协作的关系,如果其中一方不愿为竞争关系中的其他方履行维护其正当利益的义务,不是使用正当的方式、方法去争胜,而是不择手段损害对方利益,这一方的不正当竞争行为就有可能导致其他方的不正当竞争行为,那么竞争也就陷入无序、恶性状态。只有在人人遵守规则、手段正当的制约之下,每个人都可以充分自由地发挥自己的能力,竞争才具有真正的意义。

虽然从最终意义而言,教师同行竞争的结果是各个成员的共同提高、教师集体整体价值的提升,但就个人而言,他所追求的目标是在最终结果上强于他人。这一点在道德价值上是无可指责的。但是,如何达到强于他人这一结果,其所采用的手

---

① 摘自2006年9月14日《华商晨报》,略有改动。

段必须是正当的,符合法律、道德规则的。在现实中,我们经常可以发现这种现象:在同行竞争中,有些教师或利用民主评议、评优树先等时机,通过给竞争对手打不切合实际的低分等方式,贬低竞争对手——或放暗箭制造舆论,歪曲事实编造谎言,给竞争对手穿小鞋;或四处找门路拉关系,以权势压制竞争对手,捷足先登;或拉帮结派搞小团体,联合他人孤立竞争对手……这种种通过不道德的手段甚至是触犯法律的手段来达到使自己最终强于他人的目的,应该受到唾弃和彻底否定。

教师之间的竞争,只有起点公平了,过程公平了,最终才能获得竞争结果的公平。

思 考 题

1. 张校长上任后,大张旗鼓地强调竞争。他说没有竞争就没有活力,学校就不能前进。于是在管理活动中开展各种名目的竞争。一开始,学校人心振奋,但时间一长,问题就出来了。许多教师为提高教学成效,争占学生的时间;一部分教师热情减退;甚至还有少部分教师为争先进,扯皮揭短。如该校的王老师是一位优秀教师,提倡竞争以来,积极性很高,所教学生本学科分数上升很快,但其他教师都来找张校长,表示不愿与王老师同教一个班。上述问题使张校长陷入了思考:该不该鼓励竞争呢?

请分析教师竞争会产生哪些积极作用与消极影响?如何采用有效管理措施解决存在的问题?

2. 近年来,一些学校将末位淘汰制引入了教育系统。

临天中学是一所远离市区,地理位置较为偏僻的农村初中。近两年来,按照L市教委的统一布置在每年的暑期都要进行教师聘任工作。

去年由于是第一年开始实施教师聘任制,L市教委的要求不是非常细致,为安定"军心",学校内部没什么大的波动,教师聘任工作进行得较为顺利。

转眼第二年的聘任工作又来了。为了进一步推进学校用人制度的改革,在教师聘任制实施细则中,L市教委明文规定,每校必须有3%~6%的教职工待岗。为了今年的工作更有利、更科学、更规范地开展,临天中学早在上一年聘任工作结束后就进行了准备:建立健全了各项规章制度,制订了学校教职工考核细则量化表,并在教代会上通过。同时,在平时的工作中加强了监督和管理的力度。

聘任前,召开了校聘任小组会议,最后确定了考核方案:量化得分占80%,教职工民主测评占20%,根据考核总分确定出10%的教职工(按比例为2人)作为待聘对象,再由聘任小组最后确定一名待岗人员。经过一番紧张、辛苦的工作,有两位教师进入了这10%的名单。

在最后一次聘任工作小组会议上,针对这两位教师的情况,大家进行了讨论。从两人的情况来看,李某某教学业务能力较好,但时常因身体或态度原因未到校上班。李某某量化考核分较低,而民主测评分较高;张某某刚好相反,从实际情况看,他教学业务能力较差,但平常到位情况较好。

究竟应该淘汰谁？无记名投票表决的结果是：16人投票，8∶8。末位淘汰"卡壳"了。

阅读完上述材料，请思考以下问题。

(1) 你是如何看待教师聘用中的末位淘汰制的？

(2) 在本案例中，末位淘汰制为何会"卡壳"？

(3) 你认为末位淘汰制是否适合在学校管理中运用？

参 考 文 献

[1] 罗伯特·埃德尔曼.工作中的人际沟通[M].北京：商务印书馆，2000.

[2] 甄·瑞菲柏雷.决不找借口：平衡生活和事业成功的关键[M].北京：金城出版社，2004.

[3] 麦特·里德雷.美德的起源：人类本能与协作的进化[M].北京：中央编译出版社，2004.

[4] 王海明.新伦理学[M].北京：商务印书馆，2001.

[5] 孙铨.同在屋檐下：同事关系[M].北京：中国社会出版社，2009.

[6] 龙子民.狼道：绝对竞争的血酬定律[M].北京：地震出版社，2004.

[7] 冯必扬.不公平竞争与社会风险[M].北京：社会科学文献出版社，2007.

[8] 段凡，叶海平.竞争与和谐——和谐社会里的竞争概念解读[J].中国发展，2007(12).

[9] 高兆华.教师期望什么样的"竞争"？[J].教书育人·校长参考，2007(5).

第六章　教师职业"高原现象"

> 志之难也，不在胜人，在自胜。
>
> ——韩非

专栏 6-1

一位年轻教师的自述

我从小生长在一个教师家庭，所以对教师职业我有一种特殊的感情。这一点激发了我的兴趣，鼓舞了我的信心，于是我开始全身心地投入到教育教学工作中。课前我精心设计好每一堂课的每一个环节，力求能有一两个亮点；课堂上我满怀激情，力求表达流畅，用词准确生动，把学生带到一个个优美的意境中去。站在讲台上，看着几十双眼睛注视着自己，那种感觉真好。学生们跟着我思考、记录、讨论、发言，一想到自己的付出推动着他们的进步，一股小小的成就感就会在心中骤然升起。他们对我的评价是"具有流畅的言语表达能力和很强的课堂驾驭能力"。领导和同行的认可给了我很大的鼓励。但时间一长，这种教学的成就感和新鲜感会慢慢退去。每天周而复始地机械劳动，看到的主要是教室内学生的懵懂胡闹，办公室老师的无奈抱怨，家长们的困惑无助。而自己呢，就在其中无休止地忙碌着。我不禁迷惑了：这就是我所热爱的教育事业吗？我在教学中取得了一些成绩，只是凭着一些经验和感觉在做事，天天重复着一种个体化的劳动，我的价值在哪里？我的潜力如何得到挖掘？我似乎进入了山重水复的境地，做老师的苦闷、彷徨、迷惑伴随着我。此时，我有幸听取了几位专家教授的报告。我学习、思考，忽然有了顿悟，我深刻认识到过去的激情已逝，但是没有及时补充新的活力。我从困惑中找到了解决问题的办法，那就是工作不止，学习不辍，向他人学，向书本学，走出困境又是一片艳阳天。不断地学习使我认识到教学艺术的博大精深，也使我领略到学习的无穷魅力……

在教育实践中，我们常常看到这种现象：有的教师在专业成长中，往往会因为自己的一点进步而兴奋，也会因对工作不熟悉、工作具有挑战性而发奋努力，但当他们所掌握的技能完全能应付日复一日的工作时，如果不注意扩大新领域、探索新模式，成长中就会出现停滞不前的状态。美国教育学会发表的《谁是优良的教师》一书中说:"教师服务成绩评定的趋势是曲折前进的。在教学的头几年,随着教学经验的增加,教学效果显著上升;教了五六年以后,习惯于已有的教学程序,进步的速度就不像以往那样快,甚至有逐步下降的趋势。如果不进修,即使再教20年,也不会有多大进步,到后来就会出现衰退的现象。"[①]教师的这种心理与行为状态直接导致对自己从事的职业出现认同危机,不但影响教师本人职业生涯的健康发展,也会影响学生及整个学校的健康发展。本章介绍教师职业发展中"高原现象"的成因、特点及消极影响,并提出相应的应对策略。

第一节 教师成长中的"高原现象"

一、职业生涯"高原现象"的基本概念

"高原现象"是教育心理学中用来描述在学习,尤其是技能形成过程中出现的进步的暂时停顿或退步现象的一个概念。1977年,美国职业心理学家 T. P. 菲伦斯(T. P. Ference)等将它引入职业生涯领域,用以描述个体由职业生涯发展的停滞所引发的诸如疏离感、低效能感、挫折感、失败感等系列职业生涯认同危机。他们将职业生涯"高原现象"定义为个体在职业生涯发展的某一阶段中进一步晋升的可能性非常小。这一概念的界定拉开了人们关注职业生涯"高原现象"的序幕。在近30年的研究中,许多研究者对职业生涯"高原现象"的概念进行了不断的打磨,提出了许多相异的界定,未能达成共识。

现有概念大致可以归纳为三类。①从职业晋升角度定义,认为职业生涯"高原现象"是个体在职业发展的某一阶段中进一步晋升的可能性非常小或两次晋升的时距太长。②从职业流动角度进行界定,认为职业生涯"高原现象"是个体由于长期处于某一职位而使得自己未来的职业流动(包括垂直流动和水平流动)的可能性很小。③从职业责任角度进行定义,认为职业生涯"高原现象"是个体(在当前工作或未来工作中)承担更大责任的可能性很小。

为了进一步明晰职业生涯"高原现象"的内涵,消除不同研究者对该概念的歧见,很有必要辨析职业生涯"高原现象"与邻近概念的关系。

(一)职业倦怠与职业生涯"高原现象"

职业倦怠与职业生涯"高原现象"都是个体职业发展历程中出现的现象,由此决定了它们是两个既相区别又密切联系的概念。它们的主要区别有四点。

第一,指向不同。这两个概念分别指向两种不同的现象。职业倦怠是指在以人为服务对象的职业领域中,个体的一种情绪耗竭、人格解体和个人成就感低落,是个体对从事职业的一种厌倦。其中,情绪耗竭与人格解体是倦怠的核心维度,个人成

---

① 于源溟:《语文教学过程论》,济南出版社,1997年,第61页。

就感低落相对而言并不是非常重要的。而职业生涯"高原现象"直接指向职业发展过程中的个体成就,如晋升、流动、承担更大的责任等,是个体对职业发展的向往、憧憬的可能性的一种知觉,它并不直接指向对从事职业的厌弃、背离。

第二,性质各异。职业倦怠又称职业枯竭、工作倦怠、工作耗竭等,是美国临床心理学家费登伯格(Freudenberger)用来描述职业中的个体所体验到的一组负性症状,如情绪耗竭、身体疲乏、工作卷入程度低、对待服务对象缺乏人道态度和工作成就感降低等。而职业生涯"高原现象"具有积极和消极双重性质,只是研究者更多关注的是其负面效应。

第三,根源有别。职业倦怠的根源是超负荷的职业压力。而职业生涯"高原现象"的根源则是个体知觉到自己职业发展的前景渺茫。

第四,后果不一。职业倦怠不仅影响工作绩效等效果变量,而且影响个体的身心健康。职业生涯"高原现象"影响工作绩效等效果变量,也影响个体的心理健康,但目前还没有对个体的身体产生影响的报告。另外,尽管职业倦怠的传统研究领域是以人为服务对象的职业领域,职业生涯"高原现象"的传统研究领域是组织职业生涯管理领域,但随着研究的不断深入,两者都不断突破自己原来的研究属地,渗透到对方的研究领地,如职业倦怠研究已扩展到企业、银行、秘书、政府机关等方面,职业生涯"高原现象"也拓展到教师、警察、医护人员、图书管理员等领域。

(二)职业压力与职业生涯"高原现象"

心理学认为,压力是指有机体对于能力难以达到某种要求或扰乱其平衡状态的刺激事件所表现出的特定或非特定的反应状态。刺激事件包括各种内在及外在情境,总体上可称为压力来源。任何职业都存在职业压力。

职业压力与职业生涯"高原现象"既有区别又有联系。

两者的区别主要有三点。第一,维度不一。职业压力是从单维的角度、一般的意义上来研究压力反应,而职业生涯"高原现象"则多是从多维的角度、特定的意义上来研究压力反应。第二,成因有别。职业压力反应通常产生于个体所知觉到的工作要求与个体能力之间的不一致,而职业生涯"高原现象"则产生于个体基于工作绩效、组织所能提供的发展机会和自己是否接受机会的现实知觉所做出的对自己职业前景的评价。第三,过程不同。职业压力可以是一种即时的反应,而职业生涯"高原现象"则是一个较长时间的演变过程。

两者的联系主要表现为:职业压力通过影响工作绩效而成为职业生涯"高原现象"的一个前因变量,职业生涯"高原现象"是职业压力的一个后果变量。但也有人认为,个体意识到自己的职业生涯"高原现象"就会产生职业压力。

二、教师职业"高原现象"的发展阶段、特点及影响

年轻教师参加工作初期(走上教学岗位后的3~5年),教学能力发展较快,其教学水平与工作年限成正比。此后,教学技能提高缓慢,有的由于放松对自己的要求

甚至出现教学水平滑坡现象。教师职业生涯"高原现象"是指教师在职业生涯发展的某一阶段由进一步增加工作责任所引发的有关职业进步如晋升、流动等暂时停顿的心理与行为状态。这种心理与行为状态直接导致教师对自己从事的职业出现认同危机,并弥散于教师的心理和行为的各个层面,从而成为一种职业性伤害,既不利于教师本人职业生涯的健康发展,又可能殃及学生及整个社会的健康发展。

(一)教师职业"高原现象"的发展阶段

教师高原期属于教师生涯发展中的一个阶段,但其自身也可能是几个间断的、持续加重的阶段,每个阶段的教师都会有不同的表现,有研究者认为可以将高原期划分为如下几个阶段。[1]

1. 高原期初期

这一时期教师的表现不是最好也不是最坏,这一类教师在学校中最多,也是最容易被忽视的一群。他们很少致力于教学革新,绩效平平,所用的教材和教学内容年复一年是相似的,学生的表现平平。这类教师所持的想法较为固执,在行为上多沉默寡言,跟着别人消极行事。

2. 高原期中期

教师容易产生教学挫折感,工作满意度持续下降,开始怀疑自己选择教师这份工作是否正确。当前探讨得比较多的教师职业倦怠大多数都出现在本阶段。教师存在着"做一天和尚撞一天钟"的心态。这些教师只做分内的工作,不会主动追求教学专业上的卓越与成长,只求无过,不求有功,可以说普遍缺乏进取心,倾向于敷衍塞责。他们经常批评学校、家长、学生,甚至教育行政部门,有时对表现好的教师也有所指责。此外,这些教师会抗拒变革,对于行政上的措施不做任何反应,这些行为都可能妨碍学校的发展。处于这一阶段的教师在行为上或独来独往,或行为极端,或喋喋不休。这些教师的人际关系都不是很和谐,家庭生活有时也会出现问题,他们需要多方面的帮助。

3. 高原期高潮时期

这一时期的教师在教学上表现出无力感,有时会伤及学生,但这些教师并不认为自己有这些缺点,且具有很强的防范心理。这是学校最难处理的事情,解决办法是让这些教师暂时转岗或转换职业。

在这三个阶段里,教师在教学工作中的无能为力感逐渐加深并发展到无法胜任而转岗或转换职业,从而退出了教师职业。如果教师在前两个阶段得到有效的帮助,他们可能不需要经历第三个阶段就能克服"高原现象"并开始新一阶段的发展。

(二)教师职业"高原现象"的特点

教师一旦产生职业生涯"高原现象",将会呈现如下总体特征。[2]

---

[1] 章学云:《中小学教师高原现象的研究评述》,载《师资培训研究》,2005年,第3期。

[2] 寇冬泉,张大均:《教师职业生涯"高原现象"的心理学阐释》,载《中国教育学刊》,2006年,第4期。

第六章　教师职业"高原现象"

1. 教师职业承诺动摇

教师职业承诺是指教师本人对教师职业的认同程度,对教师职业的主要工作是否感到心理上的满足及对工作的投入程度。出现职业生涯"高原现象"的教师,其职业承诺发生动摇,从而在认识上出现职业认知钝化,如对教育教学意义认识不足,排斥教育教学新理念、新方法的应用,忽视学生的主体性等。在行为上出现不再精心备课和精心组织课堂教学,教学活动沉闷、枯燥和程序化,缺少生机和乐趣,缺乏对智慧的挑战和对求知欲的刺激等,对与职业有关的人和事产生疏离感,常敷衍塞责。

2. 教师职业情感萎缩

教师职业情感是指教师对于自己所从事的职业能否满足自身社会性需要而产生的内心体验。它是作为从业主体的教师和作为职业客体的教师职业之间关系的反映,是教师从业态度和从业整体精神风貌的体现。一般而言,教师职业情感由职业理智感、职业道德感和职业美感三个要素构成。出现职业生涯"高原现象"的教师在这三个要素上有如下特征。第一,职业理智感(即由求真需要和理性观念得到满足而产生的情感)萎缩,表现为对教师职业的悦纳感降低,对职业知识进行创新、更新的创造感丧失,对传道、授业、解惑的成就感、荣誉感和尊严感淡漠。第二,职业道德感(即由求善需要和道德观念得到满足而产生的情感)萎缩,表现为对科教兴国的使命感、素质教育的责任感、关爱学生的情感减弱。第三,职业美感(即由求美需要和审美观念得到满足而产生的情感)萎缩,表现为遵循学生身心发展规律的自然美、因材施教和独特教学风格的艺术美等方面的美感缺失。教师职业情感的萎缩也表现为教师教学激情丧失,教学满意度下降,教学投入度不够,教学绩效滑坡,离职意愿增强。

3. 教师职业角色模糊

教师职业角色是指社会对教师群体的行为规范和行为模式的一系列期望,它是由学习促进者、道德教育者、心理咨询者、组织者、研究者等一系列角色构成的角色集。教师作为社会人,除了扮演职业角色外,还要扮演其他多种社会角色,而每一种社会角色都包含自己特定的角色子集。社会角色的复杂性、嵌套性特点决定了教师的角色冲突,由此导致教师产生职业角色压力。正常情况下,教师能够理性而有效地应对角色冲突引发的职业角色压力,使自己扮演的职业角色清晰到位。但出现职业生涯"高原现象"的教师,其职业角色模糊,表现为对职业的权利、义务、责任缺乏清晰而一致的认识,工作时显得无所适从。同时,其职业角色发生紊乱。当职业角色与其他社会角色发生角色冲突时,他们会毫不犹豫地、无原则地使自己的职业角色让位,从而使教师职业蒙受不应有的损失;当职业角色内发生冲突时,他们常常按照"最小努力"原则选择扮演职业角色。职业角色模糊,将直接导致教育教学品质低劣,严重污染教育教学环境,给学生的健康成长和教育的良性发展带来无法估量的损害。

相关调查表明,56.6%的教师承认在自己的职业生涯中存在着职业高原期。[①] 处于职业高原期的教师通常表现为在教学态度上缺乏积极性、主动性;在教学情感上,教学激情丧失,遵循学生身心发展规律的自然美、因材施教和独特教学风格的艺术美等方面的美感缺失;在对教学角色的认知上表现为职业角色模糊。因此教师在职业高原期如果不能有效突破,不仅有碍自身的成长与发展,而且不利于教育教学改革的顺利进行及学生的健康成长。

(三) 教师职业"高原现象"的影响

国外很多研究表明:非职业"高原状态"的员工比职业"高原状态"的员工具有更大的生活满足感和更为健康的生活方式。许多教师从师范院校毕业走上工作岗位,度过适应期、成长期,工作熟练后就长久地处在"高原状态"中。教师职业"高原状态"的后果主要表现在如下几方面。

1. 教师专业发展长期停滞

高原期教师的理论视野极为狭窄,成为没有创造力的人,在专业和学术上没有话语权。教育教学方法不断重复成为"套路",工作越来越简单化、平庸化,经济收入增长的同时却逐渐失去了上进心和职业幸福感。20世纪90年代,许多有识之士指出,不能让教师成为"工匠",要培养学者型、专家型教师。从现状看,这种愿望可以说远没有实现。"高原状态"绝不是恒定不变的,相当多专业后进教师都是从"高原状态"中走出来的。

2. 对教学效果本身产生影响

教师专业发展与成长的真正价值和意义,就在于它是促进学生发展和成长的必要条件,是在师生共同参与的教学实践中,以双边互动、双向激活、相互融合、彼此支撑、教学相长为终极目标,即学生在教师的专业发展中成长,教师在学生的学习成长中发展,教师和学生双方都将获得发展。职业"高原状态"导致教师缺乏教书育人的热情、工作成就感降低、创造感丧失,不愿再像新教师那样教学,失去启发、激发学生的耐心,直接影响教师的课堂教学效果。此外,由于缺乏对学生主体性的认识及与学生的沟通,情况严重时会延缓或阻碍学生的身心发展。

3. 制约学校和地区办学水平的提高

一些相对薄弱的学校长期处于后进地位的原因固然在此,而许多名牌学校其实也存在这个问题。许多名牌中小学靠着政策倾斜,重点投入,硬件优越,形成品牌效应,可以录取起点高、基础好的学生,即使过了三年或六年,无论该校的管理水平、教学水平如何,这些学生都会处于优势。如果认真计算,就会发现很多名牌学校其实是办学成本很高的、办学效率很低的学校。不公平竞争掩盖了教师水平长期不能提高的问题。许多校长办学的"法宝"全在于争取领导重视、争取更好的办学条件、争

---

① 连榕,张明珠:《教师成长中的"职业高原"现象之有效应对》,载《教育评论》,2005年,第3期。

夺优质生源,而极少考虑促进教师专业水平的提高。也有一些学校靠严格管理实现了办学水平的提高,成为当地较好的学校,但这种管理主要是靠外部监控,不断加大师生在教学上的时间和精力投入而取得的,自主创新含量很低,属于人力资源消耗型学校。然而师生的时间、精力并非取之不尽、用之不竭,到了一定阶段,整个学校的发展都会出现"高原状态"。某些地区也是这样。有的地方学校等级森严,高考年年捷报频传,主要是靠高投入、严管理,师生拼时间和体力,加上国家增招和优质生源流入而实现的。稍微深入了解就会发现,许多教师都感觉"搏到尽",职业倦怠相当普遍。

第二节 教师职业"高原现象"原因分析

基于职业生涯"高原现象"产生根源的现有研究成果,有研究者认为,教师职业生涯"高原现象"产生于组织因素、个人因素、家庭因素和社会因素的共同作用。其中,教师的个人因素即内因是教师职业生涯"高原现象"产生的根本原因,其余三个因素即外因,是教师职业生涯"高原现象"出现的条件。[①] 本节将从教师主观因素和客观环境两方面进行阐述。

一、主观因素

主观因素包括年龄、受教育水平、人格因素(特别是控制点与职业高原具有很大的相关)、晋升愿望、上级的绩效评价、对工作的喜爱程度、工作的投入、以前成功的工作经验等。一般来说,学历水平较低的教师获得专业成长所需的时间也较长,他们更容易在心理上产生职业发展的静止期。研究表明,一个人对晋升的愿望越高,产生职业"高原现象"的可能性越大。此外,个人特征和人格因素也是产生职业"高原现象"的主要原因之一。如外控型的员工比内控型的员工发生职业"高原现象"的概率要高一些。上级的绩效评价及个人自我效能感可能会直接影响工作的投入程度,也影响个体职业"高原现象"的产生。教师自身的专业发展需求、个人职业发展愿望、职业韧性及教师的知识结构、能力、气质、性格等都可能影响职业"高原现象"的出现时间及严重程度。

教师的个人归因倾向影响职业"高原现象"的产生。动机归因理论认为,对事情的结果进行不同的归因,往往会产生不同的情感反应和期望改变,而这种归因后果又常常促动后继的行为,成为后继行为的动因。归因的因素包含三个维度,即内外性,稳定性和可控性。归因的内外性指向影响自我的情绪变化;归因的稳定性影响未来成功和失败的主观可能性;归因的控制性则常常引起内疚和羞愧。处于"高原现象"中的教师常常会对自己的专业发展停滞不前的原因进行分析与探讨。如果

---

① 寇冬泉,黄技:《职业韧性与教师职业生涯高原的产生》,载《广西师范学院学报(哲学社会科学版)》,2008 年,第 3 期。

他对自己的归因是因为能力太差,就会产生沮丧、悲伤的情绪反应;如果他把产生"高原现象"的原因归结为努力不够,就会体验到内疚与自责;如果他把原因归结为运气不好及学校领导的不关心、不重视,就会感到愤怒和失望。因此,不同的归因往往会产生不同的情绪反应,也会产生不同的动机效果,从而影响教师对"高原现象"的正确认知,影响教师专业的正常发展。

解决问题的方法影响职业"高原现象"的产生。从某种意义上讲,归因内容的不同决定了解决问题方法的不同。如果一位教师把产生"高原现象"的原因归结为缺乏努力,那么,除了感到羞愧和内疚之外,为了改变现状,完成发展的突破,他会积极寻求解决问题的途径,付出更多、更大的努力:或是自己钻研、反思;或是求教于有经验的前辈;或是争取机会到外地参观、考察、学习,以期突破"高原现象",总之,他会以一种建设性的态度对待自己的"高原现象"。相反,如果一位教师把产生"高原现象"的原因归结为自己不具备胜任教师的能力,那么,除了会产生沮丧的情绪外,甚至还会萌发出强烈的自卑情结,对工作和学生表现出前所未有的冷漠,失去发展的信心,停止对工作的努力。

职业"高原现象"的产生还与教师的人格特征有关。有的教师成长中很少有"高原现象",而有的教师却频频出现"高原现象"。例如,同样对职业发展的认知定位较高,具有宽容、耐性特质的个体比具有急躁、亢奋特质的个体卷入的情绪情感体验和行为状态要稳定得多。有些教师存在如怯懦、自卑、优柔寡断、缺乏开拓精神、钻"牛角尖"等不良性格特征,当他们面临压力、困难时,往往不能采取适当的方式方法去应对,最终导致成长中障碍的频繁出现。

教师的自我效能感也是影响职业"高原现象"的主观因素之一。对教师来说,自我效能感指的是教师对自己影响学生行为和学习成绩的能力的一种主观判断和感受。自我效能感低的教师容易感受职业压力大,易精神疲惫,而且缺乏成就感及进一步开拓进取的内部动机。

二、客观因素

(一)教师专业成长的客观规律

教师在专业成长中的非线性发展是一条普遍规律。虽然教师在师范院校学习期间已经学习并掌握了大量的相关专业知识、条件性知识,但知识和能力的形成并不是同步的,知识掌握在先,能力形成在后。所以,把这些知识与教育教学实践结合起来转变为一种技能、能力,需要一定的时间。同时,社会是不断发展与变化的,社会的发展与变化必然要求与之相适应的教育,从而对教育提出新的、更高的要求,这种新的、更高的要求需要通过教师去探索与实践。于是,新的教育理念、知识、能力与教师原有的教育理念、知识、能力之间构成了矛盾,对教师也提出了新的挑战,教师必须将新的理念、知识、能力与自己原有的知识、技能、能力结构发生联系,形成自己新的知识结构、动作组织体系和能力系统。这种体系和系统既不是动作的简单累积,又不是动作间联系的简单加强,而是一种有机的融合。这种融合不是一蹴而就的,它需要一个过程。所以,在教师的知识还没有通过实践转化为能力之前,在教师新的知识结构、动作组织体系和能力系统还没有形成之前,在知识与能力新老交替的格局还没有完成之前,必然会出现一个新旧过渡的时期。这时,教师的知识、技能、能力的发展都会处于一个相对停顿的状态,甚至还会感觉稍微有些退步。

教师专业成长的"高原现象"一般出现在教师职业生涯的中期。按照职业生命周期理论,教师专业成长的瓶颈期刚好对应于教师职业生涯中期——平静与保守期,通常需要 8~10 年完成,教师的年龄大多在 30~40 岁。一般而言,此阶段的教师经过了 10 年左右的教育教学实践,已完全适应了教师职业,而且大多数事业有成,或成为学校的骨干中坚,或被提拔为管理干部。作为资深老教师,他们会因拥有的教育经验和技巧而自信,因自身的经验及资历而自豪,也会因职称"到顶"而不思进取,会因对工作岗位的熟悉,在小环境的显赫成就(职务上的或职称上的)而自以为是和骄傲自满,很自然地会产生职业懈怠心理,失去进一步发展的热情、动力和可能,从而出现发展中的"高原现象"。从一定意义上讲,大部分教师之所以不能成长为名师,可能就是因为其毕生都无法突破这一发展的瓶颈。

(二) 组织因素

学校的组织环境是造成教师职业"高原现象"的原因之一。学校的激励制度是否有效、是否能真正激励教师的教学是值得思考的一个问题。另外一个值得注意的就是学校的培训制度。学校对教师的培训是为了让教师的教学知识和教学技能有所提高,但是有的学校对教师的培训不太符合教师的实际需要,教师的教学知识从中不能很好地得到更新,教师在工作中仍找不到创新的方法,工作上应付了事。

学校的管理模式、学校规划、专业的组织工作、公众信任、社会期望等都影响着教师专业的发展。许多有关教师积极性激励的研究表明,学校领导的管理风格是否具有民主协调性,教师是否受到组织的认可、团体的支持,学校是否提供进修深造的机会、学校对教师有无工作绩效的反馈,有无适时恰当的激励措施等,都直接影响教师工作的积极性,也会导致教师职业倦怠和职业"高原现象"的产生。

20 世纪 80 年代末,学校管理从过去"干多干少、干好干坏都一个样"的"吃大锅饭"制度转变为校长负责制、教师岗位责任制,这是一次重大的变革,大大调动了教师工作的积极性,但时至今日,这种制度越来越显现出其负面效应。北京师范大学杜育红教授在为《基础教育改革与发展译丛》所写的总序中指出:现行学校管理模式在组织设计上遵循韦伯式理性科层组织结构,这种金字塔式的组织结构,整个组织的设计是如何实施有效的控制。但教育是一项极其复杂的特殊劳动,许多教育的效果往往在多年之后才显现出来,在目前的管理模式下是无法监督的。从这一点,我们就不难理解,为什么我们的教育无法改变分数至上的信条。

事实正是这样,办学单位市、镇两级政府领导工作繁忙,根本不可能对学校做稍为细致的监督,但又必须履行监督的责任,于是升学率、考试和各种名次评比便作为标准实施外部监管，成为一种成本低又方便可行的管理方法。校长将政府领导给自己的任务指标分解到每个教师头上，将教师的聘任和经济利益与分数挂钩，也就成了顺理成章、公认可行的方法。尽管有的学校在此基础上有所变通，加入其他指标，但考试分数作为奖惩的主要标准几乎是不可动摇的。长期实施这种只看分数不管其他、只看结果不看过程、只看目前成绩不管人的长远发展的管理产生了两方面的后果。一是教师放弃专业学习，用更多的时间，通过获取考试信息、加大训练量、加大监督学生的力度等方法谋取较高的分数。二是教师不必合作。因为每个教师只对自己所教的科目和班级成绩负责，别的教师的挫折、失败与自己无关，别的班级成绩的下降还可造成自己班级成绩名次的提升。甚至教师之间还会因争夺对学生的控制权等而产生矛盾。由此，我们不难理解为什么在评课时很难听到真诚的切中肯綮的意见。而放弃合作，教师的专业水平就更难提高。

（三）家庭因素

家庭因素主要包括家庭满意度、家庭成员人数、配偶工作情况（是否有工作、全职还是兼职）、个人家庭负担等。家庭生活满意度高的个体，由于生活更幸福，对工作会更有兴趣与热情，产生职业"高原现象"的可能性比家庭生活满意度低的员工发生职业"高原现象"的可能性要小；配偶有工作的员工，家庭财政的压力更小，心理压力和工作负担较小，因而产生职业"高原现象"的可能性也较小。而个人家庭负担重的员工，有更大的生活压力，对工作报酬与晋升的期望值也高，更有可能发生职业"高原现象"。费斯勒等认为处于职业挫折期和稳定期的教师在个人生活方面可能要适应孩子的成长和离家带来的变化，应对自己或孩子健康方面的危机，他们也许还不得不考虑孩子的未来教育及其所需费用。因此每月的收入就成了他们的头等大事。①

职业"高原现象"在个人职业生涯的任何时期都可能发生，但40岁以上员工发生的几率特别高。对于这一特定时期，家庭因素的影响作用是不容忽视的。这一年龄段的教师上有老，下有小，既要照顾年迈的父母，又要特别关注和教育进入青春期的子女，家庭生活压力较大，特别是女性教师，由于受到社会刻板印象及传统观念的影响，选择投入更多精力在家庭上的人更多一些。因为如果他们甩开婚姻和家庭，集中精力去追求事业，最后却是一场空，就更容易有得不偿失的感觉。鉴于以上原因，一些教师在达到一定的职业地位后就不想再努力晋升了，而是将更多的时间、精力投入家庭当中。

（四）社会因素

职业"高原现象"成因的社会因素包括社会压力和教学环境的影响两方面。教师的社会压力是由他在社会教育活动中所处的地位和作用决定的。教师在人类社会的发展中起着承前启后、继往开来的作用。没有教师，人类社会就无法继续和发

---

① 费斯勒，克里斯坦森：《教师职业生涯周期——教师专业发展指导》，中国轻工业出版社，2005年，第149页。

展。因此,教师职业在社会各行业中所居的地位是十分显著的,所起的作用也是巨大的。

现代社会对人的素质的要求越来越高,对教育质量的要求也水涨船高,对教师的要求也步步提升。过去教师所面临的压力,如来自学校、学生和家庭的压力,在现代社会中依然存在,而且现代社会不但在某种程度上增加了这些压力的强度,并且给教师职业一些前所未有的压力。这些压力会给教师的工作带来一些消极影响,使有些通过努力不能较好胜任工作的教师丧失信心,为了缓解压力,某些教师可能会采取得过且过的懒散态度,混沌度日,成长中出现高原期也就不难想象了。

社会日趋功利取向,师生感情日渐淡薄,学生问题也日益严重,教师必须花费更多的时间与精力来处理学生的问题。学校学生人数的膨胀,过多的考试压力,越来越大的工作量也增添了教师工作的负荷;另外,在学校中教师缺乏自主性,科层制组织结构和职称评定的论资排辈现象使整个学校的气氛趋向非人性化,教师感到职业发展的阶梯相对减少,失去前进的动力,久而久之,成长中高原期就会越拉越长。

(五)多方面因素的交互作用

学者苏虹认为,"高原现象"产生的原因还有以下两个。

一是由于那些促进成绩进步的因素与阻碍成绩发展的因素相互作用的结果。例如,精神压力太大,思想负担过重;心理和生理上的过度疲惫;动机强度减弱,兴趣降低,热情不足;长时间从事某种工作产生厌烦、疲沓的情绪;意志力薄弱,缺乏吃苦耐劳和持之以恒的精神;进步的勇气和信心不足;工作方法不当,知识和经验欠缺;自高自大、自命不凡,闭门造车,孤芳自赏,不虚心求教;正在进行的潜在的学习、能力,其成绩尚未显现出来等。

二是新旧交替之间,新旧活动结构的改变和实现活动的新方式、新方法的准备状态。在发展进步的过程中,会出现以新的活动结构代替或改变旧的活动结构的现象,而提高成绩的新的活动结构方法尚未形成,因此,活动结构的改变往往一时不能奏效,那么在没有完成这个改造前,成绩就会处于暂时停顿的状态。有时旧的活动结构正在改变,而采用新的活动方式又遇到新的困难,没有建立起新的结构。这样成绩不但没有提高反而有所后退。这是由于旧的方式方法已经相当巩固,它直接妨碍新的方式方法的形成,导致成绩的暂时倒退。譬如,非正规姿势的游泳不如自由泳的效率高。但要改学自由泳,就需要改造先前学习的技能结构,而旧的、不良的方法直接妨碍新的自由泳的方法的形成,因此开始学自由泳时,效率反而会暂时下降。当练习者通过练习,完成了技能结构的改造后,成绩又开始提高了。

第三节 教师职业"高原现象"的应对策略

目前对教师职业"高原现象"有两种研究取向。教育学观点认为,研究教师职业生涯"高原现象"的最终目的是帮助教师顺利应对职业生涯"高原现象"。首先,在教师层面上加强教学技能技巧的训练、提倡反思性教学、积极开展科研兴教活动、自我调控压力、增强自我效能感。其次,在学校层面上重视校本培训及终身教育、创造教师成长的机会、实行工作轮换、建构有效的教师成长激励机制等。最后,在社会层面上优化社会心理环境、给教师更多的心理支持、建立社会支持网络,对教师职业持合理期望。教育学研究取向探讨的主要是专业发展方面的客观职业"高原现象"。

心理学研究取向提出了三个方面的应对措施。一是个人应对措施。强调教师提高对职业的认知,自强不息,内外兼修,增强适应能力,客观认识职业生涯"高原现象",积极采取多种方式化解。二是学校应对措施。强调学校努力营造教师职业发展的良好氛围,激起教师的自我发展需求,并引导其自我发展需求方向,为教师职业发展提供个别咨询。三是社会应对措施。强调优化社会心理环境、给教师更多的心理支持等。综合上述观点,我们认为,应对教师职业"高原现象"可从以下三方面着手。

一、个人应对

(一) 提高职业认同感

教师首先要对自己所从事的职业有一个全面辩证的深刻认识,不仅要认识教师职业的重要意义、在社会发展中的重要地位和作用,而且要用辩证的观点分析教师职业中的苦乐得失,并从中解读出自己的责任,看到自己的使命,寻找到实现自我价值的用武之地。只有对教师职业的认识完全到位,教师才会努力追求职业理想,坚定职业信念,崇尚职业荣誉感,勇担职业重任,并在从业过程中领略到职业乐趣和精神的满足,甚至以苦为乐、以失为得,产生愉悦感、成功感等职业情感。

(二) 正确认识自己

立足实践,正确认识自己,找准职业系留点,设定恰当而多元的职业目标,坚持不懈,力争职业目标的达成。美国职业心理学家埃德加·薛恩的职业生涯系留点理论认为,个体在经过长期的职业实践后,对自己的需要、动机、能力、价值观等方面有了真正的认识,从而形成个体终身所认定的、在再次择业中最不肯舍弃的东西就是职业生涯系留点。① 埃德加·薛恩将系留点分为五类:技术性能力,这种人的职业生涯核心是追求自己擅长的技术才能和职能方面工作能力的发挥,其价值观是愿意从事以某种特殊技能为核心的挑战性工作;管理能力,这种人的职业生涯核心是追求某一单位中的最高职位;创造力,这种人的职业生涯核心是围绕着某种创造性努力而组织的;安全与稳定,这种人的职业生涯核心是寻求一个组织机构中安稳的职位,且该职位有长期就业、稳定的前途,能够达成一定的经济目标等;自主性,这种人的职业生涯核心是寻求自由、自主地工作,能够自己安排时间,按照自己的意愿安排工

---

① 寇冬泉,张大均,黄技:《教师职业生涯"高原现象"的自我应对》,载《教育导刊》,2008年,第17期。

作方式和生活方式。

教师职业在某种程度上也存在上述五种职业生涯系留点。但许多选择教师职业的个体未必都找准了适合自己的职业生涯系留点,因为每一位选择教师职业的人都是带着自己的理想职业目标进入学校的,而这最初的理想职业目标常常是基于个体的美好职业愿望和对自己才能的模糊认识而设置的,它是否符合自己的实际情况和教师职业本身的特点,是需要职业实践加以检验并修订的。如层级高者,在认清自己确实具有极强的管理能力和教师职业特点后,可以在管理方面继续追求,也可以转向其他系留点;如果发现自己的管理能力一般,应该主动减少成为高层管理者的向往,趁早转向。教师职业本身的特点注定了绝大部分的教师只能将教育教学作为自己的职业生涯系留点。研究发现,教师在对职业知识、职业技能的追求上相对不易进入职业生涯"高原现象",也就是说教育教学工作为教师的职业发展提供了广阔的舞台和空间。但在选定相同职业生涯系留点的教师中,个体能否获得职业成功不仅依赖于个体的能力,而且受制于众多复杂的影响因素。因此,教师必须立足职业实践,躬身自省,结合教师职业的特点,找准职业生涯系留点,转换和修订原有职业目标,使其多元而恰当,并在此基础上不断进行职业生涯系留点相关知识和技能等内容的储备,为职业目标的最终实现而努力。

(三) 提高职业生涯高原商,重塑职业生涯

个体在遭遇职业生涯"高原现象"时,会主动或被动地进行应对,进而生成对职业生涯"高原现象"的职业发展韧性,这种应对职业生涯"高原现象"的职业发展韧性就是职业生涯高原商。按照一些学者的观点,职业生涯"高原现象"是每一种职业都存在的客观现象。因此,教师职业不可避免地存在职业生涯"高原现象",而且随着社会竞争的加剧,个体在从事教师职业的整个历程中甚至会多次面对职业生涯"高原现象"。因此,提高职业生涯高原商就成为教师个体应对职业生涯"高原现象"的根本措施,也是保证教师个体职业生涯持续发展的重要条件。

如何才能提高教师职业生涯高原商呢? 一方面,客观认识和面对职业生涯"高原现象",积极采取多种方式化解。作为教师个体,当发现自己遭遇职业生涯"高原现象"时,既不能无动于衷、听之任之,又不能惊惶失措、谈"高原现象"色变,而应积极面对现实,迅速调整自己的情绪,克服由此而生的挫折感、自卑感,相信自己的能力,冷静客观地分析自己的情况,积极寻找产生该现象的根源所在。然后,充分利用资源,主动寻求帮助,如求教于有经验的同事、同窗好友、心理专家、教育专家、教研组和年级组同事、领导,甚至校外人士等。另一方面,教师在职业生活中要自强不息,内外兼修,增强职业适应能力。

教师是一项专业性极强的职业,其专业特点决定了教师要承担远比其他职业大得多的压力。教师应理性地认识这些压力与职业生涯"高原现象"之间的紧密关系,从而自觉地不断增强自己的职业发展韧性。一般而言,一个职业发展韧性较强的教师,往往把压力看成一种难得的挑战,在应对压力的过程中不仅会产生愉悦的体验,

而且会提高自己的职业韧性。因此,作为教师,应该在提高自己职业素养的同时以开放的心态培养和提高职业韧性,重塑健康职业生涯。

(四)立足职业实际,积极开展研究

苏霍姆林斯基指出,教师要由每天单调、乏味的生活走向教育的幸福之路,唯一的办法就是让教师走上研究之路。要引导教师在自己的职业岗位上进行行动研究。行动研究是一种适应小范围内探索教育问题的研究方法,其主旨不在于建构理论体系、发现规律,而在于针对教育实践中的问题,通过行动加以解决,以提高教育教学实践的质量,推动教育教学改革的深入。其实质是教师在职业实践中通过行动和研究的结合,创造性地运用教育教学理论,去研究和解决不断变化的教育教学实践中的具体问题,增强教育教学工作的科学性和有效性,不断提高教育教学实践的水平和质量。当教师成为自己岗位上的研究者而不是一个简单的执行者的时候,其职业的挑战性和刺激性将大大增强,这是有效应对职业生涯"高原现象"的方式之一。

参加教育科研课题研究,在课题中学习成长是一种越来越引起人们高度关注的教师成长模式。融教育与科研为一体,注重科研对教学的渗透,通过教学与科研的结合,开展亲近实践的动态研究,正在成为教育科研领域的新亮点。思想观念是行动的先导,有什么样的教育思想观念,就有什么样的教育。教师的每一节课,每一个活动,都是一次教育思想观念的实践。教育科研是提升理念、促进自身专业成长的有效途径。问题意识是科研的动力,是科研精神的基石。提出了问题,并由此产生困惑、焦虑、探索的心理状态,这种心理又驱使教师积极思维,不断发现、提出问题和努力寻找问题解决的方法。问题意识体现个体思维品质的活跃性和深刻性,也反映了思维的独立性和创造性。教师参加教育科研有助于教师解决个人能力以外的问题而成为激活思维的发酵剂。

教师的研究所面对的绝不仅仅是外在的客观世界,更重要的是内在的主观世界。从某种意义上讲,教师的研究是"过去的我"与"现在的我"的对话交流,是努力摆脱"已成的我",不断获得新生的过程。这个过程就是最好的学习成长的过程。我们说中小学教师搞教育科研要做自己的研究,研究自己,其目的在于提高自己、发展自己、更新自己,从教育科学研究课题中学,把个人融入集体,汲取大家的智慧,这是一种更好、更直接的学习,是要通过研究使教师发现并获得这种改变自己的力量——研究中成长和收获的体验。

(五)加强教学技能技巧,提倡反思性教学,增强教师自我效能感

教学既是一门科学,又是一门艺术。首先应该肯定教学是一门科学,因为教学是有客观规律可循的,教学必须以科学的理论为指导。同时,因为教学是一种具有高度创造性的劳动,教学理论应用于教学实际,必须因人、因地、因时制宜,不能固定于一种模式。教学效果的好坏,还与教师的语言、机智、热情等素质有关,要做到"无意于法则,而合于法则","从心所欲不逾矩",这的确也是一种艺术。因此,从这个意义上讲,教师既是一位教育家,又是一位艺术家。综观教学发展史,名师的教学都是

科学再现与艺术表现的辩证统一,彼此相融,相得益彰。鉴于此,加强新教师教育教学技能技巧的训练是教师专业成长的必要举措和当务之急。教育教学是知识传播的过程,也是艺术再现的过程。没有一种熟练的传播技能和完善的再现技巧,教育教学活动难以顺利完成。实践证明,教师不仅要有一般知识和经验,而且要有从事教育教学的综合能力;要有把知识表达出来,传递出去,教会学生学习、做人、处事、生存的能力;要有与学生进行沟通、交流的合作能力和共同处理课堂事务的应变能力等。新教师只有通过积极有效的教学技能技巧训练,才能轻车熟路地把握内容,游刃有余地驾驭课堂,和谐自然地引导学生。

反思性教学,又称反思性实践,即教学经验的反思。换言之,是教师由于体验到教学实践的困境,受到不安全和不确定感的影响,开始回头分析他们的经验,借助发展逻辑推理技能,仔细地推敲、判断,持反思的态度进行的批判性分析的过程。这种分析既可能发生在教学实践之前,即为实践反思;又可能发生在教学实践的结束,即对实践的反思;还可能发生在教学实践过程之中,即实践中的反思。反思性教学是在对教学的道德责任及技术性教学的实际效果的分析的基础上发展起来的。反思性教学旨在更好地意识并激活内隐的、缄默的知识,并加以解释、说明、评判、验证和发展。在反思性教学模式里,被视为反思性实践者的教师是行动的研究者,他们能思考、发现及提炼出实践中碰到的教学问题并加以解决。他们能把教学的信念和技巧内化,并用以研究自己的教学,同时使自己的教学日臻完善。他们还要对自己的专业发展负责。教师发展的中心就是教师的专业成长。教师的专业成长要求教师培植反思的意识和心态,训练反思的技能和技巧,养成反思的兴趣和习惯,大力提倡反思性教学实践,不断反思自己的教育教学理念与行为,不断自我调整、自我监控、自我完善。只有通过对教育教学实践的反思,才有可能获得教师持续不断的专业成长。作为新教师尤其应该具备这种反思的能力,经常运用现代教育思想和观念,不断观察、分析所发生的教学活动;不断地反思、改善自己的教学行为;不断地明晰和提升自己的教学风格;不断地对自己的教育教学思想进行概念化的梳理,为尽快成为学者型、专家型教师做好技术和心理上的准备。

自我效能感是指个体对自己实现特定领域行为的主观判断与期望。对教师来说,指的是教师对自己影响学生行为和学习成绩的能力的一种主观判断和感受。教师的自我效能感,是其工作动机的基本源泉。自我效能感低的教师容易感受到职业压力大,易精神疲惫,而且缺乏成就感,以及进一步开拓进取的内部动机。在面临困难或失败的时候,自我效能感低的教师往往怀疑自己的能力,常因对自己缺乏足够的自信而放弃继续努力。也就是说,职业"高原现象"更频繁地发生在自我效能感低的教师身上。教师的自我效能感不是与生俱来的,它是教师根据一定的经验或信息对自我做出的判断。根据对教师自我效能感影响因素的分析,我们可以有针对性地采取措施提高教师自我效能感。

首先是利用教师行为的成功经验。成功的经验是提高教师自我效能感最重要的途径,而失败与挫折则会削弱教师的自我效能感。在这一点上,应要求教师对自己的成败经验做出正确的、积极的归因,学校领导应注重教师专长,创造机会给予教师成功的体验。

其次是利用替代性经验。当教师看到与自己能力水平相近的其他教师取得成功时,就会形成比较高的自我评价,从而提高自我效能感。反之,则使自我效能感降低。因此,学校要鼓励教师通过各种方式相互学习。如组织教师进行讨论交流、观看教学录像或观摩实际教学,树立专家型教师的典型,推广经验,为教师提供学习的榜样。

最后是利用他人的评价和劝说,即领导或同行等对教师执行某一任务的能力所做出的评价、鼓励或劝说。学校领导应鼓励教师树立终身学习理念,不断提高自我,对教师取得的进步要及时给予表扬,建立有效的激励机制。

(六)坚持自我调控,完善教师人格

基于"教育是人格影响人格"的观点,完善教师人格一直是社会赋予教师的一个基本追求。但由于其出发点只是注重教师职业对于社会的工具价值,而忽视了对教师自身职业发展和生命质量的内在个体价值,导致教师对人格的完善缺乏内在动力,表现为消极、被动。因此,完善教师人格要做到:首先,强调教师的内在个体价值,以激活教师对人格完善的自我调控;其次,人格完善不是一朝一夕就能实现的,需要长期的坚持,甚至终其一生,需要个体坚持不懈的努力;最后,要求教师在职业发展中改变好高骛远、求胜心切、过于急躁或自暴自弃等不良性格,培养实事求是、幽默、风趣、乐观、豁达、上进等优良性格。

专栏 6-2

"搅动自己",跨越教师职业高原期

当我的教学走入故步自封的境地时,我没有垂头丧气,而是想方设法使自己跨越这一阶段。

(1) 在认识自我中开始

认识自我就是对自己进行恰当的评价。这是一种比较痛苦的自我"解剖"。我首先找出自己近三年来教育教学中存在的问题,并分析原因,之后根据自己的性格、爱好、特长进行自我专业发展设计,提出自己的发展意向,以避免领导期待的发展。在此基础上,每一季度我都会进行专业发展目标对照,回顾本季度的得失,分析原因,并写下季度工作计划,包括工作重点、措施办法、预期效果等。

(2) 在抛开经验中发展

今年,学校派我参加信息技术与课程整合的赛课。我想,我与年轻教师比,年龄肯定不是优势;而电子教学呢,更不是自己的特长。但是,我有经验,我有信心。可试教的结果是信息技术整合的效果不明显。我真的无法跨越发展的"瓶颈"吗?校长找我谈话:"你就把自己看做是刚走上讲台的教师,抛开以前固定的教学思路。"领

导的话使我茅塞顿开:有时经验会束缚你的成长。想到在小学语文课中有好多"送别诗",能不能以板块的形式来整合资源呢? 新的构思形成了,后来的课上得也不错。

其实,人生就像一碗蔬菜汤,如果没有搅动,鲜美调料就会一直沉在碗底,唯有勤于"搅动自己",才能走出故步自封的境地,跨越职业高原期。

| 专栏 6-3 |

为自己喝彩,让自己出彩

我用两招跨越职业高原期:擦亮自身的闪光点,让自己出彩。每个人身上都有闪光点,关键看我们怎样对待,闪光点时常轻轻拂拭才会光洁如新。凭借一本本小人书,我与文学结下了不解之缘。

近年来,我记录了教育教学中的点点滴滴,并积极向各级各类报刊投稿。在编辑老师的帮助下,我的涂鸦之作变成了一行行铅字,成功的自豪感油然而生。

找准自身的生长点,为自己喝彩。2005年,一个偶然的机会,我接触了教育博客,发了一篇"专业学习,鸡肋乎? 醍醐乎?"的帖子,很快就看到许多不相识的网友的支持与鼓励,这让我感受到了生命的彼此感应,思想的火花彼此碰撞。之后,我积极主动地写博客、读博客、评博客,随时把自己对教育教学的所见所闻、所思所想,以及对他人观点的看法呈现在博客上,与博客上的网友进行交流讨论,实现资源共享、共同发展。一年来坚持写教育博客拓展了我的学习路径和思维空间,唤醒了我的创新激情,提升了自我生命的质量和价值,也促进了自身的成长和专业发展,让我对未来的教育实践充满了信心。

当你处于职业高原期感觉步履维艰时,切不可迷失和淹没了自己,大胆地秀出自己的想法。当职业成为研究对象时,你就会产生无穷的乐趣,从而实现人生价值和职业价值的和谐统一。

二、组织应对

(一)重视校本培训及终身教育

1. 校本培训制度化

教育部师范司司长马立指出:"校本培训,即为了满足学校和教师的发展目标和需求,由学校发起组织,主要在校内进行的一种教师在职培训形式。各级培训机构、师范院校要和中小学结成密切的伙伴关系,为校本培训提供支持和服务。"校本培训不仅可以解决教师在职进修求大于供的局面,而且可以使教师立足于本校实际,立足于教学实践,更好地为学校改革服务;不仅可以充分发掘各种校内培训资源,节约时间,节省资金,而且可以依托校外培训机构的力量、协助与支持。它具有培训面广、灵活性高、针对性强、实用性大、培训成本低等独特优势。学校要建立完备规范化的校本培训制度,从时间、场所、资源、经费、条件方面保证新教师以学校为中心的职业进修培训;要保证新教师在教学岗位上工作若干年后,抽出一定的时间进行再学习。校内培训可以开展不同内容的培训,如职前岗位培训、职后学历培训、职业道德培训、职业技能培训、信息技术培训等。可以采取丰富多彩的方式培训,如聘请有关专家、学者等就当前教育科学的前沿理论及教育教改面临的主要问题与对策等开展辅导讲座、教师沙龙、论文竞赛、教学竞赛等。

2. 继续教育终身化

终身教育是对所有人的要求,对教师则显得更为重要。一方面,现代教育迫切需要大量的学者型、科研型、创新型教师,教师专业化发展已是大势所趋。教师若不争分夺秒地学习、充电,无一例外会被淘汰。另一方面,教师的学识水平、进取精神、认知态度和方式还直接影响一代人,所以,教师首先应是学习者,是社会上最善于学习的人,教师应该成为终身学习的率先垂范者。科学技术迅猛发展,知识更新之快前所未有。作为教师工作对象的青少年学生接受信息渠道之广,内容之丰,层次之高,也是非同昔日。教师要传授专业学科的前沿知识信息,培养创造性人才,就要开阔视野,不断更新知识结构,深化学科专业的认知水平,主动接受继续教育。通过继续教育来提升学历层次、完善知识体系,实现知识结构的整体优化。教师继续教育的终身化既是社会发展的趋势,又是教师自我提高、自我发展的需要。在倡导学习型社会的今天,负载着育人使命的教师,理应将终身学习作为自己的天职。让教师在参加校本培训的过程中,进一步强化继续教育、终身学习的理念,自觉地将自主学习贯穿到教学实践中去,以学习促工作、以科研促教学,实现教育理论与实践的双向融合与建构。

3. 业余学习自觉化

随着社会的进步、经济的腾飞、教育的现代化,对教师的要求也越来越高了。教师除了要学习现代教育理论、现代科学技术知识、学科前沿知识外,还需要补充教学实践所需要的一切知识和技能,掌握必要的文史哲、数理化、音体美、外语和计算机知识,了解新兴学科、相关学科、边缘学科及交叉学科的知识并能应用到教学中。一名理想的教师总是不断超越现在、迈向未来的,支撑这一变化的内在动力是学习者因素,是教师业余学习的内心渴求。人们越来越清楚地认识到,职前专业教育只能打下一定的专业基础,大量的专业知识、教学技能是在教学实践中结合工作实际自觉、主动地获得并提高的。教师要制订好个人的自主学习计划并认真实施,努力把自己培养为自觉学习、自我提高、自主成长、自由发展的进取型教师。

4. 信息技术培训经常化

现代教育最突出的特征是多元化、开放化、网络化、特色化、超时空化和随之带来的学制、课程、教材等的深刻变革。网络的开放性有助于教师自主学习,减少工学矛盾;网络的快捷性有助于提高教师继续教育的实效;网络的互动性有助于丰富教师继续教育的方式。教师既可以在学校里利用课余时间上网进行自我学习,又可以在家上网学习进修;既可以开展与校内教师的相互交流,又可以开展与校外教师的相互交流。通过自主学习和基于网络的继续教育培训,教师能极大地提高获取、处理和利用教育信息资源的能力,提高应用现代教育技术开展课堂教学的能力,提高自身教育教学素质和实施素质教育的能力,从而实现课堂教学的整体优化和质量的全面提高。

(二)建构有效的教师成长激励机制,给教师更多的心理支持

行为的积极性在很大程度上来源于个体的需要,而个体需要具有明显的差异性。人本主义心理学家马斯洛在其需要层次理论中提出,个体的需要是按优势出现的先后或力量的强弱排列成等级的,即生理需要、安全需要、归属和爱的需要、自尊需要、自我实现的需要。在个体发展的不同阶段,占优势地位的需要也不同,有效的管理应该采取不同的激励方式,以满足个体不同层次的需要。

现实中,有些教育行政部门、学校恰恰忽视了需要的个别差异性。如:有的学校注重教师的物质需求,有一定的奖金制度,却忽视了教师文化娱乐等精神需求;有些学校缺乏全面的育人观,重视对学生的培养,却忽视了教师的成长,不能认识到其职业生涯中存在职业"高原现象",或对教师成长仅停留在一般性鼓励,没有建立有效的培训机制;有些评优、晋职等政策片面追求升学率,或注重按资排辈、人际关系的考察等,却忽视对教师自我实现、专业成长的激励。更有甚者,有些管理制度缺乏公正,领导作风不民主,用人不尽其才。凡此种种,容易使教师丧失主动进取的积极性,产生疲惫和厌弃心理,陷入职业停滞状态。因此,有效的激励机制要能够满足不同个体的优势需要。

必须承认的是,外在有形的激励,如工资、奖金、津贴等是必要的激励手段,倘若教师经济负担沉重、居住条件恶劣等,必然影响其工作积极性。但是,内在无形的激励比物质性的激励更为持续有效。一方面,有形的报酬不足以表现出个体的成就;另一方面,随着教师地位及经济状况的改善,这些基本需要已经不再是优势需要,教师更关注的是从工作中获得成就感、从个人成长中获得自我实现的体验。因此,教育行政部门要通过制定有效的政策、制度,使教师的培养、晋升、评优等系统化、科学化。学校领导要确立师本观念,把教师发展纳入学校发展的蓝图,建立有效的培训机制,在物质和精神上给支持。如物质上给予经费支持,精神上给予鼓励、表扬等。此外,要营造公正、公开的竞争氛围。

在激励方式上,要把内部无形的激励与外部有形的激励、个人激励与团体激励、报酬性激励与非报酬性激励、物质激励与精神激励有机结合,并且对不同的对象采取不同的激励措施。青年教师学习、工作热情高涨,渴望被认可、被发现,领导根据这一特点对其成绩应该多给予鼓励和表扬,对其学习进修的需要应该给予支持。中年教师工作经验较丰富,成就需要突出,而且在教师群体中有一定的号召力,学校领导应创设民主氛围,让他们参与学校的各种管理及各种规章制度的制定、执行。同时,支持其从事科研、教改活动。老年教师渴望得到尊重,那么就应该虚心听取其对学校建设、工作的意见。有效的激励,能够激发教师的工作热情和创造性,使其奋发

向上,有效防止职业倦怠的产生,从而跨越职业高原期。

| 专栏 6-4 |

以科研促教师跨越职业高原期[①]

我校通过建立新的科研模式,使帮助教师跨越职业高原期的工作朝着制度化、系列化方向迈进。具体做法如下:我们从学校实际情况出发,整合教育资源,采用个人自学与集中学习结合、校本教研与外地联谊结合、学科实践与评先创优结合的方式,开展贴近时代特色、贴近教师生活、贴近教材内容的专家讲座、热点讨论、案例评析、名课鉴赏、经验交流等活动,教师根据学科、个人兴趣自主选择参加。为保证活动质量,我校要求每人每学期开一节研究课,撰写一篇学习或研究心得,参加评析一节公开课,撰写10篇以上的教学反思文稿,参加一次学校举办的专题讲座。我们将教师的这些活动成果收入校本汇编材料,推荐参加各级学术交流。同时,学校为教师建立专业成长档案,研究计划、学习笔记、听课笔记、教学心得(反思)、优秀教案、教育教学论文等都收录其中,让教师体验到自己一点一滴的进步,获得科研成就感。我校的科研活动,为教师学习、科研提供资源和条件保障,切实提高教师的专业知识和专业能力,使教师顺利跨越职业高原期。

三、社会支持

1. 在全社会范围内形成尊师重教的良好社会风尚

社会心理学认为,一个人的发展方向和速度,在很大程度上取决于社会心理环境。个体是否选择教师职业和教师是否愿意为教育奉献一生都在很大程度上受制于社会心理环境。倡导公共信任、支持、宽容的社会氛围不仅会使教师产生高度的自尊感、荣誉感,而且使教师把教学视为一种可追求的事业而产生责任感、使命感。

2. 切实提高教师的社会地位

职业的社会地位不是通过空泛的宣传就能够争得的,而是通过从业者在较好的工作环境和工作回报基础上具有的社会认可的广阔发展空间得以实现的。因此,提高教师社会地位的根本途径不是仅仅放在改善工作条件、提高经济待遇上,而应将重心定位于教师的职业发展。为此,国家不仅要制定相关法律法规以维护教师职业发展的权益,而且更重要的是坚定不移地在实践中贯彻执行,为教师专心从业保驾护航。

3. 减轻教师的负荷

教育太复杂,孤立的学校不可能独立肩负起为国育才这一重任。然而,在我国的现实条件下,社会、家庭、学校三者的教育责任分担失衡,学校处于孤立状态,它不

[①] 杨钦海:《以科研促教师跨越职业高原期》,载《福建教育》,2006年,第11A期。

得不将社会、家庭应该承担而没有承担的责任承担下来,也就是说,学校在一定程度上承担了它不该也无法承担的重任。而这些重任又最终转嫁到教师身上,增加了教师职业发展的负荷。因此,社会和家庭必须承担起它们所应担负的职责,支持、配合、参与对学生的教育,减轻教师的职业发展负荷,让教师轻装上阵,用教师的职业发展换来学生的更好发展。

4. 尊重教师的自主权利

教育是一项公共事业,教师是专业工作者。公共事业需要政府保障和公众支持,但对于在教育专业领域内的工作,如教师的教育教学工作,公众在要求教师承担责任的同时,必须不侵犯其专业自主权。教育行政部门应尽量减少检查、考评、验收、总结等名目繁多的留于表面、形式或造势的非教学项目,避免教师疲于应付,耗竭精力。同时,在教育教学改革中,教育主管部门要尊重和提供教师选择、重组教学内容与方法的自主权,在专业发展上按需选择培训内容、方式、途径等的自主权。

5. 对教师职业建立合理期望

教师并非古书中的圣贤,其能力是有限的。校长、家长、学生及社会大众应对教师抱有合理的期望,以减少教师的压力。同时作为教师个体,也要对自己所从事的职业有清醒的认识,不要有不切实际的过高的期望。为防止这种情况出现,当教师是师范生的时候,师范院校就应该为他们提供更多了解未来工作的真实世界的机会,使其对教师职业有正确的认识从而建立合理期望,避免入职后"高原现象"的产生。

思 考 题

1. 简述教师职业发展的"高原现象"及其特点。
2. 试分析身边的一位教师的职业发展特点,并从主观和客观两方面探讨职业"高原现象"产生的原因。
3. 阐明教师职业发展"高原现象"的应对方法。

参 考 文 献

[1] Ference T. P., Stoner J. A., Warren E. K.. Managing the career plateau[J]. Academy of Management Review, 1977(4).

[2] 钱兵. 教师专业发展中"高原现象"的成因及对策[J]. 继续教育,2004(1).

[3] 郑友训. "高原期"教师专业成长必须逾越的平台[J]. 当代教育科学,2005(11).

[4] 苏虹. 对新教师专业成长中的"高原现象"的分析与对策[J]. 现代教育论丛,2003(4).

[5] 张大均. 教育心理学[M]. 北京:人民教育出版社,1999.

[6] 檀传宝.教师伦理学专题:教育伦理范畴研究[M].北京:北京师范大学出版社,2003.

[7] 柳恩铭.学习型学校的管理理论与策略[M].广州:广东教育出版社,2007.

[8] 寇冬泉.教师职业生涯高原结构、特点及其与工作效果的关系[D].西南大学,2000:19.

第七章 境界与修养

> 十全十美是上天的尺度,而要达到十全十美的这种愿望,则是人类的尺度。
>
> ——歌德

第一节 教师境界

一、境界的界定

"境界"一词,在生活中用得很普遍:人生境界、精神境界、爱的最高境界、服务的最高境界、车技的最高境界……武侠小说中也有所谓的出神入化的境界,等等。因此,很有必要探讨一下"境界"的内涵。

在《现代汉语词典》中,境界被解释为:①土地的界限;②事物所达到的程度或表现的情况。

从人生观和世界观的角度分析,境界又是指人的思想觉悟和精神修养,我们说一个人的思想境界如何,实际上指的是一个人的思想觉悟和精神修养的水平如何。在日常的生活中,人们的思想觉悟和精神修养是不一样的,但是作为社会中的普遍的价值取向,人们总希望自己是一个有较高思想觉悟和良好精神修养的人,以便体现自己在整个生活中的价值。虽然如此,每个人的思想境界还是表现出很大的差异性。

二、中西方关于境界的讨论

1. 柏拉图的境界说

在《理想国》中,柏拉图说,人的灵魂有三个部分:一是爱智慧、爱学习的理性部分,理性部分引导人们认知可知世界的理念,获得善的知识;二是爱胜利、爱荣誉的激情部分,它是理性的天然盟友,帮助理性引导人们探究可知世界;三是爱钱、爱利益的欲望部分,它鼓动人们追求物质财富,这是最低级的层次。在欲望部分他看到人世间的美好和丑恶,他把人生活的世界比作"洞穴",如何处理真实世界中个体的被钳制,他提出冲向光明的有一条路径——发展成为哲学家。因为在他看来只有哲学家能从感觉世界的"洞穴"上升到理智世界。哲学家到了理智世界,也就是到了天地境界。天地境界的人,其最高成就,是自己与宇宙同一,而在这个同一中,他也就超越了理智。"先从人世间个别的美的事物开始,逐渐提升到最高境界的美,好像升梯,逐步上进,从一个美形体到两个美形体,从两个美形体到全体的美形体;再从美的形体到美的行为制度,从美的行为制度到美的学问知识,最后再从各种美的学问知识一直到只以美本身为对象的那种学问,彻悟美的本体……这种美本身的观照是一个人最值得过的生活境界。"①

实际上,柏拉图是从整个人生的追求方面分析人的发展境界,认为只有这样才能突破真实世界的丑恶和黑暗,从而使人的认识达到一个更高的境界,这种对美本身的观照就是最理想的生活境界。

2. 道家的境界说

道家是中国春秋战国时期诸子百家中最重要的学派之一。最早的道家理论所主张的"道"是指天地万物的本质及其自然循环的规律。自然界万物处于经常的运动变化之中,"道"即是其基本法则。《道德经》中说:"人法地,地法天,天法道,道法自然",就是关于"道"的具体阐述。在道家看来,天是自然,人是自然的一部分。因此,庄子说:"有人,天也;有天,亦天也。"天人本是合一的。但由于人制定了各种典章制度、道德规范,使人丧失了原来的自然本性,变得与自然不协调。人生的目的便是"绝圣弃智",打碎这些加于人身的藩篱,将人性解放出来,重新复归于自然,达到一种"万物与我为一"的精神境界。道家强调自然无为的天道观,人道遵循天道,注重遵循自然法规,崇尚天地自然的和谐统一。

道教是以道家思想为核心发展起来的,是一种宗教,它把人生分为三境界:天界、人界、地界。活在天界的人好善、无欲、有智慧,天界是无病的神仙境界。活在人界的人有七情六欲,有生老病死,有欲而不得的烦恼。活在地界的人,也称妖魔鬼怪的境界。比如俗称的"狐狸精"就是活在地界。道教崇尚修行,试图创建一个超力量的世界,让人在这里取得永生。在这里无不体现一种人的思想追求和境界,这既是一种来源于现实世界又高于人生世界,给人以希望,让人去追寻的一种人生理想。

3. 佛家的境界说

佛家也提出人生的三境界,或者准确地说人生要经历三个阶段:人活在物质世界,死后进入冥界,人在世时经过自己的修行加上一定的机遇,便可修成正果,得道成仙。

三界被佛家解释为:众生所居之欲界、色界、无色界。人的生命在生灭变化中流转,依其境界所分之三个层次,又称作三有生死。因三界迷苦如大海之无边际,故又称苦界、苦海。同时,佛家针对三界说提出了人生修行的三大境界:戒、定、慧。戒者,不做不应该做的事,不想不应该想的事。定者,不受任何干扰和诱惑。慧者,大

---

① 柏拉图:《文艺对话集》,人民文学出版社,1963年,第273页。

彻大悟,知过去、现在和未来。三个层次逐级而上,难以跨越。

佛教也是一种宗教,也崇尚人生的修行,注重人性的磨炼。首先要断绝人的欲望,让人禁受住各种诱惑,从而成为一个看透名利不计个人得失的智者。这不仅是人的一种向往,而且更是人的一种精神追求和寄托。这也是当时封建社会的需要,在等级鲜明的阶级社会,这不仅有利于统治阶级巩固自己的统治地位,而且也给处于底层社会的人一种精神寄托,让他们在现有条件下去追寻美好的幻想。按现在说法来说,这也是一种自我解脱的心灵慰藉法。

4. 冯友兰的人生境界说

冯友兰是我国著名的哲学家,他专门分析了人生境界的含义,在《新原人》一书中曾指出,人与其他动物的不同在于人做事时,了解他做事的目的和意义,并自觉在做。正是这种"觉解",使他正在做的事对于他有了意义。他做每件事有各种意义,各种意义合成一个整体,就构成他的人生境界。因为每个人的"觉解"程度不同,他们所做的相同的事也就各有不同的意义。因此每个人各有自己的人生境界,与其他任何个人的都不完全相同。冯友兰把各种不同的人生境界划分为四个等级,从低到高依次是:自然境界、功利境界、道德境界、天地境界。

在他的自然境界,指出一个人做事,可能只是顺着他的本能或其社会的风俗习惯。就像小孩和原始人那样,他做他所做的事,然而并无"觉解",或不甚"觉解"。功利境界的人就是他可能意识到他自己,为自己而做各种事。所以他所做的各种事,对于他,有功利的意义。道德境界的人,就是一个人可能了解到社会的存在,他是社会的一员。这个社会是一个整体,他是这个整体的一部分。有这种"觉解",他就会为社会的利益做各种事,或如儒家所说,他做事是为了"正其义不谋其利"。他是真正有道德的人,他所做的都是符合严格的道德意义的道德行为。他所做的事情都有道德的意义。天地境界的人,可能了解到超乎社会整体之上,还有一个更大的整体,即宇宙。他不仅是社会的一员,同时还是宇宙的一员。他是社会组织的公民,同时还是孟子所说的"天民"。有这种"觉解",他就会为宇宙的利益而做各种事。他了解他所做的事的意义,自觉做他正在做的事。这种"觉解"为他构成了最高的人生境界,就是冯友兰所说的天地境界。在冯友兰看来,一个真正有道德的人,他所做的都是符合严格的道德意义的道德行为。他所做的各种事都有道德的意义。

在冯友兰的人生境界中,自然境界、功利境界的人,是人现在就是的人;道德境界、天地境界的人,是人应该成为的人。前两者是自然的产物,后两者是精神的创造。自然境界最低,往上是功利境界,再往上是道德境界,最后是天地境界。它们之所以如此,是由于自然境界,几乎不需要"觉解";功利境界、道德境界,需要较多的"觉解";天地境界则需要最多的"觉解"。道德境界有道德价值,天地境界有超道德价值。生活于道德境界的人是贤人,生活于天地境界的人是圣人。

在冯友兰看来,人生境界就是指人的思想追求,根据人的不同时期的需求而依次必经的阶段,或者说在不同时期人寻求的一种归属感、成就感、正确看待得失的一种心理满足感和愉悦的情感体验。

5. 王国维的境界说

清末民初鸿儒王国维在其著作《人间词话》里谈到:"古今之成大事业、大学问者,必经过三种之境界。"

第一种境界为"昨夜西风凋碧树。独上高楼,望尽天涯路"。这词句出自晏殊的《蝶恋花》,以西风刮得绿树落叶凋谢,表示当前形势相当恶劣,而也只有他能爬上高楼,居高临下高瞻远瞩。做学问成大事业者,首先要有执著的追求,登高望远,勘察路径,明确目标与方向,了解事物的概貌。这一境界是立志、是下决心,只有具备了这个条件才会有第二、第三境界。

第二境界为"衣带渐宽终不悔,为伊消得人憔悴"。这词句出自柳永的《蝶恋花》,他概括了一种锲而不舍的坚毅性格和执著态度。这是执著地追求,忘我地奋斗。以此两句来比喻成大事业、大学问者,不是轻而易举、随便可得的,必须坚定不移,经过一番辛勤劳动,废寝忘食,孜孜以求,直至人瘦带宽也不后悔。

第三境界为"众里寻他千百度,蓦然回首,那人却在,灯火阑珊处"。这词句出自辛弃疾《青玉案》,是指在经过多次周折,经过多年的磨炼之后,就会逐渐成熟起来,别人看不到的东西他能明察秋毫,别人不理解的事物他能豁然领悟贯通。这时他在事业上就会有创造性的独特贡献。这就是功到事成。这是用血汗浇灌出来的鲜花,是用毕生精力铸造的大厦。做学问、成大事业者,要达到第三境界,必须有专注的精神,反复追寻、研究,下足工夫,自然会豁然贯通,有所发现,有所创新,就能够从必然王国进入自由王国。

综上所述,以上所涉及的境界,主要指人所能达到的修为或程度,各种境界说具有明显的依次而进的意义。基本上都涉及两个方面:一是有我之境,二是无我之境,或者解释为现实中的我和理想中的我。即现实中的我必须向理想中的我奋勇迈进,然而现实中的我如何才能实现向理想中的我的过渡,这就要依靠自身不断地提高修养,更需要毅力。这种毅力就是常人与名人的主要区别。

专栏 7-1

开学第一天,古希腊大哲学家苏格拉底对学生们说:"今天咱们只学一件最简单也是最容易做的事儿。每人把胳膊尽量往前甩,然后再尽量往后甩。"说着,苏格拉底示范了一遍。然后,他对学生说:"从今天开始,每天做 300 下。大家能做到吗?"

学生们都笑了,这么简单的事,有什么做不到的? 过了一个月,苏格拉底问学生们:"每天甩手 300 下,哪些同学坚持了?"有 90% 的同学骄傲地举起了手。又过了一个月,苏格拉底又问,这回,坚持下来的学生只剩下八成。

一年过后,苏格拉底再一次问大家:"请告诉我,最简单的甩手运动,还有哪几位同学坚持?"这时,整个教室里,只有一人举起了手。这个学生就是后来古希腊的另一位大哲学家柏拉图。

由专栏 7-1 可见,在人世间最容易的事是坚持,最难做的事也是坚持。说它容易,是因为只要愿意做,人人都能做到;说它难,是因为真正能够做到的,终究只是少数人。要想达到某一方面的最高境界,秘诀就是坚持。

三、教师境界的几个层次

境界在教育领域,也有很多种说法:教师的职业境界,师德境界,教师的境界等。然而每种说法的侧重有所不同。

1. 职业境界说

这种观点的提出主要是针对教师职业的境界来说的,主要有以下三种说法。

说法一:干活儿-敬业、职业-精业、事业-乐业"。这一说法主要是依据教师成长过程中教师的职业态度提出的境界说。第一境界是"干活儿-敬业",此为第一境界,教师为了生存而教书。第二境界是"职业-精业",教师把教书育人当作自己的工作,把分内的事情做好就行了,这个境界的教师得过且过,有了一定的经验,取得了一些成绩和荣誉。第三境界是"事业-乐业",把自己每天从事的工作当做一份伟大的事业来做,做起事来不分内外,只要对学生的成长有利、对教育事业的发展有利,就会坚持不懈地做下去。这个境界的教师资历丰富,是教师楷模,是真正的师魂。

说法二:一般教师、名师、教育专家(简称教育家)。这主要是从教师专业成长的角度提出的境界说。在这种说法中,非常形象地把教师成长过程进行了一个概述,实际上和说法一有异曲同工之意,在这里更突出了外界人士对不同类型教师的三种看法。

说法三:教师的境界由低到高,大致可以分为四种境界,那就是:庸碌境界、良心境界、专家境界、殉道境界。此说法的提出,也是有一定的现实性的,经济大潮的冲击,教师从教的心境也随之变化。教师对于职业的态度有很大的差异,是庸庸碌碌,还是凭良心教学;是追求教师的更高境界,还是更进一步为教育的殉道。这不仅体现教师的从教心态,而且体现了教师的职业追求。

在这些说法中,无论是外界人士还是教师内部,对教师的评价,不仅涉及了教师的职业态度,而且涵盖了教师的职业追求。

2. 教书境界说

教书境界说也有三种常见的说法,这种提法更多的是一线教师的经验的总结。

说法一具体如下。第一层境界:手中有课本,心中无课本,上课时不用大脑,照着读就行了。第二层境界:手中有课本,心中有课本,一般老师都在这个水平。第三层境界:手中无课本,心中有课本,这就是高级教师。第四层境界:手中无课本,心中也无课本,此是最高境界。这主要是根据教师在教学中的经验进行了总结和提炼,把教师教书的四层境界进行了形象的描述。

说法二具体如下。第一层境界:本我角色——教师主体中心期。第二层境界:他我角色——教师主体分心期。第三层境界:忘我角色——教师主体变心期。第四层境界:超我角色——教师主体无心期。这种说法主要是根据弗洛伊德的本我、自我和超我理论提出的教师教书的四层境界。在这里准确地把教师成长过程中的四层境界进行了概括,把教师的教书这一个职业发展状况进行了总结。

说法三具体如下。作为一名有理想有追求的教师,要具备以下三种境界:第一层境界:大学无涯,教师要有学养。第二层境界:大爱无声,教师要有爱心。第三层境界:大道无形,教师要有思想。从教师应具有的职业素养角度来讲,教师要有学习能力,时代发展,学生也在发生变化,只有不断地学习才能更适应教育的对象。爱是基础,教师一个人的爱可以收获更多的爱。教师要与时俱进,就要静下心来多学一点,学深一点,学好一点,争取做一名有学养的教师。

"教书境界说"从作为教师的人在教师这一个职业上的发展状况进行了描述概括,并未涉及作为人的教师在人性的角度的进一步分析。

3. 教师境界说

教师境界说法之一:第一层境界教书,第二层境界解惑,第三层境界育人。这主要是来源于唐朝韩愈的《师说》,在这里把教师的作用概括得非常经典。

教师境界说法之二:第一层境界小教师,第二层境界能教师,第三层境界好教师。这主要是依据教师的教学能力水平和现实表现而提出的三重境界的教师境界说。实际上在这些说法中,添加了教师教书过程中学生的主体性,从而使教师境界说更全面。在这些说法中,也蕴涵了教师价值观的内涵,每个教师的职业价值观不同,价值追求不同,他们达到的人生境界必然不同,这也会导致不同的教师境界。

我们来分析一下什么是教师?对于教师的解释基本上都涉及两个方面:一是指一种社会角色或者说是一个职业,二是指这一角色的承担者,或者说是作为教师的人。

自古人们更多的是强调教师职业的奉献和责任感,忽略了教师的其他方面。选择教师这一职业,前提是谋生,只有安定了教师的基本生活,才能促使教师在工作上追求自我价值的实现,促使教师实现职业理想。到了今天,越来越多的专家和学者意识到了这一点,为了教育改革的有效进行和高效实施,保障教师的基本生活的呼声也日益高涨。因此,在这里,关于教师境界的说法,我们采用以下境界说:境界一——经师;境界二——能师;境界三——人师。

引用"师"字来表示教师为一种职业;用"经"字来界定教师的第一境界,作为人的教师,谋生是其基础;用"能"来界定作为教师的人的专业技能和专业追求;用"人"字来体现教师的高深学问、伟大人格和高尚修养。在这里既能把教师的德、才和情凸现出来,更体现了教师在这样境界中的自我完善、自我实现和自我超越。在这里,教师更多的是呈现作为教师的成就和作为人的精神享受的一种更高的境界。

第二节 教师的成长

教师既是一个个体的人,又是一个群体的人;教师更是一个有着一定思想的、思维更加活跃的人。每个人都有自己各种层次的需求,也有实现理想的愿望。然而理想和现实是有很大差距的,教师的理想怎样变成现实,更需要符合实际的设计,还要依靠自己的调整。这样教师才能从最初的状态,不断地提升自己的境界。

一、现实与理想的矛盾

理想是一个抽象的概念,是人们对未来事物的想象或希望,多指有根据的、合理的,跟空想、幻想不同,它是由人所设定,指人们希望达到的人生目标和追求向往的奋斗前景。现实是现在时的,而理想是未来时的、或过去的,范畴很广,可以指特定的事物,也可以是抽象的一个理念。所谓理想的事物,是以人对现在的认识为参照的。教育理想则是人们对教育的未来发展状况的美好想象或希望,也是人们希望教育达到的人生目标和追求向往的奋斗方向。理想和现实有一定的差距,教育的理想和现实也是有一定差距的,但是这个差距是可以缩减的,因为理想是基于现实状况而提出的,理想是可以转化为现实的。因而,理想和现实并不冲突,理想包括现在存在和过去的所有事物,没办法否定其存在。

理想既有个人理想,也有群体理想,然而无论是教育的群体理想还是教育的个人理想,无论是教育的长期理想还是教育的近期理想,实质上都可以归结为一个:培养更适合时代发展的社会人才。这不由得使人思考现在的教育培养目标的与时俱进性必须与教育方式的与时俱进性同行。我们的教育是与时俱进的吗?现实中的教育又处于哪种境界呢?

1. 教育理想与教育现状的矛盾

专栏 7-2 是以"我理想中的教育"为题的一个高中生写的一篇文章。

| 专栏 7-2 |

我理想中的教育

一

一个清新的早晨,缕缕阳光透过树叶的罅隙碎金一般洒落在地上,耳边不时传来几声自由的鸟鸣声和孩子们悦耳的晨读声。然而这样的美景却常常被不远处传来的呵斥声刺破。

"你怎么这么笨!这么简单的单词都学不会,将来能干什么?"

……

如果,我们看到的是这样一幅景象——

孩子学习单词遇到了困难,妈妈耐心地劝导:"慢慢来,别着急,多读几遍就会了。"清晨的阳光渐渐明媚起来。终于,孩子开心地响亮地背出了那几个单词。

二

一个闲适的下午,阳光暖暖地拥抱着大地,忙了一个星期的主妇带着孩子在小道上散步谈心,轻言细语,一片祥和安宁的景象。偶尔有一辆三轮车缓缓地从她们的身边驶过,吃力而缓慢。妈妈一下子找到了送上门来的"论据":"看到了吗？你要是不好好学习，将来就和这个三轮车夫一样，没钱没地位，靠出卖体力谋生！"

……

如果，我们看到的是这样一幅景象——

三轮车从人们身边驶过，邻居、熟人都会热情地和车夫打声招呼，道声辛苦。年轻的妈妈对孩子说："看到了吗，每个人都在为自己的人生目标而努力拼搏，宝宝将来一定也要做个有人生目标的人，而且要为之付出自己的努力哦！"

三

一个等待进餐的傍晚，孩子好奇地在厨房门口张望着，水灵的大眼睛盯上了案板上的黄瓜。于是，孩子小心翼翼地拿起刀，笨拙地切起了黄瓜。

"妈妈，将来我想当个厨师。"孩子满怀憧憬地仰面对妈妈说。

"傻孩子，怎么能想当个厨子呢，将来我们要做科学家，做公务员，做白领才行，知道吗？"

……

如果，我们看到的是这样一幅景象——

妈妈亲了亲孩子，面含微笑："是吗？我家宝贝喜欢做菜，将来一定能成为让妈妈骄傲的全世界最出色的厨师！"妈妈走到孩子身后，拿起刀，细心地教起孩子如何切菜。

四

如果这个世界上许许多多的画面，都可以变成我希望看到的那一幅，那么我理想中的教育就已经在这个世界上降临。

我理想中的教育，不是将孩子们分成三六九等，也不是教他们死记硬背，更不是教他们一生只冲着一个"官"字、一个"钱"字而去。

教育，应该教给人理想，教给人平等，教给人真诚，教给人勤劳，教给人奋斗的勇气和方法……我不知道这样的"理想国"何时才能真正植根于我身处的这个世界。

当今社会，各行各业无不呈现着物质化的痕迹，教育被看成是万能的，教育的目的是为了改变命运，现实的社会更是给教育增加了功利化的印记。在成人的眼里，甚至在孩子的眼里，理想教育和现实教育不一致，甚至背道而驰。理想的教育更能表现出人与人的亲近与温情，而现实教育的功利化，不也跟很多父母功利化的心理有关系吗？专栏7-2描绘的理想的教育以具体的细节感动人，把一个中学生眼中的现实的教育与理想的教育描绘得生动形象。

2. 教师教育理想和学生现状的不和谐

大学几年的理想使得要走上工作岗位的教师充满激情，对教师这一个工作充满向往，并且给自己确立了一个短期工作目标，甚至还确立了自己长期的奋斗目标：向名师迈进。然而走上讲台之后才发现，有一个问题非常不解——"现在的学生怎么这样子呢？"教师这个工作原有的形象开始大打折扣。

| 专栏 7-3 |

一位高中教师的尴尬——在夹缝中生存[①]

高三的课堂上,一个学生埋头睡觉,老师用手指轻轻推了推他,学生艰难地抬起头,微张惺忪的睡眼,无神的双眼望向黑板,不到两分钟,沉沉的脑袋再一次埋在课桌上,继续着未完的"事业"。老师好不容易熬到了下课的铃响,踱到学生的桌旁,再次轻轻地推了推他,俯身准备与他聊上两句。学生豁然起立,一把掀翻课桌,怒目圆睁:"上课你推我还凑合,下了课睡觉关你屁事,吵醒我想怎么着!"老师立即面红耳赤,呆立当场,作为教师的人格与尊严,在这一瞬间被粉碎了,对学生的关爱换来的是心酸与尴尬。

教师的工作是教学,教学涉及两个方面,包括教师的教和学生的学。教师仅仅是整个教学活动的引导者和指导者、整个活动的组织者,教师在整个教学的实效的着眼点还是学生的学,教师只是起点睛的指导作用,学生学得好与坏直接与教师相关,因为教师的教要用学生的学来检验。然而学生是一个有思想的个体,并且现在的孩子也在与时俱进,与过去发生了很大变化。

在过去,学生与外界接触的机会只有通过广播电视等较少的信息传播工具,教师是知识传播的主要来源。然而现在,坐在家里就可以通晓全世界的情况,这也导致了学生整个群体的变化。再有,过去我国经济不发达,每个家庭孩子多,家长都忙于生计很少管孩子,因此孩子自小被训练成独立性、责任意识和自主意识都很强的人。这正好和现在的家庭模式培养出来的孩子形成强烈的对比。现在的孩子,不仅缺乏独立性,而且更主要的是缺乏责任意识和自主性。对于责任他们不是勇于承担,而是选择逃避。自主性更是谈不上,这种状态真是让人为其担忧。很多学生的总体素质很差,不仅基础不扎实,更主要是学习习惯很不好,而且没有进取心。在他们看来,学习完全凭兴趣,凭这节课是不是引起了一种想了解的欲望,主动自发的求知欲是根本谈不上的,因为他们没有想过要学习什么。尤其是在一些城市,学生的家长更关注的是学生的成绩,看每次考试考了多少分。学生考的分数不高,就说是老师教得不好,学校的管理有问题,总之,只要是学生成绩好了,其他各方面好像就可以不计较。因而在这种氛围下,学校也特别关注学生的成绩,对老师的奖励等各方面也都围绕考试成绩而设定。教师自然也是把学生的成绩作为自己的教学准绳,丝毫不敢懈怠,勤勤恳恳、兢兢业业地教,认认真真地备课,生怕出任何差错,不仅把自己搞得身心疲惫,而且把学生也搞得对学习产生了倦怠,反而达不到预期的效果。

"新学生、旧老师"的课堂教学模式,已经让学生丧失了学习兴趣,更确切地

[①] http://edu.china.com/zh_cn/schoolyard/culture/life/517/20051124/12883133.html,略有改动。

说,在现今的学生中出现了一种很可怕的倦怠。在社会上也出现了一种更奇怪的现象:家长和老师兢兢业业地培育祖国未来的"花朵",可是这些孩子却像是在看一场场无声的黑白电影——电影里面的人声嘶力竭地喊,可是看的人却根本听不到。这听起来就很可怕,不仅仅是对孩子未来的担忧,更是对教师的辛勤工作得不到认可而哀叹。这也迫切需要老师快点转变,解放老师、培养学生的自主学习能力是核心,也是重点。教育的目标是培养学生的自主学习能力,使课堂成为精彩纷呈的有声电影。

3. 教师的事业声望和实际生活的差距

"从事着天底下最神圣的职业,生活在社会底层的人"。这是从网上看到的一句对中小学教师形象概括的话,给人留下了深刻的印象。教师这一职业,一直以被誉为"太阳底下最光辉的职业",不仅给从事教师职业的人带上了一个漂亮的花环,而且教师的地位也被捧得高高的,正因为如此,也让很多的教师以从事这一职业为荣,不惜牺牲自己和家庭,忽略了教师作为人的本性的一面。有学者这样说:"你要找中小学教师吗?你在大街上一看,那些满脸菜色,精神疲惫的就是中小学教师!"这也正是对现今中小学教师的一种个人生活的真实写照。不仅仅是中小学教师,农村教师更甚。

在绝大多数农村,教师除了工资外,什么生活来源都没有。大部分农村教师是农村中的工薪阶层,工资是他们主要的生活来源。教师工资福利低,对农村教师的工作和生活造成了相当大的影响,工资是农村教师家庭的经济命脉。微薄的工资以至使大多数农村教师拿不出钱来去给考上大学的儿女缴学费;有的身患疾病却不敢去医院医治。农村教师生活的清苦,常人难以想象。权威人士说:80%以上的农村教师处于亚健康状态。社会上有听说过要提高农村教师的工资待遇,实施贫困和边远农村地区的教师特殊津贴制度,但仅仅是听说而已,没见行动。加上农村中小学公用经费严重短缺,学校福利几乎没有。教师辛辛苦苦上一天课,近30元的工资,而泥瓦匠一天的工资至少就是50元,并且目前集市上一斤小白菜要一二元,一斤肉就要十几元。农村教师怎能安心工作?工作在农村的教师就是奉献,健康和生命的奉献。

教师往往是知识学问的代表,是道德风尚的标兵。无论在农村还是在城市都没得到足够的重视。知识无用论不仅在农村蔓延,也在城市蔓延,使得农村的学生不愿上学,城市有钱的孩子也不想上学;加上某些家长的素质不太高,侮辱、殴打农村教师,侵犯农村教师的合法权益事件时有发生。综上所述,当前教师的社会地位仍旧十分低下。

无论是在生活保障还是在职业地位上,现实中的教师和理想中的教师形成很大的反差。

二、生活与事业的冲突

作为人的教师和作为教师的人,只有这两个方面得到平衡发展,才能使教师更多地享受到作为教师的乐趣。然而现实与理想有点偏差,作为教师的人的身体现状和生活保障还有家庭生活并未达到和谐状态。

1. 教师身体状况与事业的冲突

教师是一种特殊的职业,说其特殊,是把它和其他工作相比较而言的。其他很多职业,如果在休息日可以完全忘记自己从事的工作,在假日里享受一下自己的天伦之乐,让自己工作五天的紧张得到彻底的放松。可是教师就不会有真正的假日。

| 专栏 7-4 |

老婆:你要注意身体啊①

顾秀华,长春市第 28 中学的一名教师。夫妻两人健康状况都不好,生活虽然贫困,但顾秀华仍把全部心血都倾注在教育教学工作中。互相勉励保重身体是夫妇俩经常谈到的话题。

顾秀华家里生活并不富裕,丈夫没有正式工作,又患有严重的心脏病和肺气肿,每年冬天都会旧病复发住院治疗,双方的老人均已年迈,需要经济补贴,孩子上学费用也逐年增多,家里的经济状况捉襟见肘。尽管如此,顾秀华还是节衣缩食,尽最大努力给需要的学生以帮助。

顾秀华所在的学校学生绝大部分都来自农民家庭,受农民意识、传统观念和经济条件的制约,辍学率很高,为了让学生留得住、学得好,她耗费了极大的精力和体力。一天夜里,学生李春英敲开顾秀华的门,哭着说母亲得了重病,急需钱救治。顾秀华一边安慰她,一边拿出自己刚领取的工资,连夜垫付了住院押金,使她母亲的病得到了及时治疗。为了让她安心读书,顾秀华又为她承担了全部的学习费用,让她读完了初中。多年来,顾秀华为了让所有的农家子弟进入学校后能念完书,完成九年义务教育这一目标,千方百计为学生排忧解难,骑自行车家访的里程加起来相当于万里长征,很多时候累得腰酸腿疼,但仍无怨无悔。

由于连年教毕业班,加上学校的部分教学工作及家庭负担的逐渐加重,顾秀华身体状况每况愈下。几年前,她就发现右胸前有一肿块而且伴有阵痛,但只是经常吃一些止痛药来维持。因为教毕业班,不愿耽误学生一节课,渐渐地肿块越来越大,越来越硬,越来越疼。最后顾秀华利用休息日偷偷地去医院做了检查,医生在诊断书上写了"乳腺 ca",并告诉她:病情非常严重,需要立即住院手术,否则还会发展。她不愿意问这"ca"代表什么,但心里完全明白这"非常严重"、"还会发展"意味着什么。

对此,顾秀华没有流泪,没有恐慌,对医生说:"我回去准备一下钱再来住院。"可心里却想,工作这么忙,不到万不得已,不能扔下学生来住院。于是,她仍像往

---

① http://www.jl.xinhuanet.com/news/2004-09/09/content_2835289.htm,略有改动。

常一样回到学校,回到岗位上,投入了紧张的工作之中。随着时间的推移,她胸部开始出现针刺般的阵痛,并伴有头晕、胸闷、气短等症状,每当此时,她就用手在胸前狠狠地捶几下或吃上两片止痛药,后来被同事发现了她的反常举动。校领导安排人强行将她送进医院尽快做手术,她却对医生说:"我同意做手术,但必须得往后拖一段时间。"医生问:"这是为什么"。"学生还没有放假,期末工作还没有安排。"医生一听就急了:"你是教师,难道还不懂得自己是什么病吗?你是顾学生,还是顾自己的命,你看着办吧。"她再次不顾医生的指责和忠告回到了工作岗位上,白天精神十足地工作,到了晚上,剧烈的疼痛折磨得她彻夜难眠,但顾秀华硬是咬紧牙关,一直坚持到2002年1月7日学生放寒假,才放心地住进了医院。但此时,病情已严重恶化,乳腺癌已转移到腋下淋巴,失去了最佳的治疗时机。医生只好采取了"扫荡式"的根治术,把右胸前的肌肉、腋下淋巴全部切除,只剩下一层皮贴在肋骨上。

对此,顾秀华的丈夫和孩子非常心疼、埋怨她不该撑到如此地步,可她并不后悔,因为自从当上教师的那一天起,她就立下誓言:"为我所爱的教育事业,我愿奉献出一切,包括我的生命。"

术后的伤痛残酷地摧残着她虚弱的身体,呼吸困难,高烧不退,但面对前来看望的同事,她的第一反应仍是学校的工作和学生的情况,同事含着泪说:"老顾啊,你别傻了,你都啥样了,还这个那个的,关心一下你自己吧。"顾秀华说:"不告诉我学生的情况,我的病能好吗?"直到同事告诉她:陆路、李国亮等一些学生的成绩仍然很好,刘则等同学生活上的困难也在学校的安排下解决了。她这才放下心来。

术后长时间的放疗、化疗使她头晕目眩、恶心、呕吐、胸闷气短,走路十分困难,从家到学校不到200米的路程,她得歇几次才能走到,可她不顾家人和同事的好意劝阻,坚持到校,目送学生参加理化生加试,组织学生参加中考,在师生的共同努力下,中考又打了一个胜仗。

顾秀华告诉记者:"我的身体仍很虚弱,放疗、化疗及术后的症状一直困扰着我,摧残着我,但我要同病魔抗争到底,只要我还有一口气,决不放弃我工作的岗位,我要有一分热,发一分光。"

2. 教师个人生活和事业的冲突

教师也是普通人,也有自己的生活,也有自己的私事需要处理。然而教师职业对象的特殊性就决定了教师工作的24小时连续性。别的一些行业的工作人员下班后,工作的事情可以完全放下,去享受自己的个人生活,去进行自己的社会交往。对于教师来说,学生24小时让教师挂心,就是放假,家长解决不了的事情也可能会给老师打电话。在休息日,很多老师更多的是想好好休息一下。但对于年轻老师来说,教学任务的紧迫,甚至都影响谈朋友的问题,已婚的老师的私人生活也经常受到工作的影响。因为,很少有时间去和朋友约会,更是无暇顾及家庭。

专栏 7-5

儿媳妇:啥时我能当奶奶啊?[①]

32岁的焦建华结婚8年来一直没有要小孩。尽管抱孙心切,但婆婆仍理解儿媳,老人说:"谁叫咱找老师当儿媳呢? 大华的每一天真是太忙太累了。"学生有病,焦建华就带他们看病,并不计报酬地给他们补课,仅2003年上半年,她就带学生去检查20多次,附近的热电医院、二道区医院的大夫都因此认识她了。学生旷课打游戏,她就到附近的网吧,一家一家地寻找,甚至中午顾不上吃饭,打车到远处的网吧逐个寻找。学生葛琳有一年冬天在日记中这样写道:"当我正玩得忘乎所以的时候,感到有人轻拍我的肩,在我抬头看见老师那双温和又严厉的眼睛时,我顿时感到羞愧万分! 说不清为什么,我还感到心底涌上了莫名的幸福,突然间想永远地告别网络传奇的游戏!"

2000年10月至11月,学生王超、曾晓丹各自的父亲几乎在同一个月份中先后飞来横祸:一个值宿被盗贼所杀;一个承包工程负债累累,心脏病发作突然去世。这两个孩子各自的母亲在精神上几乎崩溃了,并住进了医院,特别是曾晓丹的母亲,又是个残疾人,一时间家里的房子都拿去抵债了,没了住处。在这时,焦建华毅然将这两个孩子接到了自己的家中,每天除了工作外,要照顾她们的饮食起居,还要时刻注意她们的情绪变化,鼓励她们坚强地面对生活,并且号召全班同学伸出热情的手给她们更多的关爱。学生渐渐走出了失去父亲的痛苦阴影,焦建华却累得犯了胃病,常常是深夜里疼醒。曾晓丹的母亲后来拉着焦建华的手哭着说:"焦老师,你是我们家的大恩人啊,曾晓丹这辈子都不会忘了你呀!"

在她担任高中班主任7年间,常常是清晨出门,晚上九十点钟才回家,很少有节假日,绝大多数时候都是去家访,带领学生参与社会实践,或者是完成教学任务之外的学校的一些工作。

由于工作忙,焦建华从结婚到现在8年了还没有要小孩,去年刚送走高三毕业班时,夫妻两人本计划生育"爱情的结晶",但是带好新实验班的新任务让这个计划再次延期。

3. 教师家庭和事业的冲突

教师被捧为"圣人",因此社会对教师的要求非常高。作为教师禁忌很多,不能侮辱、打骂、体罚学生等。对于学生,教师在这个"圣坛"上把整个身心奉献给学生才是好老师。"累坏了肢体累伤了胃,关键是孩子跟着遭罪",这是形容教师的一句顺口溜。兢兢业业的教师更多地把精力和时间放在事业上,家庭和子女相对被忽视,以至于出现家庭成员频繁争吵等各种问题。

[①] http://www.jl.xinhuanet.com/news/2004-09/09/content_2835289.htm,略有改动。

| 专栏 7-6 |

爸爸:再爱我多一些[①]

在长春市第 48 中学,有这样一个特殊的大家庭,一位老师和妻子,以及 90 多名学生用爱心组成了一个特殊的家。这位老师就是邢立平。本该由儿子小华独享的父爱母爱却奉献给了更多的孩子。

邢立平原是靖宇县一名优秀教师。2000 年调入长春市第 48 中学,此事本很普通,却在靖宇县引起了极大的骚动。许多家长认准了邢老师,结果长春市第 48 中学不仅请到了一位优秀教师,同时还吸纳了一个 80 多人的特殊集体。

一个个十一二岁的孩子离开父母,来到离家 600 多千米的长春市第 48 中学,邢老师责无旁贷地承担起了班主任和父母的双重责任。因为刚刚离开父母,学生的生活都不能自理,在丈夫的带动下,妻子候莉华也主动承担起了照顾学生的重任。为此,邢老师夫妇与学生同吃同住同学习。学生的衣服脏了,夫妇俩就帮他们洗,有时一洗就是几十套;学生病了,就给他们买药,陪他们去医院打针;学生过生日,邢立平夫妇就给他们买蛋糕,做丰盛的饭菜,和全体学生一起庆祝……

在学生身上,夫妇俩已经不记得花费了多少精力、时间及金钱。在学校,老师和同学们经常能看见邢老师的妻子候莉华买回一包一包的药。在邢老师家七八平方米的小屋里,常常都备着满满一小箱常用药品。"孩子多,难免有个头痛脑热,这药必须得多备点儿。"邢老师告诉记者,现在不仅学生病了知道找师母,而且就连同事们也知道有病没药找"嫂子"。

在这个特殊的大家庭里,因为多为独生子女,有不少学生性格怪僻:以自我为中心、蛮横霸道、贪玩;有的来自单亲家庭,性格孤僻、自卑。怎样使这样一个特殊的家庭团结和睦呢?邢老师只说了一个字:爱。三年来,邢老师每天清晨 5 点前起床,督促孩子按时起床,晚上指导孩子完成作业,直到深夜十一二点每个学生入睡。他用爱浇灌着每一棵"幼苗"。

在学生眼中的慈父严师在自己儿子心中却是个狠心的人。1991 年中考前夕,儿子小华不幸患上了眼病,如果陪着儿子去看病就得用去一个月的时间,74 名学生的中考怎么办,几经考虑,他还是求嫂子陪妻子去了医大二院。手术那天,邢老师和学生们焦急地守在电话旁,可是传来的消息却是手术不成功,第三天要重新手术。学生按捺不住了说:"去看看您的儿子吧!否则我们就不学了……"他这才去了医院。当他抱着三岁的儿子走进麻醉室,孩子一声声哭喊着:"爸爸,我怕,咱们回家吧!"随着麻醉药的注入,孩子的声音越来越微弱了,昏睡了过去,被护士抱进了手术室,他的心也似乎被人揪去了。坚强的男儿泪此时也禁不住扑簌簌地落下来,他在心里默念着:"孩子,爸爸对不起你,可是现在工作的确脱不开身呀!"儿子苏醒后过了几小

---

① http://www.jl.xinhuanet.com/news/2004-09/09/content_2835289.htm,略有改动。

时,他又登上了回家的客车。当他迈着疲惫的步履重新出现在学生面前时,74 名学生齐刷刷地站起来,大家一起喊道:"老师,我们爱您!"此时师生泪水同流。

今年小华中考,邢立平仍然像往常一样忙,抽不出时间对他进行辅导。一天小华遇到了一道难题向父亲求援,邢立平正忙着帮一位生病的学生熬中药,告诉小华等一会儿。可一会儿过后,邢立平又给学生送药去了。回到家中,小华对父亲说:"您只记得学生要中考,忘了自己的儿子快中考了吗?您是位好老师,却不是位好父亲。"

教师肩负着时代的重任,只为教育而默默耕耘、无私奉献。百年大计,教育为本。全社会关注着教育,家长更多的是关注子女的前途,政府更多的是关注着人才的培养和教育对经济的推动,而学校、教师更多的是需要全社会的支持和关心。教育不能仅靠教师去完成,还需要全体社会成员共同创建良好的教育环境。

三、自我设计与自我实现

任何人都有自己对未来的畅想,都有对自己今后生活和工作的向往。不管是长远目标还是近期目标,都是美好的,都是值得去追求的。

1. 自我设计

专栏 7-7

穿越"玉米地"

有一年,一群意气风发的"天之骄子"从美国哈佛大学毕业了,他们即将开始穿越各自的"玉米地"。他们的智力、学历、环境条件都相差无几。在临出校门前,哈佛对他们进行了一次关于人生目标的调查。结果是这样的——27%的人,没有目标;60%的人,目标模糊;10%的人,有清晰但比较短期的目标;3%的人,有清晰而长远的目标。

以后的 25 年,他们穿越"玉米地"。25 年后,哈佛再次对这群学生进行了跟踪调查。结果又是这样的——那 3%的人,25 年间他们朝着一个方向不懈努力,几乎都成为社会各界的成功人士,其中不乏行业领袖、社会精英;那 10%的人,他们的短期目标不断地实现,成为各个领域中的专业人士,大都生活在社会的中上层;那 60%的人,他们安稳地生活与工作,但都没有什么特别成绩,几乎都生活在社会的中下层;那剩下 27%的人,他们的生活没有目标,过得很不如意,并且常常在抱怨他人、抱怨社会、抱怨这个"不肯给他们机会"的世界。

其实,他们之间的差别仅仅在于 25 年前,他们中的一些人知道为什么要穿越"玉米地",而另一些人则不清楚或不很清楚。

现在仔细想一下,你想成为怎样的人呢?这也取决于每个人的世界观,取决于所从事的职业在其眼中的形象。

曾有三个砌砖匠,有人问他们正在干什么,一个回答:"在砌砖。"另一个回答:"在赚钱。"最后一个回答:"在建造世界上最美的房子。"若干年后,第一个砌砖匠仍在那儿砌砖;第二个砌砖匠成为一个包工头,统领着几十名砌砖匠;而最后一个砌砖匠早已成为一名杰出的建筑师,设计并修建了许多典型的具有代表性的建筑物。

三个砌砖匠中,第一个人只看到自己在砌砖,他也就永远在砌砖。作为教师如果仅仅看到自己是在教书,他永远也就是一个教书匠。因此教师非常有必要进行一个自我成长设计,设想自己的美好工作愿景。作为教师,做好自我成长设计又是教师职业生涯的设计,也是对自己教育人生的成长设计。它既是教师发展的指南,又是教师个人成长的发展方向。设计蕴涵着思想,蕴涵着追求的价值,蕴涵着发展的动力,更蕴涵着自我期待和希望。从某种角度上讲,自我设计更是职业理想的具体化,事业目标的系统化,目的是为了规划人生,提高生命的价值。无论是初入职教师,还是有一定经验的教师,还包括从教几十年的教师,无论在任何时候都要有符合自己现实状况的人生设计,有了目标才会有动力,有了目标才能使自己少走弯路。初入职教师刚刚走出校门,在大学树立的教育理想期待着在现实中实现。有一定经验的教师,在现实中摸爬滚打十几年,有成功也有失败,有在激扬中奋进,也曾经历过挫折中的挣扎,还见识了很多社会中的潜规则,如何使自己的思想跟得上时代的步伐,如何在现实的羁绊中挣脱出来,出淤泥而不染?这些不仅仅需要学习,更需要调整自己的心态,对自己的事业和未来进行更合理的设计,使自己的未来生活更幸福、更快乐。

| 专栏 7-8 |

教师自我规划自我提高之所论[①]

俗语道:"十年树木,百年树人"。一个合格的人民教师也不是一朝一夕就能成长起来的,而是要经过自己不断的努力,要有牺牲精神、献身精神、园丁精神,还要敬业和不懈地拼搏,虚心地向新老教师学习,经过数年的成长、磨炼,才能成为一个合格的人民教师。

我工作已经13年了,我认为十分有必要对自己的职业有一个长远的规划,使自己在教育事业的前进道路上有一个明确的前进方向和明确的发展方向。

我虽然能很好地完成眼前的教育教学工作,但还离党的要求有一定的距离。在课堂教学中,还有不妥的地方,不能十分得心应手地运用教育教学规律指导教学实践。我们知道,没有理论的实践是盲目的实践,没有实践的理论是空洞的理论。所以在教育教学工作中,要理论联系实践,不断地学习新的教育教学理论,并敢于在教学中大胆实践,这样才能创出一条属于自己的教学之路。

下面是在未来的7年里我对自己制订的总目标。

---

① http://www.teacherclub.com.cn/tresearch/a/303577681cid00001,略有改动。

第七章 境界与修养

一、勤于学习教育教学理论，不断地完善自我，实现自我，超越自我

教育界有一句话："教师要给学生一滴水，首先自己要有一桶水。"我看当今知识体系日益繁杂的时代，需要教师争分夺秒地学习。光有一桶水是不够的！教师首先要是大海，是取之不尽的知识源泉，不仅仅要有自己的专业知识，还要有杂学，不说博古通今，中外融贯，天文地理，但总得不断地学习，才能进步。

（1）认真地学习教育的新理念及精神。特别是要学习"有效"系列的教学理论；按照新教育理念和新教材的观念，积极认真地进行课堂教学模式的大胆改革；要敢于探索，按教育规律优化课堂教学过程，探索发展"先学后教"的教育理论；处理好课改和执行教学常规的关系，提高教学质量；重视对学生多种能力的培养，发展学生的智力；不断强化提高学生的综合素质，教书育人两不误，使班级中每个学生在阳光下快乐茁壮地成长。

（2）上课要明确教学目标，重点突出，难点分化。课后对每节课进行认真反思，事无巨细地写下教学后记，不断总结经验教训，积累经验。勤于实践，不断自我反思，还要上升到理论的高度，进行总结。

（3）教学中注重自己语言文学修养的提高。要多读书，多学习，多思考，勤练笔。勤于向同事请教相关方面的知识，以达到全方位提高自己的教育教学的知识水平。

二、不断地勤奋学习，努力提高教育教学水平

教师首先要传道、授业、解惑，教师的任务不仅仅要使学生掌握科学文化基础知识、技能，培养和发展学生的智力和体力；而且要使学生养成文明的行为、良好的习惯、高尚的情操、坚强的意志。这就要求教师不断提高自身的教育技能。

在能力方面我要求自己做到以下几点。

（1）教育感召力。用真心去教育学生，用心灵去感召学生，用情感去感化学生。教育学生不能只用惩罚，要多表扬，少批评；不要光看学生的缺点，要善于发现学生的优点和长处；要善于正面引导，经常给他们讲道理，分析问题的原因，教他们理性地衡量事情的对错。

（2）教育学生要因势利导，因材施教，循循善诱。不管是技能学习，还是品德培养，学生与学生之间总会有差异，善于发现学生的特点，并能运用适合的方式进行指导，提高他们的信心，鼓励他们前进。

（3）完善课堂教学的能力。在一次又一次的实践中学会如何完成课堂教学任务，如何控制时间，如何实现师生互动，如何使学生更好地掌握技能和理论知识。

三、勤于教学理论及教学实践的研究

（1）积极努力学习专业知识和先进的教育教学理论，并敢于运用在自己的教学实践中，及时准确地进行反思。在工作中不断阅读有关教学书籍，不断提高自己。同时要不断补充其他方面的理论知识，丰富自己，做到多听、多看、多思，多写、多练。

（2）认真参加集体备课，积极主动进行教学研究，能不断地在教研中提高自己的教育教学水平。

四、具体规划

1. 2009—2010年(第一年)

通过参加淄博市中小学全员远程教育培训,不断提高自己的教育教学水平,在教学中不断地大胆实践,采用先学后教的教学方法,不断认真反思,争取在短时间内大面积地提高学生的学习成绩。

2. 2010—2011年(第二年)

参加淄博市小学教师全员培训及不断地认真向新老教师学习,学习他们的优点和长处,同时学习新的教育教学理念,在课堂教学中,不断地提高自己对新的教学方法的驾驭能力。俗话说:"法无定法",要跳出固定教学方法的囹圄,大胆地创新,走一条属于自己的独特的教学之路。

3. 2011—2013年(第三年和第四年)

不断地认识自我,完善自我,超越自我,不断地总结经验,要把成熟的教学经验总结成文,同时继续努力,认真钻研,刻苦不倦,一丝不苟,精益求精,要克服自己的缺点,发扬自己的优点,争取早日成为一名优秀的人民教师,为党的神圣的教育事业贡献自己的毕生精力!

现在,很流行的一种自我设计是从找自己的"短板"开始,找"短板"的理论依据是木桶理论。木桶理论是指一个木桶想盛满水,必须每块木板都一样平齐且无破损,如果这只桶的木板中有一块不齐或某块木板下面有破洞,这只桶就无法盛满水。也就是说,一个木桶能盛多少水,并不取决于最长的那块木板,而是取决于最短的那块木板。木桶理论也可称为短板效应。一个木桶无论有多高,它盛水的高度取决于桶壁上最短的那块木板。根据这一核心内容,木桶理论还有两个推论:其一,只有桶壁上的所有木板都足够高,那木桶才能盛满水;其二,只要桶壁上有一块不够高度,木桶里的水就不可能是满的。

木桶理论的提出者是美国管理学家彼得。他认为组成木桶的木板如果长短不齐,那么木桶的盛水量不是取决于最长的那一块木板,而是取决于最短的那一块木板。这也就是说,构成组织的各个部分往往是优劣不齐的,而劣势部分往往决定整个组织的水平。借此理论,在教育界鼓励教师找"短板",补"短板",提高每个教师的水平,从而也使整个教育部门的水平普遍有更大的提高。

2. 自我调节

教师的自我设计再好,理想再完美,实施步骤再周全,在具体的实施过程中总会有意外发生,出人意料,让人措手不及,可能会使人勇气受挫,甚至是一蹶不振。事实上,并不是所有人都能越挫越勇,有很多人是经受不住打击的,受到的挫折越多,越不容易崛起。相反,人是在成功中越战越勇,越能激发人的斗志、信心和勇气。虽说教师的地位一直在提高,教师的工资也一直在增长,国家也一直对教师的生活很关注,然而,这仍然跟不上时代的步伐,不可能完全与时俱进。教师的不得志,加上受各方面影响的心情不顺畅,会使教师的对职业的态度有更深的负面影响。

因而,处于成功时期的人,应该预料到可能要遭受的挫折;处于失败中的人更要善于调整自己的策略和方法,调整自己的心态,从失败中找教训,找出口,突破自己,走出困境。

那么,怎么做好自我调节,我们看看能不能从下面专栏7-9中的案例受到一些启示。

| 专栏 7-9 |

一生何求,淡泊名利①

曾经在一个偏远的农场见过一位老人。他的老伴去世后,他放弃了花去他全部积蓄在城里买的三室一厅的住房,回到了他曾经工作、生活过的农场。他说,一个人在农场生活,感觉很平静,那条小渠及门前的老榆树,都能勾起他对老伴和青年时代的回忆。他还说,人既然无法带走任何东西,那么,干脆早些让那些虎视眈眈盯着他的财产的子女们拿去,他只求获得一种精神上的自由和宁静。

我还记得,那天洒落在老人白发和身体上的,是一种纯粹的鲜红——透着金属质感的阳光的颜色,沐浴在阳光里的老人显得快乐而满足。

这世上有许多东西是人们终其一生孜孜以求的,比如金钱,人人都说它生不带来死不带去,但面对金钱炫目的诱惑,世上又有几人能真正做到不为金钱所动?许多人主动拜倒在金钱的石榴裙下,丑态百出,甚至前仆后继。再比如权力,钱钟书先生曾揶揄说,权力像树,它让那些爬在高处的猴子们暴露出丑陋可笑的红屁股,但为了能爬上权力之树,世上又有多少人正殚精竭虑,机关算尽,甚至不惜出卖良心、出卖灵魂……

这世上有许多东西是时间和岁月的河水带不走的,比如真情,它像金子般珍贵,默默困守在这个喧嚣尘世的暗处,在沙土的掩盖下倔强地闪着光。在这充满浮躁之气的尘世上,你也许会忘记许许多多的人和事,但你无法忘记曾经感受到的真情。比如爱,真正的爱如傲立于冰山之巅的雪莲,纯洁而高贵,在尘世中可遇而不可求。也许它自始至终珍藏在你心底,没有风花雪月的低吟浅唱,没有如冰淇淋般快速融化的诺言,但只要爱过并且被爱过,你便拥有了世界上最值得羡慕的幸福……

生活中很多人都在抱怨命运不公,其实这世上有许多东西是公平地属于我们每一个人的,比如阳光,比如雨点,比如春夏秋冬……无论你是贫是富,是达官显贵还是平民百姓,都会感受到阳光的温暖、雨点的湿滑、四季的分明。

造物主是公平的,哪怕你拥有金山银山,拥有世界上最显赫的权力,当你离开这个世界时,你连一片羽毛都无法带走。

既然已经明白很多东西是无法带走也无法留住的,就像那位老人一样,懂得放弃什么、留住什么。让我们的每一天都快乐而充实,让我们人生之旅的每一步都坚

---

① http://blog.sina.com.cn/s/blog_4caa76b40100cgrq.html,略有改动。

定而踏实,让我们的真情如阳光般洒满每个角落,让真爱如甘醇般滋养每个人的心田。那么,无论我们活过多少岁,我们都会毫无遗憾,无愧于这一生。

人生一世,很短,也很漫长。

选择一份随意,该有的,牢牢把握;不该得的,不去强求,把那些所谓的名利、权力、物欲等当做过眼云烟,让他们淡淡地来,淡淡地去,知足并快乐地生活,这样的人生,一天胜过一年。

禅宗有句话:"眼肉有尘三界窄,心中无事一床宽。"一个人眼界开阔与否决定了他的人生观、价值观、世界观、为人处世的态度,而眼界开阔与否又由你看事物的距离决定。

保持什么样的心态就会有什么样的行为方式,然而行为方式决定着一个人的人生走向。心态能够成就一个人,心态也能毁掉一个人。成功人生应具备坦然的心态,幸运不可能永远降临于一个人的头上,反倒是各种各样的困难时常陪伴左右,只有以坦然的心态面对一切困难,才能真正具备阳光心态。具备阳光心态可以使人深刻而不浮躁,谦和而不张扬,自信而又亲和,能帮助人实现自我内心和谐、家庭和谐及团队和谐,能让人学会调整、改变和驾驭自己,避开心理误区,以积极的心态应对人生的一切艰难险阻,从而改变人生现状,创造崭新的生活,成为真正主宰自己命运的主人。

教师的职业对象决定了教师的形象的重要性,没有激情的教师怎能培养出有激情的学生?不热爱生活的老师又怎么能培养出热爱生活的学生?没有幸福感的教师又怎么能培养出快乐幸福的学生呢?

专栏 7-10 为一位教师如何就教师理想和激情问题进行的反思。

| 专栏 7-10 |

教师的三种境界[①]

一要有书香气。古时读书人家,一般都家藏万卷图书。我们的古人为防止书籍霉变、虫蛀,用樟木制成书箱来存放书籍;或用樟木片放在书籍间隙;或放一种叫芸香草的中药。随着时间的积累,当书的主人打开书箱,翻阅书籍时,就会有一股香气扑面而来,此为"书香"一词的来源。有道是"腹有诗书气自华,最是书香能致远"。从事教育工作的教师自然应该身上常留书香气,读好"有字之书",求得"有我之境";读好"无字之书",求得"无我之境"。用书香滋养心灵,以书香成就人生。

二要有书生气。人们说得好,越单纯越幸福。坐在一个小小的书房里,手捧书籍,在淡淡的灯光下,与古今中外的名家进行心灵的对话与交流,是一份难以言喻的

---

① http://www.pep.com.cn/rjwk/js/201102/jscz/201103/t20110328_1029675.htm,略有改动。

喜悦与享受。心与书的交流，是一种滋润，也是内省与自察，伴随着感悟和体会，淡淡的喜悦在心头升起，让自己始终保持着一份纯净而又向上的心态。

三要有书剑气。李白说："仰天大笑出门去，我辈岂是蓬蒿人"。"仰天大笑"，多么得意的神态；"岂是蓬蒿人"，何等自负的心理。古人北宋大儒张横渠说："为天地立心，为生民立命，为往圣继绝学，为万世开太平。"这是何等的开放大气、豪气冲天！龚自珍"一箫一剑平生意，负尽狂名十五年。"这是何等豪情壮志！他们如何让自己成为一个书剑气的人呢？我认为只有丰富的阅读和大胆的实践才能赋予人这种气质，这种气质是教师非常需要的，因为只有拥有了这种书生意气和英雄豪气，才能自觉地推进教育改革，才能放飞学生想象的翅膀，才能去拓展心灵空间和精神世界。

若想成为一名优秀的教师应做到以下几点。

一要用思想武装行为。观念改变，行动改变，命运改变。命运的改变，远远不只是个人命运的改变，也将是整个国家和民族命运的改变。我所敬仰的李镇西老师说得很有哲理："一个教师写一辈子教案不一定成为名师，如果写三年教学反思，就有可能成为名师。"通过教学反思，思想锤炼，李镇西成为一代名师。

二要用思想滋养心灵。只有个性才能造就个性，只有思想才能点燃思想，只有用思想才能培养丰富的心灵和厚重的人格。在教育世界中，倘若有丰富的思想熠熠生辉，倘若有丰富的思想相互碰撞，倘若有高尚、丰富、独到、深刻的思想去鼓舞人心，课堂生活才更有趣味，更有魅力。

三要用思想打造家园。十七大报告提出了"建设中华民族共有精神家园"的理念。一个人，如果没有精神家园，即使物质家园再好，也不会幸福的。一个有追求、有理想的教师，必然要点亮思想之灯，上下求索，百折不挠，锲而不舍，用丰富的思想打造精神家园。

人生的路虽然漫长，但真正能点燃激情，燃烧青春的岁月并不太长。就像非洲大草原上的动物那样，狮子妈妈在教育自己的孩子："孩子，你必须跑得再快一点，再快一点，你要是跑不过最慢的羚羊，你就会活活地饿死。"羚羊妈妈也在教育自己的孩子："孩子，你必须跑得再快一点，再快一点，如果你不能比跑得最快的狮子还要快，那你就肯定会被他们吃掉。"

我认为，教育事业就好比是非洲大草原，至于我，是羚羊还是狮子并不重要，重要的是有没有一种奔跑的激情和梦想，重要的是能不能跑得足够快，重要的是能不能跑得足够优美。我相信，只要我坚守教师的理想与信念，努力追求"大学无涯、大爱无声、大道无形"三种境界，我一定会活出幸福的人生。

3. 自我实现

"自我实现"是由美国心理学家亚伯拉罕·马斯洛于1943年在《人类激励理论》论文中提出的。马斯洛理论把需要分成生理需要、安全需要、归属与爱的需要、尊重需要和自我实现需要五类，依次由较低层次到较高层次排列。五种需要可以分为两级,其中生理上的需要、安全上的需要和感情上的需要都属于低一级的需要,这些需要通过外部条件就可以满足;而尊重的需要和自我实现的需要是高级需要,他们是通过内部因素才能满足的,而且一个人对尊重和自我实现的需要是无止境的,自我的实现也要以赢得尊重为前提。同一时期,一个人可能有几种需要,但每一时期总有一种需要占支配地位,对行为起决定作用。任何一种需要都不会因为更高层次需要的发展而消失。各层次的需要相互依赖和重叠,高层次的需要发展后,低层次的需要仍然存在,只是对行为影响的程度大大减小。

教师也是人,也都希望自己有稳定的社会地位,要求个人的能力和成就得到社会的承认,也希望自己能赢得外部的尊重,即希望有地位、有威信,受到别人的尊重、信赖。马斯洛认为,尊重需要得到满足,能使人对自己充满信心,对社会满腔热情,体验自己的用处和价值,也就是获得了自我实现。不仅实现个人理想、抱负,发挥个人的能力到最大限度,达到自我实现境界的人,接受自己也接受他人,而且,解决问题的能力增强,自觉性提高,善于独立处理事情,要求不受打扰地独处,完成与自己的能力相称的一切事情的需要。也就是说,人必须干称职的工作,这样才会使人感到最大的快乐。马斯洛提出,为满足自我实现需要所采取的途径是因人而异的。自我实现的需要是在努力实现自己的潜力,使自己越来越成为自己所期望的人。

人人都渴望幸福和快乐,每人都渴望幸福,追寻幸福。渴望幸福是人的本性,而追寻幸福却是一门学问。每个教师都在渴望职业的成就感,如何完成个人的自我实现则是一门学问。完成教师的自我实现也依据其自身的一些人格品质,它们起着重要的影响作用。这些品格包括自信、热情和意志等方面。有了坚定的信心、对工作的极大热情和实现预定的人生目标所做出的自觉坚持的顽强毅力,就能抗拒不良因素的诱惑;对困难、挫折、不幸进行超越,升华人生价值,有了毅力,就有了活力。坚定的信念、对工作的热情和顽强的毅力是教师实现自我的重要的心理品质。

教师的自我实现既是自我发展、实现自我超越的过程,又是艰苦的人生实践的过程。教师要成长、要发展,才能逐步完成自我实现。教师的成长和发展必须依靠自身,必须要不断地吐故纳新。古今中外无数杰出教师的实践表明,虽然每个人成功的具体形式千差万别,然而渴求知识、勤奋学习是他们的共性。读书是一种途径,对学习的渴望是一个重要的内驱力,学习会促进教师的成长,会加快教师的成功。因为教师成长的速度、效率和水平与教师对学习的投入及产出成正相关关系,这是已经被反复证明的一种基本规律。在为人师表的实践中,教师使自己的人格向着最高境界——自我实现——升华,并且其潜能得到最大限度的发挥,其生命价值获得最大化,所以,当一名教师沿着自我实现的人生目标持续发展的时候,那么他自己也就成为真正无愧于"人师"称号的现代教师了。

第三节 教师的修养

一、教师的人格魅力

"人格魅力"是人人都很熟悉的一个词,然而,究竟何为人格魅力？我们首先要弄清什么是人格。人格就是指人的性格、气质、能力等特征的总和,也指个人的道德品质和人的能作为权力、义务的主体的资格。魅力就是一种吸引人的内在能力,简单说就是一种自热流露出来的让人喜欢的一种感觉。因而人格魅力指一个人在性格、气质、能力、道德品质等方面具有的很能吸引人的力量。

无论在任何地方我们经常听到学生议论,说他们喜欢某位老师,很喜欢他的课;不喜欢某位教师,不喜欢听他的课,老是昏昏欲睡。事实上,能否赢得学生尊重和爱戴,不是单方面因素决定的,老师的学识、能力、性情、品德修养等综合素质融铸成其人格,这是一名老师吸引学生的主要源泉。

1. 魅力教师

魅力教师首先应该是有爱心的教师,因为,爱是教育的基础。爱自己的孩子是本能,爱别人的孩子是神圣,估计这也是教师职业被神圣化的一个主要因素。

| 专栏 7-11 |

老师,让我重考一次

这学期的第一次单元测评结果还是挺好的,学生中除了两个刚及格之外,46个优秀,12个良好。我嘱咐孩子们回家给家长看一下成绩,然后讲评、订正、批改。

当我批到袁伟的及格试卷时,发现有这样一行字:"老师,这次我考得不好,我爸爸妈妈一定不高兴,在周五回家前,您让我重考一次好吗？"我还是第一次碰到这样的事情,考试还能重考吗？你是为你的父母考的吗？我答应了你,以后还有第二次、第三次,那不是无稽之谈吗？再说,我又怎么能欺骗你的父母呢？

我与同办公室的老师交流这个事他们也笑起来,认为这孩子也太天真了,考试又不是开玩笑！可一个英语老师没有笑,她讲了她自己的经历:"那时,我在初中二年级,英语很不好,自己很没有信心,再加上平时怕背诵,结果好多英语单词都背不出来,更不要说语法、阅读了。一次我被英语老师叫到办公室补课……正巧,英语老师临时出去有事,突然我发现桌子上正好有我们明天考的英语考卷！于是我很迅速地抽出一张,塞进口袋里……真是神不知,鬼不觉！可到了家里,我傻眼了:即使拿到考卷又有何用？有很多题目我根本不会！我一下子明白了:难怪老师不放好考卷！不知为什么,我心中一下感到有些愤怒;我难道就是这样一个没出息的人吗？我开始一道题一道题地做过去,不会的,查字典,打电话问同学,还有不会的,抄在纸上,一直做到11点多才睡觉。第二天一早,又去问别的班的英语老师……考试出来,我竟然得了92分！英语老师很吃惊，同学们投来狐疑的眼光。英语老师还把我叫进了办公室：'你的进步真是让我高兴、吃惊！你能在这么短时间里记住这么多内容，真是不简单啊！只要努力刻苦，看来你一定能学好的！相信自己！'老师一口气讲完。我的汗都冒出来了：怎么总觉得话中有话呢？没想到老师又说：'好了，我太高兴了，一定要表扬几句，现在说完了，你可以走了，一路走好！'走出办公室，我擦了把汗，仔细回味老师的话，总觉得老师好像知道这件事，可是为什么不批评我呢？从那以后，我真的开始认真努力，一直没有放松过！如今，我还成为一名英语教师呢！我内心一直感谢我的英语老师：她的无痕教育深深触及了我的灵魂，她的宽容、信任使我树立了自强的信心，她的'一路走好'一直激励着我！"

是啊，一个看似玩笑的要求，其实是一个孩子追求上进的心啊！我看中的是孩子的分数，还是孩子有没有掌握这些知识？我注重的是孩子以后的进步与发展，还是所谓的规矩？既然孩子愿意再考一遍，我又为什么不答应呢？他是一个孩子，他很爱他的父母，觉得考得不好，对不起家长，想再考一次向父母汇报，我又为什么嘲笑他呢？他成绩不好，永远让他落后，不给他成功的喜悦，他又有多少学习的乐趣呢？让他重考，正好再检查一下他现在掌握了多少；让他重考，也送给他父母一丝喜悦；让他重考，让他自己重新树立信心！

一下课，我便把他找来，让他明天中午重新考试！但也提出了一些要求：这是我们俩之间的秘密——给你一次机会，让你明白：学习可不是为父母，你一定要好好复习，为自己争气；给你一次机会，不是和你一起欺骗你的父母，而是让你鼓起自信的风帆；给你一次机会，是希望你以后努力，经得起每次考试。他高兴地和我拉了钩！

后来他也没有一下子飞速进步，但他也没有让我失望，尽力追赶，第三单元测试还考了82分。

这个秘密一直珍藏在我和这个学生的心间。

我想，对于学生的学习，我们不能仅看分数，更应该注重学生的成长过程。"让学生重考一次"，真心实意地为学生着想。走进学生的心灵，倾听学生的心声，把握学生的脉搏……多给学生一次学习的机会，他们也会让我们看到一个美丽的未来！

魅力教师在学生心里是天使，给学生以信心和勇气，能激发学生的无限动力。让学生在春风的沐浴中告别寒冬，迎接春天的到来。尽管，未来的成长岁月里，还会有风风雨雨，让幼小的心灵有依靠，让幼小的心灵总是闪烁着信念之光。

专栏 7-12

唤醒勇气，缝补翅膀

每个孩子都是掉在地上的天使，他们来到地上，那是因为他的翅膀断了，在他还没有忘记天空的时候，他一直都想要寻找到为他缝补翅膀的人。这就需要在成年人的世界里,没有嘲笑孩子的青涩、唐突、莽撞、犯错,成年人应包容他们,爱他们,为他们缝起翅膀,重新飞向天空!

平时我们总用大部分的时间去关注后进生,好学生他们成绩好,行为规范好,从不给老师惹麻烦,走到哪都让人放心,因为有这一串的闪光点,他们的缺点常常被忽略,真实的内心也不易引起老师的注意。对于这样的现象,我更想说,我们应多多关心好学生的行为,让他们真正成为身心健康、全面发展的好学生。

记得那天星期一,我带着灿烂的心情走进教室时,小小(一个学生的化名)来到我身边,哭哭啼啼地说:"老师,我的文具盒丢了,里面有三支刚买的笔,其中一只还是五块钱的。"我这个人最怕学生掉眼泪,赶忙安慰他:"别急,老师帮你找回来。"我嘴上那样说,内心却没有几分把握,因为孩子丢笔是司空见惯的事。

这时,星期五值日的一个同学说:"老师,上星期五值日时我们见到一个蓝色的文具盒,里面确实有三支笔,我们把文具盒放在讲台桌子的抽屉里了。"我蹲下身子,果真看到了那个文具盒,顺手打开一看,里面躺着两支笔,明显少了一支。小小见了,又哭起来。

这时我把目光落在了值日的同学身上,他们个个义正词严地说:"我没拿!我没拿!"我想如果追问下去的话,只会浪费时间。这时我灵机一动,给大家讲了一个故事——

许多年前,一个学生在一次放学后打扫教室卫生时捡到了20元,捡到钱的同学决定在第二天上学后把钱交给老师。可是第二天上学后,捡钱的同学却把这件事给忘了。直到丢钱的同学号啕大哭向老师报告时,捡钱的同学这才记起来。于是他毫不犹豫地向老师报告说:"我昨晚打扫教室时捡到了20元,打算今早一上学就交给老师,可是我却忘记了,现在我把钱交给老师,请老师把钱还给丢钱的同学吧。"

"同学们,这个捡钱的学生如今已在这所学校教书,你们知道他是谁吗?"同学们一起说:"是老师你。"

我笑了:"对啊!就个人就是我,我那个时候太粗心了。我想那个捡到笔的同学,肯定和老师一样粗心,捡到笔后打算交给老师,可一时又忘了。"

这时,星期五值日的一个同学小D红着脸说:"老师,笔是我捡的,我打算今早交给老师,可却忘了……"说完,拿着笔走到讲台交给了我。

这时,我把笔拿给了小小,并对他说:"还不谢谢小D。"

此时,教室里响起了一片掌声。小D向我投来感激的眼神,那清澈的眼神,只有我读得懂,他在感谢我:唤起他认错的勇气。

小D是我心目中的一个好学生,打死我也不相信他会去拿别人的笔,可是小D真的那样做了。

其实,我读书的时候何曾捡过同学的20元呢?人非圣贤,孰能无过?作为成年人的我们,又有谁没犯过错,又有谁犯错不想得到别人的宽容和谅解。设想当时如果不是那善意的谎言,小D可能要背着小偷的名号过日子,他的自尊心受得了同学们的指指点点,冷嘲热讽吗?好学生的自尊心特别强,更需要我们去呵护,去引导,去关注。

善用语言,唤起孩子认错的勇气是让孩子的自尊回位的一种好方法。让我们用教师独有的一种催人奋发的爱鼓励孩子们重新缝补翅膀,记起天空,飞向蓝天,做一个美丽的天使吧!

林崇德教授认为,疼爱自己的孩子是本能,而热爱别人的孩子是神圣!教师对学生的爱,在性质上是一种只讲付出不计回报的、无私的、广泛的且没有血缘关系的爱,在原则上是一种严慈相济的爱,是神圣的爱。这种爱是教师教育学生的感情基础,学生一旦体会到这种感情,就会"亲其师",从而"信其道",也正是在这个过程中,教育实现了其根本功能。

专栏 7-13

有"魔力"的老师

一年级上学期期末复习的一节语文课上,煜昕同学说:"庄老师就像我们的妈妈!"全班同学用掌声表达了内心的同感。知道庄老师很优秀,却不知她的"魔力"大到如此!

她们班的孩子,打小报告的少、互相帮助的多;不守纪律的少、自觉自律的多,这对于一年级新入学的孩子们来说真不容易呀!

她们班的孩子连同家长,都特喜欢她的说话艺术。去年冬天的天气一直特别冷,孩子们有的开始迟到了。庄老师没有直接批评,而是说:"孩子们,再这样下去,我们的流动红旗就要'飞'走了!"大家一听,回去和家长一转述,接下来迟到的现象就少了许多。于是,她们班流动红旗拿了最多。

她们班的孩子在完成作业时,大多是愉悦的。9月份刚入学的孩子们,国庆作业是"收集生字宝宝"。家长协助孩子们把报纸上或广告上的字共同剪下,一起或正或斜地贴在A4纸上时,觉得"生字宝宝"就要装入自己宝贝的心间了,不由地满心喜悦。更让家长意外的是,11月份学校班级布置评比时,孩子们的这些"佳作"连同平时的字帖习作、小画家作品等都被庄老师布置在教室后面,成了班级一道亮丽的风景线。为此学校领导还多次表扬她们班工作做得细、有创意。

她们班的孩子总能从她身上感受到很多的美:人美、字美、声音美、教学方法美……庄老师的课堂效率很高,她很少让孩子们做机械的操练,更不会让孩子们饱受"填鸭"之苦。孩子们在轻松、祥和的环境下,快乐地渡过了一年级,而且期末考试成绩非常出色。

庄老师的"魔力"不仅把她的孩子们深深吸引了,就连同一楼层办公室的同事们也深受感染。在庄老师热情、风趣、艺术的"魔力"带动下,大家常常在一起笑谈学生、话说教法。

第七章 境界与修养

有一位这么有"魔力"的老师做班主任,孩子们开心、家长们放心。真好!

专栏 7-13 中的案例充分体现教师魅力的一个方面,教师的人格魅力来源于善良和慈爱,魅力教师会在平等的基础上善待每一个学生,不会因为学习成绩的好坏与家庭背景的不同高看或歧视某些学生。在他们心里,教好每一个学生是老师的天职。他们胸怀博大,容得下性格脾气各不相同、兴趣爱好互有差异的学生。他们不仅是学生的良师,也是慈爱的长者,而且是学生的知心朋友;他们不仅关注学生的学业成绩,也关心学生的思想品德与行为习惯,而且把学生的喜怒哀乐、寒暑冷暖放在心间。

教师的人格魅力来源于学生的信任和宽容,在课堂上他们不是一味灌输,包办代替,而是把学习的主动权交给学生,让学生在探索之中享受成功。他们是指导者和引路人,从不把学生看做知识的容器和考试的机器,他们相信学生的能力并想方设法提高学生的能力。他们很少对学生说你必须这么做,他们更喜欢对学生说:想一想,你应该怎么做。在人品上他们更是给学生以充分的信任,哪怕是学生有过失的时候,同样相信学生有改正过失重新开始的能力。他们不光看到学生的现在,更关注学生的将来,从而利用现在为学生将来的发展打基础。他们既是学生现在的引路人,又是学生未来发展的设计师。

2. 魅力教师的特征说

魅力就是对人的吸引力,文章有魅力,读者就喜欢读;人有魅力了,就有更多的人愿意与之交往;老师有魅力了,就更有影响力。以渊博的知识培养人,以科学的方法引导人,以完善的人格唤醒人,以优雅的旗帜影响人。如果依次为标准的话,在课堂上的自由驰骋畅所欲言,在业务上的不断探索锐意进取,在学识上才华横溢学富五车等,这些都是教师的魅力。然而,教师职业的特性,再有魅力的教师,也没有向毛泽东等这样的伟人那样的光芒四射,更没有明星那种令人狂热的魅力。

(1)教师的魅力不仅体现在课堂,而且体现在课前和课后。

教师的魅力体现在课堂上,称之有三个层次,从低到高分别为有效地课堂、高效的课堂和魅力的课堂。魅力的课堂的特征是:在课堂,绝对不是死板的读,教课文,让学生听得没有兴趣,昏昏欲睡。语文课应该就像听故事,听演说;数学课就像是阿拉伯数字在我们面前跳舞;英语课让人感觉那些英文字母在与我们玩耍,让我们有一种身临其境的感觉,45 min 轻轻松松地就过去了。课间休息一下,我们开开玩笑,老师也是其中的一员,我们的一个朋友。课后,热爱学生,关心学生,像父母一样和我们谈心,听我们的想法,把我们当成大人看待。

(2)魅力教师就是有理想、有爱心、有挑战精神、有创新精神、坚韧、刚强、不向挫折弯腰的教师。

有高的理想的教师才有高成就和高水准。人的理想层次越高,成就越大。增强使命感和自我意识,不断地进行自我挑战。理想的教师是一个胸怀理想,充满激情和诗意的教师;还应该是一个自信、自强、不断挑战自我的教师。自信使人成功,自信激发一个人的潜能。培养人就是培养他的自信,摧毁人就要摧毁他的自信。理想的教师还应该是一个善于合作,具有人格魅力的教师,是一个充满爱心受学生尊敬的教师,是一个尊重同事和领导,善于利用帮助他成长的各方面因素的教师。受欢迎的教师三要素:换位、尊重与互惠。

理想教师应该是一个追求卓越、富有创新精神的教师,这也是教育家和教书匠的区别。教师更应该是一个勤于学习不断充实自我的老师,是一个关注人类命运,具有社会责任感的教师,是一个坚韧刚强、不向挫折弯腰的教师。

(3)人格魅力说:教师的魅力来源于教师的人格(人格三要素是指人的智慧、道德和意志力,它们是决定人的成功和自我实现的基本三要素)。原因是教师的人格在教育中起着重要作用。教师的人格魅力体现为品德崇高、学识渊博,这样的教师给学生以高山仰止的感觉。教师对学生的教育是一个过程,不管教师自觉不自觉,都对学生起着潜移默化的作用,产生着重要的影响。影响要么正面,要么负面,绝不会是"零"。教师对学生的影响可以形容为"随风潜入夜,润物细无声"的效果,教师的言行影响学生的成长、成人和成才,身教胜于言教。

具体讲,有人格魅力的教师应具有的特征是:①乐观开朗有亲和力;②良好的道德修养;③用心关爱每一个学生;④诙谐幽默的性格特征;⑤坦诚地对待每一个学生,真实地展现自我;⑥兴趣广泛,并有自己的特长;⑦具有丰富的知识。

(4)凡是成功的教师都有"三无"、"三心"的特点。

"三无":教师无业余,人的差异在业余,教师的崇高也在于此。精明的人不能当老师,高明的人才可以当老师。

"三心":爱心、慈心和童心。爱心,慈心给学生以人性的关怀和信心的影响。爱心是教育的基础,有童心的教师才能更好地与学生产生共鸣。

(5)教师人格魅力的性格(性格主要体现在对自己、对别人、对事物的态度和所采取的言行上)特征在于个人品质的吸引力,反映了一个人的精神和品德的内在属性,正是这种属性使其具有一定的磁性,把学生吸引在周围。这种特征说从对现实的态度和处理学生关系、理智、情绪和意志上进行了性格分析。

第一,在对待现实的态度或处理学生关系上,表现为对学生和对集体的真诚热情、友善、富于同情心,乐于助人和交往,关心和积极参加集体活动;对待自己严格要求,有进取精神,自信而不自大,自谦而不自卑;对待学习、工作和事业,表现得勤奋认真。

第二,在理智上,表现为感知敏锐,具有丰富的想象力,在思维上有较强的逻辑性,尤其是要富有创新意识和创造能力。

第三,在情绪上,表现为善于控制和支配自己的情绪,保持乐观开朗,振奋豁达的心境,情绪稳定而平衡,与学生相处时带来欢乐的笑声,令人精神舒畅。

第四,在意志上,表现出目标明确,行为自觉,善于自制,勇敢果断,坚韧不拔,积极主动,不卑不亢等一系列积极品质。

具有上述这些良好性格特征的老师,往往是在学生中受欢迎和受倾慕的人。当然,任何老师都不可能完全具备这些良好的品质,人们之间在具备这些性格特征的数量和质量上均有差异。

简言之,教师的教师人格魅力的体现为——师德。

教师,尤其是一线教师,在教学活动中表现出来的态度、情趣、品行乃至行为举止、音容笑貌、板书、笔记等对学生产生了极大的影响。而教师的人格特征中显示出来的为人师表、以身作则、诲人不倦、躬行实践等则成了教师的灵魂,也就是我们常说的师德,它是教师人格魅力的体现。爱是师德的核心。爱学生,爱教育事业,说起来简单,实际上并不容易,尤其是对于爱所有的学生更有些难。疼爱自己的孩子是本能,而热爱别人的孩子是神圣。因为教师对学生的爱是只讲付出,不求回报,是最无私的、广泛的且没有血缘关系的爱,是一种严慈相济的爱,是教师教育学生的感情基础,更是师德的灵魂。有人把教师比喻成蜡烛,燃烧自己,照亮别人;有人把教师比喻成人梯,用自己的身躯托起求知的稚嫩双脚;也有人把教师比喻成一艘船,把求知者送到知识的彼岸;还有人形容为那潺潺的溪水,冲走了污垢,留下了一片明净的天地。

3. 教师个人魅力的提升

(1) 使自己更博学、更聪慧——读书。古人云:"三日不读书,便觉言语无味"。一个幽默诙谐的人更容易给人留下深刻的印象。读书会使得教师的言辞更加丰满和有趣,读书还会增加教师的智慧,从这个角度上来讲,读书是教师魅力的不竭源泉。

有魅力的教师必然是一个博学睿智的老师,博学睿智来源于读书。朱永新说:"读书会让我们的教师更加善于思考,更加远离浮躁,从而让我们的教师更有教育的智慧,让我们的教育更加美丽。"

读书能使教师成为教育专家。源于教材,因材施教,学以致用,授业解惑,并能不断进步,把经验行之成文,那是教育专家。读书可以提高教师的立足点,让教师站在更高的高度看问题,举一反三,从而真正掌握所教内容。书是前人智慧的结晶,读它,我们便能像牛顿那样"站在巨人的肩上"高瞻远瞩。

读书能使教师成为博学家。博古通今,教师便能开阔视野,成为鲁迅先生所提倡的杂家。苏霍姆林斯基曾说:"对这一节课,我准备了'一辈子'"。这"一辈子",其实就是教师每天不间断地读书。活到老,学到老——潺潺小溪水,持续不断,方能注入思想的大河。

读书能使教师成为哲学家。教师读书,用书慰藉心灵,使教师逐渐淡化功利,不以物喜不以己悲。通过读书,教师社会责任感更强,更能理解理想与现实、认识与实践之间的差距,正是这些差距,正是基于对这些差距的理解才更能激发教师的内在动力,成为一个不唯书、不唯上、唯求实的教育哲学家。

(2) 练就自己的专业绝活。作为教师,练就自己的专业绝活会令自己的魅力更有影响力。更能激发学生的兴趣和尝试的内驱力。

| 专栏 7-14 |

让教师的绝活成为教学资源

在一次英语研讨活动中,《Do you play……》一课的教学给我留下了难以磨灭的印象。该课教学内容是学习几种乐器的英语单词,并会运用单词进行简单的对话。在课中,这位老师向学生说出一种乐器的单词后,就用这个乐器即兴表演一番,边弹边唱,并用富有鼓励性的语言激励学生们上台表演。

学生在老师的激励下,加之这些乐器、老师的表演所带给孩子们感官上的刺激,都跃跃欲试,参与的情绪高涨。教师在音乐方面的天赋在本课中得到了充分的体现,教师的才能刺激了孩子们学习的兴奋点。整节课给我的感受宛如一首乐曲,前奏、序曲、高潮后戛然而止,令人回味无穷。

教学的成功使我豁然开朗,教师的绝活也是一种资源,它可以引起学生的共鸣,甚至让他们痴迷。英语老师依靠着自己对乐器的熟稔,让孩子们在这节课上拥有了对英语学习的"疯狂",如果换一个不通乐器只能播放多媒体课件的教师,很难想象课堂能达到如此令人回味无穷的效果。我从中获得了作文教学的灵感——让自身的写作绝活成为引导学生学习写作文的动力。

上海建平中学高级教师于基泰运用一只小球,生动地演示单摆运动、自由落体运动等多种物理现象,让学生大开眼界。据介绍,于老师"玩小球"的绝活,在学生中广为传诵。

鸡蛋大小的圆球中间穿根绳,这个简单的教具,在于基泰老师的口袋里已放了20多年。讲到单摆,把它吊在空中轻轻一推,左右对称摆动,学生不由得小声数摆动次数;讲到圆周运动,把它拎在手上一甩,漂亮的圆弧直观展示。于老师介绍,经多年琢磨,小球的功能不断增加,已能演示十几种物理现象。学生赵莉说:"小球让抽象的原理变得活灵活现,同学们一看于老师掏出小球就兴趣倍增。"

一些数学老师能徒手画圆:肘为圆心,手持粉笔,胳膊一转,一个标准的圆马上出现在黑板上。有些语文老师,能全文背诵《长恨歌》、《琵琶行》等长篇古诗文,上课不用带课本,一手漂亮的粉笔字,可供不少学生临摹。教师的绝活,体现其过硬的教学基本功和对教学孜孜不倦的钻研,让学生由衷佩服,其威严无形中得以确立。

多媒体在课堂的使用,使得有一两手绝活的教师越来越少。很多教师上课越来越依赖电脑课件。语文课件中,字、画、配乐一应俱全,甚至连板书都省了;理化实验也做成生动形象的电脑动画,直接播放;有些中学还使用统一的软件。教师们不仅绝活消失,甚至于粉笔字的书写、声情并茂地讲解等教学基本功都在弱化。

因此,努力提升专业水准,根据自身实际情况好好练就一两手绝活,会让你魅力倍添。

(3) 争取最大的公平民主。

争取最大的公平和民主不仅符合需要,而且能增加教师的人格魅力。古希腊有这样一个神话,正义女神手持天平,蒙住双眼。她手中的天平不倾斜,意味着正义与公平,她蒙住双眼,意味着不带任何偏见。这个神话表达了自古以来人类社会对公平与公正的渴求。如今,教育公平是人们高度关注的焦点。在研究教育公平的过程中,理论界和其他专家由更多地重视为每一位适龄儿童和社会公民提供公平的接受教育的权利和机会,转向了让正在接受教育的孩子上好学。其实,在这个环节中教师起着至关重要的作用,教师既是教育公平程度的体现者,又是教育公平的主要感受者和体会者,同时更是教育公平最直接的践行者。

教师要在教学工作的各个领域设计并践行教育公平。不仅可促使每一个学生的发展,而且可以使每一个学生都有所发展。现实显示,不公平的教师更易激起学生的歧视,公正对待每个学生的老师更会赢得全体学生的尊重。不嫌贫爱富,关注每个学生,把爱洒向全体学生,让每一个学生都感到教师与其同在。教师民主思想的渗透不仅可以培养学生自主学习能力,而且使教师的形象熠熠生辉。

(4) 尊重学生、善用宽容。

先来看两个例子:在一次公开课上,执教老师请一位同学演示板书,恰巧他够不着黑板,老师微笑着说:"太矮了,回去吧。"这话老师虽然是微笑着说是,但还是会伤害这个孩子的心灵,从尊重爱护学生的角度出发,我们为什么不能说是黑板太高了呢?有魅力的教师首先要懂得呵护学生的心灵,这种对学生的爱护和尊重正体现在这样的细节中。

专栏 7-15

一位樵夫救了一只小熊,母熊对樵夫感激不尽。有一天晚上,樵夫迷路,借宿到熊窝,母熊就安排他住了一宿,还以丰富的晚宴款待了他。翌日早晨,樵夫对母熊说:"你招待得很好,只是有一点,也是我唯一不喜欢你的地方,就是你身上那股臭味。"母熊的心理怏怏不乐,但嘴上却说:"那么,作为补偿,你用斧头在我的头上砍一下吧。"恭敬不如从命,樵夫按要求做了。若干年后,樵夫遇到母熊,问起她头上的伤口。母熊说:"那次疼了一阵子,后来就不疼了,伤口愈合后,我就忘了。不过那次您说的话,我一辈子也忘不了。"

教师的爱不仅仅体现为宽容,更体现为理解和尊重。宽容可促使学生的成长,基于信任,教师的理解和尊重会增强学生的自信。

专栏 7-16

孟子30多岁的一年冬天,他的老师过生日。宴请自己的得意门生。宴罢,师徒们正聊得起劲，突然一个清点餐具的丫鬟嚷了起来，说是少了一只银匙。孟子的老师说："不会吧，就餐时分明都很齐全，怎么会少了呢？"这时，那丫鬟又说："一定是谁拿走了，趁现在大家都还没散，是不是在每个人身上搜一搜？"孟子的老师连忙说："不妥，不妥。"为了证明自己的清白，弟子们都赞成搜一搜，有的已急不可待地解开了衣扣。这是，只有孟子坐在一边不吭不响，脸上红一阵白一阵的。一个学生对老师耳语说："恩师，你瞧，孟轲那副窘态，会不会是他拿了？"老师连忙摇头说："不会，不会，切莫胡乱猜疑呵！"因为他对孟子的为人十分清楚，一向是十分信任他的，但看到孟子十分不自然的表情，却也起了阵阵疑团，他想起孟轲家境十分贫寒，小两口常常上顿不接下顿。他念书求学的钱，是他娘子没日没夜的纺纱织布挣来的，难道银匙真会是他拿的？正在这时，一位洗碗的丫鬟从灶间跑出来说："银匙找到了，银匙找到了！原来是洗刷时随脏水冲进阴沟里了。"弟子们都长长地出了一口气，孟子也如释重负，那副窘态消失了。老师很奇怪，就把孟轲悄悄叫到一旁问原因。孟子不好意思地说："恩师不知，今天天气奇寒，而我身上衣单。出门时，娘子怕我冻坏，就脱下她自己的衣服让我穿在里面。刚才大家一说搜身，我怕穿妇人衣服的事被大家发现取笑，因而急得坐立不安。"老师听了，深感内疚，说："真是眼见还有三分假呀，搜身固然我不会同意，不过，如果银匙找不到，莫说别人，连我也会对你产生疑心呐。"

如果孟子的老师是一位欠缺修养的老师，看见孟子心虚的样子，不由分说便恶语相向，岂不冤枉了好人？所以，我们应该从孟子的老师身上领悟到，面对学生，即或是面对可能是犯错的学生，我们都要"三思而言"，避免给学生造成伤害。教育家苏霍姆林斯基说过："在人心灵上造成的创伤，远比肉体上的伤残更重和难以愈合。"教师对学生的爱护，以及对学生宽容温和的态度，甚至远比他们的学问和修养更为重要。

要学生亲其师，教师必先爱其生，热爱学生是师德的集中反映，"亲其师"而"信其道"，学生才能乐在学中。人性有一个很大的特点，就是经不起尊重。你不断尊重他，他就以饱满的热情把全身的劲都使出来。即使是最差的、最调皮的学生也会被真诚和尊重所打动。尊重是沟通心灵的灵丹妙药，平等则像一座搭在师生心灵之间的桥，平等程度越高，这座连通心灵的桥就越坚固、越宽阔。因此，教师要树立民主平等的教育思想，抑制自我中心意识，遇事要相信学生，依靠学生，发动学生，与学生多商量。这就是民主，也是宽容。慈爱的宽容往往比严厉的惩罚更触动人的心灵。我亲身看到过很多老师无原则地纵容学生，但更多的是非常苛刻地对待学生。教师要懂得尊重学生，珍视学生的生命价值，允许学生的个性差异，宽容学生的缺点。教师最大的缺点是整天盯着学生的缺点，而更可怕的是更多时候盯着差生的缺点。教师的职责就是引导学生识别正确与错误，发现并认识错误，在纠正错误的过程中逐渐成长。在宽容的氛围中更能培养学生的爱心，更有利于学生的健康成长。

第七章 境界与修养

二、兼济天下与独善其身

1. 兼济天下与独善其身的内涵

"兼济天下"与"独善其身"出自《孟子·尽心上》。孟子曰:"尊德乐义,则可以嚣嚣矣。故士穷不失义,达不离道。穷不失义,故士得己焉;达不离道,故民不失望焉。古之人,得志,泽加于民;不得志,修身见于世。穷则独善其身,达则兼善天下。"在这里,"穷则独善其身,达则兼善天下"的意思是不得志时就洁身自好,修养个人品德,得志时就使天下都能这样。显然这是表示一种理想主义精神。有担当,有抱负的人,所思所想并非完全为了自己,而是更多地考虑人类的福祉。可以兼济天下的人,只有凤毛麟角,如果人人都能做到独善其身,整个社会也将是理想境界。

| 专栏 7-17 |

独善其身与兼济天下

"穷则独善其身,达则兼济天下。"但凡中国的知识分子,没有不熟悉这句话的,而且还经常引用。《孟子》中的原文本来是"穷则独善其身,达则兼善天下",意思差不太多。然而,后来的人引用时常常调换了次序,变成:达则兼济天下,穷则独善其身。这个意思是不是一样呢?

我曾自以为自己是时刻准备达则兼济天下的人,常怀忧国之心,是"风声雨声读书声,声声入耳;家事国事天下事,事事关心",之所以没有实现兼济天下,唯一欠缺的就是没有"达",也就是说没那个位置,缺少时运,天不降大任于我,无可奈何。

最近这几年我才逐渐有一点醒悟。人生之所谓的穷,并非仅仅是外境与环境之穷;人生所谓的达,也并非仅仅是时运。所谓的达意味着两方面内容。一是内心之通达,即理解人命与天命,并且顺天而行。子曰:"五十而知天命",就是这个意思。"知天命"很难,孔夫子修身不懈,也要到 50 岁才做到。二是外运之通达,也就是有了能够承担责任的肩膀以后,天运把这个责任交到你的手上。这就是所谓的达。

同样的,人生之所谓的穷也不是仅仅指外境之穷,而首先是内心之"穷"。在古汉语中,穷不仅指没有钱,而且指路不通。外境的穷常常不过是内心之"穷"的表现而已。颜子"一箪食,一瓢饮,在陋巷,人不堪其忧,回也不改其乐"。颜子"穷"乎?非也,非也!颜子之福,颜子之通,一般人难以理解而已,如果有人要怜悯颜子的话,恐怕应当首先怜悯自己。穷也指外境的道路是否通达,这里就是所谓时势的问题了。

如果把"穷"与"达"简单理解为一个外境与时势,就会认为我们的命运是一个简单的选择。一个是命运时势对我们的选择,是否把责任交给我们;另一个是我们个人的选择,是出来兼济天下,还是归隐独善其身。然而,如果一个人的内心还是"穷"的状态,他怎么可能兼济天下?他必须先有通达的内心,然后才能在具体的时势之中兼济天下,而不是"以天下济自己",以天下来满足自己的私欲。对掌握权力的人来说,不傲慢比不贪财更困难。所以《大学》讲"修身、齐家、治国、平天下",必须遵照这个次序,否则小则害己,大则误国。

独善与兼济并非在同一个层面上的选择。只要是人,就必须要努力独善,真正把独善做好了,再去思考兼济。对最优秀的政治家来说,了解政治常识和政治形势并不是很难,真正的难题是了解和控制自己的内心,时刻让自己的内心在一个合适的状态下进行决策和行动。一个没有做到独善的人,不可能做到这一点。如果一个人真正尝试过修身,就能明白这一点。

在孟子那里,从独善到兼济是一个递进。后人常常把这句话改成"达则兼济天下,穷则独善其身"。顺序之变,实际上已经遗失了这句话真正的内涵,以为独善是外在命运逼不得已的选择,是运气不好的托词,而不知道独善是一件非常难的事,是人生之根基,是需要努力一生的事业。孔夫子努力一生,到 70 岁"随心所欲不逾矩"才算成就。

有朋友说我从兼济转向独善,其实,我远不够资格说什么独善,兼济更是自欺欺人。近思《孟子》的名言,不过是明白自己应当途穷知返,不再用兼济天下、心怀众生来欺骗和麻痹自己,知道人生的基本是独善,是修身养性。

2. 达而兼济天下

兼济天下与独善其身是伦理人格在实施于社会现实时的两种不同的表现方式,前者是伦理人格的外向拓展,后者是向内收缩。不论是前者,还是后者,都是对社会最高思想政治准则、道德伦理准则的认同和对个体的独立性、自主性的压抑为基础的。此时,兼济和独善实际上是一个事物的两极,无法同时兼得。兼济还是独善,都不从主观上要求对外在社会准则的认同,而是建立在理性主义和自我主体独立的基础上,使之成为丰富自我、发展自我的两种手段。

能做到兼济天下的人虽然很少,但至少代表着理想人格的一个方面。兼济天下的人无论得志还是失意,都时时处处关心社会、关爱他人,尽可能以己之力为社会、为国家、为他人做点有意义的事。与此同时,仕途名利场又没有把他们同化为汲取功名、虚伪弄权的俗吏政客,而是表现出自身人格的魅力和高瞻远瞩的思想作风,坚持独立的人格、与时俱进的阳光之气。他们在本我的基础上真正地实现了超我,他们生活在现实中,要超越尘世之上,不计名利。他们以事业为生,又要以事业为乐。他们不仅追求人生的幸福,而且追求人生的完满。他们在自己的职业生活中追求属于自己的那份快乐和满足,从而找到人生的价值归宿与生命欢乐。他们已不再仅仅是敬业,而是在对职业的深层次认识的基础上更加深化,不断从教育影响中感受自身的劳动价值和生命价值,更加发自内心地投入工作,实现职业生活与人生活动、生命活动的合一,即达到了乐业的境界。他们在乐业中享受着教育过程和教育结果。

专栏 7-18

铁肩担教育，热血灌芳林[①]

周恩芝，1955年生，吉林省长春市人，中学高级教师，吉林省数学学会常务理事，吉林省科技协会常务理事；出版著作5部，发表学术论文30余篇、教育类相关文章40余篇；先后承担10余项国家、省市各类科研课题，其中多项课题、项目获国家级及省部级奖励；曾获全国优秀校长、全国教育系统劳动模范、全国信息教育创新型校长、全国骨干校长、吉林省劳动模范、吉林省第六批有突出贡献的中青年专家、吉林省特级教师、吉林省科研型名校长、吉林省师德标兵、吉林省科普工作先进工作者等荣誉称号。1996年，周恩芝开始任长春市第48中学校长（简称48中）。当时的长春市第48中学是一所全市有名的"薄弱校"，周恩芝仅用三年时间使该校一跃升为"一类一级校"。

1996年，长春市政府将改造20所农村"薄弱校"列为为市民办好的12件实事之一，长春市第48中学名列其中。改造"薄弱校"的第一个动作就是更换校长。当年，时任长春市第47中学（简称47中）校长的周恩芝刚刚带领大家把这所"薄弱校"打造成科技教育特色校。正当她满怀信心向着下一个目标努力的时候，一纸调令送到她面前——到48中任校长。

因毫无思想准备，周恩芝感到很突然，也很困惑。对于同属一个城区的48中，她再了解不过了。那是长春市有名的"老大难"学校，三类三级学校。校内学生打架的多，早恋的较多，在社会上造成了不好的影响。学校周边43家门市房把整个校园围得严严实实，开满了小卖店、烧烤店、饭店、录像厅和游戏机房等。而且家家对着学校开启后门，学生随便出入。白天，叫卖声此起彼伏；夜晚，烟雾缭绕，遍地狼藉，严重影响了学校教学和学生的身心健康，影响了学校的整体形象和发展，也影响了教师教学积极性以及对组织的凝聚力。

"办学，最难的不是资金问题，而是人的思想问题。"提起当年，周校长仍感慨万千。上任伊始，让她最为头疼的不是学校的烂环境，而是教师缺乏自信和工作激情。面对现实，周恩芝深感困惑。然而，开弓没有回头箭。尤其是看着48中师生那种怀疑的目光，她心里那股永不服输的劲又上来了。"绝不能让组织失望，不能让这里已失望多年的师生再失望。一定要把48中学办好，办成全区甚至是全市的名校。"瞬间，这一想法迸出她的脑海，让48中快速"脱贫"的宏图很快在她的脑中勾画出来。

针对队伍缺乏凝聚力和竞争力，她以身作则，要求教师做到的，班子成员要首先做到，给教师做出榜样。在队伍建设方面，打破"干好干坏一个样，干多干少一个样"的局面。实行了全员聘任制和职务等级工资制，制定工作目标责任制。按编制设

[①] 周恩芝：《诗意人生 执著追求——做一个有活力的校长》，载《吉林教育》，2008年，第21期。

岗、定岗、定责、定工作量,实行目标管理,能者上,庸者下。仅1997、1998年两年间,学校就先后调出30人,调入35人,让全校教师产生了紧迫感和竞争意识。

随着学校秩序的好转,周恩芝开始着手重新规划校园。她决定拆掉周边门市房,净化校园环境。然而说来容易做来难。听到学校要拆房子,眼看要断财路的43家业主联合找她谈判。周校长晓之以理,动之以情,但仍无济于事。有人说:"周校长你傻呀,我们每家每月给学校100元钱,一个月就是4000多,够你们搞福利的了。"周恩芝没有为之所动,当即拒绝了。见利诱不成,43家业主又一起找到学校,甚至有人扬言要打断她的腿。一天,有一家来了亲戚20余人,要打她,情急之下,已是40岁的她跳过大墙闪开,结果摔破了皮。

面对威胁和恐吓,周校长没有退却。坚决除掉这些"钉子户",否则,学校的面貌永远不会改变。万般无奈下,她冲进了市长办公会,请求市领导协调解决。周恩芝倾心教育的热情打动了各级领导,得到了方方面面的支持。公安、城建、工商、防疫等八家部门联合执法,铲除了所有违章门市,使整个校园一下子变得开阔、明亮起来,48中师生的心也从此亮了起来。

旧校舍的维修改造需要大笔资金。缺钱,她就一个人四处去争取,去借。当年暑假,在旧校舍维修正处于如火如荼的关键时刻,由于资金严重紧缺,马上面临着停工的艰难处境,万一工程不能按期完成,就会耽误学生入学。时不我待,周恩芝不顾外面下着瓢泼大雨,抓起一块塑料布披在身上,跨上自行车直奔时任市教委主任李玉亭的办公室。敲开门时,她浑身已被雨水淋透,水顺着裤管向下流。"李主任,学校改造工程正处于紧张时期,但由于资金不足,马上就要停工了,我是来求您帮忙的,这工程说啥也不能停。"说到这里,周恩芝急得流下了眼泪。李主任被深深地打动了,经过研究,很快破例给48中划拨了20万元改造资金,使改造工程得以顺利进行。

为节省资金,周校长亲自跟着施工人员一起干活。学校的厕所多年来从未彻底清理过,便池里有很厚一层尿碱。她就带头走进去,用铲子一点一点地铲,然后把门窗擦得干干净净。看到这些,教师渐渐被感动了,不再看她的热闹,而是主动热情地投入学校的建设。原来住在教室里的教师也纷纷搬了出去。他们说:"看到周校长这样,我们没理由再袖手旁观了,我们也有奔头了。只有人人动手,人人像周校长一样,我们的学校才能办好。"

随着环境的改善,周恩芝决定强化管理,彻底改变学校在百姓心中的形象。她要求教师首先要树立形象,用爱心对待每个学生。要求全体教师深入每个学生家中家访,并做到"五知道",知道家庭住址、家庭现状、学习情况、个人爱好等,建立起学生联系网。同时,她带领全校教师,每天早晨提前站在校门口迎接学生,主动与学生打招呼,风雨不误。当有学生的衣冠不整,老师总是微笑着当面整理工整。

就这样,教师的形象树立后,学生的形象也逐渐树立起来。接着,他们又多次带学生走入社区,走进养老院,开展为社区作贡献等活动,很快在社会上树立了学校的形象。在工作中,周恩芝要求每位教师都要对事业充满激情,树立先进教育理念,人

第七章 境界与修养

人都要争做学者型教师,完成从教书匠到合作者、指导者的角色转换,并提出教师要有"三心"。即工作要有恒心,对学生要有爱心,教学要用心。为提高教师的基本素质,她还要求全员教师都要练习板书等教学基本功。组织教师在学校内部进行业务能力大赛,提高了教师的积极性和施教能力。

为挖掘每位教师的闪光点,她每两周组织一次"向身边人学习"的内部交流会,让每位教师谈自己在教学中的感人实例,把身边的点点滴滴说出来,让大家在相互交流,相互探讨学习中共同提高,从而促进了教育质量稳步提高。

1998年,学校以优异的成绩进入长春市首批"改制校"行列,是当时全市87所"薄弱校"中的唯一一所。同年,又成功跨入"一类一级校"行列,彻底摘掉了"薄弱校"的帽子,创造了长春"薄弱校"改造的奇迹,实现了学校改造以来的第一次跨越。1999年,时任教育部部长的陈至立来学校视察后说,48中经验值得推广。

作为校长,周恩芝总是这样告诫自己:一名好校长要目标远大、视野开阔,善于把当前的经济与社会发展要求融入自己的办学思想和理念中,推动教育的内涵式发展。对教师,她把打造专业化发展的教师队伍作为提升学校整体水平的重中之重。确立了"科研兴校"的理念,引导教师通过科研创新教育模式,引领教学发展。几年来,学校先后被认定科研成果53项,其中有3项国家级科研课题获得全国优秀科研奖。为提高教师的综合素质,他们采取"走出引进,开放办学"的思路,出资鼓励教师继续学习深造,请东北师大、省教育学院等专家学者来学校讲学,与长春师范学院建立教学实践探究共同体,与北大附中建立互动体系,送教师到北京、上海等教育发达城市接受现代教育理论和技术培训。

让每一个学生都得到发展,使他们拥有智慧的人生。在周恩芝的带领下,48中形成了自己独特的育人理念:发现每个学生的闪光点,让每个学生在各自基础上不断提高。这是48中育人的最大特点。周恩芝总说,学校教育最重要的是育人。为创设良好和谐的育人环境,48中坚持以"树根立魂"为根本出发点,实施"仁爱工程",加强学生的思想道德教育,在实践中创新德育理念、方式和载体,使道德教育真正贴近学生思想实际和现实生活,从而促进学生的全面发展。

凭借超常规的发展,出色的办学业绩,48中先后被教育部评为全国5所优秀建馆学校、全国千所信息教育实验校、全国百所优秀信息化校园、吉林省电化教育示范校、吉林省科技教育示范校、吉林省精神文明建设先进单位、长春市首批教师专业发展型学校、长春市花园式学校、长春市科研引领先进校、东北师大教育研究基地校、华东师大"十五"国家重点课题实验校之一……周恩芝本人也先后被评为全国教育系统劳动模范、全国优秀校长、吉林省第六批有突出贡献的中青年专家、吉林省劳动模范等。

花香蝶自来。几年来,先后多次国家和省市级信息教育现场会在这里举行,每年都有十几个外来团体参观取经。接触过周恩芝的人都说,周恩芝身上永远保持着对工作的旺盛热情,对师生的挚诚情怀。她像一团炽热的火,总是激情燃烧。然而,却很少有人知道她背后的感人故事。

在48中工作的近10年时间里,周恩芝几乎没有过休息日。身为一校之长的她勤奋好学,每天早晨6点多钟便来到学校学习、看资料等,人们称她"学习型校长"。有人说,是周恩芝改写了48中的历史,没有她就没有48中的今天。也有人说,正是有了周恩芝的超前意识、独特的办学理念,才有了48中的今天。而周恩芝却说:"这是全体教师共同努力的结果,没有他们的一贯支持帮助,我将一事无成。如果说我在48中学这块传奇的土地上做出了点成绩,那都是党的培养和教师们支持的结果,我仅是雁阵里的头雁,把雁群引到了水美草肥的地方而已。"

3. 教师应"穷而独善其身"

家家都有难念的经,行行都有难为之事。教师的职业对象是学生,是活生生的人,是一个有着自己思想的个体。其他行业可以以一个人的工作量确定其成绩,然而教师却不是通过工作量来确定,而是通过结果来确定的。学生成绩好,就是老师的成就,否则就无果。然而学生的素质各不相同,有的可能是"学习的料",有的可能恰好相反。所以有人说,决定教师之成就,学生也。真可谓,教师成也学生,败也学生也。

教师评职称的痛苦,业务培训理想的肥皂泡,人事制度的叹息,应试教育夺命的机械游戏,头顶光环下的拮据生活,工作繁重的艰辛,事业平淡中的无奈,无社会关系的烦恼,等等,现实和理想在这里产生了极大地冲突。每个刚刚走上讲台的教师都曾经有一番壮志宏图。有的想通过自己的努力成为学校的领导,有的想通过自己的拼搏成为一代名师,但随着时间的推移,岁月的流逝,工作的打磨,许多人的棱角光滑了,雄心没有了,壮志消失了,更多的是对事业前途失去了信心,在平淡之中无奈地工作着。这些既现实又让人心寒的现象无不体现了很多教师的不得志,更是职场上的失意,久而久之,人也变得丧失激情,仅仅是把教师的职业当成一个谋生的手段而已。

人生跌倒后的机会很重要。所谓"重新站起来"有两层含义:一是活下来,二是站起来。活下来容易,只要有勇气就能够活下来。要站起来却不那么容易,站起来需要机遇,机遇是可遇而不可求的。人不可能事事顺利,也不可能永远失败,关键是失意或失败之后的自我调整。要敢于承担损失,也要有强大的抗打击的能力。调整好自己,以更好的心态来迎接下一个机遇。你可以使用更多的时间来做自己喜欢的事情,把自己变成一个顶级的专业人士,不能成功,也是一种生活方式的尝试。在生活中,要保持自己对工作和生活的热情,让自己更加有激情,并展示自己生命的激情,让自己的生命变得更加有意义,让自己在日常生活和工作中感受更多的快乐幸福或符合自己生命趋向的感觉。很多老师仍保持着这种状况,"不以物喜,不以己悲",在自己的岗位上兢兢业业,恪尽职守。

三、快乐是最大的善行

快乐之意也亦同于欢乐,是指感到高兴或满意快乐的感觉,还可解释为人感到幸福或满意。幸福属于人的情感世界,是一种感觉,即人的一种满足感。人常常感到快乐,这种快乐经常给人以幸福感。幸福、不幸福,快乐、不快乐,关键取决于每个人对人生的态度。人生应有追求,但不可强求。有追求,但不强求,人就会变得洒脱、快乐、幸福。人生没有追求,就会变得死气沉沉,缺少快乐与幸福;但追求过度,就会令人痛苦。绝大多数人都是平凡人,不具备超凡的能力。如果没有超凡的能力,而拼命去追求超出自己能力所能达到的"希望",就会希望越大,失望痛苦也越大。因此,人生要有追求,但不可强求,这就是人生幸福快乐的关键所在。理解幸福,把握幸福,珍惜幸福,创造幸福,就会永远幸福。

1. 教师是快乐幸福的吗

专栏 7-19

教师是什么?[①]

教师可以当警察,因为整天在班里"破案";教师可以当主持人,因为整天为公开课想游戏和花招;教师可以当演员,因为一会态度和蔼,一会暴跳如雷;教师可以当清洁工,因为整天扫地、擦玻璃;教师可以搞工艺美术,因为整天写黑板、布置教室;教师可以当作家,因为整天写教学计划和教研论文;教师还可以到市场上叫卖东西,因为练出了高音和厚脸皮。教师是什么?神圣一点说,教师是天底下最光辉的职业,纯真一点说,教师是孩子王。

在专栏 7-19 介绍的顺口溜当中,虽然从多种角度描述了教师的工作特点,有一定的现实性,但是给人感觉非常消极,在这里教师更多的关注的是自己付出的辛苦。他们没有体验到教学工作中的快乐,更没有体验到工作中的幸福,还仅仅是停留在咀嚼工作中的苦涩。在这种状态下,教师不会去思考怎么去解决这种现状,更不会去思考怎么才能使自己的工作更具有创造性。这也提醒了我们,教师需要从这里提升自己,在现状中寻找快乐,在现实中改变自己,让自己更适应所从事的工作。作为一个社会人的教师,究竟怎样看待工作的幸福呢?

专栏 7-20

一个教师眼中的幸福[②]

一个教师眼中的幸福,有着独特的感受,苦涩的滋味,一种不可言状的感觉,就像抽丝,急不得,也慌不得。

幸福是什么?幸福就是学生微笑着倾听你滔滔不绝时的满足;幸福就是在那样

---

① http://forum.home.news.cn/thread/70594284/1.html,略有改动。
② http://murongqiushui.blog.teacher.com.cn/index.aspx,略有改动。

一个冬日的午后,依着暖暖的太阳,随意地读着在外地求学的学生寄来的谢师信;幸福就是你精心设计的一个导语、一篇教案、一段经典、几句美丽的诗句后的自我陶醉。

幸福是什么?幸福就是校长很看重你,让你在学校挑大梁,然后每次在例会表扬你时的甜蜜;幸福就是在学生作文中看见那一段段对你真心的尊敬和亲近;幸福就是在评课时讲起你课堂结构的合理、特色、优点时的自信。

下课后,自己一本心爱的书不见了,四处寻找,不知是哪一个缺德的拿去了,恨得牙痒痒。几天后,心爱的另一本书又不见了,但发现了书桌边留着一张"书我拿去了。××"的字样,一时间误会全部消散,幸福感油然而生。

到城里去买一卷胶卷,问了价钱:柯尼卡28元,富士25元,柯达22元,乐凯15元。如此问了几家,都介绍说,买柯尼卡吧,质量好,效果好。后来到一家小店,同样的价钱。店主问:"专业还是业余?"答是业余。店主说:"买乐凯吧,贵的不划算。"突然觉得这种贴心也是一种幸福。

授课任务很重,累死累活,叫苦连天,向很多人诉苦。突然校长拍着我的肩膀,意味深长地说:"好好干啊。"然后自己告诉自己,年轻嘛,该累。透过校长的手和眼神,一时间,幸福的感觉涌遍全身。

教师,很容易幸福。

教师的态度决定了教师的从教境界,眼光专注于生活方面的教师,处于第一境界,把教育仅作为一个谋生的手段,这些老师肯定是感受不到幸福的。有关专家指出,一个不幸福的教师无法让学生获得人生的幸福,教师自己要成为一个幸福的人,是自己的需要,也是教育的需要。一位教师说:"谁来提高我们教师的幸福指数?靠政府、靠社会、更靠我们自己。我们教师要能够接受现实,悦纳自我,心存感激,追求卓越,追求幸福。"

| 专栏 7-21 |

幸福在哪里[①]

一个婴儿刚出生就夭折了。一个老人寿终正寝了。一个中年人暴亡了。他们的灵魂在去天国的途中相遇,彼此诉说着各自的不幸。

婴儿对老人说:"上帝太不公平,你活了这么久,我却等于没活过。我失去了整整一辈子。"老人回答:"你几乎不算得到了生命,所以也就谈不上失去。谁受到生命的赐予最多,死时失去的也最多。长寿非福啊!"中年人叫了起来:"有谁比我更惨?你们一个无所谓活不活,一个已经活够数,我却死在正当年。生命曾经赐予的和将要赐予的,我都失去了。"

他们正谈论着,不知不觉到了天国门前。这时,一个声音在头顶响起:"众生啊,

---

① http://wangsongzhou.blog.zhyww.cn/archives/2010/201017142425.html,略有改动。

第七章 境界与修养

那已经逝去的和未曾到来的,都不属于你们,你们有什么可以失去的呢?"

三个灵魂齐声喊道:"主啊,难道我们中间没有一个是最不幸的吗?"

上帝答道:"最不幸的何止一个?你们都认为自己失去的最多。谁受这个念头的折磨,谁就是最不幸的人。"

读罢寓言,掩卷细思,对于教师的职业幸福感,上帝的回答不啻是一种当头棒喝、醍醐灌顶。

幸福在哪里?幸福其实只在一念之间。这"一念",正是林清玄在《幸福的开关》一文中所讲的:"我们的幸福与否,正是由自我的价值观来决定的"。价值定幸福,价值转幸福,幸福就在价值观这一念的开关之间。

有老师曾经沮丧地告诉我,为了转化一个后进班,整整一个学年,他呕心沥血、废寝忘食,几乎放弃了所有的双休日,甚至连自己的婚期都推迟了一年多。可是,到头来还是涛声依旧、收效甚微。这样的日子,还有什么幸福感可言?

对于这位好老师的沮丧,我同情地理解他,也理解地同情他。无论如何,当他的那"一念"完全专注于转化结果的时候,过程中曾经出现的各种感人细节和美好场景,都将注定要被那"一念"给无情的遮蔽和放逐。于是,工作就毫无幸福可言。更要命的是,当那"一念"完全期许于某种理想的班级状态时,甚微的收效经由他内心的价值判断后早已被弃若敝屣,殊不知这甚微的收效恰恰可能蕴含着职业的莫大幸福和尊严。面对一样的工作际遇,倘若谁不受这个念头的折磨,谁就有可能获得深刻的职业幸福。

然而,正如世界是相对的一样,教师职业同样是相对的。有阳光就有阴影,有幸福就有痛苦。因此,这一念无论你怎么转,还是无法摆脱这种幸福的悖论。那么,我们能不能消解这一念、消解这一预设的价值观呢?由"一念"之判别转向"无念"之直观,这是生命的修炼,也是幸福感的进一步增值。

同样是上课,缺乏生命修炼的教师,为上课而上课,教师的心只是在等待,等待学生的回答,等待结果的到来,等待结果与标准答案的契合。教师是活在下一刻的,是活在等待之中的,过程本身所具有的种种意义和价值全部让位给了结果,老师在苦苦等待中,变得紧张、烦恼、焦躁、甚至痛苦,幸福被等待无情地排挤了。

当我们以直观面对上课的每一个当下,我们是在上课,但同时又是在享受上课。我们在课堂上彻底放松,全然进入课的每一个当下和学生情情相融、心心相印,让生命中的每一个细胞、每一寸肌肤去感受、去体验每一个当下,和学生一起欢笑、一起流泪、一起沉思、一起感动。于是,我就是"课","课"就是我,我和学生一起全然进入一种"人课合一"的境界。这种境界,不正是深深的幸福所在吗?

以直观面对职业,职业也因此以幸福来回馈我们。彻底敞开,全然进入,活在当下,享受过程,率性而为,高峰体验。这无念的直观,直观的无念,正是我们体验职业幸福的最高智慧。

当初只道是寻常,原来你非不幸福。

心态决定命运,心态影响心情和对事物的观点。作为教师,因为自己的工作对象是一个个要塑造、要培养的还未成人的青少年学生,教师的心态对学生有着很重要的影响,有可能会影响孩子的一生,教师必须调整自己的心态,才能适应自己的工作,才能更好地享受当今的生活。

2. 教师必须是幸福和快乐的

有关报道称:47.6%的教师认为压力大,38.5%的教师心理状况不太好。很多教师都希望换工作,教育职业的幸福感受到了压抑和排挤。叶澜教授说:"没有教师生命质量的提升,就很难有高的教育质量;没有教师精神的解放,就很难有学生的主动发展;没有教师的教育创造,就很难有学生的创造精神。"幸福不可能唾手而得,幸福需要教师亲自行动,努力追求。

教师的最高境界是人师,不仅在知识方面成为人师,在文化和修养方面都称得上是人师,而且是人们的楷模,学习的方向,人生的追求。说到这里,是不是有人要问:那不就是要让教师禁止各种欲望,不能享受人生吗?我要说的是,在这里不是要禁止教师各种欲望,也不是要教师杜绝享乐,而是教师的境界已达到了最高境界,他会自觉外界规范,他律在他这里已经失去效用,他们能够自觉地区分道德与非道德、健康与非健康,会自觉地选择健康的物质需要、文化需要和精神需要的满足。他不会为了自己的需要而违背他人、集体和社会的利益,他的人生目的价值取向和思想境界都达到了教育领域的最高境界。他不是不追求幸福,而是更会享受各个过程中的幸福和快乐。

每个人都希望得到幸福,都会不断地追求幸福。费尔巴哈说:"生活和幸福原来就是一个东西。一切的追求,至少一切健全的追求都是对于幸福的追求。"教育是为人类谋福利的事业,不仅是对于学生,而且包括教师。教育应该追求人的幸福。教师有幸福感,学生才能潜移默化地受到影响,才能受到教师幸福感的感染,使学生的幸福感得到最大的提升。没有幸福感的教师,就不会有学生的幸福和对教育本真追求的实现;也只有进入教师的最高境界,师生的幸福才得以最大的实现。

教师进入人师的精神境界,已经不再仅仅是善教,更是一种乐教的职业境界。当教师将职业角色纳入生命体验时,教育就成生活享受,而不是谋生的手段,工作的苦涩就变成了甜蜜。这时候,教师就会把职业当成自己的事业来追求,就会积极主动地去创造、去热爱学生,去钻研教育教学技能。处于乐教的职业境界的教师会体验到很多种快乐:教师智慧得以延续之乐、学生认同之乐、自我完善之乐,等等。把教师比成春蚕和蜡烛过于悲壮,果真如此,教师谈何幸福?教育不是牺牲,而是享受;教育不是谋生手段,而是生活本身。用心投入教育事业,教师的自我实现可以得到最好的体现。

教师的幸福和快乐对己对人都很重要。对己,不仅是解放自己,享受生活,而且享受工作的乐趣,提高自己的幸福指数;对学生,不仅影响学生的性格,而且影响着学生的世界观和人生观的形成。教师的幸福会转化成一种教育力量,调动学生的学习热情,激发学生对幸福的追求。教师的幸福也会促使自己给予学生无条件的关爱,让学生感受到教师的关心,体验到作为学生的幸福。教育是具有促进人全面发展的功能,以人的幸福为其起点和最终的归宿。苏霍姆林斯基曾说过:"我们的教育信念应该是培养真正的人!让每一个从自己手中培养出来的人都能幸福地度过自己的一生。"缺乏幸福感受的教师怎能培养出幸福的学生呢?作为一个教师,自己都不幸福、不快乐,又怎么能带给学生幸福和快乐呢?如果他是一个很好的"演员",可以伪装幸福,但这只是增加自己的不快乐和痛苦,时间一长,教师更痛苦,学生也不会感到快乐。因而,教师为了他人的幸福和快乐,教师必须先有幸福感,这是教育事业的基础,更是教师专业发展的动力。教师需要幸福,学生需要幸福,教育需要幸福,幸福需要教育。但是,在教育活动中真正体验到教育幸福的教师还为数不多,主动去追求教育幸福、创造教育幸福的教师则更少。因此,要提高教师对幸福的认识,提升教师追求幸福的能力和水平,努力培养教师的幸福感尤为重要。

教师的工作过程是教师引领学生求真、求善、求美的过程,在这个过程中,既使教师感受到幸福,也能激发起教师创造幸福和享受幸福的愿望。教师循着探求客观规律之真和培育社会人才目的之善,才能进入到一个更高的职业境界,最终达到教师整个人身心的和谐统一、真善美的有机结合。教师的职业幸福是需要教师不懈地去努力创造的。用审美的态度对待教育,在教育中实现真善美的和谐统一,才能在重复的教育活动中获得生命的再发展和专业的不断提高,才能体验教育的意义,享受教育的快乐。

幸福的教师能够在教育教学中意识到自己的使命,并会在工作中践行使命,将对幸福的追求贯穿于教育的全过程,通过各种教育活动与学生进行心与心的交流,体验作为教师的内在意义和欢乐,实现自己的价值。教师拥有了幸福也就会拥有自我实现的动力,才会以最大的热情和信心投入到教书育人的活动中去,才会不断完善自己,产生马斯洛所说的"高峰体验"。教师只有摆脱了职业的束缚感,不把教育教学当成谋生的手段,而是出于自己的需要,像孟子那样以得天下英才而教之为乐,才能在教的活动中自由地、有创造性地发挥自己的全部才能和力量。

教师作为人,有人性需求,同样渴求生存和发展的需要;教师作为社会特殊群体(从事文化培养和人格塑造),必然拥有教育教学劳动创造的自由,以及对受教育者在德智体美等领域的发展给予启迪、辅助和促进的责任。只有当教师感受到受教育者在自己辛勤劳动下得以健康发展,他们才能找到职业的成就感,才能真正实现自我,并感受到教师职业的幸福。在此,教师所从事的劳动不再只是为了物质需求,更在于获得精神上的满足。

3. 教师要善于寻找幸福和快乐

幸福是一个人言人殊的话题,不同的教师必然有不同的看法,但对幸福的渴望却是人人相同的。幸福是善待自己的普遍原则,是一种主观心理体验。教师的职业幸福是指教师在教育活动过程中稳定的、和谐的、自由的愉悦状态。教师的幸福就是教师在物质生活和精神生活中,由于实现了自己的理想和目标而引起的精神满足。幸福是教师人生的一个重要方面。是否幸福并不依赖于他人或外界的准则,而是人性得到肯定时的主观感受。教师的职业幸福是教师感知到教育的乐趣,体验到"桃李满天下"那种快乐和满足。教师的职业幸福来自教师自身的专业发展,来自教师对职业和生命的热爱,来自校内外生活的充实和对生命意义的感悟。教师职业幸福表现在学生的成功和学生对教师的真情回报,表现在教学教育工作上取得的成就,表现在家长与社会的信任、尊重等方面。为此,在教师专业发展过程中,应该注重教师自身专业精神的提升,积极制定奋斗目标、实现自身价值、体验职业幸福,这也是教师感受、创造职业幸福的基础。

教师的专业生活包括教师专业生活内容和专业生活方式两个层面。教师专业生活内容主要指两个方面:一是教师的教育教学活动;二是与教育教学相关的校内外生活。而教师专业生活方式是指以教师专业生活内容(包括工作期间的教育教学行为和业余利于教师发展的这类活动)为核心的,体现教师思想意识与心理结构的形成过程,影响教师的行为方式和对社会的态度,尤其影响着教育教学行为和教师专业发展,反映了教师职业价值、生命价值观念和教师专业发展水平的生活模式。

4. 教师应保持乐观心态,善待职业生活

正如世上并不缺少美,而是缺少善于发现美的眼睛一样,幸福随处可见。罗素说:"种种不幸的根源,部分在于社会制度,部分在于个人心理。"只有保持积极乐观的心态,顺其自然,为其所当为,教师才能真正享受职业的幸福。教师对教育工作应充满热情,不计较个人得失,学会宠辱不惊,学会享受生活。教师不是苦行僧,要学会休闲与放松。读书、听音乐、钓鱼、旅游、打牌、网上冲浪、运动锻炼等都可以减轻压力、消除疲劳,让教师享受到生活的乐趣。当教师成功地讲好一堂课,成功地组织一次主题班会,成功地探索出学生内心世界的奥秘,成功地挽救了一名误入歧途的学生,成功地培养出一名出类拔萃的学生,以及在报纸杂志上发表了自己的科研成果时,他的内心会无比欢乐,充分体验到教师职业的内在尊严和幸福。

5. 教师应保持宽容心态,善待学生

对于教育工作者来说,爱心是一个永恒的主题,没有爱就没有教育,爱是教育的基础。失去爱的教师就会盯着学生的缺点,看不到学生在不断发展。"尺有所短,寸有所长",教师要用全面的、发展的眼光看待学生。教师若对学生没有宽容之心,对幸福的追求只能南辕北辙。教师应看到,或许学生学习习惯不好,但对人很真诚;或许学生行为习惯不好,但有艺术体育天赋;或许学生文化水平不高,但动手能力很强。教师要学会用好的心态去欣赏学生,要彻底改掉一味指责、向学生抱怨的毛病。卡耐基曾说过:"指责和批评收不到丝毫效果,只会使别人加强防卫,并且想办法证明他是对的。批评也很危险,会伤害到一个人宝贵的自尊,伤害到他自己认为重要的感觉,还会激起他的怨恨。"教师有了幸福感,他的教育教学活动就充满了人性的光辉,就富有生命的表现力,就能视学生为主体,尊重学生,信任学生,充分发挥学生的积极性和能动性;教师有了幸福感,他的教学教育行为就充满了艺术性和创造性,在活动中就会产生不竭的创造冲动、丰富的创造灵感,使整个教育行为体现为真、善、美的和谐统一;教师有了幸福感,他就会视教育如生命,生命不息,教育不止,在整个教育生涯中,不断学习,不断创新,不断攀登教育教学的新高峰,真正从自己的教育教学活动中体验到人生的最高价值和极大的人生乐趣。

6. 教师应保持知足心态,善待需求

人的很多困惑来源于欲望太多,作为教师要耐得住寂寞,守得住清贫,知足才能常乐。况且国家日益重视教育,教师的社会地位和经济地位都得到了很大的提高,还有什么可抱怨的呢?教师可以适当降低物质需求,不攀比,调整心态,多看看自己已经拥有的,要为拥有的而高兴;少去想自己没有的,不要一味地为失去而悲伤。党和政府努力改善教师的工资福利待遇,全社会逐步形成了尊师重教的风尚,为教师幸福感的产生提供了良好的外部环境。就内部环境而言,学校的领导和管理人员,也应当对教师予以关心、支持和尊重。既要关心教师思想政治上的进步,又要支持教师去进修提高,还要改善教师的生活,提高福利待遇,从而使教师心情更加舒畅,更会感受到作为一名教师的幸福。

7. 教师应保持进取心态,善待教研

一个业务水平不强的教师很难在教育过程中品味到乐趣,享受到教育的幸福。教育活动是最灵活、最有弹性、最需要机智、最富有创造性的一种活动,这需要教师不断学习新的教育理念,刻苦钻研专业技能,积极参与各种教育教学研究活动。苏霍姆林斯基认为,如果想让教师的劳动能够给教师带来乐趣,使天天上课不至于变成一种单调乏味的义务,那就应该引导教师走上从事研究的这条幸福道路。伟大的教育家陶行知曾经这样论述教师的学习与发展:做教师的必须天天学习,天天进行再教育,才能有教学之乐而无教学之苦。不学习只能做"教书匠",当然疲倦没有乐趣;坚持学习则会成为教育专家,岂能不体验到教育的幸福?

8. 教师应保持豁达的心态,善待挫折

在日常生活、工作和学习中,教师遭遇挫折是很难避免的。一般来说,教师遭遇挫折的范围主要有:尊重需要受挫、成就需要受挫、交往需要受挫、公平需要受挫、生存需要受挫。"失之东隅,收之桑榆",教师只有拥有豁达的心态,才能抵御挫折感的影响,方可静下心来教书,潜下心来育人。首先,对待挫折应"顺其自然,为所当为"。既然挫折是难免的,教师就应该心平气和地接受它,不要一味地抵制、反抗和回避。遇到挫折后,该做什么就去做什么,不把注意力一直放在挫折上。不然,就会强化自己的挫折感。其次,教师要树立正确的认知观念。人的情绪来自于人对所经历事情产生的信念、评价、解释,而非事情本身。挫折本身并不能使教师产生不良心理反应,对挫折的一些不正确的看法是真正的罪魁祸首。因此,教师在日常生活与工作中,要学会同不正确的观念作斗争。

幸福是人生的目标追求。具有幸福感的教师,认识深刻而全面,情感强烈而奔放,意志坚强而勇敢,行为自觉而积极,而这些正是个体成长和人格完善的基本要素。教师的幸福感是教师在教育过程中评判自己行为善恶的一种内在力量。当他感到自己的行为符合职业道德要求,自己的工作促进学生健康成长时,就会产生一种快乐、幸福、欣慰的情感,从而得到精神上的享受和满足,进而产生新的力量和信心,与时俱进。因此,教师幸福感能使教师在工作中具有一种强烈的进取精神,产生做好教育教学工作的信心、勇气和毅力。在教育实践中,许多优秀教师之所以能克服重重困难,任劳任怨,为了学生的健康成长奉献自己的一切,就是因为他们把奉献作为自己的幸福。

思 考 题

1. 你觉得教师的境界有时代性吗?你觉得当代作为一名好教师应该具有怎样的境界?
2. 你觉得一个人的修养跟他所处的生活环境和社会风气有必然的关系吗?说说你的理由。
3. 你觉得一个人的幸福指数和其境界修养之间具有怎样的关系?为什么?

参 考 文 献

[1] 冯友兰.中国哲学简史[M].涂又光,译.北京:北京大学出版社,2010.

[2] 约翰逊·克尔兹.《道德经》与心理治疗[M].北京:中国轻工业出版社,2004.

[3] 英特拉托.我的教学勇气[M].方彤,陈峥,郭婧,译.上海:华东师范大学出版社,2008.